컴퓨터 구조론

윤남일 · 이강우 지음

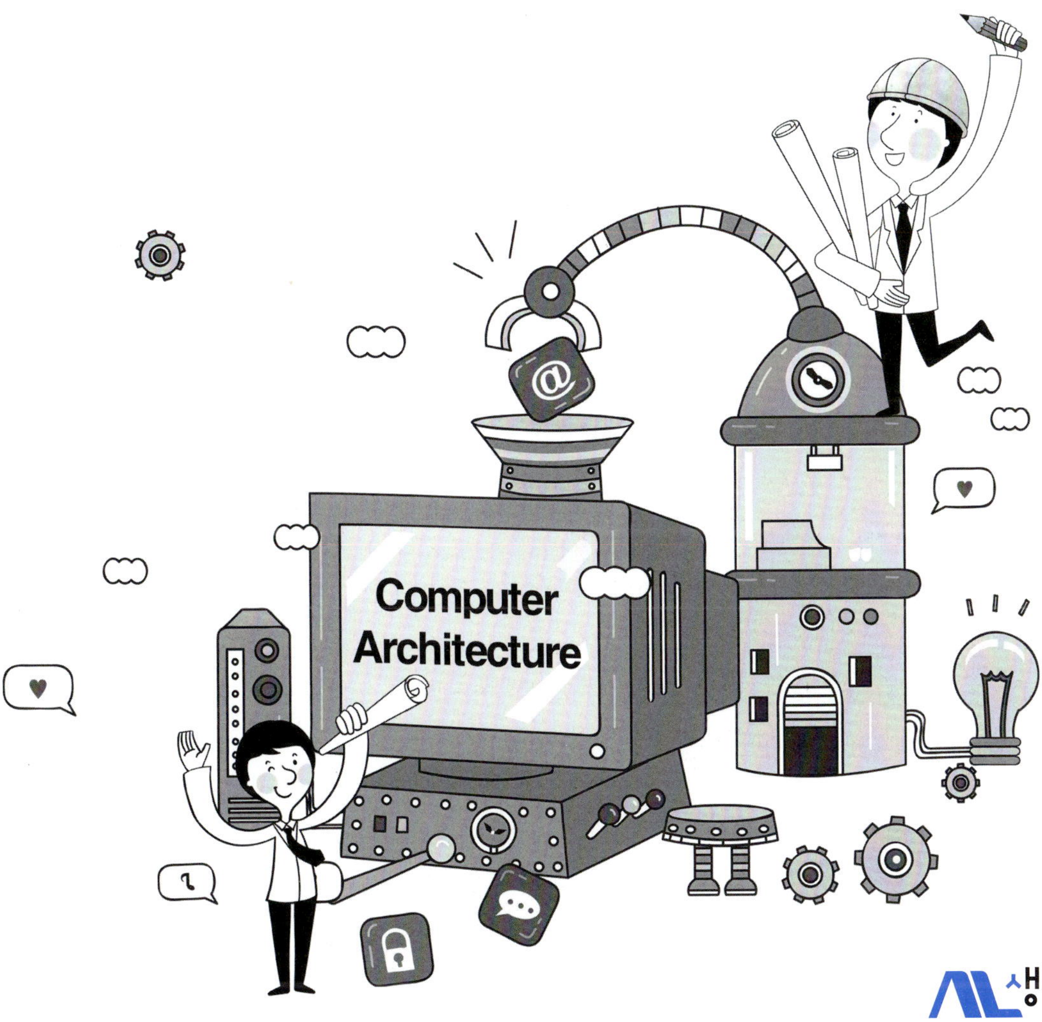

생능출판

국립중앙도서관 출판시도서목록(CIP)

컴퓨터구조론 / 윤남일, 이강우 지음. — [파주] : 생능출판사, 2013
p. ; cm

ISBN 978-89-7050-780-4 93000 : ₩25000

컴퓨터 구조[--構造]

004.22-KDC5
004.22-DDC21 CIP2013011595

머리말

힉스 입자와 30년 전 현대물리학

1964년 영국의 물리학자 힉스(Peter Higgs)는 물질을 구성하는 다른 소립자에 질량과 성질을 부여하는 가상입자가 있다고 예언했습니다. 입자물리학(particle physics)의 1960~70년대 표준모델 이후 물질을 구성하는 십여 개의 소립자들을 찾는데 수십 년이 걸렸습니다. 마지막으로 신이 숨겨 놓았다는 힉스입자(Higgs boson)가 발견되었다고 공식 확인된 것은 2013년 3월 14일입니다. 물론 신이 아닌 이상 이게 끝이라고 단정지울 수도 없습니다. 제가 대학을 다니던 1980년대 현대물리학 수업에는 이런 소립자에 대한 내용이 없었습니다. 당시에는 실체가 없던 가설이었기 때문입니다. 과학이 원리의 발견과 증명이라면 공학은 응용과 실제입니다. 과학은 자연의 법칙을 탐구하지만 공학은 한자의 '工'이 말해주듯 무엇인가 인위적으로 가공된 물건을 만들어야 합니다. 과학도 발전하는 마당에 공학도 그렇게 해야 합니다. 사용해본지 너무 오래된 구식 개념이나 방법들로만 컴퓨터구조 강의를 채울 수 없습니다. 이 책을 쓰게 된 이유입니다.

이 책이 다루는 범위

이 책은 컴퓨터구조와 관련된 기본 개념들을 설명하면서 이해하기 어려운 내용은 가능한 쉽게 접근하려고 시도했습니다. 나무를 보고 숲을 못 보는 우를 범하지 않기 위해 각 부분을 설명할 때 컴퓨터시스템 전반에 걸친 원리를 함께 설명하려고 노력했습니다. 과거의 컴퓨터구조와 관련된 교재들은 CPU 내부의 하드웨어 구조를 손으로 설계하는 방법을 주로 설명했습니다. 이 방식을 요즘 학생들에게 계속 적용하는 것은 잘 맞지 않습니다. 요즘 CPU는 내부구조가 너무 복잡해 컴퓨터의 도움 없이는 실제로 설계할 수도 없습니다. 또한 훨씬 실험적인 새로운 내용들과 기술들이 많이 적용됩니다. 이 책은 과거의 교재들이 주로 다루던 범위를 기준으로 다른 교과목과 중복되거나 더 효과적인 교육 방법이 존재한다면 그 부분은 과감히 생략했습니다. 그런 범위와 제외된 이유는 다음과 같습니다.

① 부울 대수, 논리 게이트, 플립플롭 등 디지털 논리회로나 디지털 부품의 설

PREFACE

PREFACE

계는 디지털공학 등 다른 과목에서 가르치고 있으므로 내용이 중복됩니다.

② 1980년대는 소프트웨어를 직접 사용할 일이 별로 없어 2진수 연산이나 알고리즘에 자세한 설명도 필요했지만 지금은 그런 과목이나 기회가 많습니다.

③ 중립적인 어셈블리 언어 형태인 레지스터 전송 언어를 이용해 컴퓨터시스템의 동작을 설명하는 것은 지금도 한정된 부분에서 필요합니다. 그러나 최종적으로 겨우 4비트 프로세서 수준으로 완성될 하드웨어를 일일이 손으로 설계하는 것은 1980년대 방식입니다. 요즘은 각 대학에서도 자일링스(Xilinx)나 알테라(Altera) 등의 도구를 사용해 FPGA(field-programmable gate array) 등 집적회로 형태로 구현되도록 설계합니다. 이때 HDL(hardware description language, 하드웨어기술언어)을 사용합니다. 이 방법은 원하는 하드웨어 회로나 동작을 컴퓨터 언어로 표현하므로 복잡한 설계를 쉽고 빠르게 할 수 있어 효율적입니다. 산업 현장에서도 그런 방법을 요구합니다.

그렇다면 이런 내용들을 빼고 어떤 내용으로 책을 채울 것인가? 하는 문제가 남습니다. 요즘의 컴퓨터구조는 CPU 내부의 기본 구조만이 아닌 전체 컴퓨터시스템의 구조를 다루는 것이 더 경향에 맞습니다. 제가 컴퓨터구조의 교재를 새롭게 쓰고 싶다고 느끼게 된 계기는 꽤 오래전 발견한 책 한권이었습니다. 피터 노턴이 쓴 〈Peter Norton's Inside the PC〉입니다. 이전 버전인 〈IBM-PC의 안쪽〉이라는 번역판도 국내에서 한때 이 분야의 베스트셀러였습니다. 당시 저에게 꽤나 유쾌한 추억을 안겨준 매우 실용적인 책이었습니다. 그 이전에 제가 바라보던 컴퓨터는 컬러 모니터로 바뀐 화면에서도 여전히 흑백 도스 창에 글자 몇 개만 보여주던 무뚝뚝한 친구였습니다. 지금 다시 Barnes & Noble을 검색해보니 2002년도 출판이 마지막 버전이군요. 제가 쓴 이 책은 컴퓨터구조를 다루는 교재에서 전통적으로 다루는 이론적인 지식을 바탕으로 기본 개념과 용어들을 충실히 설명하고 있습니다. 또한 거기에 과거의 개념이나 기술을 상호 보완하는 새로운 내용으로 깊이를 더해 만들어진 오랜 기간에 걸친 노력의 결과물입니다.

하드웨어와 소프트웨어

수업시간에 이런 이야기를 합니다. "하드웨어는 소프트웨어 없이 돌아가기 어렵다. 모든 것을 하드웨어로 해결하려면 1940년대 에니악 컴퓨터 시절로 돌아가야 한다. 컴퓨터로 따지면 구석기 시대이다. 하드웨어는 복잡해지고 성능은 빨라진다. 그런 하드웨어가 잘 돌아가도록 좋은 소프트웨어를 많이 만들어야 한다. 그러려면 공부할 때 프로그램 연습을 열심히 해야 한다. 남들이 생각하지 않은 프로그램을 하나 잘 만들면 돈도 된다. 그게 발명이고 창조이다." 여기까지 이야기하면 학생들은 대부분 소프트웨어에 더 호감을 갖습니다. 하지만 하드웨어가 없다면 참 난감한 일입니다. 학생들에게 나머지 이야기를 해줍니다. "하드웨어가 공부할 것도 많고 만들기도 힘든 것은 맞다. 그러나 나한테 쉬운 거면 남한테도 쉬운 것이다. 소프트웨어만 배워 프로그래머가 되면 차는 없고 운전면허증만 있는 것과 같다. 하드웨어 없이는 정말 아무 일도 할 수 없다. 자동차에도 저렴한 경차와 수십 배 비싼 명차가 있다. 하드웨어도 마찬가지이다. 만들기에 따라서 정말 누구나 갖고 싶어 하고 비싸게 팔리는 물건이 될 수 있다."

강의 계획안

이 책은 컴퓨터구조 과목에서 목표로 하는 대부분의 기본 개념들을 담고 있습니다. 각장에서 관련 용어들을 가능한 쉽게 설명하려고 노력했습니다. 각장의 연습문제들은 난이도가 높지 않고 실용적인 문제들로 만들었습니다. 기본 개념과 용어 중심의 강의라면 주당 3~4시간의 한 학기용 교재로도 충분하리라 생각됩니다.

〈한 학기 강의 계획안〉

주차	강의 주제	주차	강의 주제
1	1장 컴퓨터의 발달	9~10	5장 기억장치(1)~(2)
2~3	2장 기본 구조와 동작(1)~(2)	11~12	6장 보조기억장치(1)~(2)
4~5	3장 중앙처리장치(1)~(2)	13~14	7장 버스와 입출력(1)~(2)
6~7	4장 명령어 처리(1)~(2)	15	8장 주변장치
8	중간고사	16	기말고사

끝으로 이 책을 준비하는데 조언과 도움을 아끼지 않은 생능출판사 김승기 사장님을 비롯해 정성껏 편집해 준 편집부원들께 감사드립니다.

2013년 7월

저자 일동

P R E F A C E

PREFACE

이 책의 내용 요약

1장은 컴퓨터의 발달에 대해서 설명한다. 컴퓨터의 어원과 정의, 컴퓨터의 발달 과정, 개인용 컴퓨터의 발달, 이동용 컴퓨터, 컴퓨터의 분류에 대해 알아본다. 또한 숫자 코드, 컴퓨터 워드와 문자 세트 등 정보의 표현을 설명한다.

2장은 컴퓨터시스템의 기본 구조와 동작에 대해서 설명한다. 하드웨어의 구성, 마이크로컴퓨터, 칩셋, 소프트웨어의 역할, 운영체제, 컴퓨터 언어, 다중작업, 롬 바이오스, 부트스트랩 로더, 시동과정, UEFI, 신호선의 동작에 대해 알아본다.

3장은 중앙처리장치인 CPU에 대해서 설명한다. CPU의 구성 요소, 보조프로세서, 레지스터의 동작, 연산장치의 동작, 명령어 형식, 주소지정 방식, 연산의 종류에 대해 알아본다. 또한 마이크로프로그래밍 방법에 대해 설명한다.

4장은 CPU의 명령어 처리에 대해서 설명한다. 명령어 사이클, 병렬계산의 종류, 파이프라이닝, 슈퍼스칼라, VLIW 구조와 병렬컴퓨터에 대해 알아본다. 또한 다중프로세서 구조와 멀티코어 프로세서 기술에 대해 설명한다.

5장은 기억장치에 대해서 설명한다. 메모리의 역할, 용량 표시, 메모리 계층구조, 가상메모리, 캐시메모리, 캐시의 매핑 방식, 반도체 메모리와 램 모듈의 기술과 동작 원리에 대해 알아본다. 또한 시스템버스의 대역폭을 설명한다.

6장은 보조기억장치에 대해서 설명한다. 드라이브의 정의, 디스크의 원리, 하드디스크와 광학디스크의 구조와 방식, 디스크에 저장되는 디지털 오디오와 비디오 기술에 대해 알아본다. 또한 파일시스템의 구조와 동작원리를 설명한다.

7장은 버스와 입출력에 대해서 설명한다. 시스템버스의 역할, CPU 코어 클럭, I/O 전송방식, I/O 버스 방식, 버스 사이클 및 버스 컨트롤러에 대해 알아본다. 또한 I/O 전송방식 중 하나인 인터럽트에 대해 설명한다.

8장은 주변장치에 대해서 설명한다. 모니터, 비디오카드, 사운드카드, 스캐너와 프린터를 중심으로 해당 장치에 사용되는 기술과 동작원리를 알아본다.

차례

CONTENTS

CHAPTER 05 기억장치

CHAPTER 07 버스와 입출력

CONTENTS

01 CHAPTER

컴퓨터의 발달

COMPUTER ARCHITECTURE

컴퓨터를 배우는 학생들에게 학습 동기와 방향을 제시해 줄 수 있다는 점에서 1장은 중요하다. 1장에 나오는 역사에는 컴퓨터를 20세기 최고의 발명품으로 만든 천재들의 이야기가 나온다. 이 책으로 공부하는 학생들이 그들의 경험에서 배우고 창의력을 얻었으면 한다. 수백 년 혹은 수십 년 전 일들은 정확하게 검증하기 어려운 부분이 있어 일반적으로 평가받는 내용들을 넣었다.

컴퓨터의 분류에서 세대별로 나누거나 처리 능력에 따라 분류하는 방식은 1960~70년대 개념이다. 컴퓨터에서 사용되는 정보의 표현에서 미국 글자 코드인 아스키 문자 코드는 1960년대부터 사용되었다. 한글 16비트 확장완성형이 유니코드에 포함된 것이 불과 1990년대인데 이것이 급속히 대중화된 것은 인터넷 언어 덕분이다. 이동용 컴퓨터로 스마트폰의 개념은 예전부터 있었지만 실제로 시장에서 확고히 자리를 잡은 것은 2010년대가 되어서이다. 이런 식으로 1장은 컴퓨터시스템의 발달이 지금 어디까지 와있는지 짐작할 수 있게 해준다.

1장은 컴퓨터의 발달에 대해서 설명한다. 이곳 1장에서는 컴퓨터의 어원과 정의, 컴퓨터의 발달 과정, 개인용 컴퓨터의 발달, 이동용 컴퓨터, 컴퓨터의 분류에 대해 알아본다. 또한 숫자 코드, 컴퓨터 워드와 문자 세트 등 컴퓨터에서 사용하는 정보의 표현을 설명한다.

01 CHAPTER

컴퓨터의 발달

1.1 컴퓨터시스템

1.1.1 컴퓨터의 어원

컴퓨터(computer)라는 용어는 '계산하는 사람'이라는 단순한 뜻에서 출발했다. 18세기 식민지 개척을 위해 항해를 떠난 배 안에서 항로 계산(computation)을 위해 지도 위에 도표를 그리던 사람들을 컴퓨터라고 불렀다. 1910년대 제1차 세계대전 당시 장거리 포탄의 탄착점을 계산하기 위해 고용된 사람들도 컴퓨터라고 불렀다. 일반적으로 세계 최초의 전자식 컴퓨터로 인정받고 있는 에니악의 작동을 위해 미국 정부는 여러 명의 젊은 여성들을 고용했다. 기계, 전기, 논리수학의 원리를 가르치고 일종의 프로그래밍 작업인 전선 배선작업에 투입했다. 당시 이 여성들을 가리켜 컴퓨터라고 불렀다. 오늘날 관점에서 보면 그녀들은 최초의 직업 프로그래머(programmer)였고 컴퓨터는 기계를 가리키는 일반 명사로 바뀌었다.

에니악(ENIAC, electronic numerical integrator and calculator, 전자 수치 적분기 및 계산기)의 영문약자 마지막 단어를 당시에는 계산기(calculator)로 불렀다. 요즘 문헌에는 이 마지막 단어를 종종 컴퓨터로 고쳐 부르고 있다. 이것은 최초의 프로그램 내장방식 컴퓨터로 알려진 에드삭(EDSAC, electronic delay storage automatic calculator, 전자 지연 저장 자동 계산기)도 마찬가지다. 이런 역사적인 기계들의 이름에서 현대적인 개념의 컴퓨터(computer)에 대한 어원은 계산하는 기계에서 유래했음을 알 수 있다.

1.1.2 컴퓨터의 정의

백과사전에 나오는 컴퓨터(computer)에 대한 일반적인 정의는 다음과 같다. 컴퓨터는 '외부 프로그램이나 데이터 입력을 받아들여 내부 전자회로에서 자료를 계산하거나 처리해 정보를 저장하고 결과를 출력하는 기계'이다. 또한 컴퓨터시스템(computer system)은 그러한 기능을 하는 체계를 말한다.

국어사전에서 컴퓨터에 대응하는 우리말 표현은 전자계산기(電子計算機)이다. 이를 줄여 전산기라고 한다. 전자회로를 이용해 자동으로 계산하는 기계라는 뜻이다. 컴퓨터를 전자계산기로 부르는 것은 우리나라에 최초의 컴퓨터가 도입되던 1960년대 개념으로 지금은 휴대용 계산기와 혼동되어 적절하지 않다.

'용어'라는 것은 일정 분야에서 그 시대 사람들이 주로 사용하는 말이어야 한다. 1990년대 초 국내 일반 가정에까지 보급되자 일반인들은 더 이상 컴퓨터를 전자계산기로 부르는 경우가 없어졌다. 현재 상징적으로 일부 국가기술자격 시험이나 학위 과정 등에 컴퓨터라는 용어 대신 전자계산기라는 우리말 표현이 남아있다. 글로벌 용어도 아닌 우리말 표현이 국내에서조차 혼동되기 때문에 이 책에서는 전자계산기라는 용어를 사용하지 않는다. 현재는 컴퓨터라는 용어를 그대로 사용하는 것이 더 자연스럽고 적합하다.

1.1.3 컴퓨터의 구성 요소

컴퓨터시스템은 기본적으로 하드웨어 요소와 시스템 소프트웨어 요소가 결합되어 구성된다. 시스템 소프트웨어는 하드웨어 구동과 관련된 프로그램들의 집합이다. 컴퓨터 하드웨어 부품을 조립한 후 제대로 동작하는지 시험해보기 위해 제일 먼저 설치하는 프로그램이 무엇인가? 바로 윈도우와 같은 운영체제일 것이다. 워드프로세서와 같은 사용자를 위한 응용프로그램을 설치하는 것은 그 보다 나중 일이다. 하드웨어와 운영체제가 제대로 동작한다면 비로소 하나의 컴퓨터시스템이 완성되고 작업할 준비가 되었다고 할 수 있다. 운영체제가 바로 대표적인 시스템 소프트웨어 중 하나이다.

컴퓨터가 정보를 처리하기 위해서는 중앙처리장치, 기억장치, 입출력장치와 주변장치 등의 하드웨어적인 구성 요소가 필요하다. 또한 지시한 명령을 실행하도록 소프트웨어적인 구성 요소가 함께 결합되어 이른바 컴퓨터시스템을 구성해야 한다. 하드웨어는 컴퓨터의 내부적인 동작을 담당하는 물리적인 기계 장치이다. 소프트웨어는 외부적인 운영을 담당하는 논리적인 명령어들의 집합이다. 접미사 '웨어(-ware)'는 상품이나 제품을 뜻한다. 컴퓨터시스템의 구성 요소를 수정하기 어려운 정도에 따라 ① 하드웨어, ② 펌웨어, ③ 소프트웨어로 나눌 수 있다.

a. 하드웨어

본래 하드웨어의 의미는 쇠붙이라는 뜻이다. 영어권에서 하드웨어 스토어(store)는 철물점을 가리킨다. 컴퓨터 용어에서 하드웨어(hardware)는 컴퓨터시스템을 구성하는 전자부품, 각종 보드, 주변장치와 기계 설비이다. 컴퓨터에서 정보가 실제로 처리되는 물리적인 장치와 정보의 전송 경로를 말한다. 하드웨어는 프로그램에 의해 소프트웨어가 명령한 일을 수행한다. 하드웨어 동작은 작업의 신뢰성과 효율성이 있도록 설계되고 제작되어야 한다.

b. 소프트웨어

소프트웨어와 프로그램은 동의어이다. 소프트웨어(software)는 컴퓨터를 관리하고 활용하기 위한 각종 명령어들의 집합인 프로그램 체계이다. 컴퓨터가 인식할 수 있는 언어로 작성된 시스템 프로그램이나 사용자 편의를 위해 만들어진 각종 응용프로그램들을 말한다. 소프트웨어는 하드웨어 없이 실행되지 않는다. 또한 하드웨어와 맞지 않아도 실행되지 않는다. 하드웨어 없이 소프트웨어만 가지고 있으면 운전면허증은 있는데 자동차를 사지 않은 것과 같다.

프로그램(program)은 프로그래밍 언어로 작성된 명령어 리스트라는 뜻이다. 컴퓨터가 순서에 따라 수행해야 할 작업들의 절차를 나타낸다. 프로그램이라는 표현이 컴퓨터에 사용되기 시작한 것은 1946년 영국 과학 잡지 〈네이처〉에 게재된 에니악 관련 기사부터다. 그 이전에는 주로 연주회의 행사 내용, 진행 순서, TV 방송 시간표 등을 가리키는 말로 프로그램이란 표현이 사용되고 있었다.

c. 펌웨어

펌(firm)은 견고하다는 뜻이다. 펌웨어(firmware)는 하드웨어와 소프트웨어의 중간으로 주로 컴퓨터 회로 상의 롬(ROM) 등에 설치된 넓은 의미의 시스템 소프트웨어를 말한다. 컴퓨터의 바이오스(BIOS) 칩 등에 내장되어 하드웨어와 밀접한 관계를 유지하고 하드웨어를 정확하게 제어해주는 프로그램들의 집합이다. 해당 시스템에 대한 전문가가 아니면 일반 사용자들은 그 내용을 쉽게 수정할 수 없다. 하드웨어 제조자들이 일반 사용자들에게 제공하는 펌웨어 업그레이드는 주어진 절차를 정확히 따라주어야 한다.

펌웨어가 프로그램이라는 관점에서는 소프트웨어와 기본적으로 동일하다. 하지만 그 성질은 하드웨어와 소프트웨어의 중간이다. 펌웨어로 2가지 특성을 모두 구현할 수 있다. 소프트웨어의 기능을 펌웨어로 구현하면 처리 속도가 현저하게 빨라진다. 하드웨어의 기능을 펌웨어로 구현하면 속도는 느려지나 추가로 하드웨어 회로를 설계하는 것보다 유연하고 저렴하게 기능을 구현할 수 있다.

1.2 컴퓨터의 발달

1.2.1 컴퓨터의 기원

컴퓨터의 기원은 한마디로 계산도구에서 유래되었다. 인류 역사상 가장 오래된 계산도구는 주판(abacus)이다. 주판 혹은 수판은 동양과 서양에서 각각 독자적으로 발전된 것으로 보인다. 5천 년 전 메소포타미아 문명의 바빌로니아인들은 판자에 모래나 분말을 뿌린 후 여러 개의 행으로 구분해 자릿수를 나타내고 기호를 써서 계산했던 것으로 추측된다. BC 6세기부터 중국에서 알을 끼운 주판을 사용했다고 한다. BC 5세기 고대 이집트, 그리스, 로마 등지에서는 판자 위에 여러 개의 선을 그어 자릿수를 표시하고 그 위에 작은 돌을 놓아 사용했다. BC 3세기 로마에서는 판자에 홈을 새기고 그 위에서 작은 돌을 움직여 계산하는 도구로 사용했다. 서양에서는 그 후 아라비아 숫자의 보급으로 종이 위에서 연필로 계산하는 필산이 보편화되면서 주판은 쇠퇴하게 된다.

a. 최초의 컴퓨터

오늘날의 컴퓨터는 수많은 수학자, 과학자, 공학자들이 오랜 기간 동안 연구한 결과가 바탕이 되었다. 여기서 최초의 컴퓨터를 찾는 논쟁은 별로 유용해 보이지 않는다. 최초의 컴퓨터를 누가 만들었는지 한마디로 단정하기 쉽지 않다. 역사적이든 과학적이든 알려지지 않는 사실들도 많기 때문이다.

컴퓨터는 20세기 최고의 발명품이라는 찬사를 받으며 21세기에 넘어왔다. 지금도 그 발전 속도는 눈이 부시다. 현대적인 개념의 컴퓨터는 1930~40년대 무렵부터 등장하기 시작했다. 이 시절은 제2차 세계대전으로 전 세계가 어수선하던 때이다. 이 시기에 일어난 사건들 중에서 컴퓨터에 대해 정확하게 기록된 역사를 찾는 것은 매우 어려운 일이다. 세계 각지에서 다양한 원리와 형태를 지닌 컴퓨터들이 어떤 때는 산발적으로 어떤 때는 거의 동시에 만들어졌다.

심지어 어떤 이는 자기가 연구한 바에 따르면 에니악은 세계 최초가 아닌 11번째 컴퓨터라고 발표했다. 아이디어는 설계가 되었지만 없어진 자료도 많다. 특히 아직 이를 구현할 기술이 없어 미완성으로 그친 경우가 많았다. 당시 장치들은 수년간에 걸쳐 개발되는 것이 보통이어서 각각의 발표 시기나 개발연도를 자료마다 다르게 표기하는 경우도 많다. 이 중에서 현재까지 알려진 몇 가지 주목할 만한 사건들을 〈표 1-1〉에 정리했다.

b. 수동기계식 컴퓨터

20세기 중반까지 수동 또는 모터로 구동되는 상업적이고 실용적인 기계식 계산기들이 세계 각지에서 제작되었다. 기계식 컴퓨터를 이야기할 때는 천재 수학자 파스칼과 라이프니츠를 빼 놓을 수 없다.

1642년 프랑스의 천재 수학자 파스칼(Blaise Pascal)은 19세의 나이에 세계 최초로 수동기계식 계산기를 발명한 것으로 기록되어 있다. 세무 공무원이던 아버지를 돕기 위해 정교한 톱니바퀴의 원리를 이용해 10진 가감산(+, −) 기계를 만들었다. 10진법 자릿수가 표시된 동그란 원판들을 돌려 톱니바퀴의 메커니즘으로 계산하는 수동기계식 계산 장치였다.

〈표 1-1〉 컴퓨터의 주요 역사

년도	발명기종	설명	방식
1642	계산기	프랑스 파스칼, 수동기계식 계산기 (가감산)	수동기계식
1671	계산기	독일 라이프니츠, 수동기계식 계산기 (사칙연산)	수동기계식
1822	미분엔진	영국 배비지, 최초의 자동기계식 계산기 설계, 나중에 일부 완성됨 (수학계산용)	자동기계식
1837	해석엔진	영국 배비지, 최초의 자동기계식 컴퓨터 설계, 설계 원리가 MARK I에서 실현됨 (범용)	자동기계식
1936	Z1	독일 쑤저, 최초의 전기기계식 컴퓨터 제작, 특허 출원, 최초의 2진 연산방식 (범용)	전기기계식
1937	ABC	미국 아이오와 주립대학 아타나소프트 교수와 베리, 최초의 진공관식 계산기, 2진 (수학계산용)	진공관
1944	MARK I	미국 하버드대학 에이킨이 IBM과 공동개발, 최초의 전기기계식 컴퓨터로 알려짐, 10진	전기기계식
1944	Colossus	영국 토미 플라워즈, 2진 연산방식 (암호해독용)	진공관
1946	ENIAC	미국 펜실베니아대학 에커트와 모클리, 최초의 전자식 컴퓨터 (범용), 외부 프로그램 방식, 10진	진공관
1949	EDSAC	영국 모리스 윌키스, 폰 노이만의 참여로 최초로 프로그램 내장 방식 채택, 2진 연산방식	진공관
1950	EDVAC	미국 에커트와 모클리, 폰 노이만 참여로 에니악을 개량해 프로그램 내장 방식 완성, 2진 연산방식	진공관
1951	UNIVAC I	에니악을 만든 미국 에커트와 모클리, 최초의 상업용 전자식 컴퓨터, 미국 통계국에서 구입	진공관
1953	IBM 701	미국 IBM의 상업용 컴퓨터 판매 시작	진공관
1964	IBM s/360	IBM의 system/360, 370은 한 때 메인프레임의 대명사로 불렸던 기종	IC
1970	IBM s/370	대규모집적회로(LSI)로 만든 전자식 컴퓨터	LSI
1971	intel 4004	최초의 마이크로프로세서	
1976	CRAY-I	최초의 상업용 슈퍼컴퓨터	

1671년 독일의 철학자 및 수학자인 라이프니츠(Gottfried Leibniz)는 사칙연산(+, −, ×, ÷)이 가능한 수동기계식 계산기를 만들었다. 파스칼의 계산기에 기어를 추가해 덧셈을 반복하는 곱셈 동작과 뺄셈을 반복하는 나눗셈 동작을 고안해냈다. 오늘날 탁상용 계산기의 시조인 셈이다.

c. 자동기계식 컴퓨터

19세기는 산업화와 함께 식민지 개척이 한창이던 때이다. 항해나 기계 제작 또는 포탄의 탄착점 계산 등에서 많은 수학계산이 필요했다. 당시는 미리 계산된 곱셈표, 로그함수표, 삼각함수표 등이 쓰였다. 하지만 모든 종류의 계산에 대한 답을 표로 다 만들어 놓을 수 없었다. 미리 정해진 몇 가지 범위를 벗어난 나머지 계산들은 시간이 걸려 손으로 직접 계산했다. 이런 불편을 해소하기 위해 수학문제를 즉시 계산해낼 수 있는 기계가 절실했다.

컴퓨터의 아버지로 불리는 찰스 배비지가 설계한 것이 자동기계식 컴퓨터의 시초이다. 영국 케임브리지대학의 찰스 배비지(Charles Babbage) 교수는 임의의 프로그래밍으로 하나의 장치에서 모든 계산이 가능하도록 한 최초의 기계를 고안해냈다. 1822년 그는 로그함수와 삼각함수의 값을 계산해 표로 만들어 주는 미분엔진(difference engine) 장치를 설계했다. 이전에 개발된 수동기계식과는 차원이 다른 자동기계식 계산기였다. 하지만 당시는 성공하지 못했다. 미분엔진은 그의 아들 대에 가서 다른 사람에 의해 일부 완성되었다.

찰스 배비지는 1837년 모든 일반계산을 하나의 기계에서 할 수 있는 해석엔진(analytical engine)을 고안했다. 이 기계로 입출력장치, 기억장치, 연산장치, 제어장치 기능을 갖춘 현대적인 컴퓨터의 원형을 설계했다. 연산카드에 적힌 명령을 천공카드 판독기가 해독하게 했다. 프로그래밍에 따라 연산장치가 자동으로 작동해 계산하고 실행된 결과 값을 연판 인쇄기로 출력하도록 설계했다. 이것은 범용 프로그래밍 작업을 염두에 둔 것이었다. 그를 도와 프로그램을 설계했던 백작부인 에이다 러브레이스(Ada Lovelace)는 최초의 프로그래머로 불리기도 한다. 해석엔진은 전기를 사용하지 않고 증기기관의 동력으로 돌아가는 기계였다. 모든 부품을 기계를 이용해 제작하려 했기 때문에 당시는 성공하지 못했다. 하지만 그의 발상은 주목할 만한 것들이었다. 해석엔진은 후에 최초의 전기기계식 컴퓨터로 불리는 마크 원(MARK I)에서 그 원리가 완성되었다.

d. 논리연산 이론

컴퓨터가 디지털 연산장치로 거듭난 것은 부울의 수학적 이론이 밑거름이 되었다. 그의 이론 덕분에 컴퓨터에서 사용하는 연산방법으로 아날로그가 아닌 디지털 연산방식을 취하게 되었다. 영국 수학자 부울(George Boole)은 현대 기호논리학의 창시자이다. 독학으로 공부해서 발표한 그의 저서 〈논리의 수학적 해석(Mathematical analysis of logic, 1847년)〉과 〈사고 법칙에 대한 고찰(An investigation of the laws of thought, 1854년)〉에서 논리와 확률의 수학적 이론을 확립한다. AND, OR, NOT 등의 논리연산으로 널리 알려진 부울 대수(Boolean algebra)는 논리 수학의 대표적인 형태로 그가 고안한 것이다. 그의 수학적인 법칙과 이론들은 현재도 컴퓨터 하드웨어, 소프트웨어, 전자공학 등에서 논리연산의 방법으로 널리 응용되고 있다.

e. 천공카드시스템

미국 역무원이었던 홀러리스(Herman Hollerith)는 기차표에서 착안해 1889년 최초의 통계처리 기계인 천공카드시스템(punch card system)을 발명했다. 미국 통계청은 이를 이용해 1890년 전국의 인구조사에서 일대 혁신을 이룬다. 몇 년씩 걸리던 미국의 인구조사 통계기간이 단 몇 주로 단축되었기 때문이다. 천공카드시스템은 기계와 전기장치를 이용해 카드에 구멍을 낸다. 여러 가지 표현으로 자료를 기록한 후 카드의 천공유무를 전기적인 신호로 판독한다. 자료의 체계적인 자동 분류와 신속 정확한 집계가 가능해진 것이다. 이 시스템은 자료 분석이 필요한 여론조사와 투표 등에서 '데이터 일괄처리의 효시'로 기록된다.

홀러리스는 천공카드시스템의 사업성을 예측하고 자신의 발명품을 상업화한다. 이를 위해 회사를 설립하고 몇 개의 사무기기 회사를 합병해 오늘날 IBM의 전신이 된 회사를 설립했다. 초기의 IBM은 최초의 전동타자기와 MARK I 등을 만들었다.

1.2.2 전기기계식 컴퓨터

전자식 컴퓨터의 모태가 되는 전기기계식 컴퓨터는 전기적인 요소와 기계적인 요소를 결합한 방식으로 릴레이의 작동원리를 이용한다. 릴레이(relay)는 전기로 구동되는 기계식 접속장치이다. [그림 1-1]처럼 전류가 흐르면 코일은 전자석(electromagnet)이 되어 기계적으로 전기 접점이 달라붙는다. 이때 딸깍거리며

접점이 붙거나 떨어지는 기계음이 난다. 승용차 에어컨을 켜고 끌 때나 팩시밀리(facsimile)에 전화선이 연결되고 끊어질 때도 릴레이에서 이런 소리가 난다.

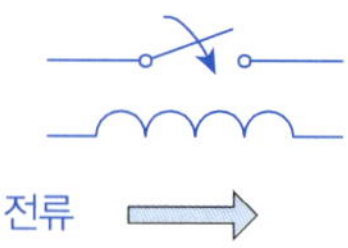

[그림 1-1] 릴레이

반도체가 아닌 릴레이로 어떻게 컴퓨터를 만들 수 있을까? 릴레이는 전기 회로의 개폐를 통해 접점이 붙거나 떨어지는 기계적인 스위칭으로 2진법을 표현한다. 반도체의 원리는 반(semi-)만 도체(conductor)이다. 디지털 논리회로에서 1과 0을 전달하기 위해 조건에 따라 전류가 흐르거나 흐르지 않도록 만든다. 전기기계식 컴퓨터는 디지털 논리의 전달을 위해 릴레이를 사용해 그 역할을 대신한다.

a. 최초의 디지털 컴퓨터

현재까지 알려진 최초의 2진 디지털 컴퓨터는 1936년 특허 출원된 독일 엔지니어 콘라트 쑤저(Konrad Zuse)가 만든 Z1 모델이다. 당시에는 미국과 영국 등 여러 나라의 과학자들이 동시에 컴퓨터를 만들고 있었다. 독일에서는 쑤저가 Z 시리즈 컴퓨터를 만들었다. 1941년 그가 만든 Z3는 부동소수점 연산까지 행했으며 최초로 작동하는 프로그램이 가능한 컴퓨터로 분류되기도 했다. Z3는 튜링머신 이론과 폰 노이만 모델의 개념이 이미 반영된 혁신적인 기계였지만 안타깝게 1944년 연합군의 공격으로 파괴되었다. 그 구조에 대한 기록들이 제대로 남아있지 않아 후세의 컴퓨터의 역사에 큰 영향을 미치지 못했다.

쑤저는 데이터의 처리과정을 입력장치, 기억장치, 레지스터, 연산장치, 출력장치 등으로 세분화하고 프로그래밍 언어를 연구했다. 그는 미국이나 영국 연구진의 도움 없이 폰 노이만 구조보다 앞서 1과 0의 조합으로 메모리에 프로그램을 내장할 수 있다는 사실을 알아냈다. 릴레이 장치를 이용한 기계적 스위칭으로 프로그램을 메모리에 저장하고 데이터 연산이 2진 프로그래밍으로 작동하도록 설계했다. 입력방식은 아직 천공카드의 기계적인 작동방식에 의존했다. 기록방식도 철판이나 플라스틱 필름에 구멍을 뚫는 기계적인 작동방식을 사용했다.

b. 마크 원

미국 하버드대학의 물리학 교수 에이킨(Howard Aiken)은 1937년부터 IBM사의 지원으로 범용 전기기계식 컴퓨터를 설계했다. 이 기계는 처음에 자동 순차 제어 계산기(automatic sequence controlled calculator)라고 불렸다. 1944년 실제로 완성된 것은 하버드 마크 원(Harvard MARK I)으로 최초의 완전 자동 계산기였다. 연산의 제어는 천공된 종이테이프를 사용했다. 수십 개의 톱니바퀴, 수천 개의 릴레이, 높은 마력의 모터를 사용해 수초 만에 23자리 10진수 계산을 할 수 있었다.

c. 최초의 버그 발견

미국 해군 역사상 최초의 여성 제독으로 기록된 그레이스 호퍼(Grace Hopper) 박사 이야기다. 세계 최초로 컴파일러(일종의 원시적인 인터프리터) 프로그램을 만들어낸 인물로 코볼(COBOL) 언어의 어머니로도 알려져 있다. 그녀는 특히 컴퓨터 역사에 버그라는 용어를 최초로 사용한 인물로 기록되어 있다.

1947년 그녀가 하버드대학에서 MARK I의 후속기종인 MARK II를 작동시키던 중 컴퓨터가 정상 작동하다가 틀린 정보를 계속 출력해내는 것을 발견했다. 오류의 원인은 나방이 릴레이에 끼여 죽은 것이다. 그녀는 나방을 떼어내 노트에 붙인 뒤 '벌레가 발견된 첫 번째 실제 사례(First actual case of bug being found)'라는 유명한 메모를 남겼다. 이때 발견된 나방과 그녀의 메모는 미국 스미스소니언(Smithsonian) 박물관에 보관되어 있다. 예전부터 기기의 오작동을 버그라고 했는데 실제로 컴퓨터에서 벌레가 발견된 재미있는 사건이었다.

컴퓨터 용어에서 버그(bug)는 주로 프로그램에서 부정확한 결과나 충돌을 일으키는 오류나 결함을 가리키는 말이다. 또한 하드웨어의 오작동 문제를 지칭하기도 한다. 반대로 '벌레 제거'라는 표현으로 프로그램에서 코딩(coding) 오류를 찾아 수정하는 작업을 디버그(debug) 혹은 디버깅(debugging)이라고 한다.

1.2.3 전자식 컴퓨터

전자식 컴퓨터가 도입되자 전기기계식 컴퓨터와는 비교할 수 없을 정도로 계산 속도가 빨라졌다. 요즘 컴퓨터는 당연히 전자회로로 만들어진 전자식 컴퓨터를 말한다. 전자식 컴퓨터의 전자회로 부품으로 처음에는 진공관이 사용되었다.

a. ABC 컴퓨터

1937년 미국 아이오와주립대학의 아타나소프 교수와 베리 조수는 수십 개의 진공관을 이용해 ABC(Atanasoff-Berry computer) 컴퓨터를 고안했다. 자신들의 이름을 딴 이 기계는 프로그램이 가능하지 않아 일반 목적의 범용 컴퓨터는 아니었다. 선형방정식의 수학문제를 풀기 위한 용도로 설계되었고 1942년이 되서야 테스트를 마칠 수 있었다. 진공관으로 구성된 논리 회로를 사용해 연산이 가능하다는 점에서 한때는 최초의 전자식 컴퓨터로 꼽히기도 했다. 그러나 현대적인 컴퓨터의 구성 요소나 기본 개념에서 보면 매우 부족한 장치였다. 대체로 이 기계는 최초의 진공관식 계산기 정도로 평가받고 있다.

b. 컴퓨터의 수학적 모델을 만든 천재

영국의 천재 수학자 앨런 튜링(Alan Turing)은 컴퓨터 과학의 아버지로 불린다. 대학원생 시절 〈계산가능한 수에 관하여(On computable numbers, 1936년)〉라는 기념비적 석사논문을 썼다. 이 논문은 계산기계가 어디까지 논리적으로 작동할 수 있는가에 대해 처음으로 연구를 시도한 것이다. 그가 창안한 튜링머신(Turing machine)은 무한대의 저장용량과 고장이 없는 일종의 가상기계로 오늘날 현대적인 컴퓨터에 대한 수학적 모델이 되었다. 그가 제안한 튜링테스트(Turing test)는 컴퓨터가 얼마나 사람과 비슷하게 대화할 수 있는지 판단해 인공지능을 갖는 정도를 판정하는 테스트로 유명하다.

2차 대전 당시 독일은 세계 각지로부터 본국으로 보고되는 기밀문서나 군 작전통신을 위해 이니그마(enigma, 수수께끼)라는 암호화 기계를 사용했다. 영국 통신국에 근무하던 앨런 튜링은 1940년 이를 해독하는 기계(Turing's bombe)를 만들었다. 비밀암호가 해독되자 1941년 독일의 무적함 비스마르크호가 연합군에 의해 격침된다. 당시 독일은 암호가 영국에게 해독된 사실을 몰랐다.

c. 컬라서스 컴퓨터

2차 대전 당시 독일의 최고급 정보들은 베를린의 로렌츠사가 만든 보다 복잡한 암호(cipher) 체계인 독일의 텔레타이프(teletypewriter, teleprinter, 전신타자기) 암호를 사용하고 있었다. 영국정부는 앨런 튜링에게 수학자이며 암호 해독가인 케임브리지대학의 맥스 뉴먼(Max Newman) 교수와 함께 이를 해독하도록 지시했다. 1944년 영국의 토미 플라워즈(Tommy Flowers)가 설계한 컬라서스(Colossus) 컴퓨터의 개발에 참여한 이들은 결국 문제의 암호를 대부분 해독해낸다. 사실 이 기계는 진공관과 릴레이로 작동하는 세계 최초로 프로그램이 가능한 전자식 컴퓨터였다. 이 컴퓨터는 연합군의 노르망디 상륙작전 수립에 독일군을 교란시키는 결정적인 역할을 한다. 당시 영국정부는 암호를 해독하는 군사 첩보용 비밀기계와 개발자들을 오히려 숨기려 했다. 이 때문에 영국은 굳이 미국의 에니악 대신 세계 최초의 진공관식 컴퓨터로 컬라서스를 내세우지 않게 되었다.

d. 에니악 컴퓨터

일반적으로는 에니악(ENIAC) 컴퓨터가 세계 최초의 범용 전자식 컴퓨터로 인정받고 있다. 미국 펜실베이니아대학의 에커트(J. Presper Eckert)와 모클리(John Mauchly)는 미국 국방부의 지원으로 1946년 진공관식 컴퓨터 에니악을 완성했다. 영국의 컬라서스가 암호해독용 기계였다면 에니악은 무기발사를 위한 탄도방정식을 계산하는 기계로 설계되었다. 에니악은 매우 불편한 사용방법으로 인해 실용적인 문제에는 기대만큼 활용되지 못했다. 특히 원시적인 작업형태의 컴퓨터 프로그래밍 방법 때문에 융통성이 매우 낮은 기계였다.

에니악은 전기기계식 컴퓨터의 핵심 부품인 릴레이 장치를 진공관으로 대치했다. 이 기계는 MARK I에 비해 수천 배나 되는 당시로는 놀라운 연산속도를 가졌다. 메모리 없이 진공관으로 구성된 레지스터를 가지고 있었다. 데이터를 부호 형식으로 바꿔 천공카드에 기록하고 입출력과 연산을 동시에 실행할 수 있었다. 2만 개에 가까운 진공관과 수천 개의 릴레이와 스위치 등 수많은 부품들이 쓰였다. 소비전력이 엄청났으며 무게도 약 27톤에 달했다. 부피도 50평 정도를 차지할 정도였다. 현재는 미국 워싱턴 스미스소니언 박물관에 보관되어 있다.

e. 프로그램 내장방식

에니악은 프로그램 설정에 너무 많은 시간이 걸려 성능을 제대로 발휘할 수 없었다. 오늘날처럼 소프트웨어로 동작하는 기계가 아니라 하드웨어로 조정되는 거대한 계산 장치였다. 사람들이 며칠씩 걸려 배선 작업을 해야 완성되는 외부 프로그램 방식이었다. 복잡한 전기 배선, 스위치, 전기 플러그가 달린 배선반과 천공카드로 하드웨어적인 프로그래밍 작업을 했다. 다른 목적의 계산을 위해서는 배선반의 무수한 스위치와 복잡한 전선구조를 전부 새롭게 바꾸어주어야 했다.

에니악의 이런 비능률적인 프로그래밍 방식은 메모리 없이 수천 개에 달하는 스위치와 배선반에 의존했기 때문이다. 이런 단점을 해결하는 방법으로 컴퓨터의 내부에 프로그램을 미리 기억시키는 방법이 제시되었다.

영국 케임브리지대학의 모리스 윌키스(Maurice Wilkes)는 1949년 세계 최초로 프로그램 내장방식의 컴퓨터인 에드삭(EDSAC)을 완성했다. 그는 어셈블리 언어와 서브루틴 라이브러리를 처음으로 고안해 고급언어를 개발하는 계기를 마련했다. 그는 폰 노이만이 개발한 짧은 라이브러리 프로그램들의 모음을 천공카드 형태로 기록해 내장했다. 더 나아가 모리스 윌키스는 1951년 CPU의 개발 노력을 획기적으로 줄일 수 있는 마이크로프로그래밍 개념을 학회에 발표했다.

f. 폰 노이만 구조

폰 노이만 구조란 기존 대부분의 컴퓨터가 채택하고 있는 제어장치, 연산장치, 기억장치로 이루어진 프로그램 내장방식의 설계구조이다. 미국 프린스턴대학의 폰 노이만(John von Neumann) 교수는 자신의 논문 〈에드박에 대한 보고서의 첫 번째 초안(First draft of a report on the EDVAC, 1945년)〉에서 이 구조를 제안했다. 프로그램 내장(stored-program)방식은 '전자계산기에 기억장치를 갖추고 연산의 순서를 부호화해 기억시킨 후 기억된 내용을 순차적으로 꺼내 명령을 해독하고 연산을 실행한다.'는 현대적인 컴퓨터의 개념을 갖고 있다. 여기에는 에니악을 만들었던 에커트와 모클리의 아이디어가 포함되었다.

폰 노이만이 개발에 참여한 EDSAC과 EDVAC 컴퓨터 등이 프로그램 내장방식의 이른바 폰 노이만 구조의 개념을 갖게 되었다. 1952년 폰 노이만은 프린스턴대학 고등연구소(institute for advanced study)의 이름을 딴 IAS 컴퓨터에서 폰 노이만 구조를 최종 완성했다. 이 기계는 실험적 성격이 강한 신경망 컴퓨터 등을 제외하면 그동안 대부분의 컴퓨터에서 기본구조와 동작원리를 설계할 때 모형이 되었다. 이 기계의 다음 몇 가지 특징은 당시로는 놀라운 발상이었다.

① 명령과 데이터를 저장하는 주기억장치, 산술논리 연산장치, 프로그램 제어장치, 입출력장치로 구성한다.
② 프로그램 코드(code)는 특별한 경우가 아니면 기억장치에 저장된 순서대로 실행되며 그 주소는 CPU 내부의 프로그램카운터에 의해 지정된다.
③ 명령어 타입으로 데이터 전송, 조건 분기, 무조건 분기, 산술 및 논리 명령, 주소 수정 명령 등을 갖는다.
④ 제어장치와 연산장치에 각종 기본 레지스터들을 포함한다.
⑤ 명령어 인출과 실행 사이클을 반복적으로 수행하며 동작한다.

g. 상업용 컴퓨터의 등장

에니악의 개발자들은 자신들의 이름을 따서 1947년 최초의 컴퓨터 회사인 에커트-모클리사를 설립했다. 그들은 에니악을 프로그램 내장방식으로 개량해 에드박(EDVAC, 1950년) 컴퓨터를 만들었다. 이 기계는 수은지연회로에 저장된 자료와 명령에 의해 연산을 실행할 수 있었다. 또한 그들은 최초의 상업용 컴퓨터 유니박 원(UNIVAC I, universal automatic computer, 범용 자동 컴퓨터, 1951년)을 만들어 관공서와 연구소 등에 판매했다. 이 기계는 기억장치로 수은지연회로를 가지고 있었으며 자기테이프를 입출력장치로 사용했다. 그 후속 기종인 유니박 투(UNIVAC II, 1956년)는 마그네틱 코어를 기억소자로 사용했다.

1953년 IBM은 700 시리즈 모델을 발표하면서 컴퓨터 사업에 뛰어들어 시장의 강자로 부상하게 된다. 특히 대형기종 제품을 많이 내 놓았다. 〈표 1-1〉의 IBM system/360과 370은 뛰어난 범용성과 호환성으로 당시 주전산기 산업의 상징적인 키워드로 인정받았다. 부속시스템을 잘 갖추고 포괄적인 제어기능, 프로그래밍 언어, 컴파일러, 운영체제 등 기능성과 유연성을 겸비했다. IBM이 독주하던 상업용 컴퓨터 시장은 일본 후지쯔(Fujitsu) 등이 가세하면서 활성화되기 시작했다. 우리나라에 도입된 최초의 컴퓨터는 1967년 한국생산성본부가 도입한 후지쯔 파콤(FACOM) 시리즈와 경제기획원 조사통계국이 도입한 IBM 컴퓨터였다.

1.3 개인용 컴퓨터

1.3.1 개인용 컴퓨터의 발달

서버나 워크스테이션과 달리 개인용 컴퓨터는 대부분의 성능을 1인이 독점적인 우선권을 가지고 사용하는 컴퓨터를 말한다. 과거에는 여러 명이 한 대의 컴퓨터를 공동으로 사용했기 때문에 이에 대응하는 용어로 1인 1대 작업 개념의 컴퓨터이다. 요즘은 혼자 여러 대를 사용한다. 집에 PC 1대, 직장에 PC 1대 그리고 스마트폰과 태블릿 컴퓨터를 사용하면 벌써 4대를 소유한 것이다.

PC는 본래 개인용 컴퓨터(personal computer)라는 뜻의 영문약자로 출발했다. 현재는 데스크탑 형태의 컴퓨터를 가리키는 말로 주로 쓰인다. 요즘은 여러 명이 사용하는 서버나 워크스테이션도 대부분 PC와 같은 형태를 하고 있다. 겉으로는 구분하기 어렵다. 그 만큼 과거에 비해 소형 컴퓨터의 성능이 막강해졌다. 다만 서버 등은 여러 대를 연결해 사용하거나 주변장치를 더 많이 연결하는 능력이 있다. PC는 일반명사인 컴퓨터와 종종 동의어로 쓰인다. 노트북 PC, 태블릿 PC 대신 노트북 컴퓨터, 태블릿 컴퓨터 혹은 그냥 노트북과 태블릿으로 부른다.

a. 개인용 컴퓨터의 역사

최초의 개인용 컴퓨터가 무엇인가 하는 논쟁도 별로 유용해 보이지 않는다. 컴퓨터는 인류역사상 유례를 찾아볼 수 없는 빠른 속도로 발전이 이루어졌다. 곳곳에서 많은 기계들이 동시에 경쟁적으로 개발되었다. 시장의 평가조차 받아보지 못하고 사장된 사례도 많았다. 〈표 1-2〉는 개인용 컴퓨터의 간략한 역사이다.

〈표 1-2〉 개인용 컴퓨터의 역사

년도	기종	설명	비트
1975	Altair 8800	조립식 키트 형식, 최초의 상업용 개인용 컴퓨터	8
1976	Apple I	스티브잡스와 워즈니악이 개발한 개인용 컴퓨터	8
1977	Apple II	개인용 컴퓨터의 대중화에 본격적으로 기여함	8
1981	IBM PC	오리지널 IBM PC의 등장, IBM 최초의 개인용 컴퓨터	8
1983	IBM PC XT	IBM의 대표적인 8비트 PC	8
1984	IBM PC AT	IBM의 대표적인 16비트 PC	16
1984	Macintosh	GUI를 채택한 Apple사의 개인용 컴퓨터	16, 32
1987	IBM PS/2	IBM PC의 후속 기종인 PS/2 계열의 시작	16, 32

〈표 1-2〉에서 많은 이들은 최초의 개인용 컴퓨터로 1975년 조립식 키트 형태로 만든 미츠(MITS)사의 앨테어(Altair) 8800을 말한다. 미국 MIT 대학 출신의 에드 로버츠(Ed Roberts)와 빌 예이츠(Bill Yates)가 인텔 i8080 CPU를 사용해 만들었다. 이전에도 비슷한 조립식 키트(kit) 형식이 몇 개 있었다. 유독 이 기계가 알려진 이유는 당시 잡지(Popular Electronics)에 소개되었기 때문이다. 잡지를 본 전국 컴퓨터 마니아들로부터 주문이 쇄도해 순식간에 동이 나는 큰 인기를 끌었다.

앨테어 8800은 오늘날 같은 완전한 개인용 컴퓨터의 완성품이 아니었다. 일종의 조립식 키트 형태였다. 기능면에서 크게 쓸모 있는 것도 아니었다. 키보드나 모니터도 없었다. 본체에 부착된 여러 개의 토글 스위치로 1과 0 신호를 기계어 프로그램으로 입력했다. 실행결과는 전면에 부착된 몇 개의 램프로 1과 0 신호를 깜박거려 출력을 표시하는 수준이었다. 지금 보면 그다지 유용한 제품은 아니었다. 하지만 앨테어의 출현을 본 수많은 하드웨어 제작자들과 프로그래머들은 더 나은 제품을 만들 수 있다는 자신감에 뜨거운 경쟁을 촉발하는 계기가 되었다.

토글 스위치는 위아래로 젖히게 되어 있는 스위치이다. 토글(toggle)은 2가지 상태나 모드 사이를 교대로 전환하는 동작을 말한다. 예를 들어 컴퓨터 키보드의 [Num Lock] 키를 누르면 이를 표시하는 LED 램프에 불이 들어왔다 나갔다 한다. 이것은 키보드 우측의 문서편집 키 세트와 숫자 키 세트가 교대로 선택된 것을 나타낸다. 이런 키(key)를 토글 키라고 하고 이런 동작을 토글이라고 한다.

b. 마이크로소프트의 탄생

잡지에서 앨테어 기사를 본 빌 게이츠(Bill Gates)는 하버드대학 2학년에 재학 중이었다. 그는 하버드대학의 미니컴퓨터 PDP-11을 이용해 앨테어 컴퓨터에서 작동하는 베이직(BASIC) 언어를 개발해 미츠사에 팔았다. 미츠사는 이를 번들(bundle, 한 묶음)로 판매했다. 곧이어 빌 게이츠는 대학을 중퇴하고 1975년 폴 앨런(Paul Allen)과 함께 오늘날의 마이크로소프트(Microsoft, MS)사를 창업했다.

c. 애플의 탄생

앨테어 기사를 본 스티브 잡스(Steve Jobs, 1955~2011)는 컴퓨터 마니아 클럽에서 만난 동료 워즈니악(Steve Wozniak)이 완성한 설계도를 접한다. 1976년 둘은 차고에 마련된 연구실에서 며칠간의 철야작업 끝에 앨테어보다 작으면서도 성능이 훨씬 뛰어난 애플 원(Apple I) 컴퓨터를 완성한다. 당시 이들의 생산 제안을 받은 HP사는 회로기판만 있는 이 제품에 대해 시장에서 성공할 확신이 서지 않아 거절한다. 이들은 아끼던 차와 당시 고가의 HP 계산기를 처분하고 돈을 마련해 수작업으로 제품을 만들고 시장에 팔아 대성공을 거둔다.

Apple I은 회로조립이 완성된 기계였다. 하지만 여전히 사용자가 케이스, 전원장치, 키보드, 비디오 장치를 조립해야 했다. 저장장치로 테이프 드라이브 인터페이스 카드는 나중에 옵션으로 판매했다. 앨테어에 비해 키보드 인터페이스와 TV 세트를 터미널로 사용하는 회로를 기본으로 내장한 점은 혁신적인 발상이었다.

돈을 번 두 사람은 1977년 애플(Apple)사를 창업하고 게임기에 불과한 Apple I을 업무용 도구로 전환시킨 애플 투(Apple II)를 출시한다. Apple II는 확장슬롯으로 기능을 향상시킬 수 있었다. 또한 획기적인 운영체제로 컴퓨터에 대한 지식이 없는 사람들도 불편 없이 사용할 수 있었다. Apple II는 8비트 개인용 컴퓨터 시장을 수년간 석권했다. 마침내 이들은 1980년 주식을 공개해 억만장자가 된다.

d. 비운의 CP/M

시장에서 앞서던 독점적인 기술도 어느 날 경쟁에서 사라질 수 있다. 다른 회사에 기술을 전수하는데 소극적이거나, 가격이 너무 비싸거나, 경영이나 정책상의 실수로 시장에서 멀어진다. 블루레이 디스크에 밀려난 HD DVD도 그렇다. DDR

SDRAM에 밀려난 램버스 DRAM도 그렇다. 컴퓨터 운영체제 역사에서 MS-DOS에 밀려난 CP/M도 유명한 일화를 남겼다.

CP/M은 또 다른 천재 게리 킬달(Gary Kildall)이 만든 플로피 디스크를 제어하는 운영체제였다. 그는 1973년 인텔 i8080으로 마이크로프로세서에서 동작하는 최초의 고급언어(PL/M)와 최초의 운영체제(CP/M)를 개발했다. 당시 인텔은 PL/M의 판매권만을 사들여 운영체제도 장악할 절호의 기회를 놓친다. 인텔이 미처 CP/M의 상품성을 이해하지 못하자 게리 킬달은 아내와 함께 디지털리서치사를 설립해 이를 라이선스로 판매해 성공한다.

게리 킬달은 CP/M을 범용 운영체제로 발전시키기 위해 롬 바이오스의 개념을 정립했다. 바이오스 프로그램만 바꾸면 어떤 컴퓨터에도 CP/M을 이식해 동작시킬 수 있었다. 어떤 컴퓨터시스템에서 사용되던 소프트웨어를 다른 기종의 컴퓨터에서 동작하도록 이식하는 것을 포팅(porting)이라고 한다. 그는 수많은 8비트 기종에 CP/M을 포팅해주고 소프트웨어를 팔아 많은 돈을 벌었다. CP/M은 애플을 제외한 당시 거의 모든 8비트 컴퓨터의 운영체제를 독점하고 있었다.

IBM도 빌 게이츠의 조언을 받아 PC 초기 모델을 위해 CP/M을 운영체제로 공급받을 생각에 디지털리서치를 방문한다. 그때 게리 킬달은 경영 파트너였던 부인 도로시(Dorothy)에게 라이선스 계약을 일임하고 자신은 자가용 경비행기를 몰고 다른 곳에 영업하러 떠나 버린다. 그녀는 호의적이지 않았고 IBM이 요청한 협상내용에 대한 비밀 준수 서약마저 남편이 없다는 이유로 거절한다. 무성의한 협상태도에 불만을 품은 IBM은 아예 등을 돌리게 된다.

e. 행운의 MS-DOS

빌 게이츠를 다시 찾은 IBM은 운영체제를 개발해주거나 다른 대안을 찾아줄 것을 부탁한다. 당시 마이크로소프트는 프로그래밍 언어와 컴파일러 개발에만 몰두하느라 이 분야에 취약했다. 행운이 찾아왔다. 시애틀의 작은 회사에서 CP/M의 기능을 복제한 86-DOS(혹은 Q-DOS)를 개발한 사실을 알아냈다. 공동창업자 폴 앨런은 불과 수만 달러에 그 소유권을 즉각 인수한다. 빌 게이츠는 IBM PC에 이를 포팅하고 단시간 내에 테스트해 PC-DOS라는 이름으로 IBM에 납품한다.

당시는 소프트웨어 저작권에 대한 개념이나 체계가 정비되지 않았던 시절이다. 86-DOS는 사실 CP/M의 복사본이었지만 게리 킬달은 저작권 보호에 허술했다. 이를 거울삼아 빌 게이츠와 폴 앨런은 MS-DOS를 먼저 저작권으로 등록한다. 그리고 IBM에는 제품만 납품해 소유권은 지켜내는 뛰어난 경영감각을 보였다. 그 결과 다른 호환기종 제작자들에게도 MS-DOS라는 이름으로 팔 수 있게 되었다.

게리 킬달은 PC-DOS가 자신의 제품에 대한 복제본이라는 사실을 단번에 알아차린다. 하지만 결국 운영체제를 소비자의 선택사양으로 하자는 IBM의 중재안에 합의한다. 그러나 이번엔 가격을 너무 높게 책정해 두 번째 기회를 놓친다. IBM PC를 구입할 때 게리 킬달의 CP/M-86($240)은 원본이고 성능이 안정적이었지만 복제본인 빌 게이츠의 PC-DOS($40)에 비해 너무 비쌌다. CP/M-86도 다른 호환기종 회사들에게 팔 수 있었지만 이미 오리지널 IBM PC에 압도적으로 채택된 MS-DOS에 밀려 결국 시장에서 밀려나게 된다. 마이크로소프트는 이 일로 크게 성공하게 되었고 오늘에 이르게 되었다. MS-DOS는 도스의 한 종류이다. 도스(disk operating system, DOS)는 '디스크 운영체제'라는 뜻이다.

1.3.2 IBM PC와 애플 컴퓨터

1980년대 초까지 8비트 개인용 컴퓨터 시장은 애플의 승리였다. 우리나라의 PC 산업은 그 당시 세운상가에서 CP/M을 운영체제로 사용하는 APPLE II 호환기종을 조립 생산하면서 태동했다. 복제된 하드웨어든 소프트웨어든 당시는 저작권의 개념이 별로 없었다. APPLE II 호환기종은 당시 국내 대학생들이 한 학기 등록금의 절반 가격으로 조립할 만한 수준이었다. 당시 일본에서 수입한 IBM PC AT 호환기종은 그 7~8배의 가격에 유통되었다. 이에 시장성을 엿본 국내 대기업들은 IBM PC XT 호환기종인 8비트급 PC부터 개발과 판매를 시작했다. 1980년대는 국내 가전 3사가 만든 8비트 기종의 한글 코드가 서로 달라 호환이 되지 않았다. 그 정도로 컴퓨터관련 산업표준도 미흡했던 시절이다.

16비트 시장은 IBM의 승리였다. 본격적인 개인용 컴퓨터 시대의 개막은 애플의 성장에 자극을 받아 이를 도전으로 받아들인 IBM PC의 등장이다. IBM이 내놓은 최초의 PC는 처음에는 별로 주목을 받지 못했다. 그러나 성능이 점차 개선되면서 폭발적인 반응을 얻었다. IBM PC가 널리 알려진 것은 업무용 PC로 보급된 8비트 IBM PC XT, 16비트 IBM PC AT와 그 호환기종들 덕분이다.

1990년대 초반은 애플이 32비트 컴퓨터 시장을 선점했다. 애플은 상표등록을 하고 개방형 구조를 채택하지 않았기 때문에 불법 복제품이 아닌 정식 호환기종을 허락하지 않았다. 당시 애플은 완성도가 높아 앞서 나갔지만 성능이 뛰어난 대신 무엇보다 가격이 높았다. 1990년대 초 애플컴퓨터의 한국 내 판매가격은 본체, 모니터, 프린터를 합쳐 국산 중형차 한 대 값 정도였다. 많은 사람들은 가격이 더 저렴한 32비트 IBM PC 호환기종의 등장을 기다렸다. 마침내 1990년대 중반 386과 486 기종부터는 IBM PC 호환기종의 독주가 시작되었다. 이때부터 한국 내의 일반 가정마다 컴퓨터가 본격적으로 보급되기 시작했다.

a. IBM PC

중대형 컴퓨터 시장을 석권한 IBM은 애플을 상대하기 위해 자사 최초의 개인용 컴퓨터를 개발했다. 모델명에 PC(personal computer, 1981년), 즉 개인용 컴퓨터라는 고유명사를 붙였다. 현재 PC라는 말은 오리지널(original) IBM PC는 물론 그 호환기종과 모든 개인용 컴퓨터를 통칭하는 일반명사이다.

〈표 1-2〉에서 최초의 오리지널 IBM PC 모델은 CPU로 4.77MHz 인텔 i8088 프로세서, 64KiB 메인메모리, 흑백 비디오카드를 갖추고 MS-DOS 1.0을 운영체제로 사용했다. 보조기억장치로 160KiB 5.25인치 FDD, 테이프 드라이브 등 당시로는 획기적이었으나 지금으로 봐서는 형편없는 사양이었다. i8088 프로세서는 먼저 개발된 16비트 프로세서 i8086을 외부만 8비트로 동작하도록 변형시킨 것이다. IBM PC AT는 i8086에서 개선된 i80286 프로세서를 사용해 CPU 내외부가 모두 16비트로 동작하고 하드디스크 드라이브와 컬러 비디오카드를 장착했다.

〈표 1-2〉에서 PS/2 모델은 AT의 마지막 기종 정도에 해당한다. PS/2 모델 이후 크게 달라진 점은 32비트 I/O 버스, 컬러 비디오카드, 3.5인치 FDD, 오늘날의 키보드 모양이다. 당시 채택된 키보드나 마우스의 커넥터 규격이 USB 타입 이전의 PS/2 타입이다. 멀티미디어 홈 PC의 원조 격인 PS/1 모델(1990년)은 가정용 컴퓨터를 시도하고 개인이 많이 사용하는 응용프로그램의 호환성을 중시했다. 운영체제를 만든 마이크로소프트가 MS 오피스의 전신으로 만든 워드, 스프레드시

트, 데이터베이스, 통신 프로그램 등을 통합한 응용소프트웨어를 제공했다.

IBM PC 호환기종을 IBM PC 클론(clone)이라고 한다. 클론은 본래 복제품이라는 뜻이지만 컴퓨터에서는 같은 기능을 갖는 호환(compatible) 기종을 뜻한다. 다른 시스템을 모방하도록 설계된 하드웨어나 소프트웨어 시스템을 말한다. 오리지널 IBM PC의 출시 1년 만에 당시 TI(Texas Instruments)사의 엔지니어 3명이 컴팩(Compaq)사를 차리고 IBM PC 호환기종을 처음으로 발표했다. 이들은 최초의 포터블 컴퓨터를 상용화하고 IBM보다 먼저 386 PC를 개발했다. 컴팩은 한때 최대의 IBM PC 호환기종 제작사였다가 HP(Hewlett-Packard)사에 합병되었다.

IBM PC는 개방형 구조를 택했기 때문에 타사에서 수많은 호환기종들이 등장했다. 개방형 구조는 하드웨어 인터페이스(interface, 접속)와 확장이 쉽게 가능해 PC와 관련된 주변산업이 급속도로 발전했다. CPU, 메인보드, 확장카드 등의 부품과 다양한 소프트웨어를 수많은 업체에서 경쟁적으로 개발할 수 있었다. 덕분에 일반 사용자도 자신의 취향에 맞도록 PC를 직접 조립할 수 있게 되었다.

b. 오리지널 IBM PC의 쇠퇴

IBM은 자사의 IBM PC 덕분에 인텔과 마이크로소프트의 영향력이 커지자 이를 견제하고 싶어 했다. IBM은 인텔의 독주를 막기 위해 애플과 모토로라와 합작으로 PowerPC라는 이름의 RISC 방식 CPU 칩을 개발하기도 했다. 이 칩은 IBM의 유닉스 기반 워크스테이션과 애플의 매킨토시 컴퓨터에 주로 사용되었다.

IBM은 또한 마이크소프트를 개발 도중에 배제시키고 OS/2라는 32비트 운영체제를 완성해 PS/2 모델부터 독자노선을 시도했다. 더 나아가 저렴한 가격의 호환기종들에게 시장을 빼앗기지 않으려고 32비트 기종부터 개방형 구조를 포기했다. 확장카드나 소프트웨어를 개발하려면 IBM에 돈을 내거나 허락을 받도록 변경했다. IBM은 이 결정으로 오히려 개인용 컴퓨터 시장에서 완전히 멀어지게 된다.

IBM에 대항하던 마이크로소프트의 윈도우(Windows)와 인텔(intel)을 합친 윈텔(Wintel)이란 유행어가 만들어졌다. 윈텔의 지원을 받은 IBM PC 호환기종 제작자들은 32비트 기계부터 독자적으로 PC를 설계하기 시작했다. IBM의 특허를 벗어난 32비트 버스방식 등을 개발했다. 이들은 뛰어난 호환성과 저가격으로 급속도로 시장을 장악해갔다. 개인용 컴퓨터는 수요가 많아 대량 생산으로 규모의 경쟁을 해야 한다. 경쟁이 치열할수록 가격은 싸지고 성능은 좋아진다. 경영성과가 시원치 않던 IBM PC 사업부는 결국 중국 기업 레노버(Lenovo)사에 매각되었다.

c. 매킨토시 컴퓨터

〈표 1-2〉에서 매킨토시(Macintosh) 컴퓨터는 미국 애플사가 1984년 발표한 16비트와 32비트 개인용 컴퓨터의 상품명이다. 맥(Mac)이라는 애칭을 갖고 있다. 이에 대응되는 용어로 IBM PC를 줄여 PC라고 한다. 매킨토시는 일반인도 쉽게 사용할 수 있도록 사용자 인터페이스를 중시한 설계로 인기가 높았다. 특히 개인용 컴퓨터로는 최초로 불편한 명령어 구동방식이 아닌 GUI 시스템을 채택했다. 이것은 MS 윈도우보다 10년이나 앞선 것으로 개인용 컴퓨터의 발전에 획기적인 기틀을 마련했다. 마이크로소프트사도 그보다 나중에 1990년 첫 GUI 운영체제를 발표했으나 결국 윈도우 95가 되서야 제대로 빛을 보았다.

애플 컴퓨터는 IBM PC와 달리 타 기종과의 호환성을 허용하지 않아 실제 대중적으로 사용할 수 있는 프로그램들이 많지 않았다. 애플은 IBM PC에 사용된 마이크로소프트사의 운영체제를 사용하지 않고 자신들만의 독자적인 운영체제를 만들어 사용했다. 운영체제가 바뀌면 파일시스템이나 실행파일의 구조가 달라져 일반적으로 응용프로그램이 서로 호환이 되지 않는다. 그러나 애플컴퓨터는 뛰어난 비디오 화질, 사운드 음질, 앞서가는 사양과 무엇보다 운영체제에서 사용자 편리성이 높았다. 매킨토시는 손쉬운 사용방법과 시각, 청각적인 매력으로 특히 교육 분야에서 인기가 높았다. 상업적으로는 그래픽 디자인이나 출판 등의 특정 분야에 주로 사용되었다. 애플 컴퓨터는 한동안 높은 가격으로 IBM PC에 비해 시장 점유율이 매우 낮았지만 마니아층을 형성하면서 시장에서 살아남았다.

d. 애플의 부활

애플은 IBM PC에 대항한 매킨토시 컴퓨터를 선보여 초반에는 대대적인 성공을 거두었지만 사용할 수 있는 소프트웨어가 부족해 늘 불편했다. 결국 값싸고 호환성 좋은 IBM PC의 상승세에 Mac의 판매가 급속도로 줄어들었다. 여기에 회사 내부에서 핵심 엔지니어와 경영진 간의 불화가 겹쳐 스티브 잡스는 1985년 자신이 만든 회사의 경영일선에서 쫓겨난다. 하지만 만성적자에 허덕이던 애플사는 13년 만에 스티브 잡스를 다시 경영 컨설턴트로 불러들인다. 그가 애플의 CEO로 복귀하자 애플은 다시 미국의 대표적인 기업으로 성공가도를 달렸다. 스티브 잡스는 데스크탑이나 노트북 컴퓨터에만 매달리지 않고 인터넷과 접목한 미디어 제품 개발에 눈을 돌렸다. 음원시장의 서비스 모델을 개척하고 MP3 재생기인 아이팟(iPod)를 개발해 세계적인 히트상품을 만들었다. 2007년 아이폰(iPhone)을 발표해 노키아가 주도하던 휴대폰 시장을 스마트폰 시장으로 재편하고 통신 사업자들에게 새로운 통신서비스 모델을 전파시켰다. 2010년에는 애플의 태블릿 컴퓨터인 아이패드(iPad)를 발표해 과거 애플 컴퓨터의 영광을 되찾고 후발 주자들의 추격과 치열한 경쟁을 벌였다. 왕성하게 활동하던 나이에 암으로 사망하기까지 스티브 잡스의 일생은 변화와 혁신의 아이콘으로 전 세계인들에게 각인되었다. 그가 만든 제품의 디자인, 기능과 기술은 IT 산업에서 영원한 1등은 없으며 변화와 기술 혁신만이 끝없는 도전에서 성공할 수 있다는 것을 보여주었다.

1.3.3 이동용 컴퓨터

인텔은 자사의 프로세서를 ① 서버용, ② 탁상용, ③ 이동용 등으로 분류한다. 이들 프로세서를 CPU로 장착한 컴퓨터들은 서로 성능과 기능에서 강조하는 부분에 차이가 있다. 서버용(server)은 신뢰성과 좀 더 강력한 성능을 강조한다. 탁상용(desktop)은 업무능률과 가격대비 성능을, 이동용(mobile)은 네트워크 능력과 저소비전력을 특징으로 한다.

a. 이동용 컴퓨터의 발달

이동용 컴퓨터(mobile computer)의 발달은 탁상용 컴퓨터에서 시작되었다. 〈표 1-3〉에서 ①~⑦의 발달 순서는 기술 개발이나 제품이 출시된 순서가 아니다. 시장에서 이 물건들이 대중적으로 받아들여진 순서이다. 여기에 붙여진 이름들도 주로 시장에서 만들어진 이름들이다.

〈표 1-3〉 이동용 컴퓨터의 발달 과정

순서	컴퓨터의 종류	특징
①	데스크탑(desktop)	책상 위에 올려놓는다는 뜻, 교류 전원을 사용하는 탁상용
②	포터블(portable)	데스크탑과 차이는 바퀴로 이동시킬 수 있도록 제작
③	랩탑(laptop)	무릎 위에 놓는다는 뜻, 타자기만한 크기로 배터리 사용
④	노트북(notebook)	가정용이 아닌 1인 1대 개념의 개인용 컴퓨터
⑤	PDA	디지털 개인 비서(personal digital assistant)라는 뜻, 전자수첩이 휴대용 컴퓨터로 발전한 경우
⑥	스마트폰 (smart phone)	고기능(고성능) 휴대 전화, 이동전화 단말기가 PDA와 결합해 휴대용 컴퓨터로 발전
⑦	태블릿(tablet)	노트북 컴퓨터가 휴대용 수준의 이동용 컴퓨터로 발전

〈표 1-3〉의 ①에서 탁상용 컴퓨터로 불리는 데스크탑은 컴퓨터 용어에서 다른 의미로도 쓰인다. 윈도우 운영체제의 사용자 인터페이스에서 기본 화면으로 사용되는 책상 위 작업환경도 '바탕화면(desktop)'이라고 한다. 영어권에서는 ③, ④를 동일시한다. 노트북 컴퓨터라고 해도 통하지만 영어권에서는 관습적으로 우리식의 노트북보다 랩탑으로 부르는 것이 더 일반적이다.

〈표 1-3〉에서 ⑤ 이하는 키보드를 없애고 터치 패드로 좌표나 글자를 입력한다. ⑤, ⑥의 PDA와 스마트폰은 특히 휴대용 컴퓨터(handheld computer)라고 지칭할 만하다. 손에 들고 다닐(handheld) 정도의 크기이기 때문이다. PDA의 초기 버전은 팜탑(palmtop) 컴퓨터이다. 손바닥 위에 올려놓는다는 뜻으로 초기에는 탁상용 계산기만한 크기였다가 크기가 줄어 PDA 형태로 바뀌었다. 현재의 이동용 컴퓨터 시장은 ⑥, ⑦의 스마트폰과 태블릿 컴퓨터의 시대라고 할 수 있다.

b. 태블릿 컴퓨터

〈표 1-3〉의 ⑦에서 태블릿 컴퓨터(tablet computer)는 노트북 컴퓨터가 PDA나 스마트폰 수준의 휴대성으로 기술이 발전한 것이다. 터치스크린 방식을 주 입력으로 프로그램을 작동시킨다. 손가락이나 내장된 전자펜을 사용해 화면에서 문자나 터치 위치를 인식시킨다. 무선이나 유선 포트를 연결해 마우스나 키보드를 사용할 수 있다. 스마트폰이나 PDA는 대개 소형 이동용 컴퓨터에 맞게 특화된 응용프로그램(application program, 줄여 application 혹은 app), 즉 일명 모바일

앱(mobile app)을 사용하기 때문에 불편하다. 태블릿 컴퓨터는 무선 인터넷 연결이나 필기체 인식 등 이동용 기기의 특성을 모두 갖고 있다. 그러면서도 일반 데스크탑 컴퓨터에서 사용하는 대부분의 응용프로그램들을 그대로 사용할 수 있는 점에서 유용하고 스마트폰과 차별화된다. 하지만 화면이 작고 키보드가 불편해 여전히 데스크탑에 비해 작업성은 떨어진다.

아이패드 이전의 태블릿 컴퓨터들은 시장에서 큰 반응을 얻지 못했다. 마이크로소프트사는 그보다 10년 먼저 윈도우 운영체제를 탑재한 태블릿 PC를 출시했으나 당시에는 크게 호응을 얻지 못했다. 애플의 아이패드가 새로운 이동용 컴퓨터 시장을 연 셈이다. 아이패드와 같은 해 제품을 출시한 삼성전자를 비롯해 많은 업체들이 태블릿 컴퓨터 시장에 뛰어들면서 경쟁이 심화되었다.

단순히 태블릿이라고 하면 기존의 주변기기와 혼동될 수 있다. 이 장치는 그래픽 태블릿(graphics tablet) 혹은 디지타이저(digitizer)라고도 한다. 정교한 디지털 좌표나 도형을 컴퓨터에 입력하기 위해 평판(tablet) 위에서 펜을 사용하는 그래픽 입력장치이다. 특히 손으로 그린 이미지를 입력하기에 편리하다.

c. 컴퓨터의 소형화

이동용 컴퓨터에서 휴대성을 강조하면 크기가 너무 작아져 성능이나 편리성이 떨어진다. 이동용 컴퓨터의 소형화에서 물리적으로 가장 큰 걸림돌이 되는 것은 다음 3가지이다. 이런 제약 조건을 합리적으로 극복해야 소형화가 가능하다.

① 화면 크기
② 배터리 용량
③ 키보드 편리성

화면의 크기는 이동용 컴퓨터의 소형화에 가장 큰 제약을 준다. 화면이 너무 작으면 작업의 효율성이 떨어지고 불편하다. 작은 화면은 고해상도 화면을 구현하기도 어렵다. 작은 화면에 고해상도를 구현하더라도 화면을 확대해 보지 않으면 차이를 쉽게 느끼지 못해 실용성이 떨어진다.

배터리(battery)의 크기가 작아지면 가벼운 대신 용량도 작아져 사용시간이 줄어든다. 배터리 용량을 크게 하면 우선 크기가 커지고 무엇보다 무거워진다. 특히, 스마트폰에서 배터리를 교체할 수 있도록 설계된 제품은 그렇지 않는 제품에 비해 더 실용적이다.

키보드가 너무 작아도 불편하다. 키의 배열과 터치감은 이동용 컴퓨터를 선택하는 중요한 판단 기준이 된다. 수입산 노트북 중에는 영어권에서는 잘 사용하지 않는 오른쪽 시프트(Shift) 키가 너무 작아 한글 사용이 불편한 경우가 있다. 터치패드(touch-pad)처럼 함께 장착된 내장 마우스의 기능은 휴대는 편리하지만 분리형 마우스에 비해 성능이 떨어진다. 이동용 컴퓨터는 가상 키보드를 화면에 보여주거나 기기 밖에 키보드를 투사하기도 한다. 무선 키보드는 물론 노트북 컴퓨터에서 키보드와 화면이 분리되는 등 다양한 키보드 인터페이스가 가능하다.

1.4 컴퓨터의 분류

컴퓨터의 분류 방법은 다양하다. 데이터의 형태에 따라 디지털이나 아날로그 컴퓨터로 구분하기도 한다. 디지털 컴퓨터는 연속된 양의 표현이 불가능하다. 아날로그 컴퓨터는 연속적인 양의 자료를 디지털로 변화시키지 않고 직접 처리할 수 있다. 아날로그와 디지털 컴퓨터를 혼합한 형태를 하이브리드(hybrid, 혼합) 컴퓨터라고 한다. 그 밖에 다른 몇 가지 분류 방법을 알아보자.

1.4.1 컴퓨터의 세대

전자식 컴퓨터의 발달 과정은 전자소자의 발달 과정과 일치한다. 부피가 큰 진공관은 부피가 작은 트랜지스터(transistor)로 대체되었다. 트랜지스터가 다시 집적회로(integrated circuit, IC) 형태로 작아졌다. 이때 〈표 1-4〉처럼 반도체 칩(chip)에 트랜지스터가 집적된 정도에 따라 집적회로의 규모를 분류할 수 있다.

〈표 1-5〉은 전자소자의 발달에 따라 컴퓨터의 세대를 구분하는 방법이다.

〈표 1-4〉 집적회로(IC)의 트랜지스터 집적도

분류	트랜지스터 개수	약어 설명	우리말 표현
SSI	~100	small scale integration	소규모 집적
MSI	~1000	medium scale integration	중규모 집적
LSI	~10,000	large scale integration	대규모 집적
VLSI	~1,000,000	very large scale integration	초대규모 집적
ULSI	1,000,000~	ultra large scale integration	극대규모 집적

〈표 1-5〉 전자소자의 발달에 따른 컴퓨터의 세대 구분

구분	연도	세대별 전자소자
1세대 컴퓨터	1940년대	진공관
2세대 컴퓨터	1950년대	트랜지스터
3세대 컴퓨터	1960년대	집적회로(SSI, MSI)
4세대 컴퓨터	1970년대 이후	마이크로프로세서(LSI, VLSI, ULSI)
5세대 컴퓨터	1980년대 이후	차세대 컴퓨터(VLSI, ULSI)

a. 제1세대 컴퓨터(1940년대)

〈표 1-5〉에서 제1세대 컴퓨터는 작은 백열전구와 같은 진공관을 소자로 사용했다. 부피가 크고 공간을 많이 차지한다. 전력 소비도 많아 열이 많이 발생해 큰 냉각장치가 필요하다. 고장이 많고 수명도 짧다. 주기억장치로 처음에는 수은지연소자 등을 사용하다 후에 자기드럼으로 교체되었다. 소프트웨어보다 하드웨어 설계에 중점을 둔 시대로 주로 기계어로 프로그래밍을 했다. 주로 과학기술계산과 통계자료 분류 등에 사용되었다. 컴퓨터의 상품화와 실용화가 시작된 시기이다.

b. 제2세대 컴퓨터(1950년대)

〈표 1-5〉에서 제2세대 컴퓨터는 진공관 대신 다이오드나 트랜지스터 같은 반도체 소자를 사용했다. 부피와 전력 소비량이 크게 줄고 신뢰성도 향상되었다. 주기억장치 소자로 자기코어가 쓰였다. 보조기억장치로 자기드럼과 자기디스크가 사용되기 시작하면서 저장장치의 용량이 커졌다. 포트란(FORTRAN), 코볼(COBOL), 알골(ALGOL) 등 고급 프로그래밍 언어가 개발된 것도 이 시기이다. 원격 데이터 통신, 운영체제, 다중작업 등의 개념이 도입되었다. 다양한 분야에

이용되기 시작하면서 과학기술은 물론 일반 사무용에도 사용되었다.

c. 제3세대 컴퓨터(1960년대)

〈표 1-5〉에서 제3세대 컴퓨터는 트랜지스터를 반도체 칩에 집약시킨 집적회로(IC)를 사용했다. 중앙처리장치는 더욱 소형화되고 기억장치의 용량은 커졌다. 다양한 소프트웨어를 구현할 환경이 만들어졌다. 운영체제가 발달하면서 다중작업, 실시간처리, 시분할시스템, 사용자 프로그램 등의 체계가 확립되었다. 과학계산이나 통계작업 이외에 일반 사무처리 능력을 확대한 이른바 범용 컴퓨터가 개발되었다. 사용자 인터페이스의 편리성이 연구되고 컴퓨터 기종 간의 프로그램 호환성을 고려한 설계가 시작되었다.

d. 제4세대 컴퓨터(1970년대~현재)

〈표 1-5〉에서 제4세대 컴퓨터는 하나의 칩에 많은 회로를 집적시킨 마이크로프로세서가 CPU로 개발되어 사용되었다. 이를 이용한 초대형 컴퓨터의 제작은 물론 값싸고 성능이 좋은 컴퓨터의 보급이 가능해졌다. 마이크로프로세서를 이용해 공장 자동화와 사무 자동화에 필요한 각종 산업용, 업무용 기기가 발달했다. 또한 가전제품 및 통신장비의 발달과 함께 개인용 컴퓨터의 대중화시대를 열었다.

e. 제5세대 컴퓨터(1980년대~미래)

〈표 1-5〉에서 제5세대는 다양한 방법으로 차세대 컴퓨터를 연구하고 있다. 점점 크기는 작아지고 용량과 성능은 뛰어난 지능형 컴퓨터가 개발되고 있다. 수만 개의 마이크로프로세서를 연결해 고속연산이 가능하도록 만든 초병렬컴퓨터, 인간의 일부를 대신할 지적능력이나 센서(sensor) 감각을 지닌 컴퓨터, 몸동작을 인식해 움직이는 인공지능형 컴퓨터, 네트워크와 연결된 안경이나 옷처럼 입는 컴퓨터 등이 상품으로 하나씩 개발되고 있다. 또한 사람의 뇌를 본뜬 신경망컴퓨터, 살아있는 생물체의 뇌 기능을 하는 바이오컴퓨터 등의 연구도 진행되고 있다. 이와 함께 인공지능 이용해 인간이나 동물의 동작을 모방한 로봇의 개발도 활발하다. 인간의 신체 일부를 대신하는 입는 로봇도 계속 상용화되고 있다.

1.4.2 처리 능력에 따른 분류

컴퓨터를 나누는 가장 일반적인 분류 방법은 처리 능력에 따라 분류하는 것이다. 컴퓨터의 성능과 사용자 수에 따라 분류한다. 기본적으로 처리 용량, 처리 속도, 규모와 가격에서 차이가 난다. 사용자 수로 컴퓨터를 대형, 중형, 미니로 나누는 이 방식은 컴퓨터의 활용도가 높지 않았던 과거 1960~70년대 개념이다. 주로 전산계통에 종사하는 이들의 오래된 관습에 의한 표현이다. 요즘은 이런 구분이 애매해지고 있다. 일반 대중의 생활 속에 깊이 파고든 개인용 컴퓨터의 성능은 기술발전에 따라 눈에 띄게 좋아지고 있다. 그 결과 최근에는 소형과 대형의 2종류로 양극화가 심화되는 현상을 보여주고 있다.

a. 소형컴퓨터

마이크로프로세서를 핵심으로 설계해 마이크로컴퓨터(microcomputer)라는 표현을 쓰기도 한다. 하지만 요즘에 마이크로프로세서를 CPU로 사용하지 않는 컴퓨터는 없다. 소형컴퓨터에는 개인용 컴퓨터와 전문가용 워크스테이션 등이 있다. 명령어 체계와 주소지정 방식 등에서 대형컴퓨터와 크게 다른 점은 없지만 하드웨어 회로의 분산형식, 처리속도 등에서 차이난다. 워크스테이션(workstation)은 과학기술 등 특정 업무에 응용될 목적으로 설계된 고성능 마이크로컴퓨터이다. 주로 한 번에 한명씩 접속해서 사용하도록 설계되었다. 소수의 인원이 동시에 접속해 사용할 수도 있으며 작업환경을 공유해 공동의 작업을 할 수도 있다.

b. 중형컴퓨터

중형컴퓨터는 중소기업의 업무나 학교 정도의 규모에서 사용하는 미니컴퓨터(minicomputer)급 기종을 말한다. 일반 대학정도의 주전산기도 미니컴퓨터 급이 많다. 관습적으로 쓰이는 '미니'라는 표현은 대형컴퓨터에 비해 작다는 뜻이다.

c. 대형컴퓨터

대형컴퓨터는 큰 조직의 전산화를 위해 대형으로 설계된 다중 사용자용 컴퓨터로 일명 메인프레임(mainframe)이라고도 한다. 주로 행정업무용으로 대기업과

은행, 증권거래소, 연구소 등에서 사용하는 주전산기를 말한다. 메인프레임은 '주요 뼈대'라는 뜻으로, 초기 컴퓨터에서 중앙처리장치와 주기억장치를 구성하던 커다란 캐비닛을 가리키던 말이다.

d. 슈퍼컴퓨터

특수 목적용 컴퓨터로 슈퍼컴퓨터(supercomputer)는 처리 속도가 무척 빠르고 처리 용량이 대단히 커서 많은 양의 계산을 요구하는 데 사용된다. 국방이나 첨단 연구의 목적으로 공공기관, 기업연구소나 대학 등에 설치된다. 비행기나 우주선을 설계할 때 필요한 모의 테스트나 기상예측, 기후연구, 가스나 석유탐사, 기초과학 연구, 양자역학, 생화학 분자 모델링, 핵무기나 핵융합 연구처럼 많은 양의 계산과 확률적으로 복잡한 경우를 요구하는 과학적인 연구에 사용된다. 슈퍼컴퓨터의 구성 개념으로 과거에는 복수의 연산 장치를 고도로 분업화시켜 계산능력을 높였다. 1990년대 말부터는 수많은 프로세서를 상호 연결해 사용하는 대규모 병렬 슈퍼컴퓨터(massively parallel supercomputer)로 설계하고 있다.

1.4.3 사용 기능에 따른 분류

요즘은 소형 컴퓨터의 성능과 기능이 강화되어 기존 상위 기종을 능가하는 일이 계속되면서 성능으로 컴퓨터를 분류하는 일은 기준이 애매해졌다. 이에 따라 1980년대부터는 주로 사용 목적과 기능에 따라 분류하려는 경향이 생겼다.

a. 중앙집중식 전산시스템

중앙집중식 전산시스템(centralized computing system)은 프로그램을 실행하는 능력을 중앙컴퓨터가 가지고 있다. 예전의 컴퓨터는 많은 사람들이 원격 단말기로 전산실에 위치한 중앙컴퓨터에 접속(on-line)한 상태로 사용했다. 이 시스템에서 사람들이 사용하던 단말기는 계산 능력이 없이 중앙컴퓨터와 통신 기능만을 수행하는 모니터와 키보드로 일종의 입출력장치였다. 요즘 컴퓨터는 이런 기능을 흉내 내어 원격 단말기의 역할을 수행한다.

b. 독립형 컴퓨터

독립형 컴퓨터(stand-alone computer)는 중앙집중식 컴퓨터에 연결되지 않더라도 혼자 독자적으로 계산할 능력이 있는 컴퓨터를 말한다. 요즘 개인용 컴퓨터는 성능이 우수해 한 대에서 웬만한 작업이 모두 가능하다. 문서작성이나 표 계산 등 스스로의 필요한 계산능력을 충분히 보유하고 있다.

c. 분산 컴퓨팅 혹은 분산처리시스템

분산처리시스템(distributed computing system)은 인터넷처럼 네트워크(network)에 컴퓨터가 연결되어 외부 자원을 공유해 사용하는 시스템을 말한다.

오늘날 세계 최대의 컴퓨터 통신망이 된 인터넷(internet)의 역사는 이렇다. 냉전 시대였던 1960년대 미국 정부는 적의 핵공격을 받아 수도가 통신 불능상태에 빠질 것을 염려했다. 이에 아파넷(ARPANET)이라는 별도의 비상 통신망을 구축했다. 하나의 중심거점을 두지 않고 여러 곳에 컴퓨터를 분산시켜 피해가 최소화되도록 고안했다. 처음에는 군사용이라 민간인 사용이 불가능했다. 이 컴퓨터 망이 워낙 통신효율이 뛰어나자 1980년대부터 학계에서 이용하게 해달라는 요구가 일어났다. 미국 정부는 군사목적의 망을 분리한 뒤 1990년 미국과학재단에 상업목적이 아닌 공공목적의 학술연구용으로 나머지 네트워크를 사용할 수 있도록 허락했다. 그러자 입소문이 나면서 불법 사용자가 더욱 늘어나다가 1995년 마침내 일반에게 인터넷 망이 개방되었다.

1.4.4 서버와 클라이언트

컴퓨터통신에서 서버와 클라이언트의 의미를 알아보자. 서버 컴퓨터는 정보를 저장하고 정보를 제공해준다. 클라이언트 컴퓨터는 정보를 제공받아 사용자에게 정보를 보여준다. 서버(server)는 '봉사자'라는 의미로 '서비스 제공자'이다. 클라이언트(client)는 '고객'이라는 의미로 '서비스 요구자'이다.

서버와 클라이언트는 음식점에서 고객이 주문하고 종업원에게 서비스 받는 일로 비유된다. 컴퓨터통신에서 서비스로 제공할 정보는 주고받는 파일이다. 파일을 공급해주는 쪽의 컴퓨터가 서버이고 파일을 받는 쪽의 컴퓨터가 클라이언트이다. 인터넷 웹(web) 서비스에서 홈페이지의 내용이 담겨져 있는 컴퓨터를 웹 서버라고 한다. 웹 서버에 실린 홈페이지의 내용을 꺼내보는 일반 사용자들의 컴퓨터를 웹 클라이언트라고 한다. 웹 클라이언트는 인터넷 익스플로러와 같은 웹 브라우저(browser)를 이용해 웹 페이지를 열어볼 수 있다. 요즘 컴퓨터는 성능이 우수해 대부분 서버가 될 수 있으며 동시에 클라이언트가 될 수 있다.

1.5 정보의 표현

1.5.1 숫자 코드

일반적인 영어 표현에서 코드(code)는 '암호나 부호'를 이야기한다. 컴퓨터 용어에서 코드는 '컴퓨터의 처리형식에 맞도록 부호화된 프로그램 명령이나 데이터'를 가리킨다. 컴퓨터와 의사소통할 때 사용되는 언어는 기계가 이해할 수 있도록 비트로 구성된 숫자 코드이다. 비트(BInary digiT, BIT)는 2진수 체계에서 정보의 기본 단위로 1과 0을 표현한다.

〈표 1-6〉 2진수로 만든 숫자 코드들

2진수	8진수	16진수	10진수	10진수	2진수	16진수	10진수	10진수
binary	octal	H	decimal	BCD	binary	H	decimal	BCD
0000	0	0	0	0	1000	8	8	8
0001	1	1	1	1	1001	9	9	9
0010	2	2	2	2	1010	A	10	N.A.
0011	3	3	3	3	1011	B	11	N.A.
0100	4	4	4	4	1100	C	12	N.A.
0101	5	5	5	5	1101	D	13	N.A.
0110	6	6	6	6	1110	E	14	N.A.
0111	7	7	7	7	1111	F	15	N.A.

〈표 1-6〉에서 2진수로 만든 숫자 코드로 8진수는 3비트를 사용하고 10진수와 16진수는 4비트를 사용한다. H 기호는 16진수(hexadecimal 혹은 hex)를 나타내고, BCD는 2진화 10진수(binary-coded decimal)를 표시한다. N.A. 표시는 사용하지 않음(not applicable 혹은 available)을 나타낸다. 이 책에서는 필요시 숫자 코드 뒤에 작은 첨자로 진법을 표시해 구분하기로 한다.

〈표 1-7〉 프로그래밍 언어와 16진수 숫자 코드

언어	표시 방법	예
어셈블리 언어	대개 'H'를 뒤에 덧붙인다. A~F가 맨 앞에 오면 문자가 아닌 숫자임을 구분하기 위해 앞에 0을 추가하기도 한다.	1234H
C 언어	숫자 0과 알파벳 x를 조합한 '0x'를 접두사로 앞에 덧붙인다.	0x1234
XML	'&#x'를 접두사로 앞에 덧붙인다.	&#x1234
유니코드	'U+'를 접두사로 앞에 덧붙인다.	U+1234
HTML	24비트 RGB 컬러 코드는 16진수 숫자 앞에 '#'을 덧붙인다.	#FF0000

실제 프로그래밍 언어마다 숫자 코드를 나타내는 규칙이나 표현이 다르다. 숫자 코드에 보통 접두사나 접미사로 진법의 단위가 되는 기호를 붙인다. 안 붙이면 관습적으로 10진수 숫자임을 나타낸다. 3비트로 만든 8진수 숫자 코드를 나타낼 때는 접두사로 숫자 0, 알파벳 o나 q 또는 이들을 조합한 0o 등을 앞에 붙인다. 16진수 숫자 코드는 프로그래밍 언어에 따라 다양한 표현 방법이 사용된다.

〈표 1-7〉에 16진수 '1234'의 예를 나타내었다. 다른 예로 웹페이지에서 HTML의 24비트 RGB(red, green, blue) 색상 코드 '#FF0000'는 빨강이다.

1.5.2 컴퓨터 워드

컴퓨터 단어 또는 컴퓨터 워드(computer word)는 컴퓨터에서 한 번에 처리하는 고정된 크기의 비트 그룹의 단위이다. 명령어나 데이터를 처리할 때 자주 사용하는 비트 수를 규칙으로 정한 것이다. 다음처럼 컴퓨터 워드를 몇 가지 방법으로 정의할 수 있다. ①은 하드웨어적인 관점이고 ②, ③은 소프트웨어적인 관점이다.

① CPU에서 한 번에 처리할 수 있는 비트 수

② 운영체제에서 사용하는 커널의 비트 수 : 〈표 1-8〉 참조

③ 컴파일러에서 사용하는 데이터 단위 : 〈표 1-9〉 참조

〈표 1-8〉 MS 운영체제와 커널의 비트 수

커널 기반	비트 수	MS사의 운영체제
윈도우 9.x	16	MS-DOS, 윈도우 3.1, 95, 98, ME
윈도우 NT	32	윈도우 NT, 2000
	32 / 64	윈도우 XP 이후의 운영체제들

컴파일러는 〈표 1-9〉과 같이 다양한 길이의 데이터 단위를 사용할 수 있다. 대개 바이트 크기까지는 공통으로 사용한다. 16비트 이상의 표현은 다양하다. 전통적으로 각 사마다 약간씩 다른 표현을 사용하고 있다. CPU 제조사나 컴파일러 제작사마다 데이터 단위에서 워드의 정의나 비트 길이가 다를 수 있다.

〈표 1-9〉 데이터 단위

비트 수	데이터 단위 예
4	니블(nibble)
8	바이트(byte)
16	워드(word)
32	더블 워드(double word, dword)
64	쿼드러플 워드(quadruple word, qword)
128	악터플 워드(octuple word, oword) 혹은 더블 쿼드러플 워드(double quadruple word, dqword)

1.5.3 문자 세트

컴퓨터에 사용되는 문자 세트(character set)는 정보를 표현하는 문자 코드의 집합을 정의한 것이다. 대표적인 문자 세트로 과거부터 7비트로 확정된 아스키 문자와 계속 문자가 추가될 수 있는 유니코드 문자가 있다. 문자 세트와 문자 인코

딩과의 관계를 [그림 1-2]에 나타내었다.

문자 인코딩(character encoding)은 문자 세트에 정의된 문자들을 컴퓨터에서 사용할 수 있도록 부호화하는 것이다. 코드 페이지(code page)라고도 한다. 같은 문자 세트에 대해 다양한 인코딩 방법이 사용될 수 있다. 인코딩 방법은 데이터의 호환성과 확장성을 고려하기 때문에 다소 복잡한 체계를 갖고 있다. 많이 사용되는 UTF-8과 UTF-16은 유니코드 문자의 대표적인 인코딩 방법이다.

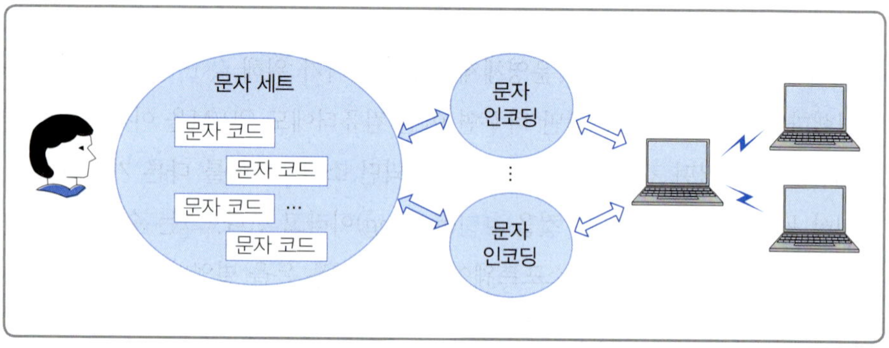

[그림 1-2] 문자 세트와 문자 인코딩

a. 아스키 문자 코드

아스키(ASCII, american standard code for information interchange)는 '정보 교환을 위한 미국 표준 부호'라는 뜻의 영문약자이다. 컴퓨터에서 영문과 숫자를 표현하기 위해 1960년대부터 사용해온 가장 대표적인 문자 코드이다. 영어식 발음은 '애스키(ass-kee)'이다. 일반적으로 아스키 파일(file)이라고 하면 7비트 표준 아스키 문자 코드만을 포함한다.

아스키 문자 코드의 집합을 아스키 문자 세트(character set)라고 한다. 표준 아스키 문자 코드는 7비트 인코딩을 사용한다. 7비트 표준 아스키 문자 세트를 10진수 숫자 코드 범위로 표현하면 0~127의 128개이다. 그 용도는 〈표 1-10〉과 같이 인쇄가 불가능한 문자(33개)와 인쇄가 가능한 문자(95개)로 정해져 있다. 영문 알파벳 대소문자 52개, 숫자 10개, 구두법 기호(punctuation) 등의 특수 문자 32개, 공백 문자 1개는 인쇄가 가능하다. 표준 아스키 문자는 영문만 표현한다.

〈표 1-10〉 확장 아스키 문자 세트

문자 세트	숫자 코드		용도
lower ASCII (표준 아스키)	0~127	0~31, 127	인쇄가 불가능한 출력 제어 문자
		32~126	인쇄가 가능한 문자
higher ASCII	128~255		표준 아스키 문자 세트에 추가

8비트 확장(extended) 아스키 문자 세트는 표준 아스키 문자 세트를 확장해 외국 글자도 표현하기 위해 도입되었다. 표준 아스키에 추가로 128개의 외국 문자나 그래픽 문자를 포함한다. 추가된 문자는 프로그램으로 변경이 가능하다. 국가별, 하드웨어, 소프트웨어 제조사 별로 확장 아스키 문자 세트가 다를 수 있다.

hex	0	1	2	3	4	5	6	7	8	9	A	B	C	D	E	F
0x	NUL	SOH	STX	ETX	EOT	ENQ	ACK	BEL	BS	HT	LF	VT	FF	CR	SO	SI
1x	DLE	DC1	DC2	DC3	DC4	NAK	SYN	ETB	CAN	EM	SUB	ESC	FS	GS	RS	US
2x	space	!	"	#	$	%	&	'	(	)	*	+	,	-	.	/
3x	0	1	2	3	4	5	6	7	8	9	:	;	<	=	>	?
4x	@	A	B	C	D	E	F	G	H	I	J	K	L	M	N	O
5x	P	Q	R	S	T	U	V	W	X	Y	Z	[	₩	]	^	_
6x	`	a	b	c	d	e	f	g	h	i	j	k	l	m	n	o
7x	p	q	r	s	t	u	v	w	x	y	z	{	|	}	~	DEL
8x	€		‚	ƒ	„	…	†	‡	ˆ	‰	Š	‹	Œ		Ž	
9x		'	'	"	"	•	–	—	˜	™	š	›	œ		ž	Ÿ
Ax	NBSP	¡	¢	£	¤	¥	¦	§	¨	©	ª	«	¬	SHY	®	¯
Bx	°	±	²	³	´	µ	¶	·	¸	¹	º	»	¼	½	¾	¿
Cx	À	Á	Â	Ã	Ä	Å	Æ	Ç	È	É	Ê	Ë	Ì	Í	Î	Ï
Dx	Ð	Ñ	Ò	Ó	Ô	Õ	Ö	×	Ø	Ù	Ú	Û	Ü	Ý	Þ	ß
Ex	à	á	â	ã	ä	å	æ	ç	è	é	ê	ë	ì	í	î	ï
Fx	ð	ñ	ò	ó	ô	õ	ö	÷	ø	ù	ú	û	ü	ý	þ	ÿ

(a) 윈도우 ANSI 코드(Windows-1252)

hex	0	1	2	3	4	5	6	7	8	9	A	B	C	D	E	F
8x	PAD	HOP	BPH	NBH	IND	NEL	SSA	ESA	HTS	HTJ	VTS	PLD	PLU	RI	SS2	SS3
9x	DCS	PU1	PU2	STS	CCH	MW	SPA	EPA	SOS	SGCI	SCI	CSI	ST	OSC	PM	APC

(b) 유니코드(Unicode)

[그림 1-3] 윈도우 ANSI 코드와 유니코드

b. 윈도우 ANSI 코드

ANSI(american national standards institute)는 '미국국가표준협회'의 영문 약자이다. 미국 내 산업표준을 제정하는 비영리 기구로 영어식 발음은 '앤시'이다. 여기서 제정된 표준을 ANSI 표준이라고 한다. 국제표준화기구(international organization for standardization, ISO)에 가입되어 있어 공통으로 채택한 규격이 많다.

MS 윈도우 운영체제에서 사용하는 일명 ANSI 코드 페이지는 대표적인 8비트 확장 아스키 문자 인코딩 방법이다. 7비트 아스키 코드에 유럽 문자를 추가했다. 그러나 정작 이름과는 달리 실제로는 ANSI 표준으로 채택되지 못했다. 대신 인터넷 할당 번호 관리기관인 IANA(internet assigned numbers authority)에서 문자 인코딩 방법으로 정식 승인받은 이름은 Windows-1252이다.

[그림 1-3]의 256개 코드는 표준 아스키 코드, 윈도우 ANSI 코드, 유니코드와의 관계를 보여준다. (a)는 MS 윈도우 운영체제에서 일명 ANSI 코드라고 부르는 Windows-1252이다. 이중 0x00~7F는 7비트 표준 아스키 문자 코드이다. 0x00~1F, 7F는 인쇄되지 않는 제어 문자로 현재는 더 이상 사용되지 않는다. 0x81, 8D, 8F, 90, 9D는 미사용 중이다. (b)는 유니코드 표준이 Windows-1252와 다른 부분이다. 유니코드는 이 0x80~9F 부분을 제어 문자로 사용한다.

c. 유니코드

유니코드는 본래 IBM, 애플, 마이크로소프트 등이 설립한 컨소시엄(consortium)의 명칭이다. 유니코드 표준은 1990년대부터 국제표준으로 계속 제정되고 있다.

유니코드(unicode, universal code, 만국공통 코드)는 전 세계 언어의 문자 코드를 모두 포함하려는 컴퓨터 산업계의 국제 표준이다. 언어별로 다양한 비트 수와 문자 코드가 혼재하던 것을 하나의 문자 세트로 모아 규칙으로 제정한다. ISO 산하의 국제전자기술위원회(international electro-technical commission, IEC)의 규격이다. 공식 명칭은 ISO/IEC 10646(universal multiple-octet coded character set)이다. 유니코드는 XML, Java 프로그래밍 언어, MS .NET Framework 등 인터넷 언어와 윈도우 등 많은 운영체제에 채택되면서 급속히 대중화되었다.

유니코드는 U+0000~10FFFF 범위를 0000~FFFF 단위로 최대 (17판)×(65,536개)인 약 100만 개의 문자를 표현한다. 코드 범위 U+0000~FFFF인 기본 다국어 판(basic multilingual plane, BMP)에는 16진수 4자리가 사용되고 그 이상은 5~6자리가 사용된다. 현재 10만 개 정도의 문자 코드가 할당되었고 계속 추가될 수 있다.

BMP에는 한글과 한자 등이 포함된다. 한글 음절(hangul syllables) 표현은 1996년에 기존의 16비트 확장완성형 11,172자를 모두 유니코드에 포함시켰다. 유니코드는 완성형과 조합형 형태를 모두 제공한다. 조합형의 장점인 초성, 중성, 종성도 가능하다. 예를 들어 '강'이라는 글자는 완성형 문자 코드 'U+AC15'를 사용한다. 또한 조합형 문자 코드로 만들 수 있다. 초성 'ㄱ', 중성 'ㅏ'와 종성 'ㅇ'을 모아 'U+1100, U+1161, U+11BC'로 표현할 수 있다.

d. UCS와 UTF

유니코드 문자의 대표적인 인코딩 방법은 〈표 1-11〉처럼 ① UCS와 ② UTF가 있다. UCS(universal character set)는 문자 세트 자체로 ISO/IEC 규격이다. UCS는 바이트 대신 8비트에 옥텟(octet)이라는 단위를 사용한다. 특징은 UCS-2, UCS-4처럼 코드 길이가 2바이트나 4바이트로 고정된다.

〈표 1-11〉 유니코드의 주요 인코딩 형식

형식	길이	문자 코드 표현
UCS-2	2B	2바이트로 BMP 밖의 영역은 표현 불가능, UTF-16의 일부
UCS-4	4B	4바이트로 하나의 문자를 표현
UTF-8	가변	ASCII 1바이트, BMP 내부 2~3바이트, BMP 외부 4바이트
UTF-16	가변	UCS-2를 확장, BMP 내부 2바이트, BMP 외부 4바이트
UTF-32	4B	UCS-4와 기능적으로 동일

UTF(unicode transformation format)는 유니코드 컨소시엄에서 만든 전송 형식이다. UTF는 문자 코드의 비트 길이가 가변될 수 있다. UFT-7, UFT-8, UFT-16, UFT-32처럼 최소 비트 수로 형식을 구분한다. 〈표 1-11〉의 UTF-8과

UTF-16 인코딩은 유니코드 표준의 모든 문자를 표현할 수 있다. 둘 다 BMP 바깥은 4바이트를 사용하지만 실제로 이 영역은 거의 쓰이지 않는다. UTF-8은 7비트 ASCII 문자인 U+00~7F 범위만 1바이트로 표시하고, U+80~7FF 범위는 2바이트, BMP 내의 나머지 문자들은 3바이트 인코딩을 사용한다.

'A'라는 문자 코드는 UTF-8, UTF-16, UTF-32 인코딩에서 각각 'U+41', 'U+0041', 'U+00000041'로 표시할 수 있다. UTF-8은 이메일이나 웹페이지를 위해서도 많이 사용된다. UTF-8과 UTF-16 중 어느 인코딩이 더 적은 바이트를 사용하는지 일반적인 압축 알고리즘을 사용할 경우 그 차이는 무시할 수 있을 정도이다. 2바이트 이상 사용하는 인코딩은 텍스트 파일의 앞부분에 BOM(byte order mark, 바이트 순서 표시)를 두어 바이트 순서를 알 수 있게 한다.

연습문제

1. 과거에 컴퓨터라고 불렸던 직업을 가진 사람들이 하던 일을 모두 골라라.
   ① 배의 항로 계산　② 백화점 계산원　③ 포탄의 탄착점 계산
   ④ 병원 간호사　⑤ 전화국 교환원　⑥ 에니악 배선작업

2. 외부 프로그램이나 데이터 입력을 받아들여 내부 전자회로에서 자료를 계산하거나 처리해 정보를 저장하고 결과를 출력하는 기계를 무엇이라고 하는가?

3. 컴퓨터시스템의 기본 구성 요소는 어떤 것이 결합되어야 하는지 2가지 골라라.
   ① 전원장치　② 응용프로그램　③ 모니터
   ④ 하드웨어　⑤ 시스템소프트웨어　⑥ 키보드

4. 컴퓨터시스템의 구성 요소를 수정하기 어려운 것부터 순서대로 번호를 적어라.
   ① 소프트웨어　② 펌웨어　③ 하드웨어

5. 컴퓨터시스템의 구성 요소에서 내부적인 동작을 담당하는 전자부품, 각종 보드, 주변장치와 기계 설비 등으로 컴퓨터에서 정보가 실제로 처리되는 물리적인 장치와 정보의 전송경로를 무엇이라고 하는가?

6. 컴퓨터시스템의 구성 요소에서 외부적인 운영을 담당하며 컴퓨터를 관리하고 활용하기 위한 각종 명령어들의 집합인 프로그램 체계를 무엇이라고 하는가?

7. 소프트웨어의 동의어로 컴퓨터에서 프로그래밍 언어로 작성된 명령어 리스트를 무엇이라고 하는가?

8. 소프트웨어의 동의어로 컴퓨터가 순서에 따라 수행해야 할 작업들의 절차를 나타낸 것을 무엇이라고 하는가?

9. 하드웨어와 소프트웨어의 중간으로 주로 컴퓨터 회로 상의 ROM 등에 설치된 넓은 의미의 시스템 소프트웨어를 무엇이라고 하는가?

10. 컴퓨터의 발달 과정에서 가장 먼저 만들어진 순서대로 번호를 적어라.
① 수동기계식 컴퓨터　② 주판　③ 전자식 컴퓨터
④ 자동기계식 컴퓨터　⑤ 전기기계식 컴퓨터

11. '벌레'에서 유래한 말로 주로 프로그램에서 부정확한 결과나 충돌을 일으키는 오류나 결함을 무엇이라고 하는가?

12. '벌레 제거'라는 표현으로 프로그램에서 코딩 오류를 찾아 수정하는 작업을 무엇이라고 하는가?

13. 두 가지 상태나 모드 사이를 교대로 전환하는 동작을 무엇이라고 하는가?

14. 어떤 컴퓨터시스템에서 사용되던 소프트웨어를 다른 기종의 컴퓨터에서 동작하도록 이식하는 것을 무엇이라고 하는가?

15. 영어로 복제품이라는 뜻이지만 컴퓨터에서 다른 시스템을 모방하여 하드웨어나 소프트웨어가 같은 기능을 갖는 호환기종을 뜻하는 말을 무엇라고 하는가?

16. 다음 용도에 맞는 프로세서의 종류를 【보기 A】에서 찾아 번호를 적어라.
(a) 업무능률과 가격대비 성능
(b) 신뢰성과 강력한 성능
(c) 네트워크 능력과 저소비전력

보기 A　① 서버용(server)　② 탁상용(desktop)　③ 이동용(mobile)

17. 이동용 컴퓨터의 발달 순서대로 번호를 적어라.
① 데스크탑　② 랩탑　③ PDA　④ 스마트폰
⑤ 노트북　⑥ 포터블　⑦ 태블릿

18. '디지털 개인 비서'라는 뜻의 영문 약자로 전자수첩이 휴대용 컴퓨터로 발전한 경우를 무엇이라고 하는가?

19. 이동용 컴퓨터의 발달 과정에서 이동전화 단말기가 PDA와 결합해 휴대용 컴퓨터로 발전한 경우를 무엇이라고 하는가?

20. 이동용 컴퓨터의 발달 과정에서 노트북 컴퓨터가 휴대용 수준의 이동용 컴퓨터로 발전한 경우를 무엇이라고 하는가?

21. 정교한 디지털 좌표나 도형을 컴퓨터에 입력하기 위해 평판 위에서 펜을 사용하는 그래픽 입력장치를 무엇이라고 하는가?

22. 이동용 컴퓨터의 소형화에서 물리적으로 가장 제약이 되는 3가지를 골라라.

① 가격　② 화면　③ 배터리
④ 성능　⑤ 외관　⑥ 키보드

23. 집적회로 표현에서 트랜지스터 집적 규모가 큰 것부터 순서대로 번호를 적어라.

① LSI　② MSI　③ ULSI
④ SSI　⑤ VLSI

24. 컴퓨터의 세대 구분에서 전자소자의 발달 순서대로 번호를 적어라.

① 트랜지스터　② 진공관
③ 마이크로프로세서　④ 집적회로(MSI)

25. 처리능력으로 분류하여 성능이 높은 컴퓨터부터 순서대로 번호를 적어라.

① 미니컴퓨터　② 슈퍼컴퓨터　③ PC
④ 메인프레임　⑤ 워크스테이션

26. 처리능력에 따른 컴퓨터의 분류방식에 포함되는 것을 【보기 B】에서 모두 골라라.

보기 B

① 소형컴퓨터　② 중앙집중식 전산시스템
③ 대형컴퓨터　④ 독립형 컴퓨터
⑤ 슈퍼컴퓨터　⑥ 중형컴퓨터
⑦ 분산처리시스템

27. 사용 기능에 따른 컴퓨터의 분류 방식에 포함되는 것을 【보기 B】에서 모두 골라라.

28. 다음 설명에 적합한 컴퓨터의 분류를 【보기 B】에서 골라 번호를 적어라.
(a) 주전산기를 가리키는 말로 일명 메인프레임으로 불린다.
(b) 개인용 컴퓨터나 워크스테이션이 속한다.
(c) 국방이나 첨단 연구 목적으로 쓰인다.
(d) 혼자 독자적으로 계산할 능력이 있는 컴퓨터를 말한다.
(e) 인터넷처럼 외부 자원을 공유해 사용한다.

29. '봉사자'라는 영어표현으로 서비스 제공자이며 파일을 공급해주는 컴퓨터를 무엇이라고 하는가?

30. '고객'이라는 영어표현으로 서비스 요구자이며 파일을 공급받는 컴퓨터를 무엇이라고 하는가?

31. 컴퓨터에서 한 번에 처리하는 고정된 크기의 비트 그룹의 단위를 무엇이라고 하는가?

32. 컴퓨터 워드에 대한 정의로 사용할 수 있는 것을 모두 골라라.
① 커널의 비트 수
② 데이터버스의 비트 수
③ 입출력버스의 비트 수
④ 컴파일러에서 사용하는 데이터 단위
⑤ 시스템버스의 비트 수
⑥ CPU에서 한 번에 처리할 수 있는 비트 수

33. 컴퓨터에서 사용되는 문자 코드의 집합을 정의한 것을 무엇이라고 하는가?

34. 문자 세트에서 정의된 문자들을 컴퓨터에서 사용할 수 있도록 부호화하는 문자 인코딩을 다른 말로 무엇이라고 하는가?

35. '정보 교환을 위한 미국 표준 부호'라는 뜻의 영문약자로 컴퓨터에서 사용하는 가장 대표적인 문자 코드를 무엇이라고 하는가?

36. 확장 아스키 문자 코드와 표준 아스키 문자 코드는 각각 몇 비트인지 순서대로 번호를 적어라.
① 4비트
② 7비트
③ 8비트
④ 16비트
⑤ 32비트

37. 전 세계 언어의 문자 코드를 모두 포함시키기 위해 ISO/IEC에서 제정한 컴퓨터 산업계의 국제 표준을 무엇이라고 하는가?

38. 유니코드 문자의 대표적인 인코딩 방법을 모두 골라라.

① ASCII ② UTF ③ IANA
④ KS ⑤ ANSI ⑥ UCS

39. 유니코드 문자의 인코딩 형식 중 코드 길이가 고정된 것을 모두 골라라.

① UCS-2 ② UCS-4 ③ UTF-8
④ UTF-16 ⑤ UTF-32

02 CHAPTER

기본 구조와 동작

COMPUTER ARCHITECTURE

2장은 컴퓨터시스템의 기본 구조와 동작을 전반적으로 이해하는 부분이다. '나무를 보고 숲을 보지 못한다.'는 속담이 있다. 부분만 보고 전체는 보지 못하는 근시안적인 행동을 말할 때 사용된다. 2장은 전체이다. 3장 이후는 CPU, 메모리, 하드디스크, 입출력장치 등 하드웨어 부분들이 나온다. 2장은 컴퓨터시스템의 세부적인 부분을 배울 때 지금 어떤 부분을 설명하고 있는지 개념을 잡아주는 역할을 한다.

1982년 M. Morris Mano가 쓴 〈Computer System Architecture〉 2판에도 이런 말이 나온다. '컴퓨터시스템은 기본적으로 **하드웨어 요소**와 **시스템 소프트웨어 요소**가 결합된다.' 이 말은 운영체제가 도입되던 1950~60년대부터 나온 개념이다. 컴퓨터구조를 다루는 책들은 전통적으로 하드웨어를 위주로 설명한다. 이때 서브루틴, 인터럽트 핸들러, 컴파일러, 다중작업, 운영체제 등의 역할이 전반에 걸쳐 곳곳에 등장한다. 개념적으로 이런 내용들을 미리 정리해 둘 필요가 있다. 2장은 하드웨어는 물론 운영체제와 소프트웨어의 역할을 이해하고 전반적인 동작원리와 흐름을 파악하게 해준다. 또한 컴퓨터의 시동과정을 통해 동작원리를 알기 쉽게 이해하도록 한다.

2장은 컴퓨터시스템의 기본 구조와 동작에 대해서 설명한다. 이곳 2장에서는 하드웨어의 구성, 마이크로컴퓨터, 칩셋, 소프트웨어 역할, 운영체제, 컴퓨터 언어, 다중작업의 원리에 대해 알아본다. 또한 롬 바이오스, 부트스트랩 로더, 시동과정, UEFI, 신호선의 동작, 버퍼의 필요성을 설명한다.

02 CHAPTER

기본 구조와 동작

2.1 하드웨어의 구성

2.1.1 하드웨어 구성 요소

[그림 2-1]처럼 컴퓨터시스템의 하드웨어는 기본적으로 ① 중앙처리장치(CPU), ② 기억장치(memory), ③ 입출력장치(I/O device)로 구성된다.

중앙처리장치(central processing unit, CPU)는 컴퓨터에서 프로그램을 실행하고 데이터를 처리하는 중추적인 역할을 한다. 종종 CPU를 프로세서(processor)라고 부르기도 한다.

기억장치 또는 메모리(memory)에는 CPU가 실행해야 할 프로그램 코드나 데이터가 기록된다. 용도에 따라 주기억장치 혹은 메인메모리(main memory)와 보조기억장치로 나눈다. 메인메모리는 CPU에 가까운 곳에 위치하며 프로그램이 실행 중일 때 주로 사용된다. 반도체 메모리를 주로 사용한다. 보조기억장치는 데이터를 저장할 때 주로 사용한다. 대표적인 보조기억장치는 각종 드라이브이다.

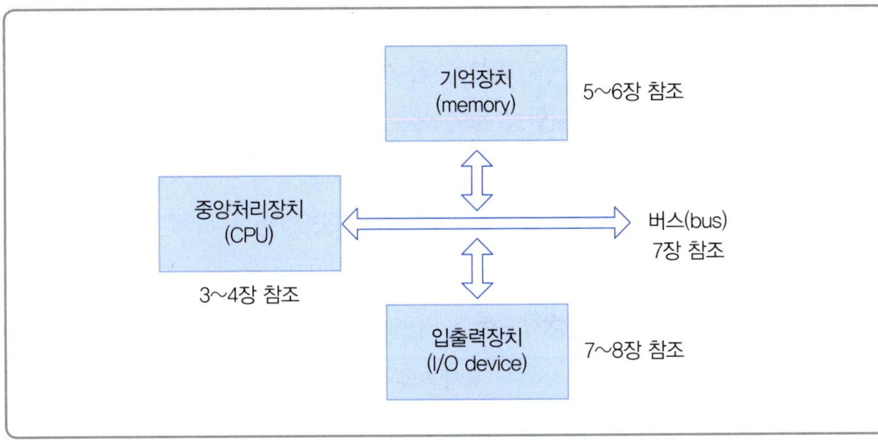

[그림 2-1] 컴퓨터의 하드웨어 기본 구성 요소

입출력장치를 보통 I/O 장치(input/output device)라고 표현한다. I/O를 아이-오(eye-oh)라고 발음한다. 입출력장치의 주요 목적은 컴퓨터와 사용자간 인터페이스로 입출력 데이터를 전송하는 것이다. 입력장치에는 키보드, 마우스, 스캐너 등이 있다. 출력장치에는 프린터, 모니터, 스피커 등이 있다. 입출력이 모두 가능한 장치로는 각종 드라이브와 네트워크 어댑터 등이 있다.

a. 마이크로컴퓨터의 구성 요소

마이크로컴퓨터(microcomputer)는 마이크로프로세서를 CPU로 사용하는 소형 컴퓨터를 말한다. 국어사전이나 영어사전에도 나오는 과거 1970~80년대 만들어진 용어로 지금은 잘 사용되지 않는다. 요즘 컴퓨터에 들어가는 CPU 프로세서는 거의 모두 반도체로 만들어진 마이크로프로세서를 사용한다. 마이크로프로세서도 요즘은 마이크로(-)라는 접두사를 떼고 그냥 프로세서라고 한다. 소형, 중형, 대형 컴퓨터의 하드웨어 구조 차이는 규모가 커질수록 대개 프로세서를 병렬로 연결해 성능을 높이도록 설계한다. [그림 2-2]처럼 마이크로컴퓨터의 하드웨어는 기본적으로 ① CPU부, ② 메모리부, ③ 입출력(I/O)장치 접속부로 구성된다.

① CPU부: [그림 2-2]에서 CPU와 시스템 제어를 위한 칩셋(chipset) 부분이다. 칩셋은 CPU를 도와 메모리나 I/O 장치들을 제어하여 연관된 기능을 수행하도록 설계된 컨트롤러(controller, 제어기) 칩들의 모임이다.

② 메모리부: 롬(ROM)은 읽기전용 메모리로 '프로그램 메모리'라고 한다. 롬 바이오스(ROM BIOS)가 이에 해당한다. 램(RAM)은 읽고 쓰기가 가능한 메모리로 '데이터 메모리'라고 한다. 메인메모리가 이에 해당한다.

③ 입출력장치 접속부: CPU와 입출력장치의 인터페이스 부분이다. [그림 2-2]는 컴퓨터의 본체만 구성 요소로 보고 입출력장치를 분리해 접속부만 포함하는 좁은 의미의 하드웨어 구성이다. 이에 비해 [그림 2-1]은 키보드, 모니터, 프린터 등의 입출력장치도 컴퓨터시스템의 일부로 보는 넓은 의미의 컴퓨터 하드웨어 구성이다.

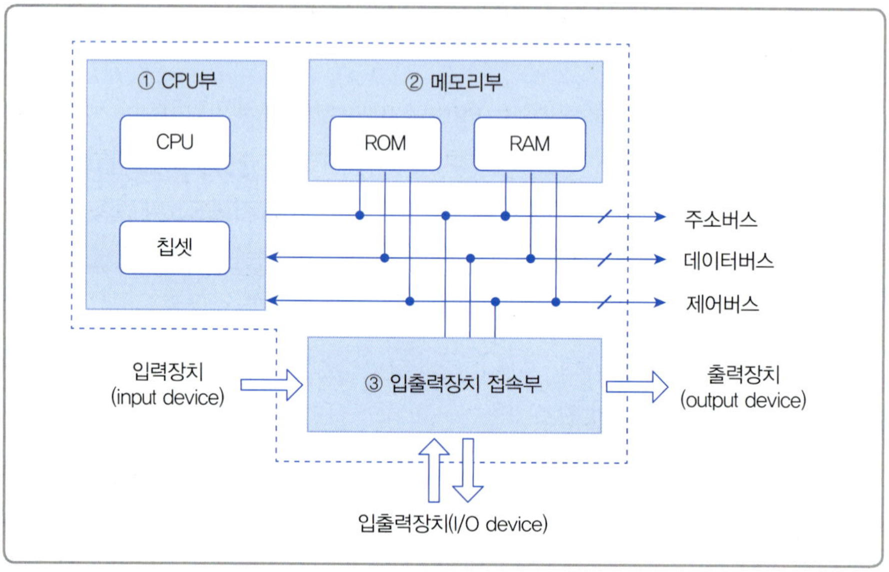

[그림 2-2] 마이크로컴퓨터의 기본 구성 요소

b. 버스의 필요성

컴퓨터시스템에서 버스(bus)는 정보를 교환하기 위해 CPU와 하드웨어 요소들을 연결해주는 신호선들의 집합이다. 전자회로 부품을 연결하는데 사용되는 신호선의 다발이다. 실제의 버스선은 하드웨어로 설치된 전선(hard-wired)이다. 64비트 버스선이란 가느다란 64가닥의 전선이 신호의 연결통로로 사용된다.

버스는 자주 사용하는 신호선의 배선 수를 줄이기 위해 사용된다. [그림 2-3](a)에서 3개의 전자회로 부품을 8비트로 연결하는데 필요한 배선 수는 (6경로)×

(8비트)에서 48개이다. (b)처럼 8비트 버스선을 공동으로 사용하면 배선 수를 (1경로)×(8비트)에서 8개로 줄일 수 있다. 이렇게 하면 실제로 전자부품을 장착할 인쇄회로기판을 설계할 때 회로선들이 차지하는 면적을 상당히 줄일 수 있다. 도면상에서 버스는 [그림 2-4]처럼 다양한 방법으로 표시한다.

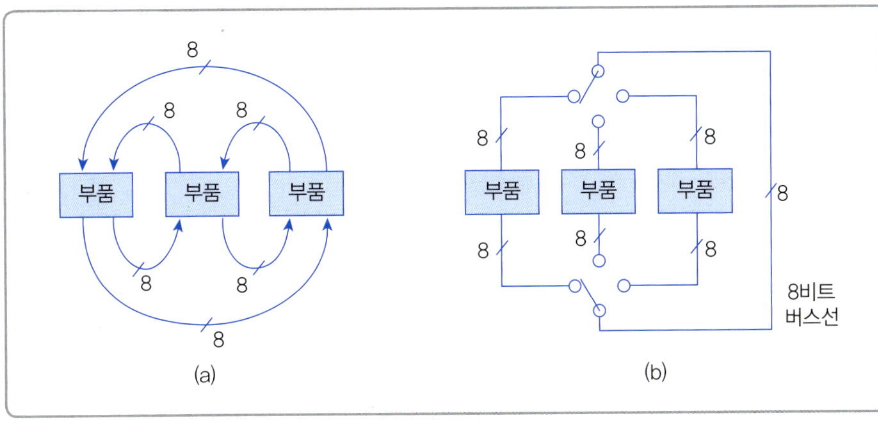

[그림 2-3] 버스 전송의 필요성

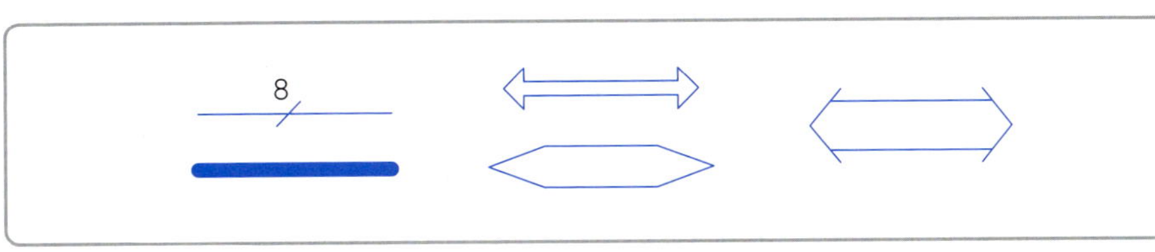

[그림 2-4] 버스선의 다양한 표시 방법

c. 버스의 종류

버스의 종류는 기능으로 분류해 [그림 2-2]처럼 기본적으로 ① 주소버스, ② 데이터버스, ③ 제어버스의 3가지로 나눌 수 있다.

주소버스 또는 어드레스버스(address bus)는 CPU가 외부로 내보내는 주소 신호를 전송하는데 사용되는 하드웨어 전선들의 집합이다. 번지버스라고도 한다. 주소버스의 배선 수는 CPU가 물리적으로 다룰 수 있는 외부 기억장치의 최대 용량을 결정한다. 주소버스가 10가닥, 즉 10비트이면 2^{10}=1024개의 기억장소를 지정할 수 있다. 주소버스는 CPU에 의해 발생되어 메모리와 I/O 장치로 보내지는 주소 정보이기 때문에 단방향(unidirectional) 전송이다.

데이터버스(data bus)는 CPU가 메모리나 I/O 장치와 데이터를 주고받는 통로로 사용되는 하드웨어 전선들의 집합이다. 메모리버스의 폭이나 I/O 버스의 폭은 데이터버스의 비트 수를 이야기한다. 데이터버스의 배선 수는 CPU가 한 번에 전송할 수 있는 비트 수에 따라 결정된다. 데이터버스가 64비트이면 CPU가 한 번에 최대 64비트까지 데이터를 전송할 수 있다. 데이터버스는 CPU가 데이터를 읽고 쓸 수 있도록 양방향(bidirectional) 전송이 가능해야 한다.

제어버스(control bus)는 CPU 내외부에 존재하는 각종 장치를 동작시킬 수 있도록 제어신호를 전송하는 전선들의 집합이다. 제어버스의 신호들은 CPU와 컴퓨터시스템의 구성에 따라 달라진다. 대표적인 제어신호로 기억장치 읽기, 기억장치 쓰기 신호와 입출력장치 읽기, 입출력장치 쓰기 신호가 있다. 제어버스는 목적에 따라 단방향 또는 양방향 전송이 가능하다. 컴퓨터를 설계할 때 CPU, 메모리, I/O 장치가 필요한 제어신호를 주고받을 수 있도록 미리 방향을 정해둔다.

2.1.2 마이크로컴퓨터 구조

전형적인 마이크로컴퓨터의 구조를 [그림 2-5]에 나타내었다. 개인용 컴퓨터는 물론 성능이나 가격에서 더 상위급인 워크스테이션이나 서버도 대개 이런 구조를 사용한다. 상위 기종은 우선 CPU 자체의 성능을 높여준다. 또한 다중 프로세서 구조로 설계하여 공통의 시스템버스와 I/O 버스를 갖도록 한다. 여기에 안정적인 성능을 위해 메인메모리와 하드디스크 등에 속도가 빠르고 에러검출 및 정정기능이 강화된 고가격의 소자들을 사용한다.

[그림 2-5]에서 컴퓨터의 메모리와 입출력장치는 서로 다른 주소 체계로 구분한다. 각 요소에 주소를 할당할 때 '메모리 주소'와 'I/O 주소'로 구분한다. 하드웨어 측면에서 메모리라고 하면 대개 메모리 주소가 지정되는 반도체 메모리만을 가리킨다. 나머지 장치들은 모두 입출력장치이며 I/O 주소로 지정한다. 디스크 드라이브는 하드웨어적으로 I/O 주소를 할당받기 때문에 I/O 장치에 해당된다. 하드디스크 드라이브(HDD)나 광학디스크 드라이브(ODD) 등은 보조기억장치이지

만 하드웨어적으로는 I/O 장치에 속한다.

[그림 2-5]에서 CPU를 도와 하드웨어를 제어하는 ① 메모리 컨트롤러와 ② I/O 컨트롤러는 보통 칩셋으로 구성한다. 메모리 컨트롤러는 메모리 장치를 제어하고 I/O 컨트롤러는 입출력장치를 제어한다.

[그림 2-5]에서 시스템버스(system bus)는 CPU와 컴퓨터시스템의 중요한 구성 요소들을 연결한다. CPU는 시스템버스를 통해 메인메모리와 칩셋들과 연결된다. 메인메모리로 사용되는 램 모듈은 시스템버스를 통해 CPU에 직접 동기를 맞추어 동작시킬 수 있다. I/O 버스는 I/O 컨트롤러와 입출력장치 사이를 연결한다. 입출력장치는 I/O 컨트롤러를 통해 시스템버스에 최종 연결된다. 입출력장치는 비트 수와 속도에서 다양한 종류의 I/O 버스를 통해 I/O 컨트롤러에 연결된다.

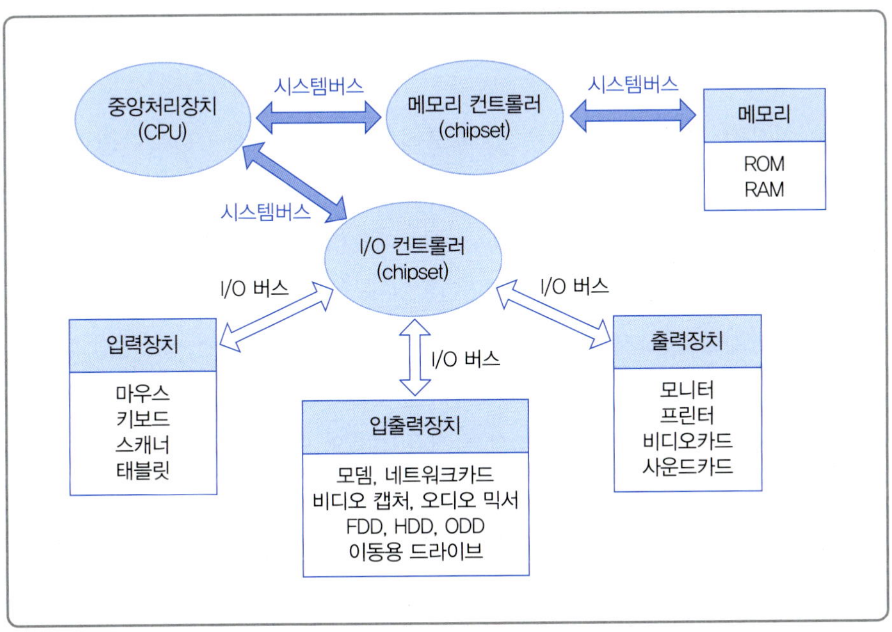

[그림 2-5] 마이크로컴퓨터의 구조

2.1.3 칩셋

컴퓨터에서 칩셋(chipset)은 여러 개의 칩들과 회로가 모여 서로 연관된 기능을 수행하도록 설계된 제어 칩들의 조합을 말한다. 여러 칩(chip)이 조합되어 하나의 세트(set)를 이룬다는 뜻이다. 컴퓨터는 물론 휴대전화, 디지털 TV 등 거의 모든 전자제품에는 특수 목적용 칩셋들이 들어 있다.

칩셋은 CPU 프로세서와 함께 시스템 전체를 제어하는 역할을 한다. 특정 칩셋은 특정 CPU를 사용해 컴퓨터의 하드웨어를 구성할 수 있도록 설계된다. 컴퓨터의 칩셋은 대개 메인보드 상에 존재하는 몇 개의 컨트롤러 칩들로 구성된다. 칩셋의 내부 회로는 CPU를 지원하는 각종 컨트롤러 장치들을 갖추고 있다. 각종 버스 컨트롤러, 메모리 컨트롤러, I/O 컨트롤러, 인터럽트 컨트롤러, 타이머(timer) 등 다양한 장치들을 포함하고 있다.

a. 칩셋의 구성

가장 기본적인 칩셋의 구성은 ① 메모리 컨트롤러와 ② I/O 컨트롤러이다. CPU 프로세서에 대한 플랫폼으로 [그림 2-6]에서 ①, ②가 전통적인 개념의 칩셋이다. 일명 노스브리지(north bridge)에는 메모리 컨트롤러가 포함되어 있으며 주로 고속의 장치들을 책임진다. 사우스브리지(south bridge)에는 I/O 컨트롤러가 포함되어 있으며 주로 저속의 장치들을 구동한다. 인텔은 이런 칩셋들을 가리켜 MCH(memory controller hub)와 IOH 혹은 ICH(I/O controller hub) 등으로 부른다. 칩셋을 '브리지'나 '허브'로 부르는 것은 칩셋의 역할을 '중심 연결 장치'로 본 것이다.

인텔의 4세대 Core 프로세서 등은 전통적인 노스브리지의 거의 모든 기능을 CPU에 내장한다. 이런 구조에서 전통적인 사우스브리지에 노스브리지의 나머지 일부 기능을 더한 칩을 PCH(platform controller hub)라고 한다. 나중에는 이것 역시 CPU 칩에 함께 내장된다. 인텔은 5세대 Core 프로세서 계열(2015년)부터 CPU와 동일한 반도체 기판에 칩셋을 함께 넣어 CPU 칩에 내장한다.

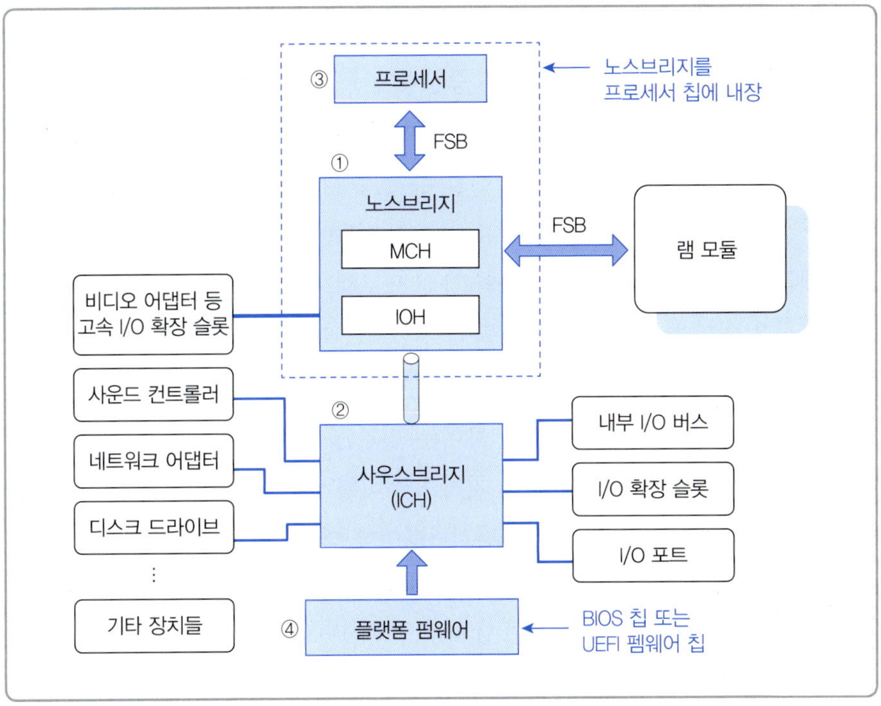

[그림 2-6] 칩셋의 역할

[그림 2-6]에서 ③, ④의 프로세서와 펌웨어 칩까지 한 구성으로 보기도 한다. 기술적으로는 ①이 나머지 ②, ③, ④를 제어한다.

고속의 그래픽 처리가 요구되는 비디오 어댑터는 대개 범용 I/O 버스가 아닌 그래픽 전용 채널을 사용한다. 이 때문에 비디오 어댑터의 인터페이스 설계는 주로 노스브리지에 포함시켜 만든다. 그래픽 메모리가 부족한 경우는 메인메모리의 일부를 빌려 사용하기도 한다. 저가격의 설계에서는 별도의 비디오 어댑터가 없이 프로세서 칩에 내장된 그래픽처리장치(GPU)를 사용하기도 한다.

CPU 프로세서에 연결되는 시스템버스를 다른 말로 전면버스(FSB)라고 한다. [그림 2-6]에서 모든 데이터는 프로세서와 노스브리지 사이의 FSB에서 몰리게 된다. 이런 병목현상은 멀티코어 프로세서 구조에서 더욱 심화되어 성능 향상에 제약이 된다. 각 코어 간의 데이터 처리시간을 줄이고 램 모듈의 접근속도를 높이려면 해결책이 필요하다. 이를 위한 설계로 [그림 2-6]의 점선 표시처럼 노스브리지를 프로세서 칩 내부에 넣는다. 이렇게 하면 램 모듈, 비디오 어댑터와 사우스브리지를 각각 독립적인 채널들로 분리시켜 병목현상을 해결할 수 있다.

b. 플랫폼과 허브

'플랫폼'은 편평한 장소로 기차역의 승강장이나 물건을 올려놓는 발판을 가리킨다. 컴퓨터에서 플랫폼(platform)은 사용기반이 되는 컴퓨터시스템이나 소프트웨어를 말한다. ① 응용프로그램이 실행될 수 있는 컴퓨터시스템 자체 또는 ② 하드웨어나 운영체제 등이 실현될 수 있는 관련 기술기반이다. [그림 2-6]에서 칩셋이나 플랫폼 펌웨어는 호환되는 몇 개의 CPU 프로세서만 지원한다. 예를 들어 특정 칩셋 구성은 어떤 특정 CPU를 사용하기 위한 기반이므로 특정 CPU를 위한 플랫폼이라고 말할 수 있다.

본래 '허브'는 자전거의 바퀴살이 모이는 휠의 중심부나 활동의 중심지를 말한다. 인천공항처럼 한 지역에서 다른 지역으로 비행기가 연결되는 중추(center) 공항을 허브 공항이라고 부른다. 컴퓨터시스템이나 데이터통신에서 허브(hub)는 여러 방향의 데이터가 한 곳에 모이는 장소나 연결 장치이다. 컴퓨터의 USB 연결 확장 장치 등의 데이터 연결 장치나 네트워크 스위치를 보통 허브라고 한다.

c. 칩셋 호환

칩셋도 드라이버가 필요하다. 메인보드를 구입하면 대개 칩셋 드라이버를 함께 제공해 준다. 칩셋이 새로 나오면 간혹 과거 운영체제 버전에서 이를 완전히 인식하지 못하는 경우가 발생한다. 이때는 칩셋 드라이버를 컴퓨터에 설치해 주어야 한다. 반대로 칩셋보다 나중에 나온 운영체제들은 그 칩셋이 무엇인지 알 수 있기 때문에 대부분 별도의 칩셋 드라이버가 요구되지 않는다.

메인보드를 설계할 때는 해당 CPU 제조사의 칩셋만 써야 하는 것은 아니다. CPU와 칩셋 제조사가 서로 달라도 된다. 주어진 칩셋으로 해당 CPU를 사용할 수 있도록 메인보드를 설계하면 된다. 제조사가 다른 칩셋끼리는 보통 1:1로 호환되지 않는다. 칩셋 내부에 포함되는 기능이나 회로 구성도 대개 다르다.

2.1.4 메인보드

메인보드(main board)는 컴퓨터시스템의 주기판을 가리킨다. 시스템보드(system board)라고도 하며 시장에서는 마더보드라고도 한다. 메인보드 제작 규격을 폼팩터(form factor)라고도 한다. 이런 규격은 메인보드의 물리적인 크기와 슬롯의 방향이나 섀시(chassis)의 장착 홀과 관련되기 때문에 변경이 쉽지 않아 아주 느린 속도로 업데이트 된다. 또한 같은 규격에도 다양한 보드 크기가 존재하기 때문에 일일이 모두 새로 표준화하기도 쉽지 않다. 여기서는 대략 메인보드의 설계 방향만 이해하면 된다. 대표적으로 2000년대 후반까지 인텔이 설계하고 제안한 ATX와 BTX 규격 등이 있다. 인텔이 제안한 메인보드 제작 규격은 아래처럼 섀시와 전원장치를 함께 고려하여 설계한다.

① 대부분의 I/O 커넥터가 주기판에 장착된다.
② 커넥터의 배선 수를 가능한 줄인다.
③ 메인보드에서 전원장치를 제어할 수 있다.
④ 본체 내부의 공기 흐름을 개선해 열을 배출한다.

a. 메인보드의 구성

컴퓨터에서 사용하는 메인보드의 구성을 [그림 2-7]과 〈표 2-1〉에 예로 나타내었다. 메인보드를 구입하는 것은 결국 보드에 장착된 칩셋과 각종 커넥터를 사는 것과 같다. 메인보드에는 [그림 2-7]처럼 시스템버스와 I/O 버스가 배선되어 있고 칩셋과 ROM이 장착되어 있다. 또한 CPU 소켓(socket), 메모리 소켓, I/O 확장 슬롯(slot), 각종 I/O 커넥터(connector) 및 외부 포트(port) 등이 달려있다.

[그림 2-7]을 보면 CPU에 가까운 곳에 메인메모리 소켓과 노스브리지가 있고 CPU에서 먼 쪽에 사우스브리지와 I/O 확장 슬롯이나 커넥터들이 있다. 또한 오른 쪽 본체 외부로 확장 슬롯의 커넥터나 I/O 포트가 돌출한다. 본체 내부 보드 상단에는 왼쪽에 HDD, ODD가 위치하고 오른 쪽에 전원장치가 위치하게 된다. 메모리 소켓처럼 가느다란 형태의 구멍을 슬롯(slot)이라고 한다.

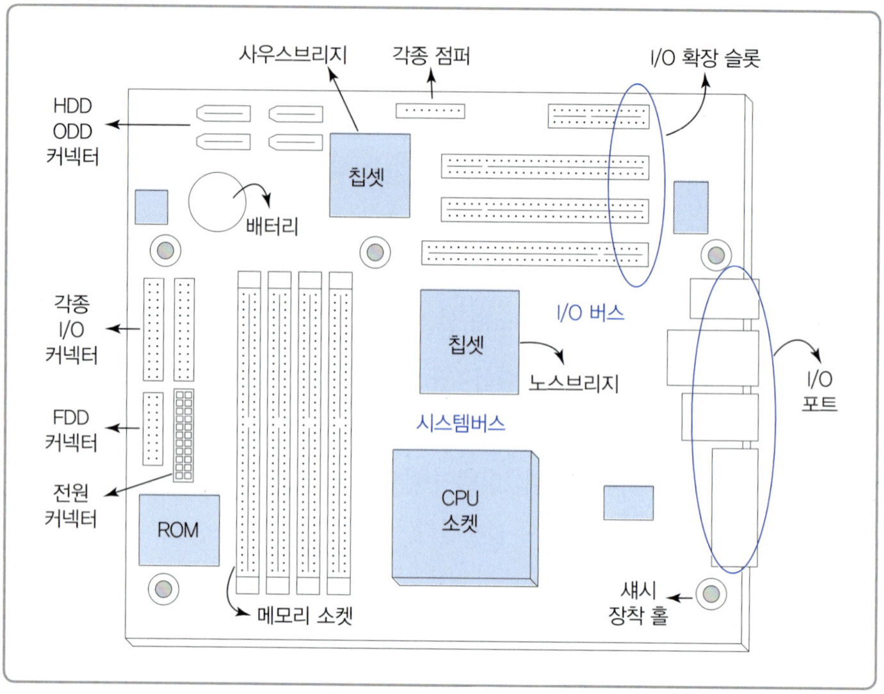

[그림 2-7] 인텔 규격의 메인보드 구성 예

〈표 2-1〉 메인보드의 구성 요소

구분		세부 구성 요소
버스		시스템버스, I/O 버스
CPU부		CPU 소켓, 칩셋
메모리부		ROM, RAM 소켓, CMOS SRAM, 배터리(battery)
I/O 장치 접속부	I/O 확장 슬롯	각종 확장카드 연결
	I/O 커넥터	각종 HDD, ODD, FDD, 전원장치 등 연결
	I/O 포트	각종 USB, IEEE 1394, 썬더볼트 장치 등 연결

CPU는 CPU 소켓을 통해 메인보드에 장착하는 것이 일반적이다. CPU 외관은 반도체 칩에 플라스틱이나 세라믹 패키지(package)를 씌우고 다리에 핀(pin)을 배열한 모습이다. 요즘은 핀 대신 CPU 외관의 접점(touch contact points)으로 소켓과 연결하는 방식을 많이 사용한다. 한정된 종류의 프로세서들만 CPU 소켓을 공유한다. 간혹 CPU 모델이 패키지는 같을 수 있다. 그렇더라도 핀끼리(pin-to-pin) 호환되도록 설계하기는 쉽지 않다. 클럭(clock) 속도나 필요 전원에 따라

핀의 개수나 위치가 바뀐다. 또한 새로운 기능을 가진 핀들도 추가되기 때문이다.

메인보드에서 성능이 떨어지는 구 버전의 I/O 슬롯과 포트는 계속해 사라지고 있다. 기본 확장카드 중에서 웬만한 성능을 지닌 랜(LAN)카드나 비디오카드, 사운드카드 등은 CPU나 메인보드의 칩셋에 내장되는 추세이다. 물론 좀 더 나은 성능을 기대하는 사람들은 비디오카드나 사운드카드를 별도로 추가해 장착한다.

b. 마더보드 형식

마더보드(motherboard)는 공통의 버스 배선과 인터페이스 회로를 모아 놓고 슬롯 형태의 작은 보드를 꽂아 사용하는 기판 구조에서 어미가 되는 기판이다. 컴퓨터의 주기판이 대표적이다. 이런 형태를 사용하는 목적은 다음 예와 같다.

① 확장성: 네트워크 회선을 늘릴 때 통신회사나 중간 망에서 가정까지 매번 전 구간을 새로 배선하는 것이 아니다. 아파트 단지까지 이미 들어와 있는 장비의 마더보드에 확장카드를 추가해서 회선을 늘리는 방식을 사용한다.

② A/S성: 군용 장비들은 마더보드 구조 방식으로 설계하는 것이 기본이다. 회로기판을 여러 모듈로 나누어 설계한다. 문제가 발생한 부분의 보드는 엔지니어가 없는 야전 현장에서 언제라도 즉시 교체가 가능하다.

2.2 소프트웨어의 역할

2.2.1 역할 구분

소프트웨어 역할을 ① 시스템 소프트웨어와 ② 응용프로그램으로 나눌 수 있다. 시스템 소프트웨어는 하드웨어를 효율적으로 다루기 위한 것이며 응용프로그램은 사용자 서비스를 위한 것이다. 운영체제는 대표적인 시스템 소프트웨어다.

a. 응용프로그램

문서편집이나 자료관리 등 사용자의 목적에 맞게 특정한 작업을 수행하는 프로그램을 응용프로그램(application program) 혹은 영어식으로 줄여 애플리케이션이라고 한다. 응용프로그램은 사용자의 작업을 서비스하기 위한 프로그램이다. [그림 2-8]처럼 운영체제는 하드웨어와 응용프로그램의 중간에 위치하여 이들을 관리한다. 운영체제에 따라 응용프로그램의 버전이 달라진다. 윈도우용 한글 워드프로세서, 리눅스용 한글 워드프로세서처럼 대개 특정 운영체제용 응용프로그램으로 버전을 구분한다.

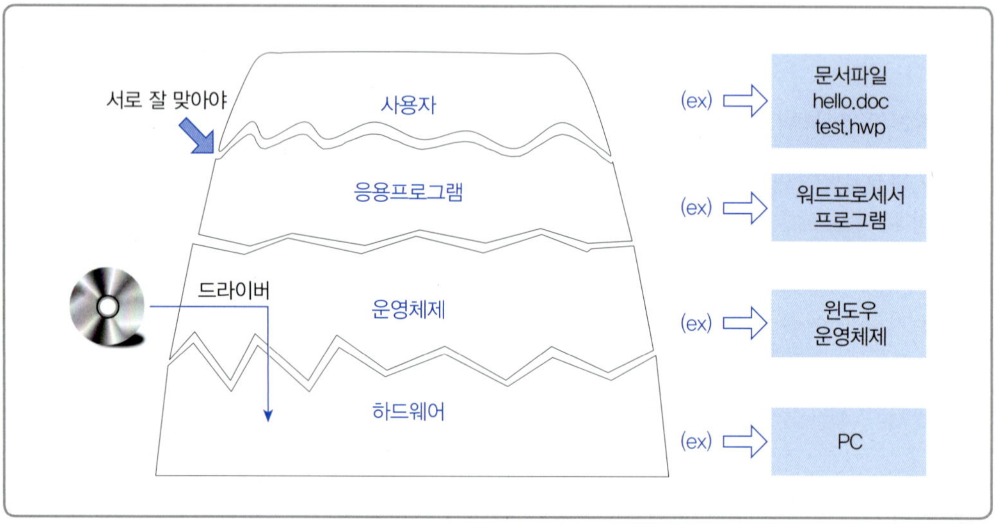

[그림 2-8] 운영체제와 응용프로그램

b. 시스템 소프트웨어

하드웨어 구동과 관련되어 컴퓨터시스템을 효율적으로 다루기 위한 프로그램들의 집합을 시스템 소프트웨어(system software)라고 한다. 〈표 2-2〉에 전통적인 시스템 소프트웨어의 종류를 나타내었다.

〈표 2-2〉 시스템 소프트웨어의 종류

프로그램 종류	기능
로더(loader)	프로그램을 메모리에 넣어 실행을 준비
진단(diagnostic)	하드웨어나 응용프로그램의 상태를 진단
유틸리티(utility)	디버거(debugger), I/O 프로그램 등
언어처리기(language processor)	번역 프로그램
라이브러리(library)	표준 서브루틴(subroutine)
운영체제(operating system, OS)	하드웨어와 소프트웨어를 관리 운영

컴퓨터시스템은 기본적으로 '하드웨어' 요소와 '시스템 소프트웨어' 요소가 결합되어 구성된다. 컴퓨터 하드웨어를 구입하거나 새로 완성했을 때 가장 먼저 설치하는 프로그램이 운영체제이다. 운영체제는 대표적인 시스템 소프트웨어이다. 하드웨어에 운영체제를 설치하면 컴퓨터시스템의 기본적인 구성이 완성된다. 워드프로세서와 같은 '응용프로그램'을 설치하는 것은 그 나중 일이다.

[그림 2-9]에서 고수준언어 또는 고급언어(high-level language)는 사람이 사용하는 언어에 가까운 프로그래밍 언어이다. 사용자가 작성한 고급언어 프로그램을 하드웨어에서 구동시키려면 이를 기계어로 바꾸어주는 번역 프로그램이 필요하다. 이런 번역 프로그램들도 시스템 소프트웨어에 속한다.

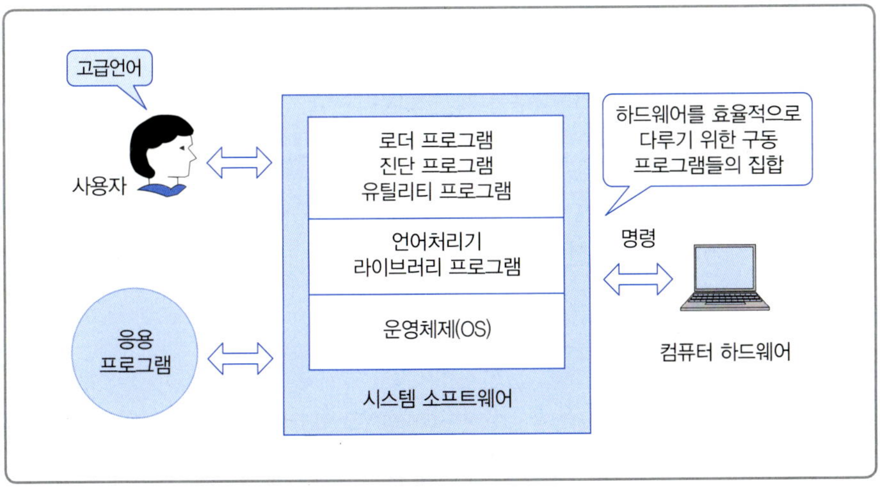

[그림 2-9] 시스템 소프트웨어의 역할

2.2.2 운영체제

운영체제(operating system, OS)는 '컴퓨터를 운영하는 프로그램'을 가상으로 표현한 말이다. 요즘 컴퓨터들은 성능이 좋아 대부분의 운영체제를 설치할 수 있다. 컴퓨터시스템에서 운영체제의 역할은 다음과 같다.

① 시스템 구성 요소들의 중재자
② 하드웨어를 장악
③ 다른 프로그램들을 관리

운영체제는 컴퓨터 사용자, 하드웨어, 소프트웨어 사이의 중재자로서 인터페이스를 제공한다. 시스템 자원의 효율이 전반적으로 최대가 되도록 하드웨어와 소프트웨어를 총괄한다. CPU에 일을 시키고 디스크에 자료를 저장하고 화면에 글자를 나타내는 등 기본적이며 필수적인 서비스와 명령을 받아들여 처리한다.

운영체제는 하드웨어를 장악해야 한다. 컴퓨터시스템 내에 운영체제가 모르는 하드웨어가 존재해서는 곤란하다. 통제할 수 없기 때문이다. 운영체제는 대표적인 시스템 소프트웨어로 하드웨어와 응용프로그램의 중간에 위치한다. 사용자가 응용프로그램을 통해 하드웨어를 쉽게 이용할 수 있도록 도와준다. 운영체제를 통해 하드웨어가 제대로 동작하는지 상태를 확인할 수 있다.

운영체제는 다른 프로그램들을 관리한다. 다른 시스템 소프트웨어와 응용프로그램들의 동작을 지원하고 관리해주는 소프트웨어이다. 운영체제가 먼저 설치되어 있어야 그에 맞는 다른 시스템 소프트웨어나 응용프로그램을 설치할 수 있다. 워드프로세서와 같은 응용프로그램들까지 아무 문제없이 정상적으로 설치가 완료되면 사용자가 비로소 목적한 작업을 시작할 수 있다.

a. 장치 드라이버

장치(device) 드라이버 혹은 드라이버(driver)는 컴퓨터시스템의 하드웨어나 주변장치를 구동시킬 때 운영체제가 요구하는 정보가 들어 있는 소프트웨어 파일이다. 즉, 하드웨어를 구동시키는데 필요한 파일이다. 비슷한 말로 하드디스크와 같은 저장장치를 가리키는 드라이브(drive)와 구분된다. 웬만한 장치는 운영체제만으로 자동 인식한다. 윈도우 같은 운영체제는 이미 많은 종류의 장치 드라이버를 내장하고 있다. 주로 장치 제조업체에서 드라이버를 제공받아 함께 넣어 공급한다. 새로 나온 하드웨어 장치들은 운영체제가 자동으로 인식하지 못할 수도 있다. 이때는 [그림 2-8]처럼 하드웨어 장치의 제조사에서 별도로 제공하는 드라이버를 수동으로 설치해 주어야 한다.

운영체제의 종류와 버전에 맞는 드라이버를 사용해야 한다. 같은 장치라도 사용하는 운영체제가 바뀌면 보통 드라이버 파일이 달라진다. 한글 운영체제용 드라이버와 영문 운영체제용 드라이버 파일이 다른 경우도 많다.

b. 커널과 시스템 호출

커널은 알맹이나 '핵심'을 가리킨다. 컴퓨터 용어에서 커널(kernel)은 운영체제의 핵심부로 항상 주기억장치에 상주한다. 운영체제의 가장 중요한 부분이다. 커널은 하드웨어와 소프트웨어 요소들 사이의 통신과 시스템 자원을 관리한다. 컴퓨터시스템에서 추상적으로 가장 낮은 레벨인 하드웨어 자원을 관리해 응용프로그램이 기능을 발휘할 수 있게 해준다. 이를 위해 주소 공간, 메모리 관리자, 인터럽트 처리기, CPU 스케줄러, 컴퓨터의 사용권 부여 등을 담당한다. 또한 운영체제의 다른 부분에서 공통적으로 필요한 서비스를 제공한다. 디스크의 자료 입출력 등 운영체제가 기본적으로 해야 할 대부분의 작업들을 수행한다.

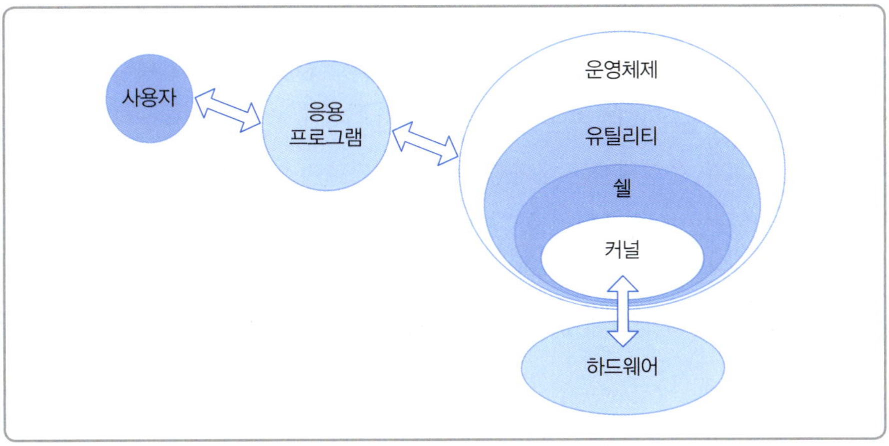

[그림 2-10] 운영체제의 커널과 쉘

[그림 2-10]은 이상적인 운영체제에서 바라본 그림으로 특별히 어느 특정 운영체제와 꼭 일치하지는 않는다. 커널 서비스는 운영체제의 다른 부분이나 응용프로그램에서 시스템 호출을 통해서 요청된다. 시스템 호출(system call)은 커널에 운영체제의 서비스를 요청하는 절차이다. 응용프로그램은 프로그래밍 언어에서 지원하지 않는 기능을 운영체제의 루틴에서 호출해 사용한다. 운영체제는 여러 가지 저수준의 연산을 수행하기 위한 루틴들의 모음을 갖고 있다. 디스크에 디렉터리(directory)를 만드는 루틴이나 특정한 디렉터리 안의 목록을 읽어내는 루틴 등을 가지고 있다. '루틴'은 틀에 박힌 일상적인 일을 가리킨다. 컴퓨터 용어에서 루틴(routine)은 특정한 작업을 수행하기 위해 자주 사용되는 프로그램이나 프로그램 소스의 일부를 말한다.

c. 쉘과 유틸리티

소프트웨어적으로 쉘은 어떤 프로그램을 감싸고 있는 요소이다. [그림 2-10]처럼 운영체제의 쉘은 커널을 감싸고 있는 외부 층의 개념이다. 사용자와 운영체제의 내부 커널을 인터페이스 해준다. '쉘'은 무엇을 감싸고 있는 껍질을 가리킨다. 쉘(shell)은 까다로운 프로그램이나 운영체제의 사용 불편을 개선하기 위해 메뉴 구동형의 사용자 인터페이스를 제공하는 일종의 유틸리티 프로그램이다. 어려운 명령어나 까다로운 사용법을 한 꺼풀 입혀 사용하기 쉽게 만들어준다. 웹 브라우저나 이메일 클라이언트 프로그램은 HTML 처리기에 대한 쉘이다. 사용자들은 HTML 언어를 몰라도 웹 페이지를 보고 이메일을 보낼 수 있다.

쉘을 명령어 해석기(command interpreter)라고도 한다. 커널 서비스를 이용할 수 있도록 명령어 라인이나 그래픽 인터페이스를 통해 사용자의 명령을 처리한다. 도스 운영체제는 명령 프롬프트 창에서 사용자가 입력한 명령어를 이해하고 실행한다. 윈도우 운영체제는 대화형 사용자 인터페이스를 제공한다.

유틸리티(utility)는 컴퓨터의 하드웨어, 운영체제, 응용프로그램을 관리하고 조화시킬 목적으로 설계된 소프트웨어이다. '도구(tool)' 또는 서비스 프로그램이라고 한다. 대부분의 운영체제에도 다수의 유틸리티 프로그램들이 포함되어 있다.

2.2.3 윈도우 운영체제

윈도우(Windows) 계열은 마이크로소프트(Microsoft)사가 개발한 그래픽 인터페이스 운영체제이다. 개인용이나 업무용 등의 컴퓨터에 널리 사용된 대표적인 운영체제이다. 컴퓨터시스템에서 모니터의 화면을 구성하는 2가지 방법이 있다. 화면을 구성하는 각각의 픽셀을 제어하는 방식을 그래픽 모드(graphics mode) 혹은 APA(all points addressable) 모드라고 한다. 이와 달리 문자로 화면을 구성해 출력하는 방식을 텍스트 모드(text mode)라고 한다. 윈도우는 그래픽 모드로 작동하는 대표적인 운영체제 중 하나로 다음 몇 가지 특징이 있다.

a. GUI

GUI(graphical user interface)는 '그래픽 사용자 인터페이스'의 영문약자이다. 지유아이(GUI) 방식은 운영체제가 사용자와 대화하기 위해 아이콘(icon)이라는 그래픽 이미지를 사용하는 프로그램 설계이다. 명령어를 배우는 것보다 아이콘, 메뉴, 마우스를 조작해 작업 요령을 스스로 터득할 수 있는 편리한 정보처리 방식이다. 사용자가 보고 느끼는 대로 마우스로 아이콘을 선택하고 운영체제와 대화하듯 컴퓨터를 이용해 원하는 작업을 할 수 있다.

b. API

API(application programming interface)는 '응용프로그래밍 인터페이스'라는 뜻의 영문약자이다. 에이피아이(API)는 프로그래머가 사용자 인터페이스를 일관성 있게 만들 수 있도록 완벽한 세트의 함수와 자원을 제공해주는 시스템 소프트웨어이다. API가 없다면 프로그램을 만드는 사람에 따라 메뉴와 기능을 다르게 설계하기 쉽다. API는 응용프로그램 제작자가 일관된 사용자 인터페이스를 유지하도록 운영체제 차원에서 지원해준다. 프로그래머는 풀다운(pull-down) 메뉴, 명령어, 대화상자는 물론 운영체제에서 관리하는 다양한 글꼴과 데스크탑 보조프로그램도 사용할 수 있다. API를 활용한 예는 대표적으로 다음과 같다.

① 운영체제를 이용한 인터넷 접속: 윈도우의 TCP/IP 소켓(socket)을 이용한

온라인 주식거래, 텔넷(telnet), FTP 등 인터넷 관련 응용프로그램을 제작

② 비슷한 응용프로그램 간의 일관된 사용자 인터페이스: MS 워드 사용자가 처음으로 다른 한글 워드프로세서를 사용하더라도 대체로 일관된 사용자 인터페이스를 통해 새로운 프로그램에 쉽게 적응

③ 다이렉트X를 이용한 게임: 게임 제작자들이 박진감 있는 게임을 만들기 위해 매번 윈도우 운영체제의 허락을 받지 않고 하드웨어를 직접 조작

c. OLE

OLE(object linking and embedding)는 '개체 연결 및 포함'의 영문약자이다. 오엘이(OLE)는 외부 문서 참조 기능을 위한 MS 윈도우 운영체제의 표준이다. 다른 응용프로그램에서 작성한 그림 등을 현재 작성 중인 문서로 삽입해 가져올 수 있다. 오브젝트(object)는 우리말로 개체 혹은 객체라고 한다. 개체(個體)는 독립성을, 객체(客體)는 대상을 강조한 번역이다.

[그림 2-11]처럼 개체는 다른 문서에 포함되어도 자신의 속성을 그대로 가지고 있다. 개체는 다른 문서에 삽입할 수 있는 문서나 문서의 일부를 말한다. 개체의 속성은 개체 자신이 무엇으로 만들어졌는지에 대한 독립적인 성격이나 정보를 말한다. 문서에 삽입된 개체를 선택하면 그 개체에 해당하는 응용프로그램이 자동으로 실행되어 편집이 가능한 상태가 된다. 개체를 삽입하는 방법은 다음과 같이 ① 개체 연결과 ② 개체 포함의 2가지이다.

① 개체 연결: 작성 중인 문서의 내용을 외부 개체의 속성과 그 개체의 위치에 대한 정보에 연결만 한다. 개체를 포함하지 않아 작성된 파일의 크기는 작지만 한쪽 문서를 수정하면 연결된 다른 쪽 문서까지 변형된다.

② 개체 포함: 외부 개체의 정보가 현재 문서의 개체로 포함되도록 속성을 가진 채로 복사한다. 원본과 복사본이 별개의 것으로 존재한다. 개체 연결보다 파일은 크지만 현재 문서만 관리하므로 파일 관리에 편리하다.

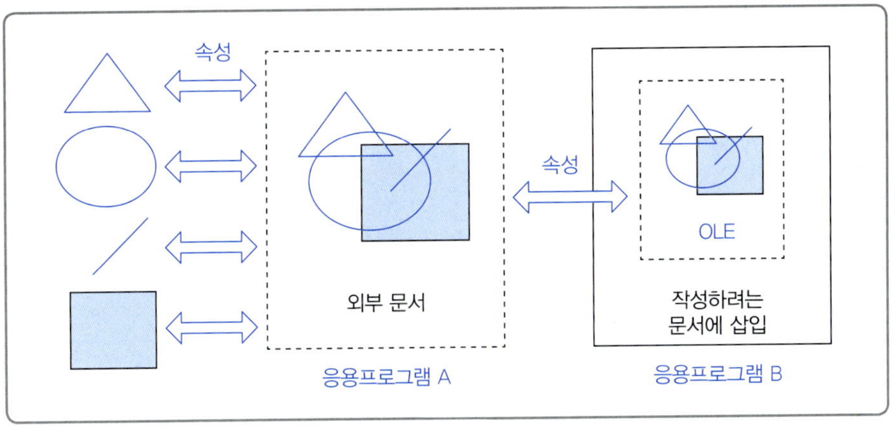

[그림 2-11] OLE는 다른 응용프로그램에서 작성한 속성을 갖고 있다.

OLE와 달리 클립보드는 다른 응용프로그램에서 작성한 속성을 잃어버릴 수 있다. 클립보드(clipboard)는 운영체제에서 관리하는 임시 저장소이다. 복사하기와 붙이기 기능에 자주 사용되는 일시적인 메모리 버퍼이다. '클립보드'는 본래 간단한 메모지를 껴놓는 판을 가리킨다. 클립보드를 이용해 여러 개의 응용프로그램 사이를 오가며 텍스트나 그림 등을 복사할 수 있다.

2.2.4 컴퓨터 언어

사람이든 기계든 상대방에게 의사를 전달할 때는 언어가 중요한 수단이다. [그림 2-12]처럼 미국인을 만나면 영어를 사용하고 한국인을 만나면 한국어를 써야 대화가 된다. 컴퓨터와 소통할 때도 언어가 필요하다. 컴퓨터 언어(computer language)는 컴퓨터와 대화를 나눌 수 있는 일반적인 수단을 모두 포함한다.

컴퓨터 언어는 프로그래밍 언어보다 규모가 더 큰 상위 개념이다. 컴퓨터 언어 중 명령어나 주소지정 방식 등의 체계를 잘 갖추고 호환성이 있도록 범용으로 설계된 언어를 프로그래밍 언어(programming language)로 분류한다. C 언어는 컴퓨터 언어이며 동시에 프로그래밍 언어이다. 웹 문서를 만들 때 기본으로 사용하는 HTML 언어도 컴퓨터 언어이다. 하지만 HTML 언어처럼 웹 브라우저를 기반으로 하는 언어들은 범용으로 사용하기에 부족하다. 엄밀한 잣대로는 일반적인 개념의 프로그래밍 언어로까지 분류되지 않는다.

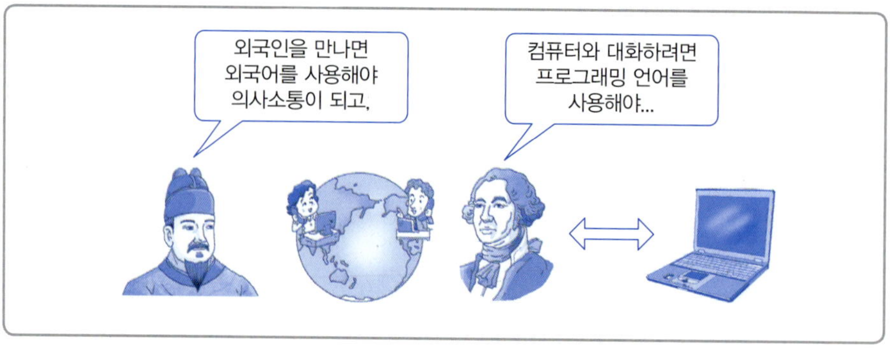

[그림 2-12] 프로그래밍 언어

a. 프로그래밍 언어

프로그래밍 언어는 컴퓨터와 대화하고 명령을 내리기 위해 설계된 인공적인 언어이다. 프로그래밍 언어는 일반적으로 다음과 같이 분류할 수 있다.

① 고급언어(high-level language): 사람이 이해하기 쉬운 언어 형태를 지닌 고수준 프로그래밍 언어이다. BASIC, FORTRAN, COBOL, PASCAL, C, C++, Java 등 다양한 언어가 있다.

② 어셈블리언어(assembly language): 기계어와 1:1 관계에 있는 저수준 프로그래밍 언어(low-level language)이다. CPU 종류에 따라 기계어도 다르기 때문에 어셈블리언어도 달라진다.

③ 기계어(machine language): CPU에서 바로 실행이 가능한 1과 0으로 구성된 2진 코드 상태를 말한다. 제조사나 CPU마다 대개 기계어가 달라진다.

프로그래밍 언어로 작성된 문서를 프로그램 코드라고도 한다. 프로그램 코드(code)는 프로그램을 표현할 때 사용되는 명령이나 데이터 수치 등의 기호 체계이다. 프로그램 코드에는 소스 코드와 기계 코드가 있다. 소스 코드(source code)는 인간이 읽을 수 있는 컴퓨터 언어로 작성된 프로그램이다. 원시코드 혹은 소스 프로그램이라고도 한다. 위의 ①, ②가 해당한다. 이에 비해 기계 코드(machine code)는 기계가 이해하는 언어로 위의 ③에 해당한다.

우리가 작성하는 보통의 프로그램은 인간의 언어에 가까운 고급언어를 규칙으로 사용해 만들어진다. 고급언어는 번역 프로그램에 의해 하드웨어 장치들이 이해할 수 있는 기계어로 번역된다. [그림 2-13]처럼 사람이 이해할 수 있는 고급언어와 기계어 사이에는 기계마다 다른 CPU 고유의 중간언어인 어셈블리언어가 존재한다. 이 언어는 기계의 동작을 사람이 알아보기 쉽도록 만들어졌다.

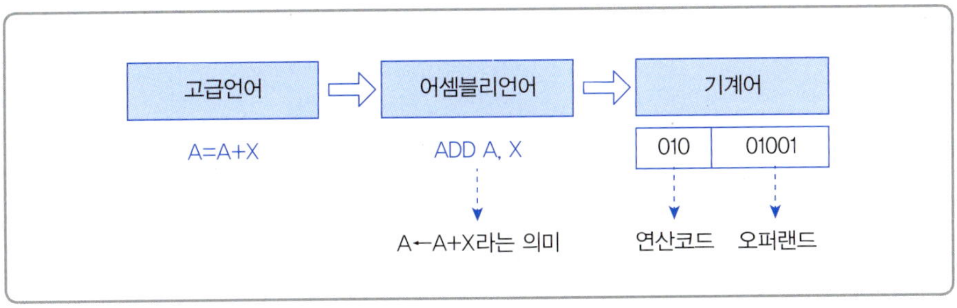

[그림 2-13] 고급언어가 기계어로 번역되는 과정

어셈블리 명령어는 CPU의 동작을 의미하는 아주 짧은 상징기호로 표시한다. 이를 니모닉(mnemonic, 연상 기호) 코드라고 한다. ADD나 MOVE처럼 기호를 보면 동작이 연상되는 코드라는 뜻이다. 니모닉은 기계어와 정확히 1:1로 대응한다.

기계어는 2진수인 1과 0의 조합으로 이루어진다. [그림 2-13]에서 가상의 어셈블리 명령어 ADD A, X가 기계어 명령 0100 1001로 번역된다고 가정하자. 이것은 명령인 연산코드(op code)와 연산의 대상을 찾는 오퍼랜드(operand) 필드로 나누어진다. 예를 들어 CPU 설계자는 다음과 같은 뜻으로 이 명령어를 설계할 수 있다. 연산코드 010은 레지스터 A의 내용과 X의 내용을 더해 다시 레지스터 A에 저장하라는 뜻이다. 오퍼랜드 01001은 연산의 대상이 저장된 위치 X를 가리킨다.

b. 번역 프로그램

대부분의 프로그래밍 언어는 작성하는 사람이 조금만 익히면 쉽게 사용할 수 있도록 만들어진다. 프로그래머는 이를 이용해 프로그램을 작성한다. 프로그래밍 언어를 실행하는 쪽은 기계이다. 기계에서 실행되기 위해서는 프로그래밍 언어를 번역해 기계가 이해하는 2진 기계어로 번역해 주는 과정이 필요하다.

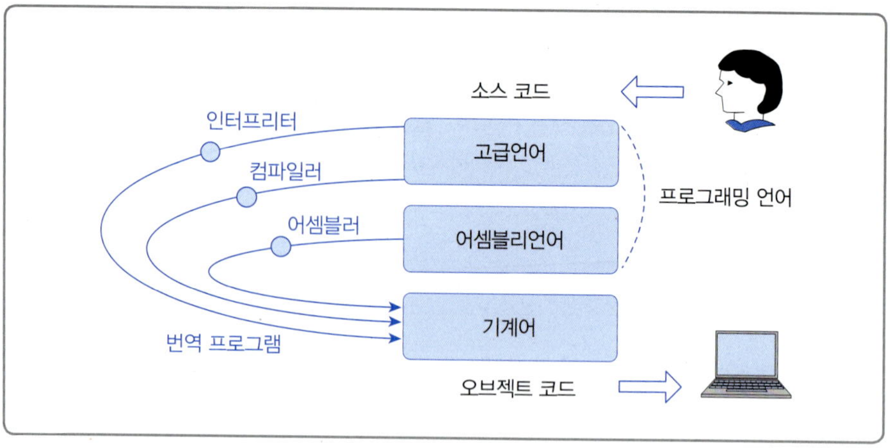

[그림 2-14] 번역 프로그램

번역 프로그램(translator)은 [그림 2-14]와 같이 사람이 작성한 소스 코드를 기계인 CPU가 실행할 수 있는 오브젝트 코드로 번역해주는 프로그램이다. 언어처리기(language processor)라고도 한다. 오브젝트 코드(object code)는 번역 프로그램의 결과물로서 일반적으로 기계어로 작성된 프로그램이다. 목적코드 혹은 오브젝트 프로그램이라고도 한다. 번역 프로그램은 컴퓨터의 기종과 운영체제에 따라 달라지며 대개 다음과 같이 분류한다.

① 인터프리터(interpreter): 소스 코드를 한 줄씩 읽어 번역하고 실행하는 방식이다. 인터프리트(interpret)는 의미를 '설명하다'의 뜻이다. BASIC 같은 언어들이 이에 속한다. MS 엑셀 같은 스프레드시트도 소스나 데이터를 바꾸면 이런 방식으로 그때그때 실행된다.

② 컴파일러(compiler): 소스 코드를 한 번에 모두 읽어 번역해 놓고 실행하는 방식이다. 컴파일(compile)은 여러 자료를 '편집하다'의 뜻이다. C 언어 등 기존 대부분의 프로그래밍 언어가 이런 방식에 속한다.

③ 어셈블러(assembler): 어셈블리언어로 작성된 소스 코드를 기계어로 번역한다. 어셈블(assemble)은 모으다, '조립하다'의 뜻이다. 주로 컴파일러 방식을 사용한다. CPU 제조사나 종류에 따라 어셈블러가 달라진다.

컴파일러 방식은 [그림 2-15] (a)처럼 소스 코드를 미리 번역해 실행파일을 만들어 둔다. 메모리 안에 저장해 놓고 실행하므로 메모리 공간을 많이 차지한다. 그 대신 이미 번역해 놓은 것이므로 실행속도가 빠르다.

인터프리터 방식은 [그림 2-15] (b)처럼 소스 코드를 한 줄씩 그때그때 번역해 실행한다. 이 방식은 에러(error) 찾기가 쉬워 편리하고 메모리 공간을 적게 차지한다. 반면에 실행속도가 느려진다.

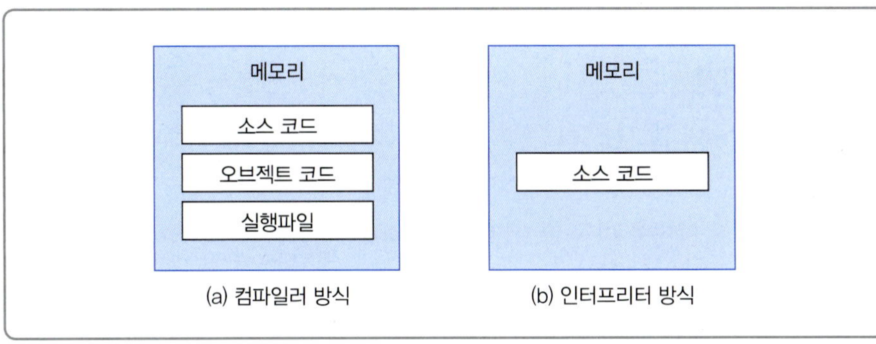

[그림 2-15] 컴파일러와 인터프리터

대학에서 C 언어를 배우는 학생들에게 하는 질문이다. '지금 C 언어를 배우나요? 아니면 비주얼 C++를 배우나요?' 학생들 대답은 자신이 없어 보인다. 두 번째 질문이다. '중국어학원에서 허준선생의 강좌와 왕건선생의 강좌 중 하나를 선택했어요. 그럼 무엇을 배우는 것인가요?' 이때 학생들은 중국어라고 대답한다. 프로그래밍 언어로 C 언어를 배우는 것이다. 이때 프로그램을 작성하고 번역하는 데 사용되는 도구인 비주얼 C++은 MS사의 컴파일러 제품명이다.

c. 객체지향 언어와 절차지향 언어

절차지향(procedure-oriented) 언어는 설계자 중심에서 만들어졌다. 동작과 절차를 중심으로 프로그래밍하고 그 대상인 사물은 종속적으로 취급한다. 데이터의 특성보다 데이터가 오고 가는 경로와 처리에 중점을 둔다. 하드웨어 구동이나 컴파일러의 설계가 용이하다. C, Pascal, FORTRAN, BASIC 언어 등이 대표적이다. 큰 규모의 프로그램을 구축하려면 프로그래밍 작업이 방대해지고 복잡해져 불리하다. 이러한 단점을 극복하기 위해 객체지향 언어가 발달했다.

객체지향(object-oriented) 언어는 사용자 입장에서 만들어졌다. 프로그램의 대상인 사물을 중시하고 그 실체와 동작을 모두 객체(object)로 정의하고 프로그래밍의 대상으로 삼는다. 객체는 프로그래밍의 대상이며 프로그램의 대상이 될 수 있는 모든 것은 객체가 된다. C 언어에 객체지향 개념을 덧입힌 C++ 언어와 본래 객체지향언어로 설계된 자바(Java) 언어가 대표적이다. 복잡하고 방대한 소프트웨어를 구축하기 용이하고 유지 보수도 쉽다. 큰 규모의 프로그램도 단순화시킬 수 있어 생산성과 신뢰성이 높다. 프로그램의 세분화와 모듈화도 쉽다.

d. 스크립트 언어

스크립트(script) 언어는 다른 프로그램을 기반으로 실행되는 짧은 프로그램이나 명령어이다. 전통적인 범용 언어에 비해 대부분 제한된 능력을 갖고 있다. 단독으로 사용되지 않지만 다른 프로그램과 연결해 사용하기에 편리하다. 자바스크립트(JavaScript)와 비주얼베이직 스크립트(VBScript)가 대표적이다. 인터프리터 형태로 번역되어 실행속도는 느리지만 프로그램을 쉽고 빠르게 작성할 수 있다. 또한 에러 찾기와 수정도 쉽다.

2.2.5 프로그램 결합하기

소스 프로그램은 기능별 모듈(module)로 나누어 작성하는 것이 편리하다. 이를 위해 서브루틴과 라이브러리 함수들이 사용된다. 소스 프로그램에서 실행파일을 얻으려면 번역 프로그램을 사용해야 한다. 이때 번역이나 실행에 추가로 필요한 다른 프로그램들을 참조하고 결합하는 링크 과정이 더 필요하다.

a. 서브루틴 호출과 복귀

서브루틴(subroutine)은 메인 프로그램(main program)의 독립적인 일부분으로서 필요할 때마다 호출되어 재사용할 수 있는 프로그램을 말한다. 서브루틴의 대표적인 예로 C 언어의 함수(function)가 있다. 경우에 따라서 서브루틴 자체만으로도 실행이 가능하다. [그림 2-16]처럼 서브루틴을 호출(call)할 때 메인 프로그램에서 분기하면서 돌아올 복귀 주소를 메모리의 스택(stack) 영역에 저장해 둔다. 서브루틴 수행을 완료한 후 이를 다시 꺼내 메인 프로그램의 본래 위치로 복귀

(return)한다. 서브루틴 파라미터(parameter)는 메인 프로그램에서 서브루틴으로 작업을 의뢰하기 위해 보내주는 입력 데이터로 사용되는 매개변수이다.

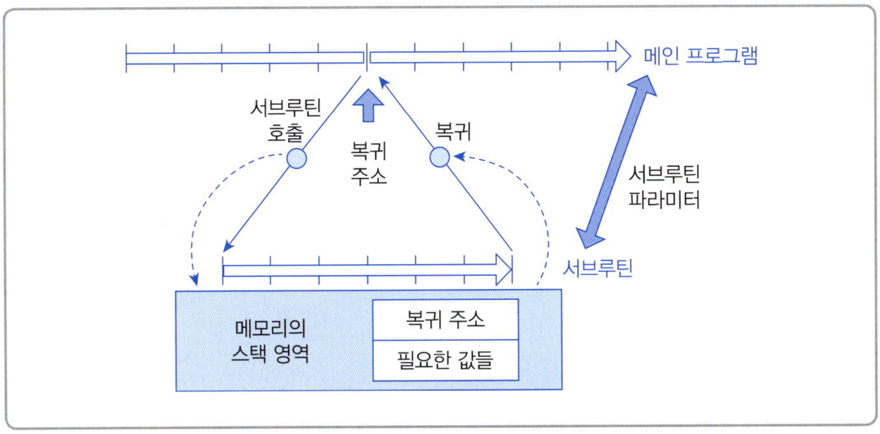

[그림 2-16] 서브루틴의 호출과 복귀

b. 라이브러리

영어에서 '라이브러리'는 필요한 책을 찾아보는 도서관이다. 컴퓨터 용어에서 라이브러리(library)는 자주 쓰는 단순 반복적인 프로그램에 대해 미리 작성해 놓은 표준 서브루틴을 말한다. 한번 만들어 놓으면 필요할 때 참조해 가져다 사용할 수 있다. 웬만한 라이브러리 함수들은 컴파일러 제조사가 제공하는 것만으로 충분하다. 수학함수나 통계함수 등 사용자가 요구하는 대부분의 서브루틴을 제공한다. 사용자가 직접 라이브러리를 만들 수도 있다.

표준 라이브러리 함수들은 대개 헤더(header) 파일 안에서 선언된다. C 언어의 대표적인 헤더 파일인 stdio.h 안에는 키보드나 모니터 화면 등을 구동하는 표준입출력(standard input & output, stdio)을 제공하는 함수들이 모여 있다.

c. 링크

C/C++ 프로그래밍 언어로 작성한 소스 프로그램을 컴파일러가 번역해 실행파일을 만들어내는 과정을 [그림 2-17]에서 나타내었다. 1부터 100까지 더해 모니터 화면에 결과를 출력하는 프로그램을 작성했다고 가정하자. 이때 모니터 화면에 글자를 출력하는 프로그램은 사용자가 별도로 작성하지 않고 보통은 stdio.h에

포함된 라이브러리 함수로 printf()을 사용한다. 이 때문에 사용자의 소스 프로그램을 번역한 .obj 같은 오브젝트 코드만으로는 실행파일을 만들기에 부족하다. 컴퓨터에서 실제 실행이 가능한 파일은 다음 과정을 거쳐 만들어진다.

① 컴파일 결과로 원래 목적의 소스 프로그램에 대한 오브젝트 코드를 구한다.
② 라이브러리에서 실행과 입출력에 추가로 필요한 오브젝트 코드를 구한다.
③ ①+②의 오브젝트 코드들을 하나로 합치는 링크 과정을 거친다.

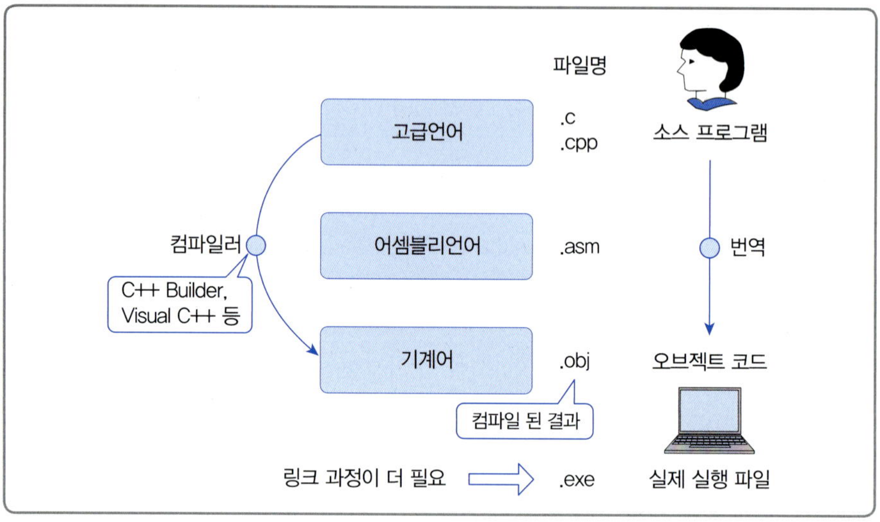

[그림 2-17] C/C++ 언어 번역 프로그램과 실행 파일

링크(link)는 컴파일 결과로 생긴 사용자의 오브젝트 코드와 라이브러리에서 제공된 오브젝트 코드 등을 결합해 실제로 실행 가능한 파일을 만드는 것이다. 컴파일 에러와 링크 에러는 다르다. 소스 코드를 번역하는 과정에서 에러가 난 경우를 컴파일 에러라고 한다. 링크 과정에서 발생한 에러를 링크 에러라고 한다.

2.2.6 하드웨어 흉내 내기

컴퓨터에서 가상의 하드웨어 장치가 실제로 구동되는 것처럼 작동시킬 수 있다. 이때 하드웨어를 흉내 내는 2가지 방법이 있다. ① 소프트웨어적으로 구현하는 시뮬레이션 방법과 ② 다른 하드웨어로 구현하는 에뮬레이션 방법이 있다. 둘 다 특정 하드웨어를 흉내 내어 가상의 장치처럼 동작한다.

a. 시뮬레이션

실제의 하드웨어 구동 없이 실행되는 일종의 소프트웨어적인 모의실험 방법을 시뮬레이션(simulation)이라고 한다. 실제와 비슷한 형식과 내용을 갖는 모의실험을 통해 어떤 시스템이나 장치의 동작이나 특성을 조사하는 분석기법이다. 이를 위해 어떤 물건, 구조, 현상, 문제에 대해 이와 근사한 실험 모델을 구성한다. 시뮬레이터(simulator)는 모의실험을 실시하는 장치나 프로그램을 말한다.

b. 에뮬레이션

다른 하드웨어를 대신 구동해 특정 하드웨어를 모방하는 방법을 에뮬레이션(emulation)이라고 한다. 흉내 내기로 한 장치와 회로가 똑같지 않더라도 그 기능을 복사해 똑같은 실행결과가 나오도록 만든다. 에뮬레이터(emulator)는 기능을 흉내 내는 대리 실행 장치나 이를 구동해주는 프로그램이다. 에뮬레이터 프로그램을 설치하면 컴퓨터에서 옛날 게임기의 하드웨어 역할을 흉내 낼 수 있다.

2.3 다중작업

컴퓨터시스템에서 수행되는 하나의 작업을 태스크(task)라고 한다. 태스크는 각 프로그램에서 해야 할 작업이다. 다중작업은 동시에 처리해야 할 여러 개의 작업이다. 동시에 여러 개의 프로그램이 실행되는 다중작업을 멀티태스크(multitask) 혹은 멀티태스킹(multitasking)이라고 한다.

2.3.1 CPU 스케줄링

CPU는 하나이고 동시에 진행할 작업이 여러 개라면 시간을 쪼개 교대로 지원할 수밖에 없다. CPU 스케줄링(scheduling)은 다중작업에서 어떤 작업에 CPU의 처리 시간을 어느 정도 할당할지를 결정해주는 것이다. 각 작업별로 시간을 나누는 대표적인 방법은 ⓐ 라운드 로빈 방식과 ⓑ 우선순위 할당 방식이다. 어떤 작업에 CPU의 처리 시간을 어느 정도 할당할 지 결정한다. 스케줄러(scheduler)는 운영체제의 일부로 여러 작업이 CPU나 다른 시스템 자원을 공유할 때 순서나 일정(schedule)을 조정해주는 프로그램이다.

순환순서 방식 또는 라운드 로빈(round robin) 방식은 순서를 순환하면서 기회를 균등하게 분할하는 방식이다. 각 작업에 차례대로 돌아가며 일정한 시간을 균등하게 할당한다. 이 방식은 스포츠 경기에서 유래했다. 모든 팀에게 경기할 기회를 균등하게 부여해 승률로 순위를 가리는 방식이다. 이런 방식으로 시합을 치루는 팀들의 모임을 리그(league)라고 한다. 이에 비해 토너먼트(tournament) 방식은 패자는 탈락하고 승자는 진출해 최종 남은 두 팀이 우승을 결정하는 방식이다.

우선순위(priority) 할당 방식은 다중작업 목록에 올라와 있는 각 응용프로그램들에 대해 작업 우선순위에 따라 시간 할당비율을 조정한다. 응용프로그램이 차지하는 시간 비율에 따라 대표적으로 ① 전면작업과 ② 후면작업으로 나눌 수 있다. 전면작업 또는 포그라운드(foreground, 전경) 작업은 다중작업이 가능한 컴퓨터의 활성 창에서 수행되는 작업을 말한다. 전면작업은 후면작업에 대해 실행 우선순위를 갖는다. 후면작업 또는 백그라운드(background, 배경) 작업은 우선순위가 낮은 프로그램은 우선순위가 높은 프로그램이 쉴 때만 조작되는 상태를 말한다. 사용자가 전면에서 다른 작업을 하는 동안에 이면에서 문서 인쇄나 파일 다운로드 등 다른 작업을 실행하는 환경을 말한다. 운영체제에 따라서는 각 작업에 투자하는 프로세서의 시간 할당 비율을 사용자가 임의로 선택할 수도 있다.

2.3.2 멀티 스레드

본래 '스레드'는 바느질실이나 이야기를 풀어가는 줄거리를 말한다. 컴퓨터 용어로 스레드는 인터넷 등의 게시물에 대한 답변을 한 곳에 모아놓은 것에서 유래했다. 보통은 최초의 메시지에 연결된 관련 메시지를 댓글(reply) 형식으로 링크해 놓는다. 다른 게시물에 엮인 스레드도 동시에 발생할 수 있는데 이는 멀티스레드의 개념과 통한다.

컴퓨터에서 스레드(thread)는 정상적으로 작업이 완료될 때까지 세부적으로 해야 하는 작은 일들에 대한 일정표이다. 각 작업에 대한 줄거리와 진행정보이다. 프로그램이 실행될 때 내부에서 순차적으로 명령을 수행하는 흐름의 단위이다.

운영체제는 각 프로그램의 작업이 처리되는 과정을 관리한다. 다중작업에서 각 사용자나 프로그램이 존중될 수 있도록 각 작업에 대해 스레드를 만들어 관리한다. 어떤 프로그램이나 시스템 자원을 다른 사용자가 먼저 사용하고 있을 수 있다. 운영체제는 복수의 프로그램들로부터 이들 자원에 대한 사용 요청을 받아 동시에 서비스할 수 없다면 이를 조정해 준다. 운영체제는 스레드 정보를 유지하기 위해 메모리에 저장해두고 그 주소를 레지스터에 넣어 관리한다. 어떤 작업이 도중에 중단되다가 다시 그 프로그램으로 제어권이 돌아왔을 때 저장해둔 스레드 정보를 복구해 그 작업이 완료될 때까지 관리한다.

멀티스레드(multi-thread) 혹은 멀티스레딩(multi-threading)은 운영체제에서 여러 개의 스레드를 동시에 관리하는 것을 말한다. 다중작업에서 복수의 프로그램을 함께 진행하려면 각각의 작업에 대한 줄거리와 진행 정보를 동시에 관리해야 한다. 이를 위해 운영체제가 여러 개의 스레드를 동시에 관리한다. 예를 들어 A라는 작업은 a1, a2, a3라는 스레드를 일정표로 가지고 있고 B라는 작업은 b1, b2, b3, b4라는 스레드를 일정표로 가지고 일한다. 이때 A와 B인 두 개의 작업이 동시에 처리되려면 각각의 스레드도 운영체제에서 동시에 관리되어야 한다.

2.4 시동과정

2.4.1 롬 바이오스

롬 바이오스(ROM basic input output system, ROM BIOS)는 컴퓨터의 메인보드에 장착된 ROM에 내장된 프로그램이다. 컴퓨터의 부팅과 기본 입출력 시스템을 낮은 수준으로 제어한다. 일종의 시스템 소프트웨어로 대표적인 펌웨어이다. 하드웨어를 정확히 제어하기 위해 주로 어셈블리 언어로 작성한다. 롬 바이오스 칩은 업그레이드가 용이하도록 주로 플래시 메모리 등을 사용한다.

롬 바이오스 프로그램은 불과 몇 개 회사만이 만들어 왔다. AMI로 유명한 아메리칸 메가트렌드(American Megatrends)와 피닉스 테크놀로지(Phoenix Technologies) 등이 그렇다. 메인보드 제조자들은 대개 이들로부터 바이오스 소스를 제공 받아 자사의 로고를 넣고 옵션을 변경해 메인보드에 장착한다.

a. 롬 바이오스의 역할

그냥 바이오스라고 하면 대개 메인보드 상에 장착된 롬 바이오스를 가리킨다. 그밖에 비디오카드, 하드디스크, 광학디스크 등에도 각자의 바이오스 프로그램이 들어있다. 이들은 메인보드에 장착된 롬 바이오스에 자신들의 정보를 제공한다. 롬 바이오스의 역할은 다음과 같이 크게 2가지이다.

① 컴퓨터시스템의 부팅에 관계
② 운영체제를 도와 하드웨어를 저수준 제어

운영체제는 바이오스의 정보를 보고 컴퓨터 하드웨어의 상태를 파악하고 제어한다. 바이오스 덕분에 운영체제와 응용프로그램들은 컴퓨터에 부착된 각종 하드웨어 장치에 대해 정확하고 자세히 알아야 될 부담에서 해방된다. 메모리나 주변장치가 바뀌면 바이오스의 시스템 설정(setup) 프로그램에서 관련 내용이 자동으로 변경되거나 사용자가 수동으로 설정을 변경할 수 있다.

b. 섀도우 램

반도체 메모리는 종류에 따라서 데이터를 읽고 쓰는 물리적인 동작속도에 차이가 있다. 보통 다음 순서로 동작속도가 빠르다.

① 캐시메모리로 사용되는 에스램(SRAM)
② 메인메모리에 사용되는 디램(DRAM)
③ 바이오스 칩으로 사용하는 롬(ROM)

메인보드의 롬 바이오스나 비디오카드의 비디오 바이오스 등은 ROM에 들어 있기 때문에 실행속도가 느리다. 이를 개선하기 위해 일상적으로 검색되는 ROM의 내용을 주로 액세스 속도가 빠른 메인메모리에 복사해서 사용한다. 이때 ROM의 실행속도를 증가시키기 위해 이를 복사해서 사용하게 되는 RAM 메모리 영역을 섀도우 램(shadow RAM)이라고 한다. 이렇게 복사하는 동작을 '그림자'를 만든다고 해서 섀도우(shadow)시킨다고 한다. 이때 ROM의 주소와 복사된 내용이 들어 있는 섀도우 램의 주소를 일치시킨다. 그러면 CPU가 ROM 대신 액세스 속도가 빠른 RAM에서 복사본을 먼저 읽어와 실행속도가 증가한다.

2.4.2 시스템 설정

컴퓨터 메인보드의 바이오스 값을 설정하는 것을 시스템 설정 또는 CMOS 설정(CMOS setup, 시모스 셋업) 혹은 바이오스 설정이라고 한다. CMOS는 메인보드 상에 장착된 배터리 백업(backup)을 받는 CMOS SRAM을 가리킨다. 이 작은 부품에 기본적인 시스템 구성 환경과 선택 사항이 저장된다. 바이오스 설정 값을 저장하므로 비휘발성 바이오스 메모리(nonvolatile BIOS memory)라고도 한다.

시스템 설정에서는 롬 바이오스에 제공하는 실시간 시계 값, 하드디스크나 플로피디스크 타입, 모니터나 키보드 타입, 메모리 크기, 부팅 드라이브 우선순위, 마스터 부트 섹터 쓰기 방지와 같은 바이러스 방지 옵션, 전원 관리 옵션 및 부팅 패스워드 등을 설정하고 저장할 수 있다. 특히 칩셋 설정, 캐시 방식, 램 타입이나 속도 설정 등은 함부로 건드리지 않는 것이 좋다. 오동작하거나 느려질 수 있다.

CPU 동작 모드와 클럭 속도는 과거에는 메인보드 상의 물리적인 점퍼(jumper)로 조정했지만 요즘은 CMOS 설정으로 간단하게 조정할 수 있다.

CMOS 설정은 바이오스나 메인보드 제조사마다 각기 고유의 방법을 갖고 있다. CMOS 설정 값은 메인보드 제조사가 자신들이 권장하는 최적의 상태를 정해 공장 출하 값으로 미리 저장해 놓는다. 최근에는 자동으로 설정되는 부분이 대부분이다. 사용자의 실수와 배터리 방전에 대비해 ROM에도 기본 값이 저장되어 있다. CMOS 설정에서 디폴트로 되돌리는 옵션(option)에서 이를 선택할 수 있다.

디폴트 값(default value)은 프로그램이나 하드웨어 장치의 기본 설정 값으로 사용자가 특별히 지정하지 않은 값이다. 응용프로그램의 기본 설정 값이나 기계나 장치를 공장 출하할 때 맞춰놓은 기본 설정 값을 말한다. 요즘처럼 플래시 메모리 등을 바이오스 칩에 사용하면 시스템 설정 값을 굳이 배터리로 백업해둘 필요가 없다. 다만 전원을 꺼도 실시간 시계 칩(real-time clock, RTC)이 계속 작동되어야 한다는 점이 배터리의 유일한 사용 근거로 남았다.

CMOS 설정은 엄밀히는 약간 잘못된 표현이지만 이미 관습적으로 굳어진 용어이다. CMOS(complementary metal-oxide semiconductor)는 본래 집적회로를 구성하는 기술로 반도체 소자 방식 중 하나이다. 이 소자는 잡음에 면역성이 강하고 저소비전력이 특징이다. 용도는 마이크로프로세서, SRAM 등의 디지털 논리회로와 이미지 센서 등의 아날로그 회로에 폭넓게 사용된다.

2.4.3 부트스트랩 로더

'로드'는 짐을 싣거나 필름이나 탄약을 장전하거나 회로에 전류를 가하거나 업무에 부담을 지운다는 뜻이다. 컴퓨터에서 로드(load)는 메모리에 프로그램을 적재하는 것을 말한다. 디스크로부터 프로그램 명령이나 데이터를 컴퓨터의 메모리로 옮긴다. 이 과정을 로딩(loading)이라고 한다. 또한 로드를 담당하는 프로그램을 로더(loader)라고 한다.

부트스트랩(bootstrap)은 목이 긴 가죽 신발(boot)의 뒷부분에 달린 고리 모양의 끈(strap)을 가리킨다. 이 끈은 손가락을 걸어 지렛대의 원리로 신을 쉽게 신을 수 있게 해준다. 은유적으로 '다른 사람의 도움 없이 스스로 자립하는 과정'이라는 의미로 사용된다. 컴퓨터에서 본래 부트스트랩 혹은 부트스트래핑(bootstrapping)은 꼭 운영체제만이 아닌 다른 복잡한 프로그램을 실행시키는 작은 프로그램의 작업과정이라는 뜻이다. 이 작은 프로그램을 부트스트랩 로더라고 한다.

a. 부팅

부트스트래핑을 줄여 부팅(booting)이나 부팅 업(booting up)이라고 한다. 부트(boot)는 부팅의 줄임말이다. 부팅은 디스크에 저장된 운영체제를 메인메모리로 새로 읽어 들여 컴퓨터의 사용을 준비하는 과정이다. 롬 바이오스 프로그램이 실시하는 시동과정의 일부이다. 부트스트랩 로더(bootstrap loader) 혹은 부트로더(bootloader)는 부팅을 담당하는 프로그램으로 디스크로부터 운영체제를 읽어 들여 주기억장치에 로드한다. 이 프로그램은 디스크 볼륨의 첫 번째 섹터인 볼륨 부트 섹터에 들어있다. 컴퓨터의 시동과정 중에 롬 바이오스에 들어있는 시동 프로그램이 부트스트랩 로더 프로그램을 찾아 실행시킨다.

b. 콜드 부트와 웜 부트

콜드(cold)와 웜(warm)은 차거나 따뜻하다는 표현으로 자동차의 시동 습관에서 유래했다. 겨울철에 차가워진 자동차는 따뜻하게 예열한 후 출발하는 것이 엔진을 보호하고 연비와 정숙한 주행에 좋다. 다음과 같이 자동차 엔진에 열기가 남아 있는 것과 컴퓨터의 메모리에 프로그램이 남아있는 것이 비유된다.

콜드 부트는 전원이 꺼져 메인메모리의 내용이 모두 삭제된 상태에서 시작하는 부팅이다. 이 방법은 하드웨어적으로 컴퓨터를 완전하게 초기화(reset, 리셋) 시킬 수 있는 장점이 있다. 전원을 완전히 차단했다 켜므로 메모리와 기본적인 하드웨어 검사로 시간이 오래 걸린다. 동작중인 컴퓨터의 전원을 갑자기 차단하면 전기적인 충격으로 무리가 올 수 있다. 하드디스크의 헤드가 기계적으로 덜컥하고 떨어지는 것을 대비해 충격을 줄이는 안전장치를 갖춘 하드디스크도 있다.

웜 부트는 컴퓨터의 전원이 켜져 있어 주기억장치에 내용이 아직 남아있는 상태에서 시작하는 부팅이다. 메모리에 남아있는 내용이 자동차 엔진에 남아있는 열기에 비유된다. CPU가 전원장치를 비롯한 각 소자들을 소프트웨어 명령으로 리셋 시킨다. 콜드 부트에 비해 완벽하게 리셋 시키기 힘들지만 전기적인 충격이 작다. 운영체제의 종료 옵션에서 선택하는 시스템 재시작 등이 이에 해당한다.

2.4.4 BIOS의 시동과정

시동과정은 컴퓨터시스템의 운영에 필요한 각종 상태와 정보를 수집하고 운영체제가 하드웨어를 장악해 사용자의 작업을 준비하는 과정이다. 다른 말로 시동절차(boot sequence)라고도 한다. 전원이 켜지면 [그림 2-18]처럼 CPU는 롬 바이오스에 들어있는 시동 프로그램을 실행시킨다. 이 프로그램은 컴퓨터의 시동과정을 담당하며 그 절차와 역할은 다음과 같다.

① POST: 메인보드에 연결된 각종 하드웨어 장치를 점검
② 바이오스 복사: 각 장치에서 얻은 바이오스 정보를 읽어 램에 복사
③ 부팅: 부트스트랩 로더 프로그램을 찾아 운영체제를 메모리에 로드

롬 바이오스의 시동 프로그램은 [그림 2-18]에서 순서대로 ① 확인할 수 있는 하드웨어 부품이 어떤 종류인지 그리고 정상인지 검사한다. ② 섀도우 램에 바이오스 정보를 복사한다. ③ 드라이브에 저장된 운영체제를 읽어 들여 주기억장치인 램에 적재시킨다. 롬 바이오스는 부팅 과정 중에 얻은 정보를 모아 운영체제에게 모두 제공하고 통제권을 넘긴다. 운영체제는 시동과정에서 얻은 하드웨어 정보와 바이오스 정보를 인수해 최종적으로 컴퓨터시스템을 장악한다. 시동과정이 완료되면 기본 화면이 나타나 사용자에게 작업할 준비가 되었음을 알린다.

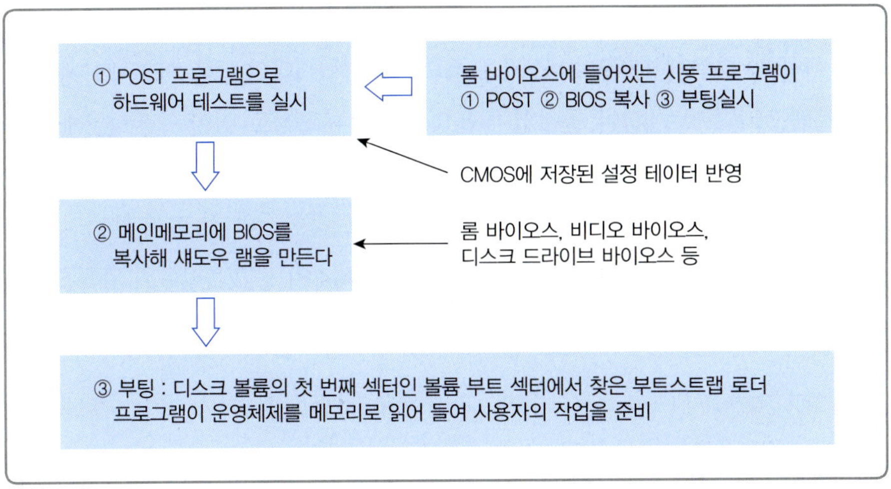

[그림 2-18] 롬 바이오스의 시동과정

a. POST

롬 바이오스의 일부인 POST(power-on self-test) 프로그램은 컴퓨터를 켜거나 리셋 될 때 수행되는 내부 테스트이다. '전원을 켜면 실시되는 자체 테스트'의 영문약자이다. 메인보드에 대해 자체적인 하드웨어 테스트를 실시한다. 전원이 켜지면 POST 과정은 CMOS에 저장된 시스템 설정 값을 읽어낸다. 메모리 테스트를 실시하고 키보드 등을 검사한다. 또한 메인보드에 달려있는 확장카드나 디스크 드라이브에 문제가 없는지 조사한다.

b. 메모리와 하드디스크의 시작 위치

컴퓨터를 켰을 때 만약 메모리가 없다면 아무 일도 일어나지 않는다. 메모리 없이는 프로그램이 실행될 수 없기 때문이다. 메모리가 있다면 CPU는 컴퓨터시스템의 자원으로 무엇이 있는지 조사하고 부팅을 수행한다. IBM PC 호환기종의 컴퓨터시스템은 항상 16진수 0xFFFF0 번지의 메모리 주소부터 프로그램이 시작되도록 메인보드와 바이오스 제조자들이 미리 정해 놓는다. 컴퓨터에 전원이 들어오면 CPU는 이 메모리 주소를 제일 먼저 바라본다. 이 메모리 주소가 ROM에 들어있는 바이오스 프로그램의 첫 시작 위치가 된다.

부팅을 위해서는 하드디스크의 시작 위치도 항상 일정해야 한다. 그 위치는 하드디스크의 첫 번째 섹터(sector)인 마스터 부트 섹터이다. 이곳은 하드디스크의 디스크 파티션 정보와 부팅에 사용될 파티션 혹은 디스크 볼륨에 대한 기본 정보가 들어있다. 부팅에 사용될 디스크 볼륨의 첫 번째 섹터인 볼륨 부트 섹터에는 부트스트랩 로더 프로그램이 들어있어 운영체제를 메모리로 읽어 들인다. 예를 들어 마스터 부트 섹터는 하드디스크가 C:와 D: 드라이브로 파티션 되어있고, C:에 운영체제가 설치되어 있다고 알려준다. 이때 C: 드라이브의 첫 번째 섹터인 볼륨 부트 섹터에 부트스트랩 로더 프로그램이 들어있다. 이 부분은 6장의 파일시스템에서 자세히 설명하도록 하겠다.

2.4.5 UEFI 펌웨어

UEFI(unified extensible firmware interface)는 [그림 2-19]처럼 운영체제와 플랫폼 펌웨어 사이의 소프트웨어 인터페이스를 정의한 설계 사양(specification)이다. '통합 확장 펌웨어 인터페이스'의 영문약자이다. 롬 바이오스를 대체하는 업계 표준의 펌웨어 인터페이스 설계 사양이다. UEFI 규격으로 제작된 펌웨어는 모든 IBM PC 호환기종에서 사용하던 BIOS 펌웨어를 대체하는 것이 목적이다.

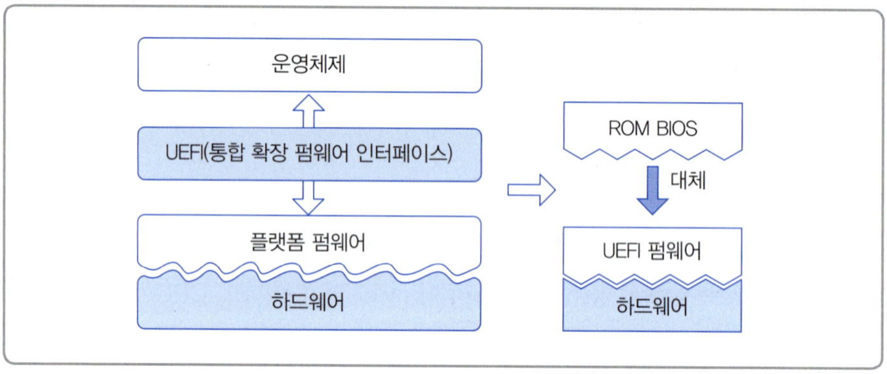

[그림 2-19] UEFI 규격의 개념도

이 규격은 2005년에 설립된 비영리 법인 UEFI 포럼(forum)이 관리하고 보급한다. 이 모임은 최초의 설계자인 인텔을 포함해 CPU 제조자(AMD), 기존의 바이오스 제조자(Phoenix Technologies, American Megatrends), 컴퓨터 제조자(Apple, Dell, HP, IBM, Lenovo)와 운영체제 회사(Microsoft)들이 참여한다.

a. 롬 바이오스를 대체

모든 IBM PC 호환기종에 30년 이상 사용된 바이오스(BIOS)는 컴퓨터에 전원이 들어오고 실행되는 첫 번째 소프트웨어이다. BIOS라는 이름은 1976년 출시된 CP/M 운영체제에서 처음 붙여져 1981년 IBM PC에 채택되면서 시스템 BIOS, ROM BIOS 또는 그냥 BIOS라고 불린다. 메인보드의 롬(ROM)에 들어있는 이 펌웨어는 그동안 제약이 많았다. 초기 16비트 프로세서에서 시작한 탓에 1MiB 메모리 주소 등 본래의 한계를 갖고 있다. 계속된 업데이트에도 불구하고 특히 2TiB 이상 대용량 디스크를 위해 우선 교체되어야 할 대상이 되었다. UEFI 규격으로 제작된 펌웨어는 아래처럼 기존의 전통적인 BIOS를 능가하는 장점을 가지고 있다.

① GUID 파티션 테이블을 갖는 2TiB 이상 대용량 디스크로부터 부트
② CPU에 독립적인 구조
③ CPU에 독립적인 드라이버들
④ 유연한 예비 OS 환경에서 네트워크 능력 등을 포함
⑤ 모듈식 설계

대용량 하드디스크를 위해 BIOS와 함께 교체되어야할 새로운 파티션 테이블인 GPT(GUID partition table)는 6장에서 설명하기로 한다. UEFI는 CPU나 다른 장치와 무관하게 동작하도록 설계된다. 기존의 장치는 물론 아직 나오지 않은 새로 출시되는 장치도 지원할 수 있다. 또한 부팅 전에 예비 OS 환경에서 응용프로그램을 구동하는 표준화된 환경을 제공한다. 이를 위해 다양한 하드웨어와 부팅 장치에 접근할 수 있는 API가 포함된다. 심지어는 운영체제 없이도 네트워크를 통해 컴퓨터의 원격 진단과 수리를 지원하는 등 추가적인 많은 기능을 제공한다. UEFI 기반의 펌웨어를 메인보드에 탑재한 컴퓨터는 세련된 그래픽 사용자 인터페이스의 시스템 설정 메뉴를 제공한다. 환경설정 화면도 일관성 있게 관리할 수 있도록 지원한다. 그래픽 쉘(shell)을 제공해 다른 응용프로그램들을 실행시키는데 사용될 수 있다. 또한 키보드는 물론 마우스로도 메뉴 조작이 가능하다.

b. UEFI의 시동과정

메인보드의 플래시 메모리 등에 저장된 UEFI 펌웨어의 역할은 다음과 같이 크게 2가지이다. 이것은 기존 롬 바이오스의 서비스를 그대로 물려받았다.

① 부트 서비스(boot service): 운영체제를 로드하는 부팅을 실시
② 실시간 서비스(runtime service): 시스템 설정과 한정된 그래픽 제어

② 실시간 서비스는 운영체제가 동작하는 동안에도 실시간 모드로 사용할 수 있다. 시스템 환경설정 값을 액세스할 수 있고 부팅할 때 사용하던 한정된 그래픽 출력 프로토콜(graphics output protocol, GOP)을 사용할 수 있다. 그러나 OS의 그래픽 드라이버가 로드되면 GOP의 비디오 모드를 변경하는 능력은 잃어버린다. ① 부트 서비스는 UEFI 펌웨어가 플랫폼을 소유하는 동안에만 가능하다.

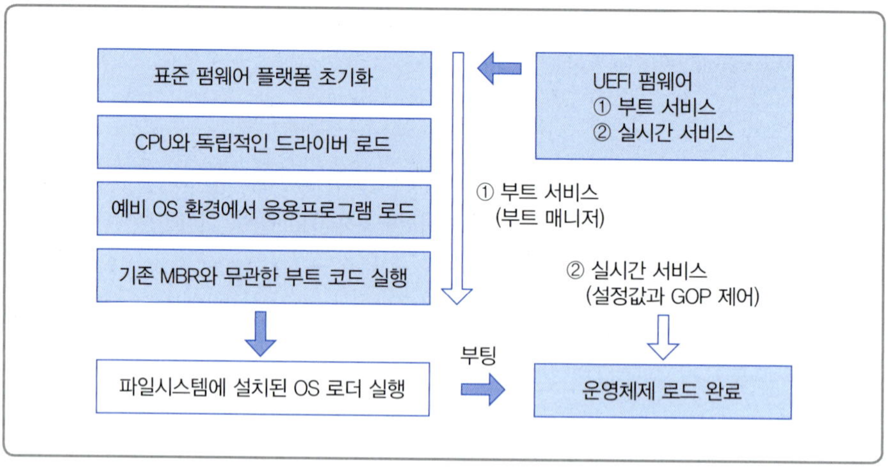

[그림 2-20] UEFI 펌웨어의 시동과정

UEFI의 시동과정은 부트 매니저(boot manager)가 부트 서비스를 담당한다. UEFI 규격은 모든 드라이버와 OS 로더를 로드하는데 책임이 있는 부트 매니저를 정의한다. 부트의 구성은 시스템 환경설정에 저장된 변수들로 조정된다.

UEFI 펌웨어에 의한 시동과정은 앞의 [그림 2-18]에 나타낸 BIOS의 시동절차와 거의 유사하다. 가장 큰 차이점은 시동과정 중에 OS 부팅 전에도 파일시스템

을 사용할 수 있고 다양한 응용프로그램을 메모리에 로드해 사용할 수 있다는 것이다. [그림 2-20]에서 부트 매니저는 하드웨어 초기화를 통해 먼저 확인할 수 있는 부품들이 어떤 종류인지 그리고 정상인지 검사한다. 또한 드라이브와 비디오 어댑터 등 각종 장치에 내장된 드라이버를 로드한다. 그런 후 기존 MBR와 무관한 부트 코드를 실행한다. 이 방법은 기존의 BIOS가 실행시키던 마스터 부트 섹터에 저장된 마스터 부트 레코드(MBR)와는 무관하다. [그림 2-20]에서 부트 서비스의 최종 결과는 원하는 드라이브의 파일시스템에 저장된 OS 로더 파일을 찾아 실행시키는 것이다. UEFI 펌웨어 입장에서 보면 OS 로더 파일은 일종의 UEFI 응용프로그램이다. 부팅이 완료되면 부트 매니저는 부팅 과정 중에 얻은 정보를 모아 운영체제에게 모두 제공하고 통제권을 넘긴다. 운영체제는 시동과정에서 얻은 하드웨어와 드라이버 정보를 모두 인수해 컴퓨터시스템을 장악한다.

UEFI 펌웨어는 기존 BIOS와 마찬가지로 사용자에게 로드할 운영체제를 선택할 수 있도록 해준다. 하드디스크, ODD, USB, 네트워크 등 부팅 장치의 우선순위도 선택할 수 있다. 기존의 MBR와 BIOS 방식의 부팅도 지원한다. UEFI 펌웨어에서 제공하는 BIOS 부트 방법을 레거시(legacy, 유산) 부트라고도 한다.

UEFI의 안전 부트(secure boot) 기능은 신뢰할 수 있는 디지털 서명이 없는 드라이버나 OS 로더에 의한 부트 절차를 막을 수 있다. 이것은 부팅과정에서 악성 프로그램이 끼어들 여지를 줄여 보안을 강화한다.

2.5 신호선의 동작

2.5.1 신호선의 1과 0

컴퓨터의 하드웨어 내부는 수많은 전기 신호들이 오고간다. 이때 신호선이 디지털 데이터의 1과 0을 전기적으로 표현하려면 다음과 같은 규칙이 필요하다.

① H: 하이 레벨(high-level) = 논리 1(logic 1) = 주로 +전압

② L: 로우 레벨(low-level) = 논리 0(logic 0) = 주로 0V 혹은 -전압

디지털 회로에서 전기 신호가 한정된 개수의 상태를 갖는 것을 논리 레벨(logic level)이라고 한다. 신호선의 하이(high, H)와 로우(low, L) 레벨을 표시하는 하이-로우(H/L) 레벨은 디지털 데이터의 논리 1과 0을 나타낸다. H와 L 레벨에는 다양한 전압 레벨이 쓰일 수 있다. +5V와 0V 등 각 하드웨어 시스템마다 고유한 하이 레벨과 로우 레벨 전압을 가질 수 있다.

a. 신호의 액티브 레벨

CPU가 어떤 장치에 동작을 명령하려면 어떤 동작을 개시하라는 신호를 보내야 한다. 액티브 레벨(active level)은 디지털 회로의 신호가 하이나 로우의 어느 한 레벨 중에서 의미 있는 동작을 하도록 신호의 활성상태 또는 액티브 상태(active state)를 설계하는 것을 말한다. [그림 2-21]처럼 신호선에 이름을 부여하는 방법으로 신호의 액티브 상태를 (a) 액티브 하이와 (b) 액티브 로우로 표시할 수 있다.

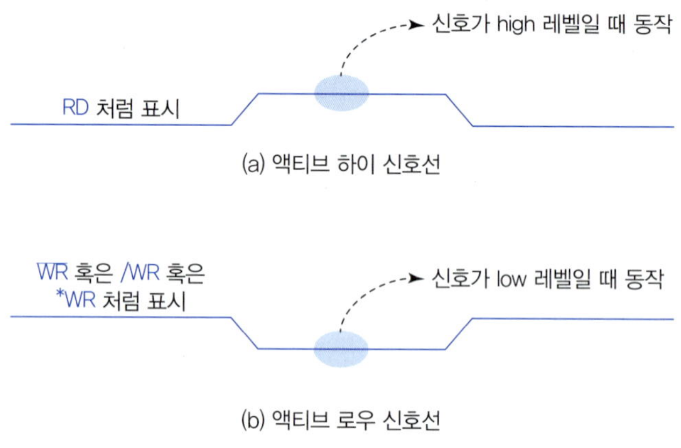

[그림 2-21] 회로도에서 신호의 액티브 레벨 표시

액티브 하이(active high)는 디지털 회로의 신호가 하이 레벨에서 본래 목적의 의미 있는 동작을 하도록 설계한 상태이다. 회로도나 신호의 타이밍(timing) 도면에는 별다른 기호 없이 대개 영문약자로 신호명을 적는다. [그림 2-21] (a)는 액

티브 하이인 읽기(read) 신호선을 RD로 나타낸 예이다. 이렇게 표시하면 신호선이 평상시 로우 레벨에 있을 때 아무 일도 일어나지 않는다는 뜻이다. 신호선이 로우 레벨에서 하이 레벨로 변하면 읽기 동작을 지시한다는 뜻이다.

액티브 로우(active low)는 디지털 회로의 신호가 로우 레벨에서 본래 목적의 의미 있는 동작을 하도록 설계한 상태이다. 회로도상에 대개 네거티브(negative)를 표시하는 /, * 등의 기호와 함께 영문약자로 신호명을 적는다. [그림 2-21] (b)는 액티브 로우인 쓰기(write) 신호선을 WR로 나타낸 예이다. 이렇게 표시하면 평상시 하이 레벨에 있을 때 아무 일도 일어나지 않는다는 뜻이다. 신호선이 하이 레벨에서 로우 레벨로 변하면 쓰기 동작을 지시한다는 뜻이다.

b. 신호의 트리거 방식

'트리거'는 방아쇠나 폭파장치의 도화선처럼 어떤 사건의 계기를 말한다. 하드웨어 회로에서 트리거(trigger)는 어떤 장치를 동기(sync)에 맞추어 동작시킬 수 있도록 제공되는 신호이다. [그림 2-22] (a)는 회로도상의 트리거 입력 표시에서 레벨 트리거와 에지 트리거의 차이를 보여준다.

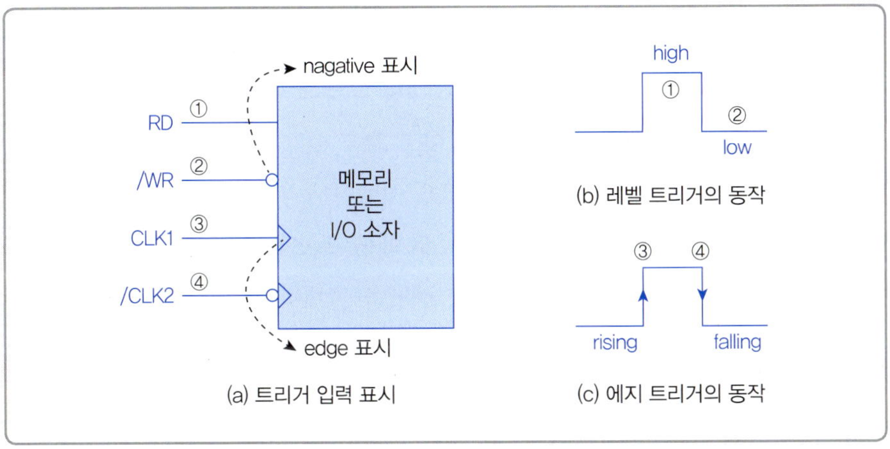

[그림 2-22] 신호선 입력의 레벨 트리거와 에지 트리거

레벨 트리거(level trigger)는 신호선에 연결된 장치들이 [그림 2-22] (b)처럼 입력 신호의 하이나 로우 레벨에 동기되어 동작하도록 설계하는 방식이다. (a)에서 ②의 동그라미 모양은 네거티브(negative) 표시로 디지털 논리회로에서 통상

NOT 게이트를 의미한다. 여기서는 NOT 게이트가 추가된 것이 아니고 이곳이 로우 레벨에 활성화되는 신호선이 입력되는 곳임을 표시한다. 이렇게 하면 이 곳이 액티브 하이 입력인지 액티브 로우 입력인지를 쉽게 구분할 수 있다.

에지 트리거(edge trigger)는 신호선에 연결된 장치들이 [그림 2-22] (c)처럼 입력 신호의 라이징(rising, 상승) 에지나 폴링(falling, 하강) 에지에 동기되어 동작하도록 설계하는 방식이다. (a)에서 ③의 > 모양은 에지(edge) 표시로 디지털 논리회로에서 통상 클럭 신호의 입력을 의미한다. 여기서는 이곳이 라이징 에지 트리거 신호가 입력되는 곳임을 의미한다. ④에서 > 모양과 동그라미 모양의 네거티브 표시는 이곳이 폴링 에지 트리거 신호가 입력되는 곳임을 나타낸다.

2.5.2 버퍼의 필요성

컴퓨터시스템의 하드웨어 장치에는 다양한 신호선들이 연결되어 있다. 신호선에 연결된 양쪽 부품에 달린 하드웨어 핀들이 입력 단자 또는 출력 단자가 된다. 신호선은 오고 가는 입출력 방향이 분명하도록 설계되어야 한다. 양방향 버스를 이용하려면 전송방향을 바꿀 때 양쪽 출력 레벨이 서로 충돌되지 않게 조치해야 한다. ① 신호선에 연결된 양쪽 단자가 모두 입력 단자이면 별 문제가 없다. 양쪽 모두 출력 레벨을 내지 않기 때문에 상대방 부품에 영향을 미치지 않는다. 양쪽 모두 출력 단자가 되면 문제이다. ② 양쪽 모두 로우 레벨만 출력하면 문제는 없다. ③ 한쪽은 하이 레벨이고 한쪽은 로우 레벨인 경우도 전기적으로 큰 문제는 없다. 전류의 흐름이 하이 레벨 쪽에서 로우 레벨 쪽으로 흐르기 때문이다. ④ 치명적인 경우는 양쪽 단자에서 모두 하이 레벨을 출력할 때 발생한다. 양쪽 출력 핀에서 흘러나온 전류가 서로 충돌해 부품에 손상을 입힐 수 있다.

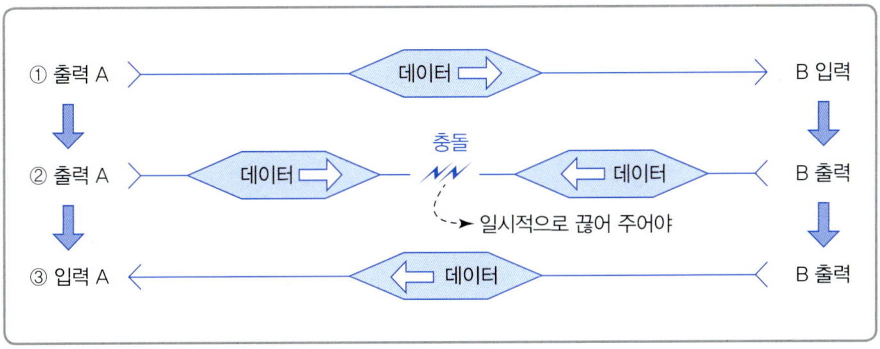

[그림 2-23] 3가지 상태가 필요한 이유

a. 3상태 버스

주소버스와 달리 데이터버스의 신호선들은 입출력이 가능한 양방향 신호들이다. 동일한 버스선을 이용해 소자 A와 B 사이에 양방향 전송이 가능하려면 [그림 2-23]처럼 입출력 방향이 바뀌는 순간이 발생한다. 이때 양쪽 신호가 충돌해 일시적으로 전기적인 충격이 발생할 수 있다. 이를 피하려면 ②처럼 입출력 방향이 뒤바뀌는 중간에 버스선을 잠시 끊어주어야 한다. 이를 위해 버스선의 레벨을 일시적으로 고 임피던스 또는 하이 임피던스(high impedance, high-Z) 상태로 만든다. 이것은 반도체 소자의 전기적 저항이 너무 커서 마치 전선이 끊어진(open) 것과 같은 효과를 낸다. 이른바 3상태 또는 트라이-스테이트(tri-state)는 신호선의 레벨이 하이, 로우, 하이 임피던스의 3가지 전기적인 상태를 갖는 것을 말한다.

b. 버퍼

① 소프트웨어적인 측면에서 버퍼(buffer)는 속도를 완충해주는 메모리상의 임시 저장소이다. 프로그램의 작업 전환이나 데이터 송수신 장치 간에 사용된다. 대부분의 소프트웨어 작업은 데이터를 임시로 담아두는 공간으로 버퍼 메모리를 필요로 한다. ② 하드웨어적인 측면에서 버퍼는 전압 레벨을 완충해주거나 전기적인 타이밍(timing) 속도를 조절해주는 부품이다. 대부분의 하드웨어 부품은 입출력 신호의 레벨이 서로 충돌하지 않도록 전기적인 버퍼를 사용한다.

$\overline{OE}$	$T/\overline{R}$	데이터 전송
L	H	A → B
L	L	A ← B
H	x	high-Z

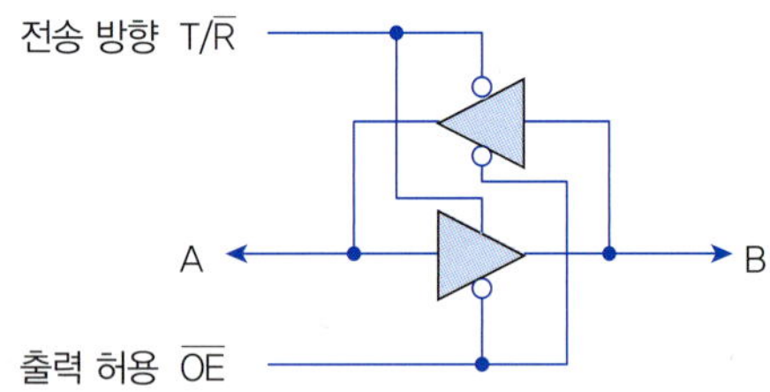

[그림 2-24] 양방향 3상태 버퍼 구조

[그림 2-24]에 3상태 양방향 버퍼의 예를 나타내었다. $\overline{OE}$(output enable) 제어 신호는 버퍼의 출력 여부를 결정한다. $\overline{OE}$이 L 레벨일 때는 출력을 허용하고, H 레벨일 때는 버퍼를 하이 임피던스 상태로 만든다. $T/\overline{R}$(transmit/receive) 제어 신호는 $\overline{OE}$ 신호가 전송을 허락할 때 데이터의 전송 방향을 결정한다. $T/\overline{R}$이 H 레벨일 때는 A에서 B로 출력하고, L 레벨일 때는 B에서 A로 출력한다.

연습문제

1. 컴퓨터 하드웨어의 기본 구성 요소 3가지를 골라라.
   ① 본체 ② 전원장치 ③ 기억장치
   ④ 모니터 ⑤ 키보드 ⑥ 중앙처리장치
   ⑦ 프린터 ⑧ 입출력장치

2. 마이크로컴퓨터의 기본 구성 요소 3가지를 골라라.
   ① 키보드 ② CPU부 ③ 하드디스크
   ④ 입출력장치 접속부 ⑤ 메모리부 ⑥ 모니터
   ⑦ 전원장치 ⑧ 본체

3. 컴퓨터시스템에서 신호선들의 집합을 기능으로 분류한 기본 버스 3종류를 골라라.
   ① 전송버스 ② 버퍼버스 ③ 데이터버스
   ④ 주소버스 ⑤ 제어버스 ⑥ 접속버스

4. 컴퓨터시스템에서 신호선에 버스를 사용하는 이유는 무엇인가 설명하라.

5. 컴퓨터시스템에서 시스템버스는 어디와 어디 사이를 연결하는지 3곳을 골라라.
   ① CPU ② 광학디스크 ③ 칩셋
   ④ 보조기억장치 ⑤ 입출력장치 ⑥ 하드디스크
   ⑦ 전원장치 ⑧ 메인메모리

6. 여러 개의 칩들과 회로가 모여 서로 연관된 기능을 수행하도록 설계된 제어 칩들의 조합을 무엇이라고 하는가?

7. CPU와 함께 시스템 전체를 제어하는 칩들의 모임을 무엇이라고 하는가?

8. 메인보드 상에 존재하는 가장 기본적인 칩셋 구성 2가지를 골라라.
   ① 메모리 컨트롤러 ② 사운드 컨트롤러 ③ 하드디스크 컨트롤러
   ④ 그래픽 컨트롤러 ⑤ 네트워크 컨트롤러 ⑥ I/O 컨트롤러

9. 메인보드 상에 존재하는 가장 기본적인 칩셋 구성 2가지를 골라라.
① 이스트브리지 ② 웨스트브리지 ③ 노스브리지
④ 비디오브리지 ⑤ 사우스브리지 ⑥ 사운드브리지

10. 응용프로그램이 실행될 수 있는 컴퓨터시스템 자체 또는 하드웨어나 운영체제 등이 실현될 수 있는 관련 기술기반을 무엇이라고 하는가?

11. 컴퓨터시스템이나 데이터통신에서 여러 방향의 데이터가 한 곳에 모이는 장소나 연결 장치를 무엇이라고 하는가?

12. 컴퓨터시스템의 주기판을 가리키는 말을 모두 골라라.
① 확장 카드 ② 메인보드 ③ 접속보드 ④ 입출력보드
⑤ 어댑터 ⑥ 시스템보드 ⑦ 마더보드 ⑧ 비디오보드

13. 인텔이 설계하고 제안한 메인보드, 섀시, 전원장치의 제작 규격을 모두 골라라.
① BIOS ② ATX ③ BTX
④ HUB ⑤ CMOS ⑥ POST

14. 메인보드의 구성 요소가 아닌 것을 모두 골라라.
① 전원장치 ② CPU 소켓 ③ 하드디스크 ④ 메모리 소켓
⑤ 시스템버스 ⑥ 확장 슬롯 ⑦ 확장 카드 ⑧ 칩셋

15. 마더보드 형태를 사용하는 가장 큰 이유 2가지를 골라라.
① 경제성 ② A/S성 ③ 설계 편리성 ④ 확장성 ⑤ 공간절약

16. 문서편집이나 자료관리 등 사용자의 목적에 맞게 특정한 작업을 수행하는 프로그램을 무엇이라고 하는가?

17. 하드웨어 구동과 관련되어 컴퓨터시스템을 효율적으로 다루기 위한 프로그램들의 집합을 무엇이라고 하는가?

18. 시스템 소프트웨어에 해당하지 않는 것을 【보기 A】에서 모두 골라라.

보기 A
① 로더 프로그램 ② 진단 프로그램 ③ 유틸리티
④ 라이브러리 ⑤ 응용프로그램 ⑥ 언어처리기
⑦ 운영체제 ⑧ 사용자 프로그램

19. 다음의 설명에 맞는 시스템 소프트웨어의 종류를 【보기 A】에서 골라라.
(a) 번역 프로그램
(b) 표준 서브루틴
(c) 프로그램을 메모리에 넣어 실행을 준비
(d) 하드웨어와 소프트웨어를 관리 운영

20. 컴퓨터 사용자, 하드웨어, 소프트웨어 사이의 중재자로서 인터페이스를 제공하는 대표적인 시스템 소프트웨어를 무엇이라고 하는가?

21. 컴퓨터시스템의 하드웨어나 주변장치를 구동시킬 때 운영체제가 요구하는 정보가 들어있는 소프트웨어 파일을 무엇이라고 하는가?

22. 하드웨어와 소프트웨어 요소들 사이의 통신과 시스템 자원을 관리하는 운영체제의 핵심부로 주기억장치에 상주하는 프로그램을 무엇이라고 하는가?

23. 커널에 운영체제의 서비스를 요청하는 절차를 무엇이라고 하는가?

24. 운영체제의 사용 불편을 개선하기 위해 메뉴 구동형의 사용자 인터페이스를 제공하는 유틸리티 프로그램을 무엇이라고 하는가?

25. 도구 또는 서비스 프로그램이라고 하며 하드웨어, 운영체제, 응용프로그램을 관리하고 조화시킬 목적으로 설계된 소프트웨어를 무엇이라고 하는가?

26. 화면을 구성할 때 각각의 픽셀을 제어해 출력 방식을 무엇이라고 하는가?

27. 그래픽 모드와 달리 문자로 화면을 구성해 출력하는 방식을 무엇이라고 하는가?

28. '그래픽 사용자 인터페이스'의 영문약자로 운영체제가 사용자와 대화하기 위해 아이콘이라는 그래픽 이미지를 사용하는 프로그램 설계를 무엇이라고 하는가?

29. '응용프로그램 인터페이스'의 영문약자로 프로그래머가 사용자 인터페이스를 일관성 있게 만들 수 있도록 완벽한 세트의 함수와 자원을 제공해주는 시스템 소프트웨어를 무엇이라고 하는가?

30. '개체 연결 및 포함'의 영문약자로 외부 문서 참조기능을 위한 MS 윈도우의 표준을 무엇이라고 하는가?

31. 운영체제에서 관리하는 임시 저장소로, 복사하기와 붙이기 기능에 자주 사용되는 일시적인 메모리 버퍼를 무엇이라고 하는가?

32. 프로그래밍 언어보다 규모가 더 큰 상위 개념으로 컴퓨터와 대화를 나눌 수 있는 일반적인 모든 수단을 무엇이라고 하는가?

33. 컴퓨터 언어 중 명령어나 주소지정 방식 등의 체계를 잘 갖추고 호환성이 있도록 범용으로 설계된 언어를 무엇이라고 하는가?

34. 프로그래밍 언어의 종류에 해당하는 것을 【보기 B】에서 모두 골라라.

보기 B			
	① 어셈블러	② 고급언어	③ 어셈블리언어
	④ 컴파일러	⑤ 인터프리터	⑥ 기계어

35. 소스 코드를 오브젝트 코드로 바꾸는 번역프로그램의 종류에 해당하는 것을 【보기 B】에서 모두 골라라.

36. 인간이 읽을 수 있는 컴퓨터 언어로 작성된 프로그램을 가리키는 말을 【보기 C】에서 모두 골라라.

보기 C			
	① 목적 코드	② 소스 프로그램	③ 오브젝트 프로그램
	④ 소스 코드	⑤ 오브젝트 코드	⑥ 원시 코드

37. 번역 프로그램의 결과물로서 일반적으로 기계어로 작성된 프로그램을 가리키는 말을 【보기 C】에서 모두 골라라.

38. 다음 번역프로그램의 장점을 【보기 D】에서 모두 골라라.
(a) 컴파일러
(b) 인터프리터

보기 D		
	① 에러 찾기 쉬움	② 메모리를 적게 차지
	③ 실행속도 빠름	④ 소프트웨어 가격 절약

39. 동작과 절차를 중심으로 프로그래밍하고 그 대상인 사물은 종속적으로 취급하는 언어로 설계자 중심으로 만들어진 언어 방식을 무엇이라고 하는가?

40. 프로그램의 대상인 사물을 중시하고 그 실체와 동작을 객체로 정의하고 프로그래밍의 대상으로 삼는 사용자 입장에서 만들어진 언어 방식을 무엇이라고 하는가?

41. 다음 언어의 종류를 【보기 E】에서 모두 골라라.
(a) 절차지향 언어
(b) 객체지향 언어

보기 E			
	① Pascal	② C	③ C++
	④ Java	⑤ FORTRAN	⑥ BASIC

42. 다른 프로그램을 기반으로 실행되는 짧은 프로그램이나 명령어로 이루어진 언어를 무엇이라고 하는가?

43. C 언어의 함수(function)가 대표적이며 메인 프로그램의 독립적인 일부분으로서 필요할 때마다 호출되어 재사용할 수 있는 프로그램을 무엇이라고 하는가?

44. C 언어 프로그래밍에서 헤더로 선언하는 stdio.h 파일처럼 자주 쓰는 단순 반복적인 프로그램에 대해 미리 작성해 놓은 표준 서브루틴을 무엇이라고 하는가?

45. 프로그램 결합하기에 관련된 용어를 모두 골라라.

① 서브루틴	② 링크	③ 로드
④ 라이브러리	⑤ 부팅	⑥ 시뮬레이션

46. 하드웨어를 흉내 내는 방법으로 실제 하드웨어 구동 없이 실행되는 소프트웨어적인 모의실험 방법을 무엇이라고 하는가?

47. 하드웨어를 흉내 내는 방법으로 다른 하드웨어를 대신 구동해 특정 하드웨어를 모방하는 방법을 무엇이라고 하는가?

48. 동시에 여러 개의 프로그램이 실행되는 다중작업을 영어식 표현으로 무엇이라고 하는가?

49. 다중작업에서 어떤 작업에 CPU의 처리 시간을 어느 정도 할당할지를 결정해주는 것을 무엇이라고 하는가?

50. CPU 스케줄링에서 순서를 순환하면서 기회를 균등하게 분할하는 방식을 무엇이라고 하는가?

51. CPU 스케줄링에서 각 응용프로그램들에 대해 작업 우선순위에 따라 시간 할당비율을 조정하는 방식을 무엇이라고 하는가?

52. 다중작업이 가능한 컴퓨터의 활성 창에서 수행되는 작업을 무엇이라고 하는가?

53. 다중작업이 가능한 컴퓨터에서 우선순위가 낮은 프로그램은 우선순위가 높은 프로그램이 쉴 때만 조작되는 상태를 무엇이라고 하는가?

54. 컴퓨터 프로그램에서 세부적으로 해야 하는 작은 일들에 대한 일정표로 각 작업에 대한 줄거리와 진행 정보를 무엇이라고 하는가?

55. 복수의 프로그램을 함께 진행하기 위해 운영체제가 각각의 작업에 대한 줄거리와 진행 정보를 동시에 관리하는 것을 무엇이라고 하는가?

56. 메인보드에 장착된 ROM에 내장되며 컴퓨터의 부팅과 기본 입출력 시스템을 낮은 수준으로 제어하는 프로그램을 무엇이라고 하는가?

57. 메인보드에 장착된 롬 바이오스의 역할 2가지를 적어라.

58. 반도체 메모리의 실행속도가 빠른 순서대로 번호를 적어라.
① ROM ② SRAM ③ DRAM

59. 컴퓨터시스템에서 메모리의 실행속도가 빠른 순서대로 번호를 적어라.
① 캐시메모리 ② 바이오스 칩 ③ 메인메모리

60. 일상적으로 검색되는 ROM의 실행속도를 증가시키기 위해 이를 복사해서 사용하게 되는 RAM 메모리 영역을 무엇이라고 하는가?

61. 메인보드에서 바이오스 값을 설정하는 시스템 설정을 가리키는 말을 모두 골라라.
① 파티션 설정 ② 도스 설정 ③ CMOS 설정
④ 바이오스 설정 ⑤ 시모스 셋업 ⑥ 프린터 설정

62. 사용자가 특별히 지정하지 않은 값으로 응용 프로그램이나 하드웨어 장치의 기본 설정 값을 무엇이라고 하는가?

63. 시스템 설정 값에 대한 설명으로 맞는 것을 모두 골라라.
① 파티션에 저장 ② 부트 섹터에 저장 ③ 휘발성 메모리에 저장
④ 배터리로 백업 ⑤ 메인보드 상에 저장 ⑥ BIOS 설정 값 저장

64. 메인보드에서 시스템 설정 값으로 설정될 수 없는 것들을 모두 골라라.
① 메모리 크기 ② 실시간 시계 값 ③ 가상메모리 크기
④ 볼륨 부트 섹터 ⑤ 부팅 패스워드 ⑥ 하드디스크 타입
⑦ 파티션 설정 ⑧ 전원 관리 옵션 ⑨ 부팅 드라이브 순위

65. 비휘발성 바이오스 메모리라고도 하며 메인보드에서 바이오스 설정 값을 저장하는 부품을 관습적으로 무엇이라고 하는가?

66. 롬 바이오스에 제공하는 실시간 시계 값, 메모리 크기, 부팅 드라이브 우선순위 등이 저장되며 배터리 백업을 받는 부품을 관습적으로 무엇이라고 하는가?

67. 시스템 설정, 바이오스 설정이라고도 하며 실시간 시계 값 등 컴퓨터시스템에서 기본적인 시스템 구성 환경과 선택 사항을 설정하는 것을 무엇이라고 하는가?

68. 플래시 메모리 등을 롬 바이오스 칩에 사용하면 시스템 설정 값을 배터리로 굳이 백업해 둘 필요가 없지만 배터리를 계속 사용해야할 근거는 무엇인가?

69. 디스크로부터 프로그램 명령이나 데이터를 컴퓨터의 메모리로 옮기는 것을 무엇이라고 하는가?

70. 디스크의 볼륨 부트 섹터에 들어 있으며 운영체제를 로드하는 부팅을 담당하는 프로그램을 무엇이라고 하는가?

71. 디스크에 저장된 운영체제를 메인메모리로 새로 읽어 들여 컴퓨터의 사용을 준비하는 과정을 무엇이라고 하는가?

72. 다음 설명이 맞으면 ○, 틀리면 ×로 답하라.
(a) 콜드 부트와 웜 부트는 부팅할 때 메모리를 비우는 방법이 다르다.
(b) 운영체제의 종료 옵션에서 선택하는 시스템 재시작은 콜드 부트이다.
(c) 부팅할 때 하드디스크와 달리 메모리의 시작 위치는 수시로 변한다.

73. 롬 바이오스에 들어있는 시동 프로그램의 역할 3가지를 골라 컴퓨터 시동과정의 순서대로 번호를 적어라.
① 네트워크 검사 ② 바이오스 복사 ③ 바이러스 검사
④ 부팅 실시 ⑤ 플러그 앤 플레이 ⑥ POST 실시

74. '전원을 켜면 실시되는 자체 테스트'라는 뜻의 영문약자로 롬 바이오스의 일부로서 컴퓨터를 켜거나 리셋 될 때 수행되는 내부 테스트를 무엇이라고 하는가?

75. '통합 확장 펌웨어 인터페이스'의 영문약자로 운영체제와 플랫폼 펌웨어 사이의 소프트웨어 인터페이스를 정의한 설계 사양을 무엇이라고 하는가?

76. 메인보드에 장착된 UEFI 펌웨어의 역할 2가지를 적어라.

77. UEFI에 대한 설명으로 맞는 것을 모두 골라라.
① 롬 바이오스를 대체 ② BIOS의 일부 ③ 운영체제 없이 원격진단
④ 마스터 부트 레코드 ⑤ 부트 섹터에 저장 ⑥ 유연한 예비 OS 환경

78. UEFI가 BIOS보다 우수한 장점을 모두 골라라.
① 2TiB 이상 디스크로부터 부트 ② CPU에 따른 드라이버
③ CPU에 독립적인 구조 ④ 부팅 장치 우선순위 선택

79. UEFI의 부트 매니저가 실시하는 부트 서비스의 순서대로 번호를 골라라.
① 드라이버 로드 ② OS 로더 실행
③ 응용프로그램 로드 ④ 표준 펌웨어 플랫폼 초기화
⑤ MBR와 무관한 부트 코드 실행

80. 디지털 회로에서 하이(H)나 로우(L)처럼 전기 신호가 한정된 개수의 상태를 갖는 것을 무엇이라고 하는가?

81. 디지털 회로의 신호가 하이나 로우의 어느 한 레벨 중에서 의미 있는 동작을 하도록 신호의 활성상태를 설계한 것을 무엇이라고 하는가?

82. 디지털 회로의 신호가 하이 레벨에서 본래 목적의 의미 있는 동작을 하도록 설계한 상태를 무엇이라고 하는가?

83. 디지털 회로의 신호가 로우 레벨에서 본래 목적의 의미 있는 동작을 하도록 설계한 상태를 무엇이라고 하는가?

84. 방아쇠나 도화선처럼 어떤 사건의 계기를 말하며 하드웨어 회로에서 어떤 장치를 동기에 맞추어 동작시킬 수 있도록 제공되는 신호를 무엇이라고 하는가?

85. 하드웨어 장치에 동기를 맞출 때 입력 신호의 하이나 로우 레벨에 동기되어 동작하도록 설계하는 방식을 무엇이라고 하는가?

86. 하드웨어 장치에 동기를 맞출 때 입력 신호의 상승이나 하강 에지에 동기되어 동작하도록 설계하는 방식을 무엇이라고 하는가?

87. 3상태 버퍼에서 반도체 소자의 전기적 저항이 너무 커서 마치 전선이 끊어진 것과 같은 효과를 내는 상태를 무엇이라고 하는가?

88. 소프트웨어적인 측면에서 버퍼의 설명으로 맞는 것을 【보기 F】에서 모두 골라라.

보기 F

① 전압 레벨을 완충	② 전기적인 타이밍 속도를 조절
③ 송수신 장치 간에 사용	④ 입출력 신호의 충돌을 방지
⑤ 메모리상의 임시 저장소	⑥ 프로그램의 작업 전환에 사용

89. 하드웨어적인 측면에서 버퍼의 설명으로 맞는 것을 【보기 F】에서 모두 골라라.

03 CHAPTER

중앙처리장치

COMPUTER ARCHITECTURE

컴퓨터시스템의 중앙처리장치를 가리키는 CPU는 장치의 기능을 설명하는 말이다. 1971년 최초의 마이크로프로세서가 개발되고 40년이 흘렀다. 요즘 거의 모든 컴퓨터에 들어가는 CPU는 마이크로프로세서의 형태이다. 아직 연구 중인 광컴퓨터를 제외하면 그렇지 않은 경우를 찾아보기 어렵다. 현재는 반도체 칩 내부보다 더 빠른 CPU는 없기 때문이다. 요즘은 마이크로프로세서, 프로세서, CPU 이 3가지 단어가 모두 동의어처럼 쓰인다. 3장은 전자회로 부품이 아닌 CPU 본래의 기능과 동작 원리를 중심으로 설명한다.

CPU의 역할은 명령어를 꺼내 해독하고 연산을 실행하거나 프로그램에서 주어진 작업을 수행하는 일이다. CPU의 기본 구성요소로서 연산장치, 레지스터, 제어장치의 원리와 동작을 이해하는 것이 필요하다. 이 책은 중립적인 어셈블리 언어 형태로서 레지스터 전송언어를 최소한으로 사용하고 있다. 1980년대 초부터 사용된 이 방법은 하드웨어로 명령어를 설계하거나 레지스터의 동작을 설명하는데 유용하다. 3장에서 다루지 않은 CPU 명령어 사이클과 병렬계산은 4장의 명령어 처리에서 설명하기로 한다.

3장은 중앙처리장치인 CPU에 대해서 설명한다. 이곳 3장에서는 CPU의 구성 요소, 보조프로세서, 레지스터의 동작, 연산장치의 동작, 명령어 형식, 주소지정 방식, 연산의 종류에 대해 알아본다. 또한 제어장치에서 제어신호를 만들기 위한 마이크로프로그래밍 방법에 대해 설명한다.

03 CHAPTER

중앙처리장치

3.1 CPU 프로세서

컴퓨터에서 프로세스(process)는 연산이나 데이터를 처리하기 위해 현재 진행되는 작업이나 프로그램을 가리킨다. 이때 작업의 처리 또는 처리과정을 프로세싱(processing)이라고 한다. 프로세서(processor)는 처리장치 혹은 처리기가 된다. 컴퓨터에서 프로세서는 컴퓨터 내부의 처리장치이다. 프로세서는 컴퓨터 내부에 포함된 하나의 모듈(module)이 될 수 있고, CPU 칩 혹은 컴퓨터 자체로도 볼 수 있다. 컴퓨터시스템에서 프로세서라고 하면 대개 다음 2가지 뜻으로 쓰인다.

① 하드웨어 관점에서는 대개 CPU
② 소프트웨어 관점에서는 대개 번역 프로그램

3.1.1 CPU의 구성 요소

CPU의 기능은 명령어와 데이터를 처리하는 일이다. CPU는 프로그램에서 주어진 명령어를 인출해 이를 해독한다. 해독한 명령의 지시에 따라 데이터를 인출해 연산을 수행하고 그 결과를 저장하거나 다른 장치로 전송한다.

CPU의 기본 구성 요소는 [그림 3-1]처럼 연산장치, 레지스터, 제어장치로 구성된다. 이 장치들은 CPU 내부 버스로 서로 연결된다.

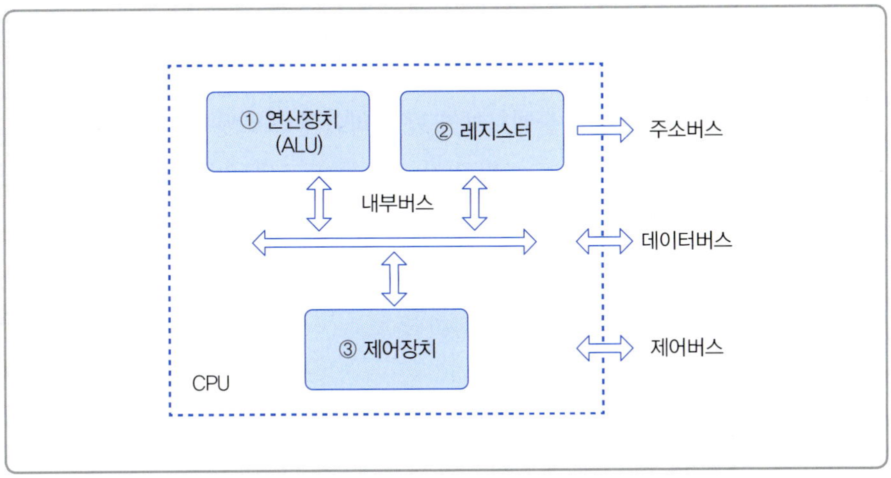

[그림 3-1] CPU의 구성 요소

① 연산장치(arithmetic and logic operation unit, ALU): 산술 및 논리연산장치라고도 한다. 산술연산과 논리연산을 수행하는 하드웨어 부분이다.

② 레지스터(register): 연산을 위해 다양한 용도로 사용되는 CPU 내부의 일시적인 기억장소이다. 명령, 주소, 데이터 등을 일시적으로 담아둔다. 다른 기억장치들에 비해 액세스 속도가 가장 빠르다.

③ 제어장치(control unit): 프로그램에서 주어진 명령을 해석하고 이를 실행하기 위해 제어신호를 만든다. 연산, 읽기, 쓰기 등의 동작신호와 각 장치를 제어하기 위한 타이밍(timing) 신호를 때맞추어 만들어 낸다.

3.1.2 마이크로프로세서

마이크로프로세서(microprocessor)는 작은(micro) + 처리장치(processor)라는 뜻의 합성어이다. 약자로 'μP'로 표시한다. 이 말은 '반도체 칩에 집적시켜 소형화시킨 CPU'라는 뜻이다. 마이크로프로세서가 처음 선보인 1970년대에는 CPU의 여러 가지 형태 중 하나였다. CPU의 기본 구성 요소로 예전에는 별개의 장치였던 연산장치, 레지스터, 제어장치 등을 하나의 반도체 칩에 집적시켜 CPU의 기능을 하도록 만들었다. 요즘은 거의 모든 CPU를 마이크로프로세서로 만든다. 이 때문에 마이크로(-)라는 접두사를 떼고 그냥 프로세서라고 부르는 경우가 많다. 마이크로프로세서, 프로세서, CPU 모두 동의어로 쓰인다. 마이크로프로세서 장치를 뜻하는 MPU(micro-processor unit)도 대개 CPU와 같은 뜻으로 취급한다.

소형 컴퓨터라도 그 내부를 들여다보면 단지 하나의 프로세서만 동작하는 것이 아니다. 그 중에서 메인보드에 장착된 가장 강력한 프로세서가 CPU의 역할을 한다. 그 밖에 비디오카드, 사운드카드, 네트워크카드, 키보드, 하드디스크 등의 주변장치에도 다양한 종류의 프로세서들이 들어있다. 이들의 성능은 모두 다르지만 각자 목적에 맞는 크고 작은 역할을 담당한다.

a. 최초의 마이크로프로세서

1969년 일본의 계산기 회사 비지콤(Busicom)은 프린터를 내장한 탁상계산기를 위해 LSI로 개발해둔 특수목적용 칩셋을 하나의 반도체 칩으로 만들기 원했다. 이를 의뢰받은 인텔(intel)은 1968년에 막 설립된 주문형 반도체 제작 전문 업체였다. 인텔은 회로가 너무 복잡하다고 판단해 전혀 새롭게 설계해서 1971년 4비트 CPU 형태를 완성했다. 이때 만들어진 인텔 i4004는 마르시안 호프(Marcian Hoff) 등이 세계 최초로 개발한 400kHz 속도의 4비트 범용 마이크로프로세서이다. 개발에 참여한 페데리코 파긴(Federico Faggin)은 후에 자일로그(ZiLOG, 1974년)사를 창립한다.

인텔은 i4004로 프로그램이 가능한(programmable) 계산기를 만드는 과정에서 마이크로프로세서의 무한한 가능성을 발견한다. 프로그램만 바꾸면 활용범위가 무궁무진하다는 점을 깨달았다. 지금은 마이크로프로세서가 들어가지 않는 곳이 없을 정도이다. 인텔은 주문자에게 개발비를 모두 돌려주고 i4004의 판매권을 얻는다. 인텔은 i4004의 후속기종인 8비트 i8008, i8080 등을 상용화 제품으로 연속 내놓으면서 시장에서 대성공을 거둔다. 마이크로프로세서의 발전 역사는 인텔의 역사이며 오늘날 컴퓨터 산업이 발전하게 된 중요한 계기가 되었다.

마이크로프로세서의 응용분야는 컴퓨터시스템에만 국한된 것이 아니다. 프로그램이 가능해야(programmable)하고 동작이 지능적(intelligent)이어야 하는 곳은 어디든 사용된다. 컴퓨터의 CPU에 들어가는 범용만이 아니라 다양한 분야에서 사용된다. 사무용기기, 가전제품, 자동판매기, 엘리베이터, 휴대전화기, 자동차, 로봇에 이르기까지 그 활용분야를 모두 다 헤아릴 수 없다.

b. 마이크로컨트롤러

주로 산업용기기의 제어를 위해 만들어진 마이크로컨트롤러(microcontroller)는 특수목적용 마이크로프로세서를 뜻한다. 약자로 'μC'로 표시한다. 마이크로컨트롤러 장치를 뜻하는 MCU(micro-controller unit)도 같은 뜻으로 취급한다. 마이크로컨트롤러의 주된 형태는 원-칩(one-chip) 마이크로컴퓨터로 1개의 칩 안에 웬만한 컴퓨터의 기능을 갖추고 있다. [그림 2-2]에서 점선으로 둘러싸인 부분을 하나의 반도체 칩 안에 넣는다. CPU와 일정 용량의 ROM과 RAM 등 메모리, 일부 I/O 장치, 입출력장치 접속회로를 포함한 형태로 설계된다. 버스를 외부로 연장해 기능을 확장할 수 있다. 1990년대에 마이크로마우스의 제작에 즐겨 사용되던 8비트 인텔 8051과 16비트 인텔 80196 등이 고전적인 예이다.

3.1.3 몇 비트 컴퓨터인가?

몇 비트 컴퓨터인가? 혹은 몇 비트 프로세서인가? 하는 질문은 주로 컴퓨터 내부의 중앙처리장치의 비트 수를 묻고 있다. 몇 비트 CPU인가? 하는 질문에 대한 올바른 정답은 무엇일까? 기술적으로 다음 2가지 판정 방법이 있다.

① 데이터버스의 비트 수: CPU 내부와 외부 사이에 한 번에 주고받을 수 있는 데이터버스의 비트 수

② 범용 레지스터의 비트 수: CPU 내부 범용 레지스터가 정수 연산에서 한 번에 처리할 수 있는 비트 수

인텔 펜티엄계열 프로세서에서 CPU 내부의 데이터버스는 32비트이고 CPU 외부의 데이터버스는 64비트이다. 펜티엄계열의 범용 레지스터는 32비트이므로 CPU 내부는 주로 32비트를 사용하고 CPU 외부는 64비트를 사용한다. CPU 외부에서 64비트로 느리게 한번 읽어오면 CPU 내부에서 32비트로 빠르게 두 번 처리하는 구조이다. 그렇다면 이런 프로세서들은 몇 비트 컴퓨터인가?

위의 방법 ①로 보면 CPU 외부 데이터버스의 비트 수가 64비트이므로 64비트 프로세서인 것처럼 생각된다. 그러나 실제로는 방법 ②가 정확한 방법이다. CPU

내부는 범용 레지스터와 이를 연결하는 데이터버스가 32비트이므로 엄밀히 말해 이런 경우는 32비트 프로세서가 된다. 인텔도 펜티엄계열을 32비트라고 한다.

3.1.4 64비트 CPU의 호환성

64비트 프로세서가 사용된다고 해서 모든 프로그램이 64비트로 동작하는 것은 아니다. 프로그램들은 16비트, 32비트, 64비트 명령어를 사용하던 각기 다른 시절에 만들어졌다. 32비트 프로세서와 32비트 운영체제가 시장의 대부분을 차지하던 동안에는 응용프로그램들도 대부분 32비트용으로 제작되었다.

64비트 CPU에 사용될 운영체제와 응용프로그램은 64비트 버전으로 만들어야 최적의 성능으로 작동할 수 있다. 64비트 명령어 구조로 설계된 64비트 CPU는 32비트 구조로 작성된 프로그램과의 호환성을 고려한 설계가 대개 포함되어 있다. 하지만 실제로는 완벽하게 호환되지 않는다. 16비트나 32비트 시절에 만든 프로그램들이 64비트 CPU에서 실행될 때 어떤 명령어는 제대로 동작하고 어떤 것은 제대로 동작하지 않는다. 동작속도 측면에서 32비트용 프로그램을 64비트 프로세서에서 실행시키면 성능이 비슷하거나 오히려 속도가 더 느려질 수 있다.

운영체제에 따라 32비트 기계에도 64비트 운영체제를 설치할 수 있다. 반대로 64비트 기계에도 32비트 운영체제를 설치할 수 있다. 응용프로그램도 마찬가지이다. 하지만 어떤 응용프로그램은 운영체제와 비트 수가 맞지 않으면 설치되지 않거나 동작하지 않는다. 비트 수가 다르면 동작되더라도 더 느려질 수 있다.

3.2 보조프로세서

보조프로세서는 메인 프로세서에는 없거나 부족한 기능을 도와 컴퓨터시스템의 성능을 높여주는 특수목적용 프로세서이다. 협력(co) + 처리장치(processor)의 합성어로 코프로세서(coprocessor)라고 한다. 메인 프로세서 없이는 단독으로 사용되지 않는다. 보조프로세서의 종류는 사용 목적에 따라 분류할 수 있다. 부동소수점 처리장치와 그래픽 가속기가 대표적이다. 디지털신호처리(digital signal processing, DSP) 장치와 암호화(encryption) 장치 등도 보조프로세서에 속한다.

3.2.1 부동소수점 처리장치

부동소수점 처리장치(floating-point unit, FPU)는 가장 대표적인 보조프로세서로서 CPU가 필요할 때 범용으로 사용할 수 있다. 수치연산(math 혹은 numeric) 보조프로세서라고도 한다. FPU는 수치해석, 표 작성, 컴퓨터그래픽, 게임, 멀티미디어를 고속으로 처리할 때 빠른 속도의 부동소수점 연산을 처리한다. 보조프로세서를 사용하려면 프로그램에 이를 사용하는 명령문을 포함시켜야 한다. 대부분의 응용프로그램들은 필요할 때마다 자동으로 이를 동작시킨다. 표 작성을 하면 엑셀 프로그램이 자동으로 보조프로세서를 이용해 계산해준다. 부동소수점 처리장치에서 에러가 나면 어떤 결과가 발생할까? 예를 들어 A=75,369이고 B=46,827일 때 C=A/B*B를 계산해보면 C≠A처럼 틀린 계산결과가 나온다. 최근에 개발되는 CPU들도 간혹 이런 오류가 발견되어 뉴스거리가 되기도 한다.

a. 스프레드시트

표 형태의 양식을 이용해 자동으로 계산하도록 만든 스프레드시트(spreadsheet)는 일종의 표 계산 프로그램이다. 표 계산은 부동소수점 연산이 사용되는 대표적인 작업이다. 이를 위해 부동소수점 처리장치(FPU)가 사용된다.

원래의 스프레드시트는 미국인들이 회계에서 사용하던 '계산용지'를 일컫는 말이다. 스프레드시트 소프트웨어는 이것을 컴퓨터 화면에 옮겨 표의 한 칸인 셀(cell)에 데이터를 입력하고 계산식을 첨가할 수 있도록 만든 프로그램이다. 셀의 한 곳을 수정하면 나머지 관련된 부분이 자동으로 계산되어 매우 편리하다.

b. 비지칼크와 엑셀

하버드대학 경영대학원(MBA) 과정에 다니던 댄 브릭클린(Dan Bricklin)이 스프레드시트 프로그램의 아이디어를 처음 고안했다. 비지칼크(VisiCalc)는 프로그래머였던 MIT 동창생 밥 프랭크스턴(Bob Frankston)과 함께 그가 1979년에 개발한 세계 최초의 전자식 스프레드시트 소프트웨어이다.

Apple II의 성공은 비지칼크 때문이기도 하다. PC를 개인용 장난감이나 게임기에서 업무용 도구로 전환시킨 결정적 역할을 한 것으로 평가받고 있다. 몇 년 뒤 비지칼크는 개발에 함께 참여했던 미치 카포(Mitch Kapor)가 만든 로터스(Lotus) 1-2-3 소프트웨어에 의해 시장에서 밀려난다. 그러나 로터스 1-2-3도 1990년대 초에 MS 엑셀에게 또 다시 자리를 내주고 시장에서 밀려난다.

엑셀(Excel)은 본래 매킨토시 기종을 위해 1987년 MS사가 개발한 스프레드시트 프로그램이다. 엑셀은 비지칼크가 도입한 개념의 연장이다. 윈도우 운영체제가 확고해지자 엑셀이 시장을 석권하게 된다. 오늘날의 스프레드시트는 데이터베이스와 연동되고 그래픽 기능 등이 추가되었다. 다양한 함수를 제공하는 것과 파일 간의 연결은 물론이다. 실시간 데이터 처리를 위한 통신 기능까지 갖추고 있다.

3.2.2 그래픽 가속기

그래픽 가속기 또는 그래픽 액셀러레이터(graphics accelerator)는 그래픽 데이터를 처리하기 위한 전용 보조프로세서이다. 주로 비디오카드에 장착된다. 윈도우 운영체제나 멀티미디어 환경에 적합하도록 프로그래밍 되어있다. CPU가 보내주는 간단한 코드로 선을 그리는 등 고속으로 비트맵 그림을 재생할 수 있다. 그래픽 전용이며 일반 보조프로세서와 달리 범용으로는 프로그램이 가능하지 않다.

그래픽 데이터를 다루려면 큰 이미지를 처리하거나 사용자의 입력에 따라 영상을 빠른 속도로 바꾸어야 주어야 한다. 게임이나 애니메이션(animation) 같은 멀티미디어 데이터는 많은 양의 계산이 필요하다. 컴퓨터 화면에 2차원 또는 3차원으로 빠르게 움직이는 이미지와 특수 효과를 그려내야 한다. 이때 그래픽 가속기는 그래픽 데이터를 처리해야 하는 CPU의 부담을 대폭 덜어준다.

컴퓨터에서 사용되는 그림은 크게 2가지로 나눌 수 있다. 사진과 같은 화소로 구성하는 비트맵 그래픽과 디지털 도형으로 처리하는 벡터 그래픽이다.

a. 비트맵 그래픽

비트맵(bitmap)은 점으로 만든 지도라는 뜻이다. 비트맵 그래픽(bitmap graphic)은 점의 조합으로 이루어진 그림으로 독립적인 모든 화소에 대한 색상 정보를 저장하는 그래픽 방식이다. 디지털 카메라로 촬영한 사진 등이 그렇다. 화소 하나하나가 독립적이라 벡터 그래픽에 비해 수정하기 대단히 어렵다. [그림 3-2] (a)처럼 축소, 확대하면 선의 굵기가 변하고 계단현상이 나타난다. 그림의 크기를 바꾸면 본래의 그래픽 데이터가 변형되어 선명도가 떨어진다.

비트맵은 해상도에 해당하는 모든 화소(pixel)에 대한 색상 정보를 저장해 화면에 표현하는 방식이다. 모든 화소에 대한 컬러 깊이를 그대로 갖고 있기 때문에 많은 저장 공간이 필요하다. 파일명의 확장자로 압축되지 않은 원본 *.bmp 파일의 크기는 데이터 종류와 상관없이 일정하다. *.bmp 파일의 압축 방법에 따라 다양한 2차원 비트맵 그래픽 형식이 존재한다. *.jpg, *.gif, *.png, *.tif 등이 대표적이다. *.gif 형식은 8비트 컬러로 변환해 압축한다. *.jpg 형식은 모서리(edge)를 강조하고 윤곽이 아닌 부분은 화질이 흐트러지는 손실 있는 압축 기법을 사용한다. 압축률이나 데이터 손실 비율을 임의로 선택할 수도 있다. 크기나 형식을 바꿔 이미지가 손실된 비트맵 파일은 잃어버린 화질을 복원하지 못한다.

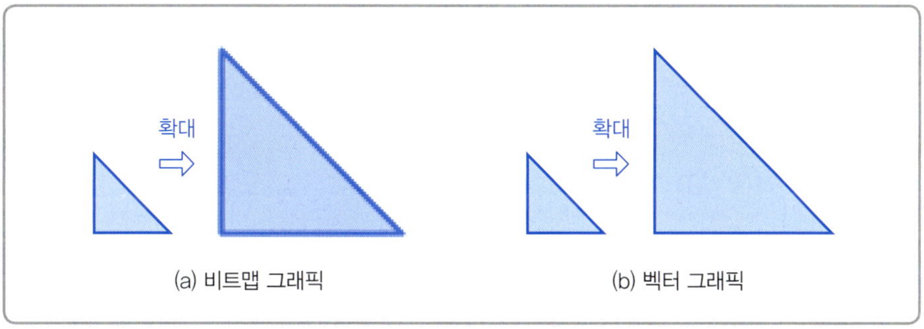

[그림 3-2] 비트맵과 벡터 그래픽

b. 벡터 그래픽

컴퓨터 프로그래밍으로 작성되는 디지털 이미지인 벡터 그래픽(vector graphic)은 선과 도형을 좌표, 크기, 방향으로 저장하는 그래픽 방식이다. 컴퓨터 그래픽 도구나 애니메이션 도구를 사용한다. 기하학적인 도형 파일을 만들기 위해 선과 도형을 배치하는 일련의 명령문, 수치, 수학적인 수식들로 표현한다. 벡터(vector)는 수학과 물리학에서 크기와 방향을 동시에 갖는 양이다. 벡터 그래픽에서 크기는 선의 굵기, 모양, 길이 등이고 방향은 선의 좌표 등에 비유된다.

벡터 그래픽을 객체지향 그래픽(object oriented graphic)이라고도 한다. 여러 개의 도형을 독립적으로 이동할 수 있는 별개의 객체들을 합성해 그래픽 이미지를 구성할 수 있기 때문이다. 선 하나를 그려도 굵기나 모양 등의 선의 종류와 좌표 등으로 나타내기 때문에 모든 화소를 표현해야하는 비트맵 그래픽에 비해 파일 크기가 작다. 또한 프로그램 코드 형태로 저장되는 디지털 도형이므로 수정하기 쉽다. [그림 3-2] (b)처럼 축소, 확대할 때 그림 모양이 변형되지도 않는다. *.wmf, *.emf 등이 대표적인 2차원 벡터 그래픽 파일 형식이다.

3.2.3 CPU 칩에 내장

요즘 CPU는 부동소수점 처리장치(FPU)를 프로세서 칩 내부에 장착한다. 인텔은 1990년대 초부터 FPU를 CPU 칩에 내장했다. 요즘은 [그림 3-3]처럼 그래픽 가속기를 포함한 그래픽처리장치(GPU)까지 칩에 내장한 프로세서 모델도 많다. 저가형 컴퓨터 설계에서는 별도의 비디오 카드를 사용하지 않고 이것을 사용한다. 5장에서 설명할 캐시메모리도 요즘은 프로세세 칩 내부에 내장한다.

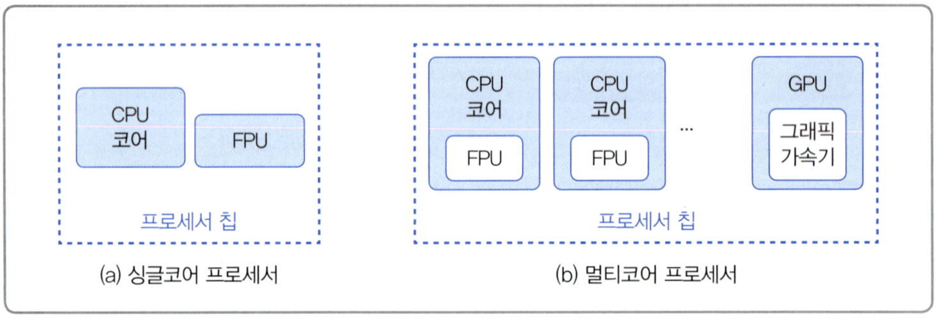

[그림 3-3] CPU 프로세서 칩 내부에 FPU와 GPU를 내장

코어는 사물의 '중심부'나 핵심을 나타낸다. CPU 코어(core)는 CPU 고유 기능인 연산과 실행이 이루어지는 핵심 부분이다. 각 코어는 프로그램 명령을 읽고 실

행하는 단위이다. CPU가 단독으로 명령을 실행하는데 필요한 부분이 코어에 포함된다. CPU 코어는 CPU의 기본 구성 요소인 연산장치, 레지스터 및 실행과 관련된 제어장치들을 포함한다. 멀티코어 프로세서 칩이 등장하면서 각 코어를 구성하는 부분도 바뀌었다. [그림 3-3] (a)에서 전통적인 싱글코어 프로세서는 FPU를 코어의 일부로 취급하지 않는다. (b)의 멀티코어 프로세서는 FPU를 각 코어들이 독립적으로 사용할 수 있도록 대개 코어에 포함한다.

3.3 레지스터

3.3.1 레지스터의 구성

CPU 내부 레지스터의 기본적인 구성 요소를 [그림 3-4]에 나타내었다. 이 레지스터들은 '가상'으로 구성한 것이다. 실제 상업용 프로세서 내부에는 이보다 훨씬 많은 수의 레지스터가 사용된다. 또한 다양한 기능을 갖는 각 레지스터에 붙이는 명칭들도 프로세서를 설계하는 제조사마다 다르다. 이 책의 설명을 위해 사용 목적으로 나누어 다음 몇 가지 레지스터를 정의하는 것이 필요하다.

① 어큐뮬레이터(accumulator, AC) 혹은 누산기: 연산에 가장 빈번하게 사용하는 범용 레지스터이다. 연산 과정의 데이터를 일시적으로 저장해 둔다. 연산 결과를 다시 자신에게 누적(accumulation)시키는 장치라는 뜻이다.

② 프로그램 카운터(program counter, PC): 다음에 인출해올 명령어의 주소를 저장하고 있는 레지스터이다.

③ 메모리 주소 레지스터(memory address register, MAR): 주소버스로 메모리나 I/O 장치에 주소를 출력하기 전에 임시로 저장해두는 곳이다.

④ 메모리 버퍼 레지스터(memory buffer register, MBR): 데이터버스로 메모리나 I/O 장치에 데이터를 읽고 쓸 때 임시로 저장해두는 곳이다.

⑤ 명령 레지스터(instruction register, IR): 가장 최근에 인출된 명령어가 저장

되어 있는 곳이다.

⑥ 기타 범용 레지스터들: 연산 도중에 일시적인 기억장소로 사용된다.

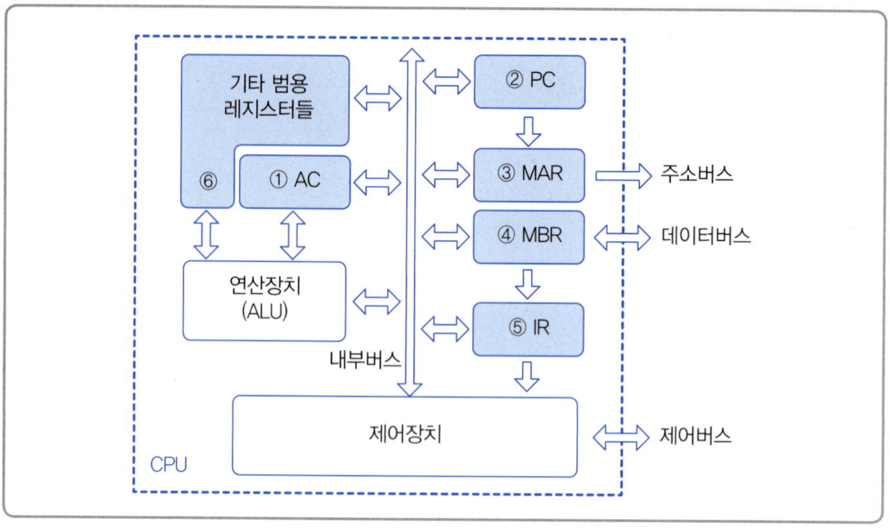

[그림 3-4] 레지스터의 기본 구성

범용 레지스터들은 용도에 따라 다양한 이름으로 부르는 습관이 있다. 레지스터에 데이터를 주로 저장한다면 종종 어큐뮬레이터(accumulator)라고 부른다. 데이터의 주소를 저장할 때면 흔히 포인터(pointer)라고 부른다. 또한 레지스터에 데이터의 개수를 저장하고 있으면 관습적으로 카운터(counter)라고 부른다.

3.3.2 레지스터의 동작

[그림 3-4]에 나타낸 레지스터의 기본 동작원리를 살펴보자. 각각의 레지스터에 역할을 좀 더 부여해보자. 메모리 버퍼 레지스터 MBR은 CPU 내부와 외부의 데이터버스가 만날 때 속도와 전압 레벨을 완충해주는 버퍼의 역할을 한다. 주소버스는 메모리 주소 레지스터 MAR을 버퍼로 사용한다. 프로그램과 데이터는 보통 CPU 외부의 메모리 장치에 저장된다.

[그림 3-4]에서 CPU는 프로그램 카운터 PC에 저장된 명령어 주소를 MAR로 보내 주소버스를 통해 외부 메모리 주소를 지정한다. 해당 주소에서 명령어를 찾

으면 데이터버스를 통해 MBR로 읽어 들이고 이를 다시 명령 레지스터 IR로 보낸다. 제어장치는 IR로 들어온 명령어를 해독해 CPU의 동작과 관련되어 필요한 제어신호를 발생시킨다. 제어장치는 CPU 내부 연산에 필요한 제어신호와 CPU 외부로 보낼 읽기, 쓰기 등의 제어신호를 만든다.

명령을 해독하니 '외부 메모리에 저장된 두 개의 데이터를 더해 그 결과를 다른 메모리 주소에 저장하라는 것'이라고 가정하자. 먼저 주소버스로 두 데이터의 위치를 찾아 데이터버스로 각각 읽어 들인다. 두 개 중 하나는 어큐뮬레이터 AC에 저장하고 다른 하나는 기타 범용 레지스터 중 한 곳에 저장한다. 연산장치로 두 레지스터에 저장된 데이터를 덧셈해 그 연산결과를 다시 AC에 저장한다. 주소버스로 결과가 저장될 메모리 주소를 지정하고 데이터버스로 연산결과를 전송하면 명령어의 실행이 완성된다. 이런 모든 과정을 제어장치가 통제한다.

3.3.3 마이크로연산

마이크로 동작 혹은 마이크로연산 또는 마이크로오퍼레이션(micro-operation)은 CPU에서 한 클럭 펄스(clock pulse) 동안에 일어나는 세부 동작이다. 주로 레지스터 간에 이루어지는 낮은 수준의 기본적인 동작들이다. 약자로 'μ-연산'으로 표시한다. CPU를 만들 때 모든 명령어들이 한 클럭 펄스 동안에 동작을 완료하도록 설계하면 편리하겠지만 실제로는 그렇지 않다. 보통 여러 개의 클럭 펄스를 필요로 한다. 대부분의 기계어나 어셈블리 명령어는 여러 개의 마이크로연산이 합쳐진 일종의 매크로(macro) 명령어 형태이다. 한 명령어가 실행되려면 마이크로(micro) 형태로 세분화시킨 여러 개의 마이크로연산이 단계별로 수행되어야 한다.

〈표 3-1〉 레지스터 전송 언어

기호	이 책에서의 정의
$t_1, t_2, t_3 \cdots$	한 클럭 펄스 동안 일어나는 동작의 단계
Y	메모리 주소 Y 번지
M[Y]	메모리 주소 Y 번지의 내용
레지스터 이름	레지스터의 내용
[레지스터 이름]	레지스터가 가리키는 주소의 내용
←	데이터의 이동 방향

레지스터 전송 언어(register transfer language, RTL)는 레지스터의 동작을 기호로 나타내는 언어이다. CPU 내부 레지스터, CPU 외부 메모리와 I/O 장치 간의 데이터 전송과 연산과정을 기호로 간략하게 표시한다. 이를 위해 일련의 기호들을 사용한다. 논문이나 책에서 컴퓨터의 동작을 기술할 때 기계마다 달라질 수 있는 '어셈블리 언어의 중립적인 형태'로 종종 사용한다. 이 때문에 어셈블리 언어에 매우 가깝다. 이 책에 나오는 CPU 명령어의 동작은 [그림 3-4]의 레지스터 구조와 〈표 3-1〉에서 정의한 레지스터 전송 언어를 사용해 설명하기로 한다.

3.4 연산장치

3.4.1 ALU의 구성

연산장치(ALU)는 수치 데이터에 대한 산술연산과 2진 데이터에 대한 논리연산이 이루어지는 부분이다. 연산장치의 일반적인 구성 요소는 다음과 같다.

① 상태 레지스터(status register): 최종 실행된 연산결과의 상태를 저장한다.
② 2의 보수화기(2's complementer): 음수 연산을 위해 2의 보수를 만든다.
③ 산술연산장치: 사칙연산(+, −, ×, ÷) 등의 산술연산을 수행한다.
④ 논리연산장치: NOT, AND, OR, XOR 등의 논리연산을 수행한다.
⑤ 시프트 레지스터(shift register): 비트 열을 이동시키는 기능을 한다.

3.4.2 ALU의 동작

8비트 프로세서 구조를 예로든 기본적인 ALU 구조를 [그림 3-5]에 나타내었다. 여기서 어큐뮬레이터 AC를 사용하는 명령어를 설계해 보자. 연산에서 주로 사용하는 어큐뮬레이터 AC는 연산결과가 다시 자신에게 누적되므로 우리말로 누산기라고 한다. 이것을 사용하면, 예를 들어 AC←B+C 대신에 AC←AC+B라고 쓰면 한정된 개수의 범용 레지스터의 사용을 줄일 수 있다.

a. ALU의 연산 동작

여기서 '가상'의 어셈블리 명령어 ADD AC, B는 어큐뮬레이터 AC와 다른 범용 레지스터 B에 실린 데이터를 더해 다시 AC로 저장하라는 산술연산 명령으로 정의하자. 이 명령을 실행하기 위한 CPU 레지스터의 동작을 레지스터 전송 언어로 표현하면 AC←AC+B와 같다. 이를 식 (3.1)처럼 '어셈블리 명령어 ; 레지스터 전송 언어' 형태로 표현하면 레지스터의 동작을 좀 더 쉽게 이해할 수 있다.

$$\text{ADD AC, B ; AC} \leftarrow \text{AC + B} \qquad (3.1)$$

위 명령의 실행은 만일 CPU 내부 데이터버스가 단일버스 구조라면 [그림 3-5]의 ①, ②, ③에서 다음 3단계에 걸친 마이크로연산이 순차적으로 필요하다.

t_1: TEMP1 ← AC : AC의 내용을 임시 레지스터 TEMP1으로 전송
t_2: TEMP2 ← B : B 레지스터의 내용을 임시 레지스터 TEMP2로 전송
t_3: AC ← TEMP1 + TEMP2 : TEMP1과 TEMP2 값을 더해 AC로 전송

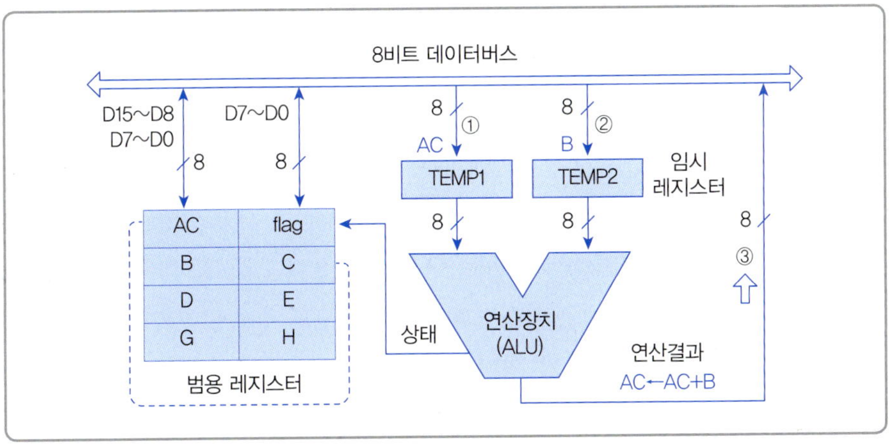

[그림 3-5] 연산장치(ALU)의 기본 구조

[그림 3-6] 임시 레지스터의 역할

b. 임시 레지스터

[그림 3-5]의 TEMP1, TEMP2처럼 CPU 내부에는 연산과정을 돕기 위한 여러 개의 임시 레지스터들이 존재한다. CPU의 내부가 단일버스 구조라면 데이터 전송은 마치 1차선 도로를 주행하는 차와 같다. 이때 임시 레지스터는 [그림 3-6]처럼 임시로 데이터를 저장해두는 피신처의 역할을 한다. 연산과정에서 버스의 전송을 방해하지 않도록 중간 데이터들을 임시로 보관해준다.

CPU 내부가 다중버스 구조이면 임시 레스터의 개수를 줄일 수 있다. 또한 명령어 실행을 위해 동작에 필요한 단계 수를 대폭 줄여 실행시간이 단축된다. 요즘은 물론 1980년대에 개발된 인텔 486 프로세서 등도 CPU 내부에서 데이터 버스와 명령어 버스를 분리하고 있다. 또한 각각을 다중버스 구조로 만들고 있다.

3.4.3 상태 레지스터

[그림 3-5]에서 CPU는 연산결과에 따른 연산장치의 상태를 상태 레지스터에 저장한다. CPU 내부의 상태 레지스터(status register)는 최종 실행된 연산결과의 상태를 나타내는 플래그(flag) 비트들로 구성된다. 플래그 레지스터(flag register)라고도 한다. CPU 명령어에는 실행결과에 따라 별도의 주소로 분기(branch)하라는 명령이 있다. 이때 '조건 분기' 명령은 상태 레지스터에 속한 각 조건 플래그 비트의 상태에 따라 분기한다.

S 부호	C 캐리	Z 제로	E 동등	V 오버 플로우	예비	I 인터럽트 마스크	P 특수권한

[그림 3-7] 상태 레지스터의 플래그 비트

[그림 3-7]에 상태 레지스터에서 플래그 비트를 설계하는 방법을 예로 들었다. 여기서 각 플래그 비트는 아래와 같이 자신의 조건 상태가 의미를 가질 때 1로 세트(set)되고 의미가 사라지면 0으로 리셋(reset) 되도록 설계한다.

① 부호(sign, S) 플래그: 최종 실행된 산술연산 결과 값의 부호 비트를 갖고 있다. 일반적으로 플래그 값이 0이면 양수이고 1이면 음수를 나타낸다.

② 캐리(carry, C) 플래그: 연산결과에서 자리 올림수(carry)나 빌림수(borrow)가 발생하면 1로 세트된다.

③ 제로(zero, Z) 플래그: 연산결과가 0이면 1로 세트된다.

④ 동등(equal, E) 플래그: 두 수를 비교한 결과가 같으면 1로 세트된다.

⑤ 오버플로우(overflow, V) 플래그: 연산결과 자릿수 넘침이 발생하면 1로 세트된다. 더 이상 추가적인 입력이나 연산을 처리할 수 없는 상태가 된다.

⑥ 인터럽트 마스크(interrupt mask, I) 플래그: 인터럽트 가능(enable) 상태이면 0으로 설정되고 불가능(disable) 상태이면 1로 설정된다. 우선순위가 높은 인터럽트가 처리중일 때는 불가능으로 설정한다. 뒤에 추가적으로 들어오는 같거나 낮은 순위의 다른 인터럽트 요구에 대해서는 서비스를 지연시킨다.

⑦ 특수권한(privilege, P) 플래그: CPU가 컴퓨터 관리자(supervisor) 모드로 사용되면 1로 세트된다. 일반 사용자 모드로 사용되면 0으로 설정된다.

2진 데이터의 표현 범위는 비트 수의 제약으로 한계가 정해진다. 오버플로우 상태는 연산으로 얻은 결과가 정해진 숫자의 표현 범위를 벗어나 더 이상 자리 올림수로 표현하지 못하는 것을 뜻한다. 물론 연산결과도 틀려진다. CPU는 다만 오버플로우가 발생한 사실만을 상태 레지스터의 플래그 비트에 표시한다.

3.5 CPU 명령어

3.5.1 명령어 세트

가상의 CPU에서 동작하는 간단한 명령어를 설계해보자. 명령어 세트는 어떤 특정 CPU를 위해 정의되는 명령어들의 리스트(list)나 집합이다. CPU 명령어 세트는 컴퓨터구조의 일부이기 때문에 명령어 세트 구조(instruction set architecture, ISA)라고도 한다. CPU 명령어 세트를 설계할 때는 다음 사항이 고려되어야 한다.

① 명령어 형식: 연산코드와 오퍼랜드 필드의 비트 수를 정한다.
② 주소지정 방식: 오퍼랜드에서 실제 피연산자를 찾아내는 방법을 정한다.
③ 연산의 종류: 목적에 따라 실행할 연산의 종류를 정한다.
④ 데이터 타입: 정수와 부동소수점의 표현 방식과 비트 수를 정한다.

3.5.2 명령어 종류

CPU에서 실제 실행되는 명령어는 기계어 또는 기계어와 1:1로 대응되는 어셈블리 명령어이다. CPU가 바뀌면 하드웨어 설계가 달라져 대개 기계어 명령의 종류와 개수도 달라진다. 명령어의 종류는 연산의 종류를 고려하여 설계하게 된다. 일반적으로 고려되는 명령어의 종류는 다음과 같다.

① 산술연산(arithmetic operation) 명령: 산술연산은 부호와 정수, 부동소수점 등을 고려한다. 더하기, 빼기, 곱하기, 나누기 등을 기본으로 다양한 산술연산을 실행한다. 산술연산은 다시 정수(integer) 연산과 부동소수점(floating-point) 연산으로 나눌 수 있다.
② 논리연산(logic operation) 명령: 논리연산은 비트 연산 등 각 데이터 단위간의 연산을 고려한다. NOT, AND, OR, XOR 등을 기본으로 다양한 논리

연산을 실행한다.

③ 데이터 처리(data handling) 및 메모리 연산(memory operation) 명령: 데이터의 입출력, 로드, 저장을 실행한다. CPU 내부 레지스터, 메모리와 I/O 장치 간의 데이터 전송을 고려한다.

④ 흐름제어 연산(control flow operation) 명령: 프로그램의 실행순서를 바꾸는 명령을 실행한다. 흐름제어를 위해 분기, 서브루틴 호출, 메인 프로그램으로의 복귀 등을 고려한다.

3.5.3 명령어 형식

[그림 3-8]처럼 CPU의 명령어 형식(instruction format)은 명령어를 구성하는 비트를 여러 개의 필드로 나누어 정의한 것이다. 필드(field)는 특정 데이터를 저장하도록 지정해 놓은 영역을 말한다. 일반적인 명령어 형식은 연산의 동작을 지정하는 연산코드(operation code, opcode) 필드와 연산에 필요한 대상이나 그 위치를 표시하는 오퍼랜드(operand) 필드로 구성된다.

연산코드는 +, −, ×, ÷와 같은 연산기호처럼 연산의 종류와 방법을 나타내는 동작코드이다. 연산코드를 연산자(operator)라고도 한다. 오퍼랜드는 연산의 대상이라는 뜻으로 피연산자라고도 한다. 예를 들어 3+5라는 수식에서 연산기호 +가 연산자이고 연산의 대상인 3과 5를 피연산자라고 한다. 한 명령어 형식 안에 여러 개의 오퍼랜드 필드가 올 수 있다.

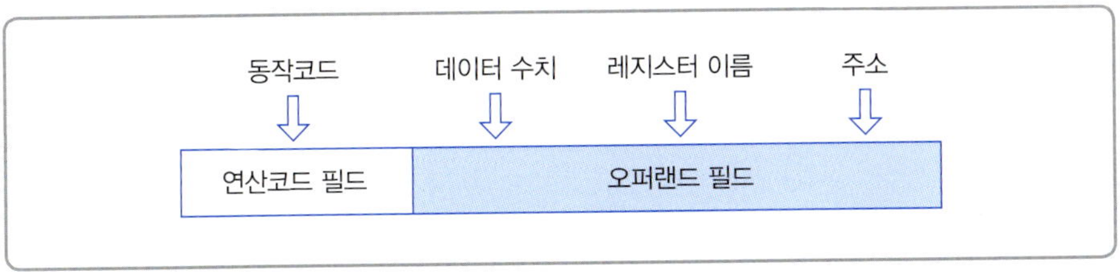

[그림 3-8] 명령어 형식

[그림 3-8]에서 오퍼랜드 필드의 내용에는 ① 데이터 수치, ② 레지스터 이름, ③ 주소가 올 수 있다. 데이터 수치는 실제 피연산자로 즉시 사용할 수 있다. 실제

피연산자가 CPU 레지스터에 저장된 경우는 레지스터의 이름을 알아야 한다. 또한 메모리나 I/O 장치에 저장된 경우는 이를 찾을 수 있는 주소가 필요하다.

a. 명령어 형식의 설계

명령어 형식에서 연산코드 필드가 n비트이면 최대 2^n가지 종류의 연산을 정의할 수 있다. 오퍼랜드 필드가 n비트이면 최대 2^n개의 주소를 직접 지정할 수 있다. 오퍼랜드 필드에는 2의 보수로 -2^{n-1}~$(2^{n-1}-1)$ 범위의 수치 데이터가 올 수도 있다. 또한 CPU 레지스터를 가리키는 코드가 올 수도 있다.

가상의 16비트 명령어 형식을 [그림 3-9]처럼 만들어 보자. 명령어 형식에서 오퍼랜드 필드는 여러 개가 될 수 있다. 여기서는 연산코드 필드가 5비트이므로 최대 2^5=32가지 종류의 연산을 정의할 수 있다.

[그림 3-9]에서 ①은 오퍼랜드의 11비트로 최대 2^{11}=2048개 주소를 직접 지정할 수 있다. 주소 대신 데이터를 넣으면 2의 보수로 10진수 -1024~1023 범위의 수치가 올 수 있다. ②는 오퍼랜드 1의 3비트로 최대 2^3=8개의 CPU 레지스터를 지정할 수 있다. 또한 오퍼랜드 2의 8비트로 최대 2^8=256개의 주소를 지정할 수 있다. 오퍼랜드 2에 데이터를 넣으면 2의 보수로 10진수 -128~127 범위의 수치가 올 수 있다. ③은 오퍼랜드 1, 오퍼랜드 2로 두 개의 레지스터를 지정해 레지스터 간 연산에 사용할 수 있다. ④는 오퍼랜드 1, 오퍼랜드 2, 오퍼랜드 3으로 세 개의 레지스터를 지정해 레지스터 간의 연산에 사용할 수 있다. 한편 명령어가 갖는 주소지정 능력에 따라 명령어 형식을 구분할 수도 있다. [그림 3-9]에서 ①을 1-주소 명령어, ②와 ③을 2-주소 명령어, ④를 3-주소 명령어라고 할 수 있다.

[그림 3-9] 가상의 16비트 명령어 형식 (비트 수)

b. 명령어의 설계

[그림 3-9] ①~④의 명령어 형식을 예를 들어 '가상'의 어셈블리 명령어를 설계하고 '어셈블리 명령어 ; 레지스터 전송 언어' 형태로 표시해보자. 산술연산 명령 ADD의 명령어 형식을 정의해 아래 ①~④와 같이 만들어 보았다. 여기서는 어큐뮬레이터 AC와 범용 레지스터 B, C, D를 사용하였다.

① ADD [Y] ; AC ← AC + M[Y]

☞ AC와 메모리 주소 Y 번지의 내용을 더해 다시 AC에 저장

② ADD B, [Y] ; B ← B + M[Y]

☞ B 레지스터와 메모리 주소 Y 번지의 내용을 더해 다시 B에 저장

③ ADD B, C ; B ← B + C

☞ B, C 레지스터 내용을 더해 다시 B 레지스터에 저장

④ ADD B, C, D ; B ← C + D

☞ C, D 레지스터 내용을 더해 B 레지스터에 저장

3.5.4 주소지정 방식

명령어의 길이는 한 번에 처리할 수 있는 비트 수에 제약을 주어 CPU의 주소지정 능력을 제한하게 된다. 어떤 CPU가 한 번에 32비트밖에 처리할 수 없다면 그 CPU는 2^{32}B=4GiB까지의 주소만 직접 지정할 수 있다. 명령어 세트를 설계할 때 주소지정 방식은 '명령어 길이의 비트 수 제약'에서 벗어나 더 큰 기억용량이나 더 큰 단위의 데이터를 처리할 수 있도록 해준다.

주소지정 방식 또는 어드레싱 모드(addressing mode)는 명령어 형식에 포함된 오퍼랜드 필드에서 실제 피연산자를 찾아내는 방법이다. 이를 통해 프로그램을 수행할 때 연산의 대상이 될 실제 피연산자의 위치를 다양하게 지정한다.

주소지정 방식을 설명하기 위해 유효주소와 간접주소의 개념을 정리하자. 유효주소(effective address)는 CPU 명령어의 실행에 필요한 실제 오퍼랜드의 주소, 즉 실제 피연산자가 저장된 위치이다. 이에 대해 유효주소를 메모리의 내용으로 저장하고 있는 메모리 위치를 간접주소라고 한다.

a. 주소지정 방식의 종류

주소지정 방식을 예로 들기 위해 '가상'의 산술연산 명령 INC와 ADD를 사용해 '어셈블리 명령어 ; 레지스터 전송 언어' 형태로 아래에 표시하였다. 여기서는 어큐뮬레이터 AC, 프로그램 카운터 PC, 범용 레지스터 B와 C, 인덱스 레지스터 IX와 변위 값 d를 사용해 설명한다.

① 암시적 주소지정 방식(implied addressing mode): 명령어 형식에 오퍼랜드 필드 없이 연산코드 자신만으로 특정 레지스터의 동작을 암시한다. 예를 들어 어큐뮬레이터 AC의 비트 증가, 감소, 반전 같은 연산을 지정할 수 있다.
【예】 INC ; AC ← AC + 1

② 즉치 주소지정 방식(immediate addressing mode): 명령어 형식의 오퍼랜드 필드에 '즉시 사용할 수 있는 데이터 수치'로 실제 피연산자가 들어있다.
【예】 ADD B, 90H ; B ← B + 90H

③ 직접 주소지정 방식(direct addressing mode): 명령어 형식의 오퍼랜드 필드

에 실제 피연산자가 저장된 메모리 위치인 유효주소가 들어있다.

【예】 ADD B, [1234H] ; B ← B + M[1234H]

④ 간접 주소지정 방식(indirect addressing mode): 명령어 형식의 오퍼랜드 필드에 유효주소가 저장된 메모리 위치인 간접주소가 들어있다.

【예】 ADD B, [[5678H]] ; B ← B + M[M[5678H]]

⑤ 레지스터 주소지정 방식(register addressing mode): 명령어 형식의 오퍼랜드 필드에서 지정한 레지스터에 실제 피연산자가 들어 있다.

【예】 ADD B, C ; B ← B + C

⑥ 레지스터 간접 주소지정 방식(register indirect addressing mode): 명령어 형식의 오퍼랜드 필드에서 지정한 레지스터에 유효주소가 저장되어 있다.

【예】 ADD B, [C] ; B ← B + M[C]

⑦ 상대 주소지정 방식(relative addressing mode): 명령어 형식의 오퍼랜드 필드에서 지정한 프로그램 카운터 PC에 저장된 주소 값과 변위(d) 값을 더해 유효주소를 계산한다.

【예】 ADD B, [PC+d] ; B ← B + M[PC+d]

⑧ 인덱스 주소지정 방식(indexed addressing mode): 위 ⑦의 일종이다. 프로그램 카운터 PC 대신 다른 기준 레지스터를 사용한다. 명령어 형식의 오퍼랜드 필드에서 지정한 인덱스 레지스터 IX를 별도로 사용하면 배열연산에 유리하다. 첫 배열 데이터의 주소를 기준으로 변위(d) 값을 가변시키면 나머지 배열 데이터의 주소를 연속적으로 지정하기에 편리하다.

【예】 ADD B, [IX+d] ; B ← B + M[IX+d]

b. 주소지정 방식의 비교

앞에서 ⑤는 오퍼랜드 필드에 들어 있는 레지스터 이름이 유효주소가 되는 셈이므로 ③과 함께 직접 주소지정 방식으로 분류할 수 있다. ⑥~⑧은 오퍼랜드 필드에 들어 있는 레지스터 이름이 간접주소가 되는 셈이므로 ④와 함께 간접 주소지정 방식으로 볼 수 있다.

앞 ①~⑧의 경우에 대해 CPU가 연산에서 필요한 실제 피연산자를 CPU 내부에 준비하는데 걸리는 시간을 비교해보자. 먼저 ①, ②, ⑤는 연산에 필요한 실제 피연산자가 이미 CPU 내부에 존재하므로 걸리는 시간은 0이다. ①은 어큐뮬레이터 AC나 다른 레지스터에, ②는 명령 레지스터 IR의 오퍼랜드 필드에, ⑤는 레지스터 안에 존재한다. 여기서 CPU 외부 메모리 주소의 내용을 참조하는데 100ns가 걸린다고 가정하자. 연산장치에서 CPU 내부 레지스터를 덧셈해 유효주소를 계산하는 데는 10ns가 소요된다고 가정하자. ③, ⑥은 한 번의 메모리 참조가 필요하므로 100ns가 걸린다. ⑦, ⑧에서 변위 값 d는 명령 레지스터 IR의 오퍼랜드 필드에 저장되어 있다. 이 경우 유효주소는 PC+d나 IX+d처럼 계산되므로 한 번의 레지스터 간 덧셈과 한 번의 메모리 참조가 필요하다. 즉, 10+100=110[ns]가 걸린다. ④는 두 번의 메모리 참조가 필요하므로 100+100=200[ns]가 걸린다.

3.5.5 정수의 산술연산

2진 데이터가 부호가 없는 정수일 때는 음수를 포함하지 않는 양수를 나타낸다. 8비트 2진수(00000000~11111111)로 10진수 0~255를 나타낼 수 있다. 컴퓨터에서 음수도 필요하므로 음수를 표현할 방법도 생각해야 한다. 일반적인 방법은 2진 데이터의 첫 비트를 부호(sign) 비트로 사용한다. 이때 양수를 표현하는 방법은 같지만 음수를 표현하는 방법은 일반적으로 다음 3가지를 사용한다.

a. 정수의 표현

① 부호-크기 영역 표현: 8비트로 10진수 −127 ~ +127을 나타낸다. 부호 비트와 크기 영역의 비트로 나누어 양수와 음수를 구분한다. 부호 비트가 0이면 양수를 나타내고 1이면 음수를 나타낸다.

② 1의 보수(1's complement) 표현: 8비트로 10진수 −127 ~ +127을 나타낸다. 양수 표현은 ①과 같다. 음수는 양수에서 모든 비트의 1과 0을 반전한다.

③ 2의 보수(2's complement) 표현: 8비트로 10진수 −128 ~ +127을 나타낸다. 양수 표현은 ①과 같다. 음수는 ②번 1의 보수 표현에 1을 더해 나타낸다.

2의 보수를 많이 사용하는 이유는 음수를 하나 더 표현할 수 있기 때문이다. n 비트로 표현 가능한 10진수의 범위는 앞의 ①, ②가 $-(2^{n-1}-1)\sim(2^{n-1}-1)$이

② 2진수: 앞 자릿수가 ×1, ×2, ×4, ×8처럼 2배씩 커진다.

$$1101_{(2)} = 1\times2^3+1\times2^2+0\times2^1+1\times2^0 = 8+4+1=13 \quad (3.5)$$

$$-1001.101_{(2)} = -(1\times2^3+1\times2^0+1\times2^{-1}+1\times2^{-3}) = -\left(8+1+\frac{1}{2}+\frac{1}{8}\right) = -9.625 \quad (3.6)$$

식 (3.6)은 2진수 실수 값을 10진수 값으로 변환하는 방법을 나타낸다. 반대로 10진수 실수를 2진수로 변환하는 일반적인 방법을 알아보자. [그림 3-11]의 예는 10진수 실수 −53.4를 정수부와 소수부로 나누어 2진수 실수 값으로 변환하는 과정을 나타낸다.

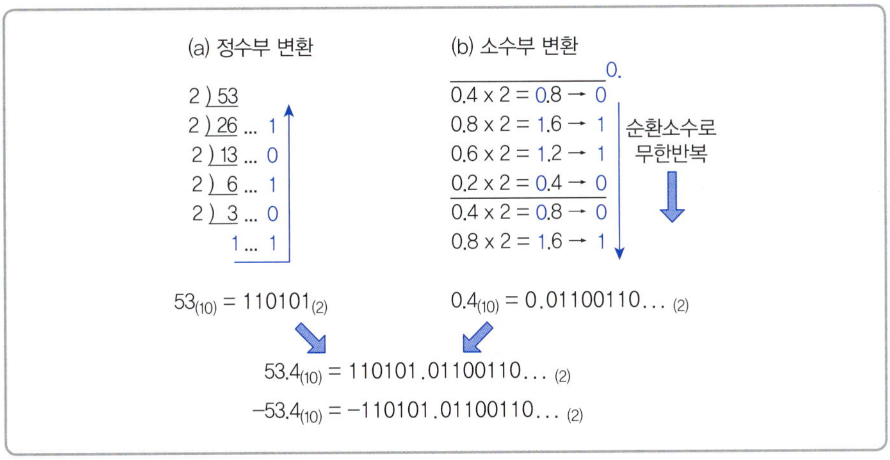

[그림 3-11] 10진수 실수의 2진수 변환 방법

컴퓨터시스템에서 정수부와 소수부를 갖는 실수를 표현할 때 〈표 3-2〉처럼 2가지 방법이 있다. 고정소수점(fixed point) 방식은 소수점의 위치가 고정되고 정수부와 소수부만으로 표시한다. 이 방식은 매우 큰 수나 매우 작은 수는 표현하기 불편하기 때문에 과학기술용으로는 사용되기 힘들다.

〈표 3-2〉 고정소수점과 부동소수점

고정소수점 방식	부동소수점 방식	프로그래밍 방법
1230000000000	1.23×10^{12}	1.23e12
0.00000000000123	1.23×10^{-12}	1.23e-12

부동소수점(floating point) 방식은 〈표 3-2〉처럼 소수점(point)의 위치를 편리하게 이동(floating)시켜 그 위치를 지수로 나타낸다. 이 방법은 넓은 범위의 수를 나타낼 수 있어 과학기술에 많이 사용된다. 그러나 컴퓨터 내부에서 처리될 때는 비트 수의 제한으로 인해 참값에 가까운 근사치로 표현된다. 또한 고정소수점 방식보다 연산속도가 느리다. 이 때문에 부동소수점을 계산하는 별도의 보조프로세서를 사용하는 것이 보통이다.

부동소수점 방식은 실수를 가수부와 지수부로 나누어 표현한다. 가수부는 유효숫자로 〈표 3-2〉에서 지수부를 제외한 정수부와 소수부를 나타낸다. 유효숫자(significant figure)는 '근삿값을 나타낼 때 자릿수를 나타내는 숫자 0을 제외한 나머지 신뢰할 수 있는 숫자'이다. 10진수에서 유효숫자는 1~9이지만 컴퓨터에서 사용하는 2진수에서는 1을 뜻한다. 지수부는 소수점의 위치를 지정한다. 〈표 3-2〉처럼 프로그램 소스에서 지수를 표시하는 기호는 소문자 e나 대문자 E를 사용하는 것이 보통이다.

3.5.7 2진 부동소수점 형식

컴퓨터에서 일반적으로 사용하는 부동소수점의 수식 표현은 식 (3.7)과 같다. 여기서 s는 1이나 0으로 나타내는 수의 부호(sign)이다. m은 유효숫자인 (정수).(소수)로 이루어진 가수(mantissa)이다. 지수(exponent)는 e로 나타낸다. b는 10진이나 2진으로 수의 진법을 표시하는 기수(base)이다. 우리가 일상적으로 사용하는 수는 대부분 10진법이고 컴퓨터 내부의 동작은 주로 2진법을 사용한다.

$$F_b = (-1)^{s(\text{부호})} \times m(\text{가수}) \times b(\text{기수})^{e(\text{지수})} \tag{3.7}$$

큰 수의 표현 범위를 늘리고 작은 수의 정밀도를 높이려면 비트 수를 늘려야 한다. 1985년 미국전기전자공학회(IEEE)에서 채택한 IEEE 754 표준의 2진 부동소수점 형식을 [그림 3-12]에 나타내었다. 16비트 반 정밀도(half precision), 32비트 단일 정밀도(single precision), 64비트 2배 정밀도(double precision), 128비트 4배 정밀도(quadruple precision) 등을 선택해 사용할 수 있다.

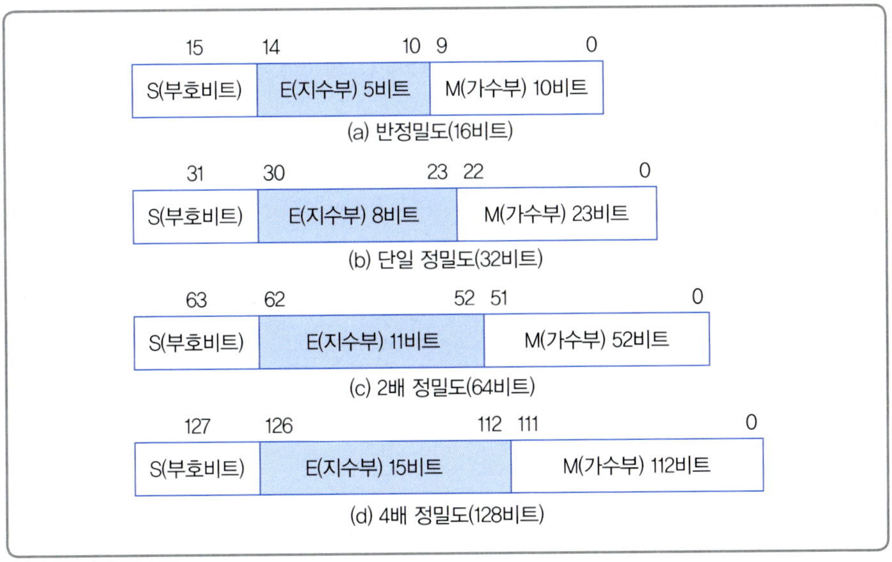

[그림 3-12] IEEE 754 표준 2진 부동소수점 형식

a. 지수 바이어스

부호를 갖는 지수를 2의 보수로 표현하면 두 수의 크기를 비교하기 어려워진다. 이를 피하기 위해 2진 부동소수점 형식에서는 본래의 지수에 일정기준 값을 더해 지수부를 기술적으로 부호가 필요 없는 영역으로 옮겨 저장하게 된다. 이 방법을 지수 바이어스(exponent bias)라고 한다. 이렇게 결정된 지수를 바이어스된(biased) 지수라고 하고 이렇게 하는 작업을 바이어싱(biasing)이라고 한다.

IEEE 754 표준의 2진 부동소수점 형식에서 지수부가 표현할 수 있는 범위를 [그림 3-13]에 나타내었다. IEEE 754 표준은 지수부가 k비트면 $(2^{k-1}-1)$ 만큼 바이어스된 지수로 저장한다. 예를 들어 지부수가 8비트인 32비트 부동소수점 형식은 $(2^{8-1}-1)$서 127 바이어스된 지수로 저장한다. 즉, 2의 보수로 표현된 기존의 지수에 10진수의 127에 해당하는 2진수 0111 1111을 더해 바이어스된 값으로 바꾸어 지수부에 저장한다. 이런 식으로 64비트와 128비트 형식도 각각 1023과

16383 바이어스된 지수로 저장한다.

[그림 3-13]의 지수부 값에서 제일 작은 값과 큰 값인 ①, ②는 특수한 의미로 사용된다. ①처럼 지수부 값이 0이 되는 경우는 부호 비트가 0일 때는 이 수가 0임을 나타낸다. 부호 비트가 1일 때는 −0임을 나타낸다. 부호 비트를 고려하지 않는 경우는 이 수가 컴퓨터가 정상적으로 표현할 수 있는 가장 작은 수보다 더 작은 0이 아닌 수(subnormal number) 임을 나타낸다. ②처럼 지수부 값이 최대치가 되는 경우는 부호 비트가 0일 때는 이 수가 ∞임을 나타낸다. 부호 비트가 1일 때는 −∞임을 나타낸다. 부호 비트를 고려하지 않는 경우는 이 수가 숫자로 표현할 수 없는 유효하지 않은 연산 결과(not a number, NaN) 임을 표시한다.

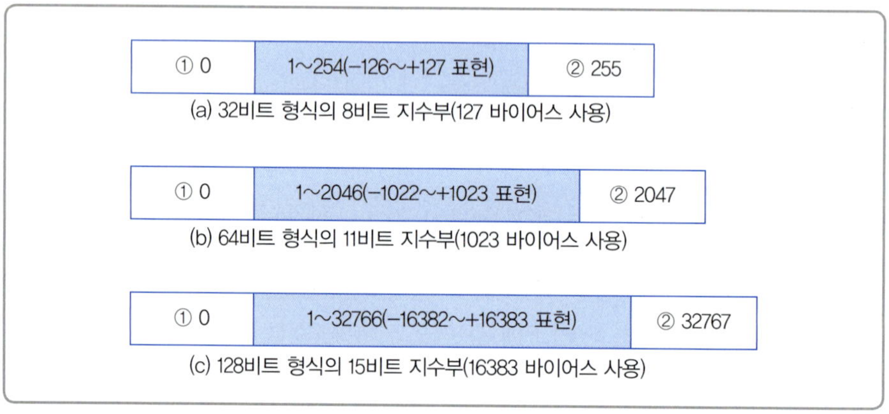

[그림 3-13] IEEE 754 표준 2진 부동소수점 형식의 지수부 값

b. 정규화 형식

부동소수점의 수식 표현은 식 (3.8), (3.9)처럼 같은 수라도 소수점의 위치에 따라 여러 가지 방법으로 표현되어 혼동되므로 컴퓨터는 통일된 형식이 필요하다.

$$0.00456 = 0.0456 \times 10^{-1} = 0.456 \times 10^{-2} = 4.56 \times 10^{-3} \quad (3.8)$$

$$0.00101_{(2)} = 0.0101 \times 2^{-1} = 0.101 \times 2^{-2} = 1.01 \times 2^{-3} \quad (3.9)$$

컴퓨터에서 다루는 부동소수점은 이런 혼란을 피하기 위해 통일된 표준으로 정규화(normalized) 형식을 사용한다. IEEE 754 표준의 2진 부동소수점 형식은 소수점 앞에 정수부로 항상 1이 오도록 정규화시킨다.

c. IEEE 754 표준 부동소수점 형식

IEEE 754 표준의 2진 부동소수점의 수식 표현은 정수부를 1로 정규화시켜 식 (3.10)과 같은 형식을 사용한다. 모든 비트가 0일 경우 0으로 정의한다.

$$F_2=(-1)^s \times 1.m \times 2^e \qquad (3.10)$$

식 (3.10)을 컴퓨터에 저장할 때 첫 칸은 부호 비트로 사용한다. 가수부에서 소수점 앞의 정수부는 항상 1이므로 생략하고 소수점 오른쪽의 소수부만 저장한다. k비트 지수부에 저장되는 값은 $e+(2^{k-1}-1)$이고 진법을 나타내는 2는 생략한다. 이것은 $(2^{k-1}-1)$바이어스된 지수를 나타낸다.

예를 들어 [그림 3-14]는 IEEE 754 표준의 32비트 2진 부동소수점 형식이다. 여기서는 지수부가 k=8비트이므로 $(2^7-1)=127$에서 지수부에 127을 더해 저장한다. 이것을 127 바이어스된 지수라고 한다.

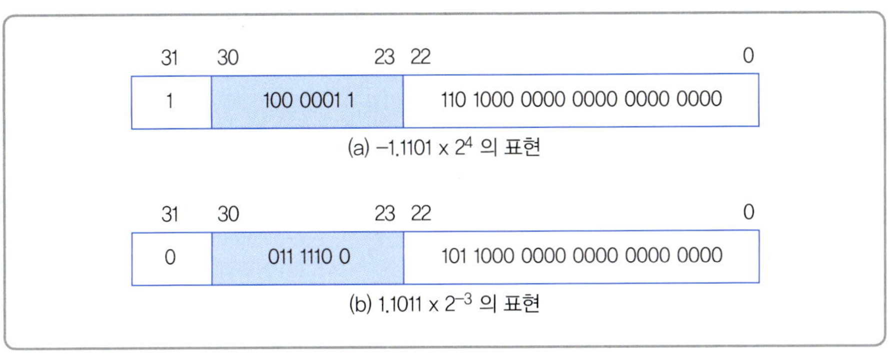

[그림 3-14] IEEE 754 표준의 32비트 2진 부동소수점 형식

구체적인 예로 [그림 3-14] (a)에 -1.1101×2^4을 저장해보자. 음수이므로 부호 비트에 1이 온다. 지수부는 4에 127 바이어스를 더해 4+127=131 또는 0000 0100 + 0111 1111에서 1000 0011이 된다. 가수부는 소수점 오른쪽의 1101이 맨 앞에 온다. 또 (b)에 1.1011×2^{-3}을 저장해보자. 양수이므로 부호 비트에 0이 온다. 지수부는 −3에 127 바이어스를 더해 −3+127=124 또는 1111 1101 + 0111 1111에서 0111 1100이 된다. 가수부는 소수점 오른쪽의 1011이 맨 앞에 온다. 이때 [그림 3-14]를 16진수로 표현하면 (a) 0xC1E80000 (b) 0x3E580000이 된다.

3.5.8 논리 및 시프트 연산

ALU 장치에서 기본적인 논리연산은 NOT, AND, OR, XOR이다. ALU 장치에서 산술연산은 주로 비트의 묶음인 컴퓨터 워드의 단위로 데이터가 연산된다. 논리연산은 컴퓨터 워드가 서로 대응하는 비트 위치끼리, 주로 비트 단위로 데이터가 연산된다. 이를 이용해 좀 더 다양한 논리연산을 응용해 만들 수 있다. 또한 ALU 장치에서는 시프트 레지스터를 이용한 비트 열 이동으로 다양한 시프트 연산도 수행할 수 있다. 아래는 몇 가지 논리연산의 응용이다.

a. 논리연산의 응용

① 마스크(mask) 연산: AND 연산으로 원하는 위치의 비트만 통과시킨다. [그림 3-15] (a)처럼 AND 연산에서 1로 설정된 부분의 데이터만 통과시킨다.

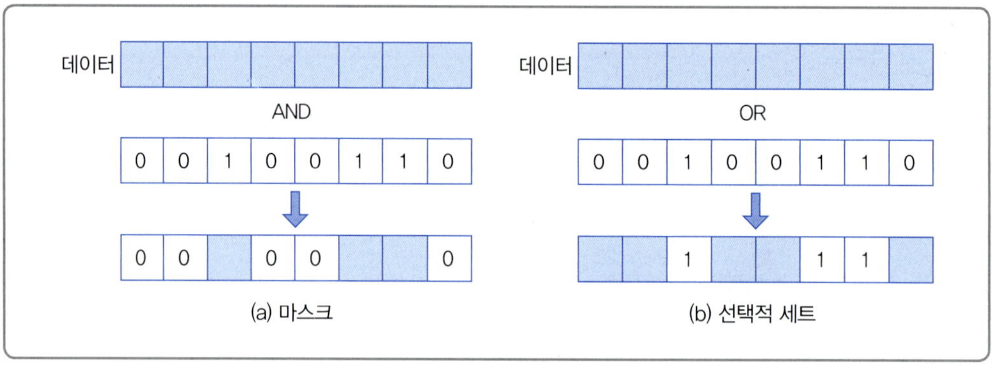

[그림 3-15] 마스크 연산과 선택적 세트 연산

② 선택적 세트(selective set) 연산: OR 연산으로 원하는 위치의 비트만 강제로 1로 세트한다. [그림 3-15] (b)처럼 OR 연산에서 1로 설정된 부분의 데이터는 무조건 1로 바꾼다.

③ 삽입(insert) 연산: AND 연산으로 원치 않는 위치의 비트를 지우고 OR 연산으로 다른 데이터 값으로 교체한다. [그림 3-16]은 8비트 데이터에서 앞의 4비트 부분은 보호하고, 뒤의 4비트 부분만 삭제한 후 새로운 데이터로 바꾸어 교체하는 예이다.

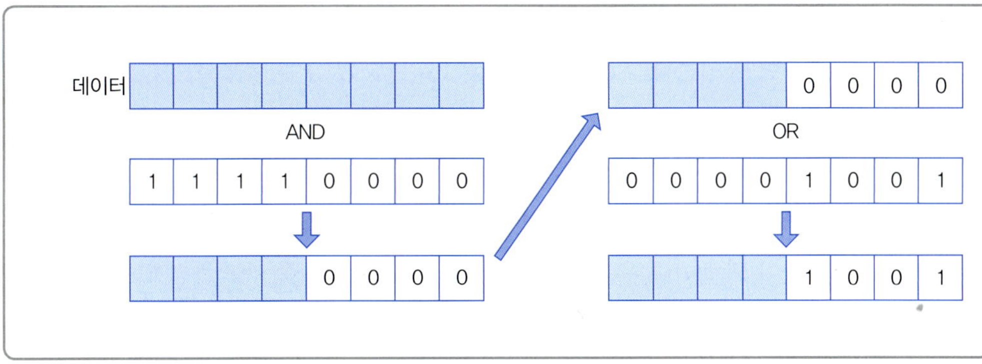

[그림 3-16] 삽입 연산

④ 비교(compare) 연산: XOR 연산으로 두 데이터가 서로 다른 값을 갖는 위치의 비트만 1로 찾아낸다. [그림 3-17] (a)처럼 두 데이터의 XOR 연산은 0과 1 또는 1과 0처럼 서로 다른 값일 때만 1로 연산된다.

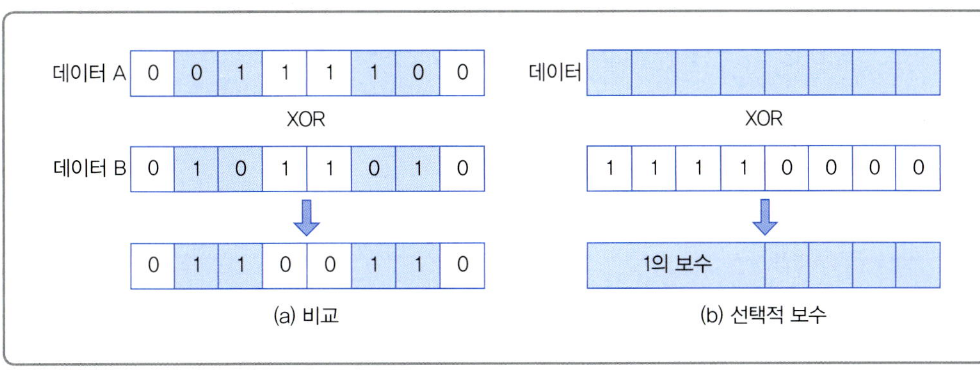

[그림 3-17] 비교 연산과 선택적 보수 연산

⑤ 선택적 보수(selective complement) 연산: XOR 연산으로 원하는 위치의 비트만 1의 보수로 바꾼다. [그림 3-17] (b)처럼 1과 0의 어떤 값과 1의 XOR 연산은 비트 값이 반전되어 1의 보수가 된다. 또한 1과 0의 어떤 값과 0의 XOR 연산은 다시 자기 자신이 되는 점을 이용한 것이다.

b. 시프트 연산

① 논리적 시프트(logical shift) 연산: 시프트 레지스터의 비트들이 좌측이나 우

측으로 1비트씩 이동하는 연산이다. 부호를 고려하지 않는다. 뒤에서는 계속 0이 들어온다. 이 방법은 곱셈이나 나눗셈 등에 적용할 수 있다. 부호 비트가 없는 수치 데이터를 1비트씩 좌측이나 우측으로 이동시키면 편리하게 ×2배와 ÷2배로 연산된다.

② 순환 시프트(circular shift) 연산: 부호 비트를 포함해 시프트 레지스터의 비트들이 좌측이나 우측으로 회전하면서 다시 반대쪽 레지스터 입력으로 들어간다. 이 방법은 직렬 데이터의 비트 전송 등에 사용될 수 있다.

③ 산술적 시프트(arithmetic shift) 연산: 부호 비트를 제외한 나머지 비트들이 좌측이나 우측으로 시프트 된다. 2의 보수 표현에서 산술적 우측 시프트는 부호 비트가 우측으로 복사된다. 이 방법은 부호를 고려한 비트의 확장 등에 사용될 수 있다. 비트의 확장이란 8비트와 16비트처럼 데이터 길이가 다른 두 데이터를 연산할 때 사용된다. 작은 비트 수를 갖는 데이터의 앞자리에 부호 비트를 채워 넣어 큰 비트 수를 갖는 데이터로 만든다.

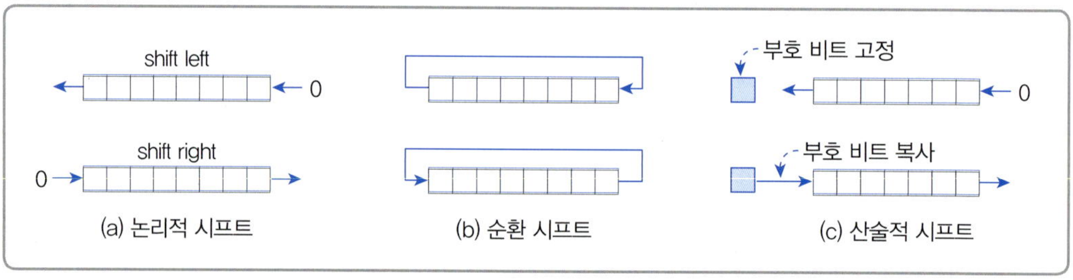

[그림 3-18] 시프트 연산(8비트 예)

3.6 제어장치

3.6.1 제어방식

제어장치는 메모리에서 명령어를 인출해 해독하고 명령을 실행하는데 필요한 제어신호를 만든다. 제어장치는 CPU 내외부에서 사용하는 다양한 제어신호를 타이밍에 맞추어 발생시킨다. CPU 내부 버스를 제어하고 연산에 필요한 동작신호를 ALU와 레지스터에 보내 준다. 또한 CPU 외부 메모리나 I/O 장치에 읽기 신호와 쓰기 신호 등을 내보낸다. 다음의 2가지 설계방식으로 나눌 수 있다.

a. 하드와이어 제어

하드와이어(hardwired) 제어방식은 하드웨어만으로 마이크로연산을 수행하도록 제어장치를 구성한다. 하드웨어를 이용해 제어회로를 구성하므로 실행속도에서 유리하지만 설계 유연성이 떨어진다. 나중에 명령어 종류나 명령어 설계를 바꾸려면 하드웨어 부품이나 배선을 재구성해야 하므로 큰 불편이 뒤따른다.

b. 마이크로프로그램 제어

마이크로프로그램(microprogram) 제어방식은 제어 메모리에 저장된 마이크로명령어를 찾아 순차적으로 실행시킨다. 제어 메모리는 제어장치 내부에 위치한 특수한 기억장치이다. 이 방식은 명령어 설계가 바뀌어도 제어 메모리에 저장된 프로그램만 변경하면 된다. 유연하고 체계적인 제어장치를 구성할 수 있어 대부분 이 방식을 사용한다. 앞으로 설명할 이 방식의 설계순서는 다음과 같다.

① CPU에 사용할 명령어의 종류와 비트 패턴을 결정한다.
② 각 명령어의 실행에 필요한 하드웨어 구조를 설계한다.
③ 각 명령어를 수행할 제어 서브루틴을 마이크로프로그래밍 한다.

3.6.2 제어장치의 구성

마이크로프로그램 제어방식에서 필요한 기본적인 구성 요소는 다음과 같다. 아래 구성 요소들은 개략적인 것이며 특정 CPU와 설계자마다 다르다. 각 구성 부분에 대한 표현이나 용어도 설계마다 다르다.

① 제어 메모리(control memory): 제어장치 내부의 기억장치이다. 제어신호의 발생에 필요한 마이크로명령어들이 마이크로프로그램으로 저장된다.

② 명령 해독기(instruction decoder): 명령 레지스터 IR에 들어온 명령어를 해독해 연산코드를 구한다. 이를 근거로 연산코드가 지시하는 동작을 실행할 제어 서브루틴의 시작 주소를 마이크로프로그램에서 찾아낸다.

③ 주소 해독기(address decoder): 명령어의 오퍼랜드에서 유효주소나 간접주소를 찾아 실제 사용할 수 있는 유효주소를 만들어 레지스터에 저장한다.

④ 제어신호 발생기: CPU 내외부의 각 부분에 필요한 제어신호를 만든다.

⑤ 타이밍(timing) 발생회로: 제어신호의 발생을 위해 정확한 타이밍을 제때에 만들어낸다. CPU 내부 클럭 펄스를 이용한다.

⑥ 기타 장치들: 마이크로명령어를 일시적으로 저장하는 버퍼 레지스터, 제어 메모리의 주소를 저장하는 레지스터, 마이크로명령어의 실행순서를 결정하는 장치 등이 추가로 필요하다.

3.6.3 마이크로프로그래밍

[그림 3-19]의 명령 레지스터 IR에는 외부 메모리에서 CPU 내부로 읽어 들인 기계어 명령이 들어있어 실행을 준비 중이다. 제어장치에는 기계어 명령어 종류만큼의 제어 서브루틴들이 준비되어 있다. 제어 서브루틴 하나가 기계어 명령어 종류 하나를 처리한다. 제어 서브루틴은 명령어 수행에 필요한 제어신호를 발생시키는 마이크로명령어들로 구성되어 있다. 마이크로프로그램 제어방식은 [그림 3-19]에서 ①~⑥으로 표시한 다음 처리과정을 거쳐 제어신호를 생성시킨다.

① 명령 레지스터 IR에 들어온 명령어를 해독해 연산코드를 구한다.

② 연산코드에서 해당 명령에 필요한 제어 서브루틴의 시작 주소를 계산한다.

③ 제어 메모리의 마이크로프로그램에서 해당 제어 서브루틴을 찾아낸다.

④ 찾아낸 제어 서브루틴에서 마이크로명령어를 차례대로 인출한다.

⑤ 마이크로명령어를 해독해 실행할 마이크로연산의 종류를 결정한다.

⑥ 각 마이크로연산 필드에서 제어신호를 만들어 출력한다.

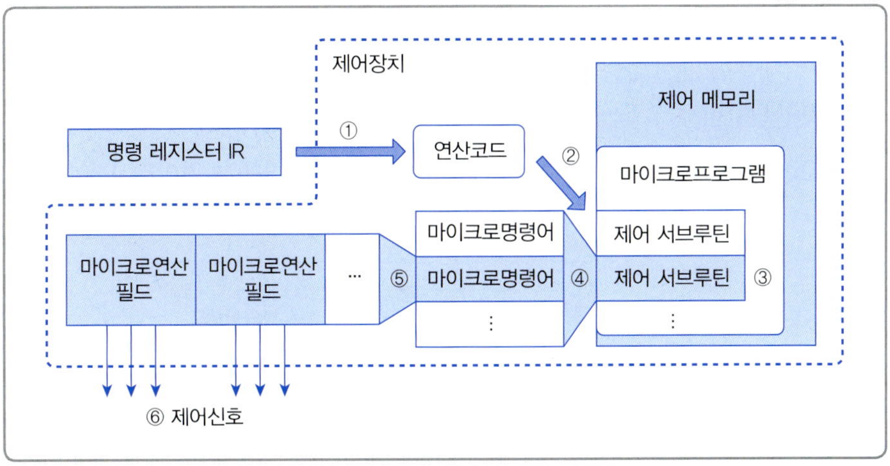

[그림 3-19] 마이크로프로그램 제어방식

[그림 3-19]에서 CPU에 포함된 제어장치 내부에는 제어 메모리가 존재한다. 마이크로명령어(microinstruction)는 제어장치에서 제어신호를 만드는 저수준의 제어 명령어 단위이다. 제어 단어 또는 제어 워드(control word)라고도 한다. 마이크로명령어를 조합해 제어 서브루틴을 구성한다. 마이크로명령어 형식은 동시에 여러 개의 제어신호를 발생하도록 여러 개의 마이크로연산 필드를 포함시킬 수 있다.

제어 서브루틴은 특정 명령어의 연산을 수행하기 위해 제어장치에서 연속적으로 수행되어야 할 마이크로명령어들의 조합이다. 명령 레지스터에 들어온 각 기계어 명령에 해당하는 제어 서브루틴의 시작번지를 찾아 실행시키면 해당 제어신호가 발생한다. 제어 서브루틴 하나가 기계어 명령어 종류 하나를 처리한다.

마이크로코드(microcode)는 제어 서브루틴들을 모아 제어 메모리 내부에 저장해둔 프로그램이다. 다른 말로 마이크로프로그램이라고 하며 이를 작성하는 과정을 마이크로프로그래밍(microprogramming)이라고 한다.

a. 제어 서브루틴의 시작 주소

[그림 3-19]에서 명령어 수행에 필요한 제어신호를 발생시키려면 이에 해당하는 제어 서브루틴의 시작 주소를 찾아야 한다. 이때 [그림 3-20]처럼 명령 레지스터에 저장된 명령어 자체에서 제어 서브루틴의 시작 주소를 직접 계산하면 가장 빠르고 효율적이다. 명령 레지스터에 저장된 명령어의 연산코드에서 제어 서브

루틴의 시작 주소를 직접 구하는 방법이다. 이를 위해 명령어에 포함된 연산코드가 제어장치 내부에 존재하는 제어 메모리의 주소를 가리키는 특정 비트 패턴에 직접 대응하도록 만든다. 예를 들어 연산코드의 비트 열은 그대로 선택하고 앞뒤에 숫자를 덧붙여 제어 메모리의 주소를 완성한다. 이런 방식을 매핑이라고 한다.

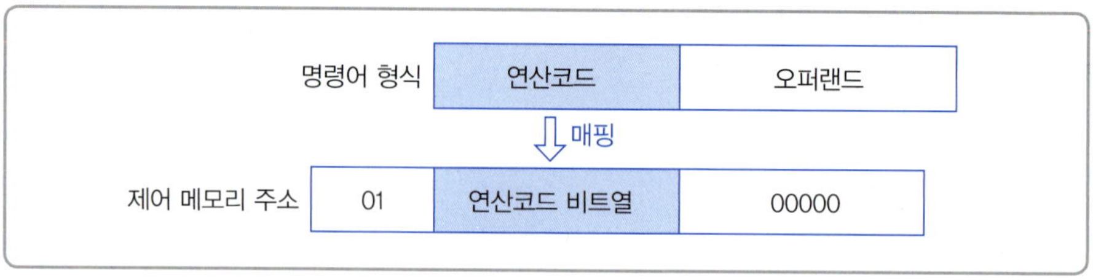

[그림 3-20] 명령어의 연산코드에서 제어 서브루틴의 시작 주소로 매핑 예

사상 혹은 매핑(mapping)은 한 장소에 있는 데이터를 다른 장소의 데이터와 맺어주기 위해 '하나의 주소가 다른 주소에 대응되는 것'을 말한다. 다른 데이터 세트와 대응 관계를 가진 일련의 데이터 세트를 1:1로 맺어주는 과정이다.

b. 마이크로명령어 형식

제어장치가 [그림 3-20]에서 각 명령어의 실행에 필요한 제어 서브루틴을 찾으면 이를 구성하는 마이크로명령어들을 차례대로 인출한다. [그림 3-21]은 이렇게 인출된 마이크로명령어의 형식을 '가상'으로 나타낸 것이다. 각 마이크로명령어에 포함된 마이크로연산 필드를 구하면 필요한 마이크로연산의 종류가 결정된다.

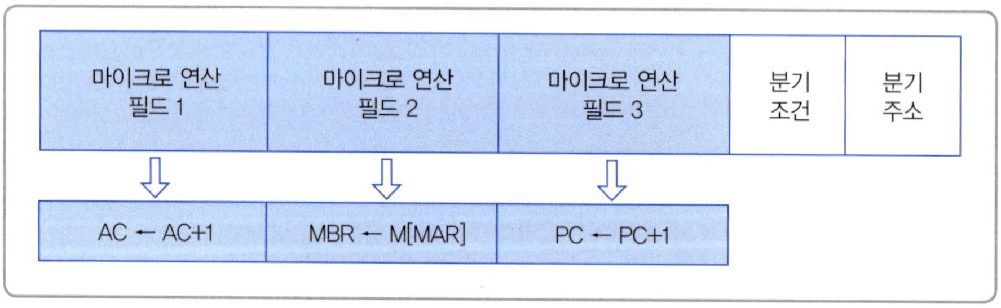

[그림 3-21] 가상의 마이크로명령어 형식 예

[그림 3-21]에 나타낸 마이크로명령어 형식은 동시에 실행이 가능한 3가지 마

이크로연산 필드를 포함한다. 제어장치는 각 마이크로연산을 실행하기 위한 제어 신호들을 동시에 만들어낸다. 분기조건(branch condition)과 분기 주소는 다음 번 명령으로의 분기 방법과 제어 메모리의 분기 주소를 나타낸다. 이를 포함하면 유효주소의 계산처럼 공통으로 자주 사용하는 동작을 서브루틴으로 만들 때 제어 메모리를 효율적으로 사용할 수 있어 편리하다.

c. 제어신호를 만드는 방법

제어장치는 [그림 3-21]에서 얻어낸 마이크로연산의 종류에 해당하는 제어신호를 발생시켜 CPU 내외부의 구성요소들이 명령어를 실행하도록 지시한다. 이때 제어신호를 만드는 가장 빠른 방법은 [그림 3-22]처럼 마이크로명령어의 마이크로연산 필드에서 제어신호를 직접 출력하는 것이다. 이때 수평적(horizontal) 방법과 수직적(vertical) 방법의 2가지 마이크로프로그램 방식을 사용할 수 있다.

[그림 3-22] (a)의 수평적 마이크로프로그램은 마이크로연산 필드의 비트를 그대로 이용해 그 비트 수만큼 1:1로 대응하도록 제어 신호선을 출력한다. 이 방법은 하드웨어가 간단해 제어신호를 발생시키는 시간이 빠르다. 반면에 비트 수가 많이 늘어나게 되어 제어 메모리를 많이 차지한다.

[그림 3-22] (b)의 수직적 마이크로프로그램은 마이크로연산 필드의 비트를 디코더로 해독해 제어 신호선의 개수를 늘린다. 이 방법은 마이크로명령어의 비트 길이를 줄일 수 있어 제어 메모리를 적게 차지한다. 하지만 디코더(decoder) 회로를 통과하므로 시간지연이 발생한다.

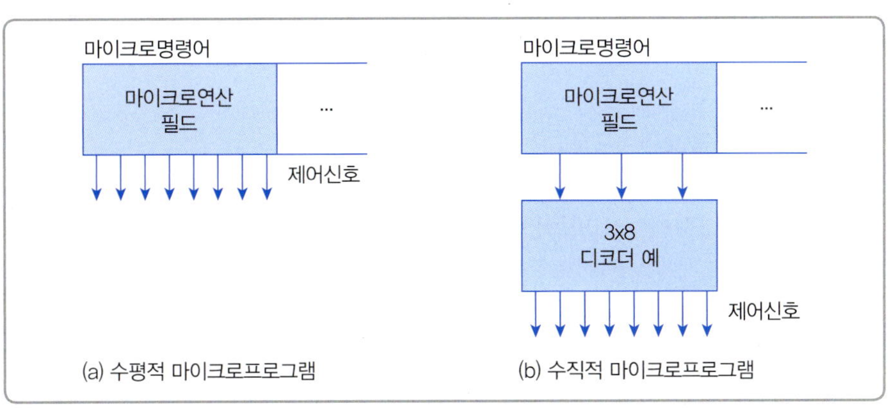

[그림 3-22] 마이크로프로그램이 제어신호를 만드는 방법

연습문제

1. CPU의 기본 구성 요소 3가지를 골라라.
   ① ROM　② 제어장치　③ 하드디스크　④ RAM
   ⑤ FPU　⑥ 레지스터　⑦ 연산장치　⑧ 캐시

2. CPU의 기본 구성 요소로서 연산을 위해 다양한 용도로 사용되는 CPU 내부의 일시적인 기억장소를 무엇이라고 하는가?

3. '작은+처리장치'라는 뜻의 합성어로 반도체 칩에 집적시켜 소형화시킨 CPU를 무엇이라고 하는가?

4. 다음 중 중앙처리장치의 동의어로 사용되는 말들을 모두 골라라.
   ① ALU　② 프로세서　③ CPU
   ④ FPU　⑤ MPU　⑥ 레지스터
   ⑦ GPU　⑧ 마이크로프로세서

5. 주로 산업용기기의 제어를 위해 만들어진 특수목적용 마이크로프로세서를 무엇이라고 하는가?

6. '몇 비트 컴퓨터인가'를 판정하는 2가지 방법을 골라라.
   ① 데이터버스의 비트 수　② I/O 버스의 비트 수
   ③ 제어버스의 비트 수　④ 범용 레지스터의 비트 수
   ⑤ 주소버스의 비트 수

7. 다음 설명이 맞으면 ○, 틀리면 ×로 답하라.
   (a) 64비트 프로세서에서 32비트용 프로그램을 실행시키면 성능이 빨라진다.
   (b) 64비트 CPU에는 64비트용 프로그램이 최적의 성능을 낸다.
   (c) 32비트 기계에는 64비트 운영체제를 설치할 수 없다.

8. 메인 프로세서에는 없거나 부족한 기능을 도와 컴퓨터시스템의 성능을 높여주는 특수목적용 프로세서를 우리말로 무엇이라고 하는가?

9. '협력+처리장치'의 영어식 합성어로 메인 프로세서의 부족한 기능을 도와주는 보조프로세서를 무엇이라고 하는가?

10. 단독으로 사용되지 않으면서 CPU를 돕는 보조프로세서의 종류를 모두 골라라.
① 레지스터 ② 디지털신호처리 장치 ③ 산술 및 논리연산장치
④ 그래픽 가속기 ⑤ 부동소수점 처리장치 ⑥ 암호화 장치

11. 가장 대표적인 보조프로세서로서 CPU가 필요할 때 범용으로 사용할 수 있는 수치연산 보조프로세서를 무엇이라고 하는가?

12. 표 형태의 양식을 이용해 자동으로 계산하도록 만든 일종의 표 계산 프로그램을 무엇이라고 하는가?

13. 주로 비디오카드에 장착되는 그래픽 데이터 처리 전용의 보조프로세서를 무엇이라고 하는가?

14. 점의 조합으로 이루어진 그림으로 독립적인 모든 화소에 대한 색상 정보를 저장하는 그래픽 방식을 무엇이라고 하는가?

15. 컴퓨터 프로그래밍으로 작성되는 디지털 이미지로 선과 도형을 좌표, 크기, 방향으로 저장하는 그래픽 방식을 무엇이라고 하는가?

16. 비트맵 그래픽의 특징으로 맞는 것을 【보기 A】에서 모두 골라라.

보기 A
① 수정하기 쉽다. ② 모든 화소가 독립적이다.
③ 수정하기 어렵다. ④ 확대하면 계단현상이 있다.
⑤ 파일 크기 작다. ⑥ 크기가 변해도 변형이 없다.

17. 벡터 그래픽의 특징으로 맞는 것을 【보기 A】에서 모두 골라라.

18. 2차원 비트맵 그래픽 형식의 파일명 확장자를 【보기 B】에서 모두 골라라.

보기 B
① *.bmp ② *.emf ③ *.png ④ *.jpg
⑤ *.tif ⑥ *.gif ⑦ *.wmf

19. 2차원 벡터 그래픽 형식의 파일명 확장자를 【보기 B】에서 모두 골라라.

20. 요즘 CPU 프로세서 칩 내부에 주로 내장하는 장치 4가지를 골라라.
① FPU ② GPU ③ 하드디스크 ④ 전원장치
⑤ 칩셋 ⑥ 랜카드 ⑦ CPU 코어 ⑧ 캐시메모리

21. 우리말의 누산기로 연산결과가 다시 자신에게 누적되는 범용 레지스터를 무엇이라고 하는가?

22. CPU 범용 레지스터의 용도 3가지를 골라라.
① 가상메모리 ② 제어장치 ③ 포인터 ④ FPU
⑤ 어큐뮬레이터 ⑥ 연산장치 ⑦ 카운터 ⑧ 캐시메모리

23. CPU에서 한 클럭 펄스 동안에 일어나는 세부 동작을 무엇이라고 하는가?

24. CPU에서 한 클럭 펄스 동안에 일어나는 세부 동작을 가리키는 말을 모두 골라라.
① 마이크로연산 ② 매크로 명령 ③ μ-연산 ④ 매크로 연산
⑤ 매크로 동작 ⑥ 마이크로 동작 ⑦ 마이크로오퍼레이션

25. 어셈블리 언어의 중립적인 형태로 CPU 레지스터의 동작을 기호로 나타내는 언어를 무엇이라고 하는가?

26. 플래그 레지스터라고도 하며 최종 실행된 연산결과의 상태를 나타내는 플래그 비트로 구성된 CPU 내부의 레지스터를 무엇이라고 하는가?

27. CPU 상태 레지스터에 사용되는 플래그 비트를 설계하는 일반적인 방법에 대한 설명으로 맞는 것을 모두 골라라.
① 오버플로우 플래그: 자리 올림수나 빌림수가 발생하면 세트된다.
② 부호 플래그: 최종 실행된 산술연산 결과 값의 부호 비트를 갖고 있다.
③ 제로 플래그: 연산결과가 0이면 세트된다.
④ 동등 플래그: 두 수를 비교한 결과가 같으면 세트된다.
⑤ 캐리 플래그: 연산결과에 자릿수 넘침이 발생하면 세트된다.
⑥ 인터럽트 마스크 플래그: 인터럽트 가능과 불가능 상태를 설정한다.

28. 특정 CPU를 위해 정의되는 명령어들의 리스트나 집합을 무엇이라고 하는가?

29. CPU 명령어 세트의 설계에서 고려해야 할 사항을 모두 골라라.

① 명령어 형식 ② 연산의 종류 ③ 주소지정 방식
④ 칩셋의 종류 ⑤ 데이터 타입 ⑥ CPU 클럭 속도

30. 일반적으로 고려되는 명령어의 종류를 【보기 C】에서 모두 골라라.

보기 C ① 산술연산 ② 흐름제어 연산 ③ 전원관리 명령
④ 논리연산 ⑤ 메모리 연산 ⑥ 데이터 처리

31. 다음 연산을 실행하는 명령어의 종류를 【보기 C】에서 모두 골라라.

(a) 부호와 정수, 부동소수점 등을 고려해 +, −, ×, ÷ 등의 연산을 실행
(b) 비트 등 각 데이터 단위를 고려해 NOT, AND, OR, XOR 등의 연산을 실행
(c) 레지스터, 메모리와 I/O 장치 간 데이터의 입출력, 로드, 저장 등을 실행
(d) 분기, 서브루틴 호출 등을 고려해 프로그램의 실행순서를 바꾸는 명령

32. 명령어를 구성하는 비트를 연산코드와 오퍼랜드 등의 여러 개의 필드로 나누어 정의한 것을 무엇이라고 하는가?

33. 명령어 형식에서 연산자라고도 하며 연산기호처럼 연산의 종류와 방법을 나타내는 동작코드 필드를 무엇이라고 하는가?

34. 명령어 형식에서 연산의 대상으로 피연산자라고도 하며 즉시 사용할 수 있는 데이터 수치, 레지스터 이름, 주소가 내용으로 올 수 있는 필드를 무엇이라고 하는가?

35. 명령어 형식에서 연산의 동작이 되는 필드 이름을 【보기 D】에서 모두 골라라.

보기 D ① 목적코드 ② 연산코드 ③ 동작코드 ④ opcode
⑤ 연산자 ⑥ 피연산자 ⑦ 오퍼랜드 ⑧ 소스코드

36. 명령어 형식에서 연산의 대상이 되는 필드 이름을 【보기 D】에서 모두 골라라.

37. 명령어 형식에서 오퍼랜드 필드에 올 수 있는 내용을 모두 골라라.

① 데이터 수치 ② 연산자 ③ 동작코드
④ 연산코드 ⑤ 레지스터 이름 ⑥ 주소

38. 연산을 준비 중인 데이터가 저장될 수 있는 위치를 모두 골라라.
① 레지스터 ② 제어장치 ③ I/O 장치
④ 버스 ⑤ 메모리 ⑥ 전원장치

39. 명령어 형식에서 연산코드 필드가 8비트이면 최대 몇 가지 종류의 연산을 정의할 수 있는가? 10진수로 표현하라.

40. 명령어 형식에서 오퍼랜드 필드가 13비트이면 최대 몇 개의 주소를 직접 지정할 수 있는가? 10진수로 표현하라.

41. 명령어 형식에서 오퍼랜드 필드가 7비트이면 2의 보수로 어떤 범위의 수치 데이터가 올 수 있는가? 10진수로 표현하라.

42. 명령어 세트를 설계할 때 주소지정 방식을 사용하는 이유는 무엇인가?

43. 명령어 형식에 포함된 오퍼랜드 필드에서 실제 피연산자를 찾아내는 방법을 무엇이라고 하는가?

44. CPU 명령어의 실행에 필요한 실제 오퍼랜드의 주소, 즉 실제 피연산자가 저장된 위치를 무엇이라고 하는가?

45. 유효주소를 메모리의 내용으로 저장하고 있는 메모리 위치를 무엇이라고 하는가?

46. 명령어 형식의 오퍼랜드 필드에서 실제 피연산자를 찾아내려고 한다. 다음 설명에 해당하는 주소지정 방식을 【보기 E】에서 골라 번호를 적어라.
(a) 오퍼랜드 필드에 즉시 사용할 수 있는 데이터 수치로 실제 피연산자가 있다.
(b) 오퍼랜드 필드에 유효주소가 저장된 메모리 위치인 간접주소가 있다.
(c) 오퍼랜드 필드 없이 연산코드 자신만으로 특정 레지스터의 동작을 암시한다.
(d) 오퍼랜드 필드에서 지정한 레지스터에 실제 피연산자가 있다.
(e) 오퍼랜드 필드에서 지정한 레지스터에 유효주소가 있다.
(f) 프로그램 카운터에 저장된 주소 값과 변위 값을 더해 유효주소를 계산한다.
(g) 지정한 인덱스 레지스터 값과 변위 값을 더해 유효주소를 계산한다.
(h) 오퍼랜드 필드에 실제 피연산자가 저장된 메모리 위치인 유효주소가 있다.

보기 E
① 암시적 ② 즉치 ③ 직접 ④ 간접
⑤ 레지스터 ⑥ 레지스터 간접 ⑦ 상대 ⑧ 인덱스

47. 명령어 형식의 오퍼랜드 필드에서 실제 피연산자를 찾아내려고 한다. 다음 설명에 해당하는 주소지정 방식을 【보기 E】에서 모두 골라라.

(a) 오퍼랜드 필드에 유효주소가 저장된다.
(b) 오퍼랜드 필드에 간접주소가 저장된다.
(c) 연산에 필요한 실제 피연산자가 CPU 내부에 존재한다.
(d) 오퍼랜드 필드가 없다.

48. CPU가 연산에서 필요한 실제 피연산자를 CPU 내부에 준비하는데 다음 동작이 필요한 주소지정 방식을 【보기 E】에서 모두 골라라.

(a) 한 번의 메모리 참조
(b) 두 번의 메모리 참조
(c) 한 번의 CPU 레지스터 간 덧셈과 한 번의 메모리 참조
(d) 메모리 참조나 레지스터 연산 동작이 필요 없다.

49. 문제 48번의 (a)~(d)에 대해 CPU가 연산에서 필요한 실제 피연산자를 CPU 내부에 준비하는데 걸리는 시간을 계산하라. 여기서 CPU 외부 메모리 내용을 참조하는데 60ns, CPU 내부 레지스터 연산에 5ns가 소요된다고 가정한다.

50. 컴퓨터에서 다루는 2진 데이터의 양수와 음수 표현에서 1의 보수보다 2의 보수를 더 많이 사용하는 이유는 무엇인가 설명하라.

51. 컴퓨터에서 다루는 2진 데이터의 양수와 음수 표현에서 보수를 사용하는 이유는 무엇인가 설명하라.

52. 양수와 음수 표현에서 다음 4가지 방법으로 8비트 2진수를 표시하라.

① +100의 공통 표현 ☞	
② −100의 부호-크기 영역 표현 ☞	
③ −100의 1의 보수 표현 ☞	
④ −100의 2의 보수 표현 ☞	

53. 2의 보수로 표현된 8비트 '1100 1010'의 10진수 값을 구하라.

54. 2진수 '11011.0101'을 10진수 값으로 변환하라.

55. 10진수 실수 45.1을 2진수 값으로 변환하라.

56. 부동소수점을 사용할 때의 장점을 모두 골라라.
① 매우 큰 수를 표현하기 쉽다.
② 정수보다 계산이 간단하다.
③ 매우 작은 수를 표현하기 쉽다.
④ 매우 넓은 범위의 수를 표현할 수 있다.

57. IEEE 754에서 채택한 부동소수점 형식에서 단일 정밀도와 4배 정밀도의 2진수는 각각 몇 비트인지 순서대로 번호를 적어라.
① 16비트 ② 32비트 ③ 48비트
④ 64비트 ⑤ 128비트

58. 컴퓨터에서 다루는 2진 부동소수점 표현에서 지수 바이어스(exponent bias)를 사용하는 이유는 무엇인지 설명하라.

59. 컴퓨터에서 다루는 부동소수점 표현은 통일된 표준으로 정규화(normalized) 형식을 사용하는 이유를 설명하라.

60. 2진수 $-0.00010010101 \times 2^{12}$을 IEEE 754 표준에 맞도록
(a) 2진 부동소수점의 수식 표현으로 나타내라.
(b) 아래 표의 필드에 맞추어 IEEE 754 표준의 32비트 형식으로 표시하라.

부호	지수부(8비트)	가수부(23비트)

(c) (b)의 32비트 형식을 16진수로 나타내라.

61. 2진수 $1011001.01 \times 2^{-10}$을 IEEE 754 표준에 맞도록
(a) 2진 부동소수점의 수식 표현으로 나타내라.
(b) 아래 표의 필드에 맞추어 IEEE 754 표준의 32비트 형식으로 표시하라.

부호	지수부(8비트)	가수부(23비트)

(c) (b)의 32비트 형식을 16진수로 나타내라.

62. 10진수 정수 69를 IEEE 754 표준에 맞도록

(a) 2진 부동소수점의 수식 표현으로 나타내라.

(b) 아래 표의 필드에 맞추어 IEEE 754 표준의 32비트 형식으로 표시하라.

부호	지수부(8비트)	가수부(23비트)

(c) (b)의 32비트 형식을 16진수로 나타내라.

63. 10진수 소수 0.3을 IEEE 754 표준에 맞도록

(a) 2진 부동소수점의 수식 표현으로 나타내라.

(b) 아래 표의 필드에 맞추어 IEEE 754 표준의 32비트 형식으로 표시하라.
(단, 가수부는 23비트 규정에 맞도록 끝자리에서 반올림하라.)

부호	지수부(8비트)	가수부(23비트)

(c) (b)의 32비트 형식을 16진수로 나타내라.

64. 10진수 실수 −69.3을 IEEE 754 표준에 맞도록

(a) 2진 부동소수점의 수식 표현으로 나타내라.

(b) 아래 표의 필드에 맞추어 IEEE 754 표준의 32비트 형식으로 표시하라.
(단, 가수부는 23비트 규정에 맞도록 끝자리에서 반올림하라.)

부호	지수부(8비트)	가수부(23비트)

(c) (b)의 32비트 형식을 16진수로 나타내라.

65. IEEE 754 표준 2진 부동소수점 형식으로 '0xC3248000'이 저장되어 있다.

(a) 위 2진수를 아래 표의 필드에 맞추어 32비트 형식으로 표시하라.

부호	지수부(8비트)	가수부(23비트)

(b) (a)를 IEEE 754 표준의 2진 부동소수점의 수식 표현으로 나타내라.

(c) (b)를 10진수 값으로 나타내라.

66. IEEE 754 표준 2진 부동소수점 형식으로 '0x3EB00000'이 저장되어 있다.

(a) 위 2진수를 아래 표의 필드에 맞추어 32비트 형식으로 표시하라.

부호	지수부(8비트)	가수부(23비트)

(b) (a)를 IEEE 754 표준의 2진 부동소수점의 수식 표현으로 나타내라.

(c) (b)를 10진수 값으로 나타내라.

67. 논리연산의 응용과 설명으로 맞는 것을 모두 골라라.

① 선택적 세트 연산: 원하는 위치의 비트만 강제로 1로 세트

② 마스크 연산: 두 데이터가 서로 다른 값을 갖는 위치의 비트만 찾음

③ 비교 연산: 원하는 위치의 비트만 통과

④ 삽입 연산: 원치 않는 위치의 비트를 지우고 다른 데이터로 교체

⑤ 선택적 보수 연산: 원하는 위치의 비트만 1의 보수로 변경

68. 시프트 연산에 대한 설명으로 맞는 것을 모두 골라라.

① 순환 시프트: 부호를 제외한 나머지 비트들이 좌측이나 우측으로 회전

② 논리적 시프트: 부호 고려 없이 좌측이나 우측으로 1비트씩 이동

③ 산술적 시프트: 부호를 고려한 시프트 연산

69. 제어장치의 설계방식 중 마이크로프로그램 제어방식의 특징을 모두 골라라.

① 제어 메모리에 저장된 마이크로명령어를 순차적으로 실행

② 하드와이어 제어방식보다 실행 속도가 빠름

③ 하드웨어만으로 마이크로연산을 수행하도록 구성

④ 명령어 설계가 바뀌어도 유연한 구성이 가능

70. CPU 연산장치의 구성 요소에 해당하는 것을 【보기 F】에서 모두 골라라.

보기 F

① 명령 해독기	② 논리연산장치	③ 프로그램 카운터
④ 산술연산장치	⑤ 어큐뮬레이터	⑥ 타이밍 발생회로
⑦ 2의 보수화기	⑧ 명령 레지스터	⑨ 시프트 레지스터

71. CPU 레지스터의 구성 요소에 해당하는 것을 【보기 F】에서 모두 골라라.

72. CPU 제어장치의 구성 요소에 해당하는 것을 【보기 F】에서 모두 골라라.

73. 제어 단어 또는 제어 워드라고도 하며 제어장치에서 제어신호를 만드는 저수준의 제어 명령어 단위를 무엇이라고 하는가?

74. 특정 명령어의 연산을 수행하기 위해 제어장치에서 연속적으로 수행되어야 할 마이크로명령어들의 조합을 무엇이라고 하는가?

75. 마이크로코드라고도 하며 제어 서브루틴을 모아 제어 메모리 내부에 저장해 둔 것을 무엇이라고 하는가?

76. 제어장치에 저장할 마이크로코드를 작성하는 과정을 무엇이라고 하는가?

77. 마이크로프로그램 제어방식에서 제어신호를 생성하는 순서대로 번호를 적어라.

① 각 마이크로연산 필드에서 제어신호를 만들어 출력한다.
② 찾아낸 제어 서브루틴에서 마이크로명령어를 차례대로 인출한다.
③ 연산코드에서 해당 명령어에 필요한 제어 서브루틴의 시작 주소를 계산한다.
④ 제어 메모리의 마이크로프로그램에서 해당 제어 서브루틴을 찾아낸다.
⑤ 마이크로명령어를 해독해 실행할 마이크로연산의 종류를 결정한다.
⑥ 명령 레지스터 IR에 들어온 명령어를 해독해 연산코드를 구한다.

78. 마이크로명령어 형식에서 마이크로연산 필드의 비트를 그대로 이용해 그 비트 수만큼 1:1로 대응하도록 제어 신호선을 출력하는 방법을 무엇이라고 하는가?

79. 마이크로명령어 형식에서 마이크로연산 필드의 비트를 디코더로 해독해 제어 신호선의 개수를 늘리는 방법을 무엇이라고 하는가?

80. 수평적 마이크로프로그램에 대해 맞는 설명을 【보기 G】에서 모두 골라라.

보기 G

① 제어 메모리를 많이 차지
② 제어 메모리를 적게 차지
③ 제어신호 발생이 빠름
④ 시간지연이 발생
⑤ 제어 신호선을 늘리기 유리
⑥ 하드웨어가 간단
⑦ 마이크로연산 필드의 비트를 디코더로 해독
⑧ 마이크로연산 필드의 비트 수에 제어 신호선이 1:1로 대응

81. 수직적 마이크로프로그램에 대해 맞는 설명을 【보기 G】에서 모두 골라라.

04 CHAPTER

명령어 처리

COMPUTER ARCHITECTURE

인텔은 1971년 CPU를 반도체 칩에 내장한 범용 프로세서를 세계 최초로 개발했다. 4비트짜리 이 기계는 처음에 아주 작은 처리장치로 취급받았다. 그렇게 이름 붙여진 마이크로프로세서는 수십 년이 지나도 여전히 작은 처리장치로 취급할 수 있을까? 슈퍼컴퓨터 역시 1990년대 말부터 수많은 마이크로프로세서들을 연결해 사용하는 대규모 병렬컴퓨터로 설계한다. 특별히 수십만 배 강력한 프로세서를 장착하는 것이 아니다. 병렬컴퓨터는 미래의 기술이 아니다. 병렬컴퓨터가 아니면 요즘 응용프로그램들을 실행시키는데 너무 느려 아마 쓸모없게 될 것이다.

4장에서 명령어 처리 방법을 설명하면서 병렬컴퓨터나 병렬계산을 빼고 요즘 컴퓨터를 이해할 수 없다. 병렬계산을 하지 않는 대부분의 컴퓨터는 1940년대 폰 노이만이 설계한 명령어의 순차실행을 기반에 둔다. 4장의 파이프라인 구조는 1980년대 인텔 486 등에서 이미 보편화된 기술이다. 슈퍼스칼라나 SIMD 구조도 1990년대 인텔 펜티엄 프로세서 등의 설계에 널리 사용되었다. 이런 종류는 싱글코어 프로세서에서도 가능한 병렬계산 구조이다. VLIW나 멀티코어 프로세서도 2000년대 말에는 이미 개인용 컴퓨터에까지 대중화된 기술이다.

4장은 CPU의 명령어 처리에 대해서 설명한다. 이곳 4장에서는 CPU 명령어 사이클, 병렬계산의 종류, 파이프라이닝, 슈퍼스칼라, VLIW 구조와 병렬컴퓨터에 대해 알아본다. 또한 다중프로세서 구조와 칩-레벨 병렬컴퓨터인 멀티코어 프로세서 기술에 대해 설명한다.

04 CHAPTER

명령어 처리

4.1 CPU 명령어 사이클

사이클(cycle)은 일반적으로 순환이나 회전을 나타낸다. 어떤 자료는 CPU '클럭' 개수를 '사이클' 개수로 표기하기 때문에 간혹 혼동되는 경우가 있다. 또한 7장에서 메모리나 I/O 장치를 읽고 쓰는 동작에 버스 사이클이라는 용어를 쓴다. 일반적으로 그냥 CPU 사이클이라고 하면 명령어 사이클을 가리킨다.

4.1.1 명령어 기본 사이클

컴퓨터에서 명령 또는 명령어(instruction)는 CPU가 어떤 동작을 수행하는데 필요한 설명이나 지시를 말한다. CPU의 명령어 사이클(instruction cycle)은 프로그램에서 주어진 명령어를 실행하기 위해 반복적으로 수행해야 하는 일련의 연속적인 동작을 말한다. [그림 4-1]은 CPU 명령어 사이클의 기본 구조이다. 명령어 인출(instruction fetch) 사이클은 CPU가 메모리에서 명령어를 읽어오는 단계이다. 명령을 수행하는 단계를 명령어 실행(instruction execution) 사이클이라고 한다.

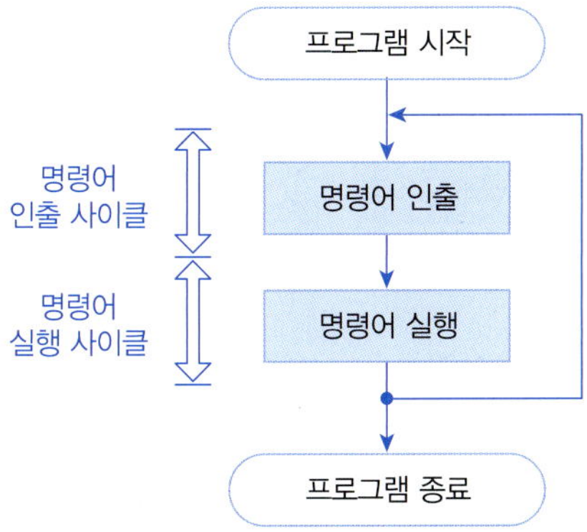

[그림 4-1] 명령어 기본 사이클

CPU 제어장치의 가장 중요한 역할은 명령어를 인출하여 해독하고 실행하는 일이다. [그림 4-2]에서 제어장치는 ①~⑤의 순서대로 명령어를 처리한다. 여기서 ①~③은 명령어 인출 사이클이고 ④, ⑤는 명령어 실행 사이클이다.

명령어 인출 사이클: ①~③

① 명령어가 저장된 주소를 지정한다.

② 메모리의 해당 주소에 들어있는 명령어를 꺼내온다.

③ 프로그램 카운터에 다음 번 명령어의 주소를 준비한다.

명령어 실행 사이클: ④, ⑤

④ 명령어를 해독한다.

⑤ 명령어 실행에 필요한 CPU 내외부의 제어신호를 발생시킨다.

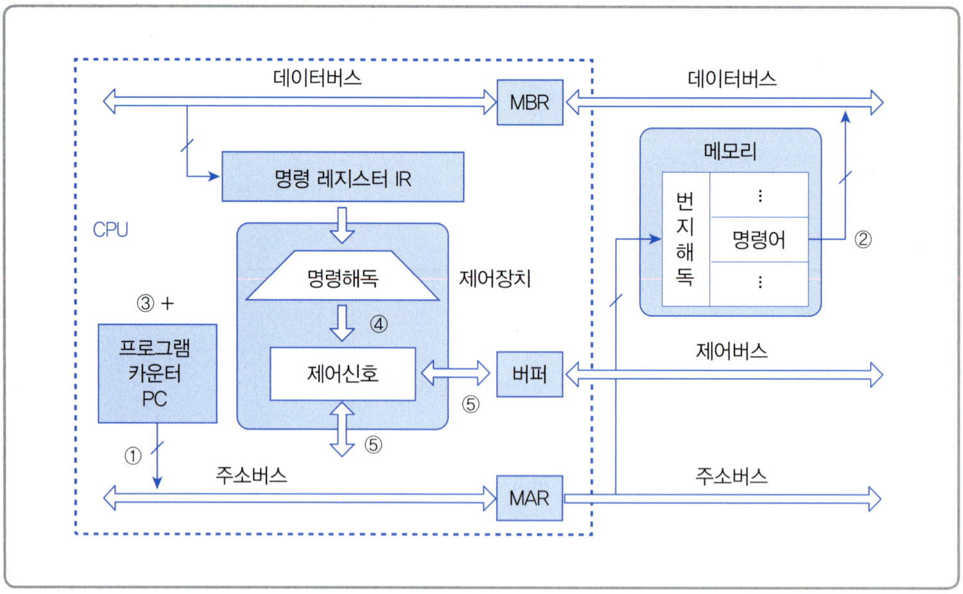

[그림 4-2] 제어장치와 명령어 사이클

4.1.2 명령어 인출 사이클

CPU가 어떤 프로그램을 실행하기 위해서는 프로그램의 내용으로 메모리에 저장된 명령어들이 무엇인지 알아야 한다. 명령어 인출 사이클은 메모리에 저장된 명령어를 읽어오는 단계이다. [그림 4-2]에서 CPU는 프로그램 카운터 PC가 가리키는 메모리 주소의 내용에서 명령어들을 순서대로 인출해 명령 레지스터 IR로 가져온다. 이 동작은 아래처럼 몇 단계의 마이크로연산을 순차적으로 거친다.

t_1: MAR ← PC : PC에 저장된 명령어 주소를 MAR로 전송한다.

t_2: MBR ← M[MAR], PC ← PC+1 : MAR 번지 메모리의 명령어를 MBR로 전송하고, PC를 증가시켜 다음번 명령어의 주소를 준비한다.

t_3: IR ← MBR : 메모리에서 인출해온 명령어를 IR로 전송한다.

컴퓨터시스템의 메모리 주소는 대개 1개 주소에 1바이트 메모리 공간을 할당한다. 위의 마이크로연산 단계 t_2는 방금 인출한 명령어를 1바이트짜리 명령으로 가정하고 PC 값이 1만큼 증가한 것이다. 그러나 실제의 CPU 명령들은 명령어의 길이가 다양해 PC가 증가되는 값은 명령어 길이에 따라 가변된다. 만약 4바이트 길이의 명령을 인출하면 PC 값이 4만큼 증가해 다음번 명령어를 준비한다.

4.1.3 명령어 실행 사이클

CPU는 프로그램의 내용으로 메모리에서 꺼내온 명령어가 지시하는 내용이 무엇인지 판단하고 실행한다. 명령어 실행 사이클은 명령어를 해독(decode)하고 실행하는 단계이다. [그림 4-2]에서 CPU는 명령 레지스터 IR에 저장된 명령을 해독하고 CPU 내외부에서 명령어의 실행에 필요한 제어신호들을 발생시킨다.

몇 가지 '가상'의 어셈블리 명령을 '어셈블리 명령어 ; 레지스터 전송 언어' 형태로 표시하고 각 명령의 실행 사이클을 마이크로연산으로 나타내보자. 3장의 명령어 종류에서 데이터 처리 및 메모리 연산 명령에 해당하는 MOV, 산술연산 명령인 ADD, 흐름제어 연산 명령인 JUMP 명령어를 설계해보자. 여기서는 어큐뮬레이터 AC, 범용 레지스터 B, 프로그램 카운터 PC와 명령어의 오퍼랜드 필드에 포함된 유효주소 Y를 사용해 설명한다.

① MOV B, [Y] ; B ← M[Y]

☞ 오퍼랜드에 포함된 메모리 주소 Y번지의 내용을 B 레지스터로 전송한다.

t_1: MAR ← Y : 메모리 주소 Y를 MAR로 전송

t_2: MBR ← M[MAR] : MAR 번지 메모리 내용을 MBR로 전송

t_3: B ← MBR : MBR의 내용을 B 레지스터에 전송

② ADD [Y] ; AC ← AC + M[Y]

☞ AC의 내용을 오퍼랜드에 포함된 주소 Y의 내용과 더해 저장한다.

t_1: MAR ← Y : 메모리 주소 Y를 MAR로 전송

t_2: MBR ← M[MAR] : MAR 번지 메모리 내용을 MBR로 전송

t_3: AC ← AC + MBR : AC와 MBR의 합을 구해 다시 AC에 저장

③ JUMP Y

☞ 프로그램의 흐름이 오퍼랜드에 포함된 주소 Y로 분기한다.

t_1: PC ← Y : 분기 주소 Y를 PC로 전송

4.1.4 간접 사이클

명령어의 실행을 위해서는 CPU가 연산에 사용할 실제 피연산자를 읽어오는 과정이 필요하다. 유효주소는 실제 피연산자가 저장된 메모리 위치이다. 간접주소(indirect address)는 유효주소가 저장된 메모리 위치이다. 명령어 실행 사이클의 일부로 간접 사이클(indirect cycle)은 명령어의 오퍼랜드 필드에 포함된 간접주소로부터 실제 피연산자가 저장된 위치인 유효주소를 읽어 오는 단계이다. 아래에 간접 사이클을 마이크로연산으로 나타내보자. 여기서는 명령 레지스터 IR의 오퍼랜드 필드를 IR(오퍼랜드)로 표시한다. 이를 통해 명령어의 새로운 오퍼랜드 필드에는 실제 피연산자를 가리키는 유효주소가 준비된다.

t_1: MAR ← IR(오퍼랜드) : 오퍼랜드에 있는 간접주소를 MAR로 전송
t_2: MBR ← M[MAR] : MAR 번지 메모리의 내용인 유효주소를 MBR로 전송
t_3: IR(오퍼랜드) ← MBR : MBR의 내용을 IR(오퍼랜드)로 전송

4.1.5 서브루틴 호출과 복귀

[그림 4-3]처럼 서브루틴을 호출할 때 메인 프로그램의 위치로 다시 돌아올 복귀 주소를 메모리의 스택(stack) 영역에 저장해 놓는다. 스택포인터(stack pointer, SP)는 CPU 레지스터 중 하나로 항상 현재 상태에서 이용이 가능한 스택 영역의 최종 위치를 표시한다. SP는 항상 스택 영역의 최상위나 최하위 주소를 가리킨다. 스택 영역에 내용을 넣거나 꺼낼 때는 스택포인터 SP를 기준으로 한다.

[그림 4-3]은 다중 서브루틴이 발생할 때 각 시점에서 스택 영역에 보관되는 데이터의 변화를 나타낸다. 서브루틴이 완료되면 복귀 주소 ①~③은 스택 영역에

들어간 역순으로 나오는 방법을 주로 사용한다. 나중에 들어간 것이 먼저 나오는 이런 방법을 후입 선출 또는 LIFO(last-in first-out) 방식이라고 한다.

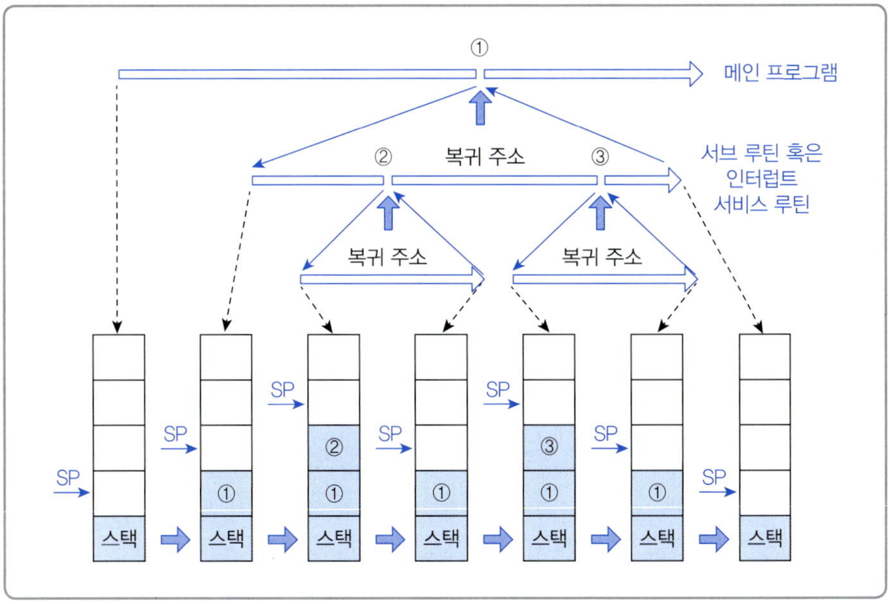

[그림 4-3] 다중 서브루틴 혹은 다중 인터럽트 서비스 루틴

서브루틴 호출과 복귀에 관련해 '가상'의 어셈블리 명령어 CALL과 RETURN을 설계해 실행 사이클을 아래에 마이크로연산으로 나타내보자. 이 명령들은 3장의 명령어 종류에서 흐름제어 연산 명령에 해당한다. [그림 4-3]에서 스택 영역은 번지수가 감소하는 방향으로 늘어나고, 복귀 주소의 크기는 메모리 번지 하나를 차지하는 것으로 가정한다. 여기서는 스택포인터 SP, 프로그램 카운터 PC와 명령어의 오퍼랜드 필드에 포함된 유효주소 Y를 사용해 설명한다.

① CALL Y

☞ 메모리 주소 Y 번지에 저장된 서브루틴을 호출한다.

t_1: MBR ← PC : 메인 프로그램의 복귀 주소인 PC의 내용을 MBR로 전송

t_2: MAR ← SP, PC ← Y : 현재 스택포인터 SP가 가리키는 주소를 MAR로 전송하고, PC를 Y 번지로 이동시켜 서브루틴의 시작 주소를 준비

t_3: M[MAR] ← MBR, SP ← SP−1 : MBR에 저장된 복귀 주소를 MAR 번지 메모리에 저장하고, SP를 감소시켜 다음번 저장소의 위치를 준비

② RETURN

☞ 서브루틴을 끝내고 메인 프로그램으로 복귀한다.

t_1: SP ← SP+1 : 메인 프로그램의 복귀 주소가 저장된 스택 위치를 계산

t_2: MAR ← SP : 현재 스택포인터 SP가 가리키는 주소를 MAR로 전송

t_3: PC ← M[MAR] : MAR 번지 메모리에 저장된 복귀 주소를 PC로 전송

4.1.6 인터럽트 사이클

인터럽트(interrupt)는 프로그램의 정상적인 처리순서를 방해하는 서비스 요구(request)이다. 일반 서브루틴과 달리 대부분 전혀 예상하지 못한 시점에서 CPU에 서비스를 요구한다. 하드웨어 인터럽트는 주로 CPU 외부장치에서 발생하고 소프트웨어 인터럽트는 프로그램의 요청에 의해 발생한다. 인터럽트가 발생하면 CPU는 어떤 장치가 서비스를 요구해 왔는지 파악하고 이에 해당하는 서비스 루틴을 준비한다. 인터럽트 요구를 수용하려면 CPU에서 하던 작업을 중단하고 인터럽트를 먼저 처리한다. 이것은 인터럽트 서비스 루틴(interrupt service routine, ISR)의 시작 주소를 프로그램 카운터 PC로 불러들여 실행하는 것이다. 인터럽트를 처리하는 이 프로그램을 인터럽트 핸들러(handler)라고도 한다.

인터럽트를 처리하기에 앞서 돌아올 프로그램의 위치인 복귀 주소, 작업하던 CPU 레지스터 상태, 사용하던 메모리 참조 주소 값 등을 스택 영역에 임시로 저장한다. 인터럽트 서비스 루틴이 끝나면 본래의 프로그램으로 복귀하기 직전에 스택에 저장된 값들을 모두 다시 복원시킨다. CPU가 인터럽트 발생 이전에 작업하던 프로그램 위치로 다시 돌아오면 기존에 수행하던 작업을 계속한다. 인터럽트에 대한 자세한 설명은 7장에서 추가로 하기로 한다.

a. 다중 인터럽트

인터럽트 서비스 프로그램이 진행되는 도중 또 다른 인터럽트가 발생하는 환

경을 다중 인터럽트라고 한다. [그림 4-3]처럼 다중 인터럽트 서비스 루틴에 대한 처리도 기본적인 개념은 다중 서브루틴의 경우와 마찬가지이다. 사전에 발생이 예정된 다중 서브루틴과 다중 인터럽트와의 차이점은 인터럽트의 우선순위를 정해 어떤 것은 처리하지 않도록 막을 수 있다는 것이다.

다중 인터럽트를 처리하는 방법은 ① 인터럽트 마스크를 설정하는 것과 ② 우선순위를 정하는 크게 2가지 방법이 있다. 인터럽트 마스크(mask)를 설정하는 인터럽트 마스킹(masking)은 인터럽트가 발생했을 때 특정한 것을 받아들이지 않도록 금지 플래그를 설정하는 것이다. CPU 내부 상태 레지스터에 인터럽트를 허용할지를 표시하는 플래그 비트가 포함된다. 이 플래그 비트는 CPU 명령에 의해 세트(set)와 리셋(reset)으로 인터럽트를 허용할지 결정한다. 인터럽트 불가능으로 설정해두면 새로운 인터럽트 서비스는 허용되지 않는다. 이후에 추가로 들어온 인터럽트 요구는 서비스가 허용될 때까지 대기한다. CPU가 현재 진행 중인 다른 인터럽트 서비스를 마친 후 인터럽트 가능 상태로 바꾸면 새로운 인터럽트 요구를 수용할 수 있다. 또 다른 방법은 우선순위를 정해 현재 작업보다 우선순위가 낮은 인터럽트가 들어오면 기다리게 하는 것이다. 우선순위가 높은 인터럽트가 들어오면 작업을 중단하고 새로운 인터럽트를 먼저 처리한다.

b. 인터럽트 사이클

인터럽트 서비스 루틴은 메모리에 저장되어 있으며 처리해야 할 일들이 미리 정해져 있다. 인터럽트 사이클(interrupt cycle)은 명령어 사이클의 일부로 인터럽트 서비스 루틴의 시작 주소를 호출해 인터럽트 요구를 처리하는 단계이다. 인터럽트 서비스 루틴 호출을 마이크로연산으로 나타내보자. 앞의 서브루틴 호출 명령 CALL Y와 비교해 서브루틴 대신 인터럽트 서비스 루틴의 시작 주소가 사용되는 것만 다르고 나머지는 동일하다. 여기서는 스택포인터 SP, 프로그램 카운터 PC와 인터럽트 서비스 루틴 ISR의 시작 주소를 사용해 설명한다.

t_1: MBR ← PC : 메인 프로그램의 복귀 주소인 PC의 내용을 MBR로 전송

t_2: MAR ← SP, PC ← ISR의 시작 주소 : 현재 스택포인터 SP가 가리키는 주소를 MAR로 전송하고, PC를 인터럽트 서비스 루틴의 시작 주소로 이동

t_3: M[MAR] ← MBR, SP ← SP−1 : MBR에 저장된 복귀 주소를 MAR 번지 메모리에 저장하고, SP를 감소시켜 다음 번 저장소의 위치를 준비

4.1.7 CPU 명령어 사이클

간접 사이클과 인터럽트 사이클을 고려한 CPU 명령어 사이클을 [그림 4-4]에 나타내었다. [그림 4-1]의 명령어 기본 사이클에 간접 사이클과 인터럽트 사이클을 추가한 것이다. 이들은 반드시 포함되는 것이 아니고 필요할 때만 추가된다.

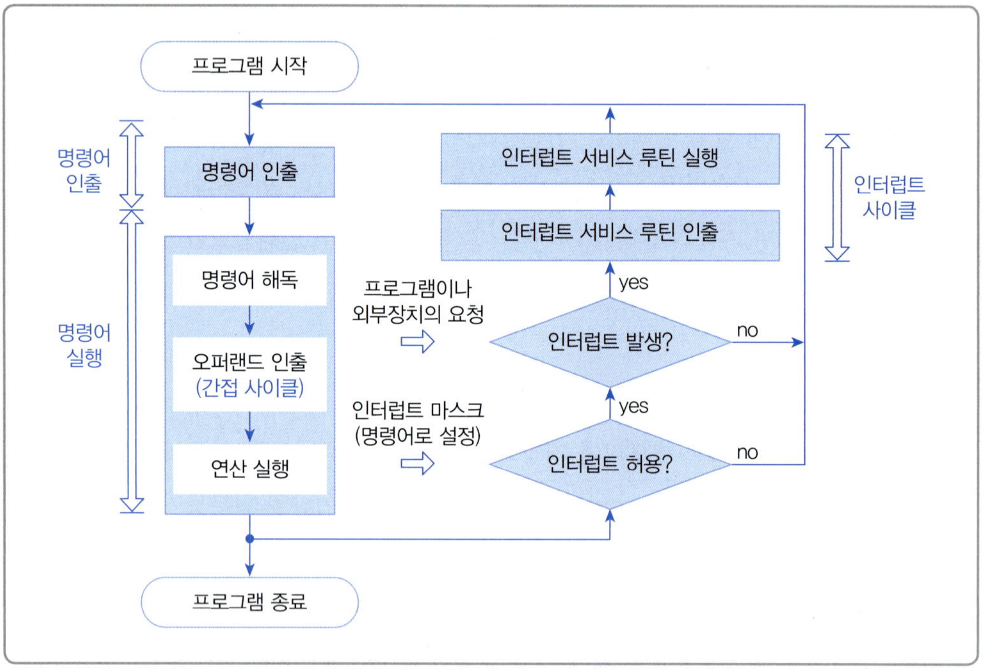

[그림 4-4] CPU 명령어 사이클

[그림 4-4]는 앞에서 2단계로 분류한 [그림 4-1]의 명령어 기본 사이클을 확장한 것이다. [그림 4-4]의 명령어 실행 사이클에서는 명령어 해독, 오퍼랜드 인출, 연산 실행 과정을 포함한다. 인터럽트 사이클은 한 명령어의 실행 사이클이 끝나고 다음 명령어의 인출 사이클이 시작되기 전 인터럽트 서비스 요구가 들어와 있는지 검사하고 처리한다. 각 단계의 특징은 다음과 같다.

① 명령어 인출: 메모리에서 명령어를 읽어 CPU로 가져온다.
② 간접 사이클: 오퍼랜드 필드의 간접주소에서 유효주소를 읽어온다.
③ 명령어 실행: 명령어를 해독하고 연산을 실행한다.
④ 인터럽트 사이클: 인터럽트 요구에 해당하는 서비스 루틴을 실행한다.

4.2 병렬계산

4.2.1 병렬처리와 순차처리

병렬처리는 본래 인간이 가지고 있는 두뇌의 능력이다. 인간의 두뇌는 외부에서 입력되는 다양한 자극을 동시에 처리하고 인식해 빠른 행동을 결정하게 해준다. 사람은 시각정보를 색, 움직임, 형태, 깊이로 나누어 분석하고 과거의 기억과 비교해 하나의 이미지로 통합해 인식한다.

컴퓨터에서 병렬처리(parallel processing)는 여러 개의 처리장치를 사용해 여러 개의 작업을 동시에 처리한다. 동시에 실행하지 않고 시간적인 순서대로 작업을 처리하는 것을 순차처리(sequential processing)라고 한다.

병렬처리 하드웨어의 구성은 명령어를 여러 개의 장치에 분산시켜 동시에 처리함으로써 작업시간을 줄이도록 설계한다. 병렬처리 프로그램은 수행하려는 작업을 여러 개의 프로세서에 골고루 분산시켜 최대한 시간을 절약하려고 한다. 이를 위해 병렬처리와 순차처리 할 작업을 효과적으로 구분해야 하는 문제가 있다. 또한 각 프로세서 간의 통신문제가 해결되어야 한다.

4.2.2 병렬계산

병렬처리는 작업을 동시에 병렬로 처리한다는 일반적인 의미로 사용된다. 컴퓨터에서 수행되는 병렬처리 작업에 대한 보다 전문적인 용어는 병렬계산이다. 병렬계산은 병렬처리 작업을 수행하는 방법이나 구조를 말한다.

병렬계산(parallelism) 혹은 패럴렐 컴퓨팅(parallel computing)은 동시에 많은 계산이 수행되는 계산 형태를 말한다. 큰 문제는 작게 쪼개어 작은 문제들로 만들어 동시에 풀 수도 있다는 논리에서 출발한다. 병렬계산은 처음에는 주로 고성능 컴퓨터에 시작되었지만 멀티코어 프로세서가 발달하면서 요즘은 대부분의 컴퓨터에서 광범위하게 사용되고 있다. 병렬계산의 형태는 〈표 4-1〉과 같이 ① 비트 수준, ② 명령어 수준, ③ 데이터, ④ 작업 병렬계산 등이 있다.

〈표 4-1〉 병렬계산의 유형

분류	구조
비트 레벨 병렬계산	CPU의 비트 수 증가 – 4/8/16/32/64비트
명령어 레벨 병렬계산	– 파이프라인 – 슈퍼스칼라 – VLIW
데이터 병렬계산	– 벡터 프로세서 – SIMD
작업 병렬계산	– 다중프로세서 – MIMD

비트 레벨 병렬계산(bit-level parallelism)은 반도체 CPU 프로세서 내부에서 컴퓨터 워드의 비트 수를 늘려 한 번에 처리할 수 있는 비트 수를 늘린 것이다.

명령어 레벨 병렬계산(instruction-level parallelism)은 프로그램의 결과에 영향을 주지 않으면서 명령어의 순서를 재배열하고 그룹으로 묶어 병렬로 실행시킨다.

데이터 병렬계산(data parallelism)은 병렬계산 환경에서 서로 다른 계산 마디(node)에 데이터를 분배시키는데 중점을 둔다. 각 처리장치가 같은 작업을 하면서 데이트를 분산시킨 서로 다른 데이터 조각을 처리하는 구조이다. 이 방법은 처리방법은 동일하지만 많은 데이터를 가지고 있을 때 유용하다. 예를 들어 이미지 처리와 같이 하나의 명령어가 다량의 데이터를 처리할 때 사용할 수 있다.

작업 병렬계산(task parallelism)은 기능 병렬계산(function parallelism)이나

제어 병렬계산(control parallelism)으로도 알려졌다. 다중프로세서를 이용한 작업을 말한다. 실행 장치가 서로 다른 병렬컴퓨터에 작업을 분배하는데 중점을 둔다. 다중프로세서에서 각 프로세서가 같은 작업이나 서로 다른 작업을 나누어 실행한다. 작업 병렬계산을 제외한 나머지 구조는 싱글코어 프로세서에서도 가능하다.

4.2.3 속도상승과 효율

병렬계산 구조나 알고리즘의 성능 표시는 병렬계산을 하지 않았을 때와 비교해서 나타낸다. 병렬계산의 속도상승(speedup) S는 식 (4.1)과 같이 병렬계산과 순차계산에 걸린 시간의 비율로 정의한다. 병렬계산 환경에서 속도상승은 병렬계산 속도가 순차계산 속도의 몇 배인가로 나타낸다.

$$S = \frac{t_s}{t} = \frac{\text{순차계산에 걸린 시간}}{\text{병렬계산에 걸린 시간}} \qquad (4.1)$$

만일 병렬계산에 사용된 프로세서 개수가 P일 때 속도상승의 이론적인 최대치 $S_{\max}$는 프로세서 개수 P와 같다. 한편 병렬계산의 효율(efficiency) E는 식 (4.2)와 같이 정의한다. 이것은 속도상승의 이론적인 최대치에 비해 실제로 얼마나 효과가 있는지를 나타낸다. 효율 E는 0～1 사이의 값을 갖는다.

$$E = \frac{S}{S_{\max}} = \frac{\text{병렬계산의 속도상승}}{\text{속도상승의 이론적인 최대치}} \times 100\% \qquad (4.2)$$

4.3 파이프라인 구조

4.3.1 명령어 파이프라인

명령어 파이프라인(pipeline) 구조는 하나의 명령어 사이클을 여러 단계로 나누고 각 단계에서 동시에 다른 명령어를 처리하도록 CPU를 설계하는 방식이다. 이렇게 해주는 작업을 파이프라이닝(pipelining)이라고 한다. 〈표 4-1〉의 분류에서 '명령어 레벨' 병렬계산의 일종이다. 명령어의 단계를 나누어 시간적 차이를 두고 병렬로 처리해 처리 속도를 향상시키는 방법이다. 이 때문에 파이프라인 구조를 '시간적' 병렬계산이라고 하는 경우도 있다. 파이프라인의 깊이(depth)는 총 단계(step) 수이다. 각 단계는 독립적인 모듈로 구성되어 서로 다른 명령어를 다른 단계에서 동시에 처리하도록 설계한다.

a. 2단계 파이프라인 구조

[그림 4-5]는 파이프라인의 단계 수가 $N=2$인 2단계 명령어 파이프라인 구조이다. 이 구조는 프로그램의 명령어 리스트에 있는 각각의 명령어들이 순차적으로 인출되어 다음과 같은 2단계 파이프라인을 거쳐 실행된다.

① 단계 1: 명령어 인출(instruction fetch, IF)
② 단계 2: 명령어 실행(instruction execution, IE)

이 구조는 명령어 기본 사이클에 해당하는 가장 간단한 구조로 파이프라인의 단계를 나누었다. [그림 4-5]처럼 명령어를 미리 인출해 놓으면 실행단계에서 명령어가 인출되는 시간을 매번 기다리지 않고 즉시 처리될 수 있다.

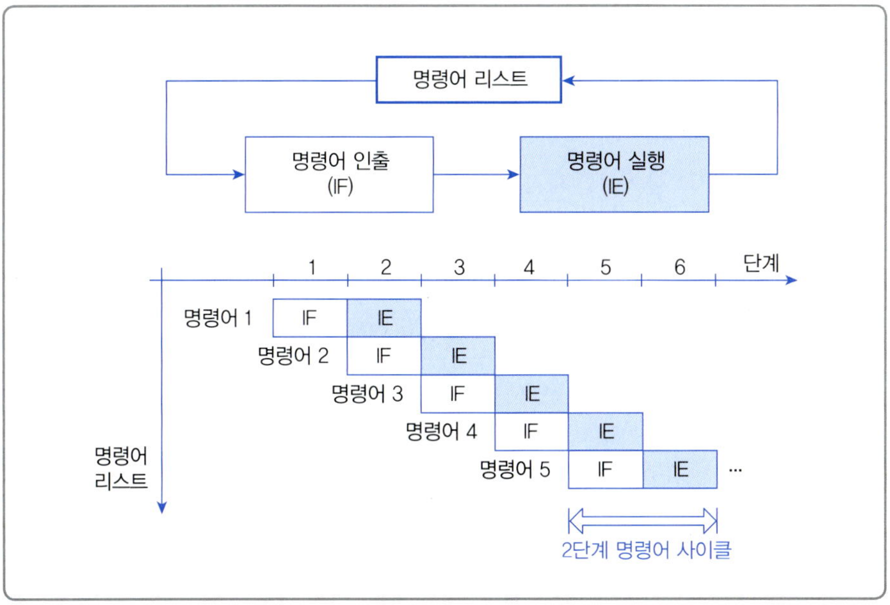

[그림 4-5] 2단계 명령어 파이프라인

b. 명령어 사이클의 단계 구분

이론적으로는 파이프라인에서 명령어 사이클을 여러 단계로 나눌수록 동시에 많은 명령어가 처리될 수 있다. 파이프라인은 명령어 사이클에서 적어도 다음 정도의 단계들이 순차적으로 실행되는 것을 고려해서 설계한다.

① 메모리에 저장된 명령어를 인출한다.
② 명령어를 해독한다. 이때 연산코드와 오퍼랜드 필드가 분리된다.
③ 오퍼랜드 필드에서 실제 피연산자가 포함된 유효주소를 찾아낸다.
④ 유효주소로 메모리에 저장된 실제 피연산자를 인출한다.
⑤ 연산을 실행해 명령어 수행을 완료한다.
⑥ 연산결과를 저장한다.

실제 피연산자가 명령어 자체에 포함되어 있거나 레지스터에 저장된 경우는 위 ③, ④의 과정이 필요 없다. 앞으로 이 책에서는 위의 ③~⑤를 ⑤의 실행 단계로 묶은 4단계 명령어 파이프라인 구조를 가정해 설명하도록 한다.

c. 4단계 파이프라인 구조

[그림 4-6]은 파이프라인의 단계 수가 $N=4$인 4단계 명령어 파이프라인 구조이다. 이 구조는 프로그램의 명령어 리스트에 있는 각각의 명령어들이 순차적으로 인출되어 다음과 같이 4단계 파이프라인을 거쳐 실행된다.

① 단계 1: 명령어 인출(instruction fetch, IF)
② 단계 2: 명령어 해독(instruction decode, ID)
③ 단계 3: 연산 실행(execution, EX)
④ 단계 4: 연산결과 저장(write-back, WB)

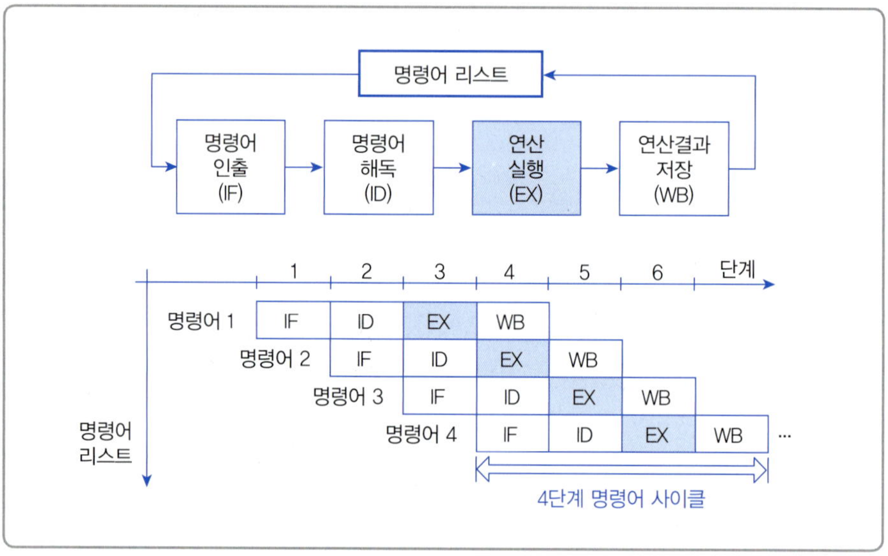

[그림 4-6] 4단계 명령어 파이프라인

실제의 CPU 구조는 [그림 4-6]보다 훨씬 복잡하다. 1980년대 말에 설계된 인텔 486 같은 프로세서들도 파이프라인을 10여 단계로 나누고 프로그램 영역과 데이터 영역을 분리해 처리한다. 요즘은 그 보다 많은 수십 단계로 나누지만 무한정 단계 수를 늘리지는 않는다. 이것은 나중에 설명하게 될 분기가 발생하면 버리게 되는 단계가 더 많아져 효율이 떨어지기 때문이다. 요즘 대부분의 CPU는 여러 개의 명령어 파이프라인과 연산 파이프라인을 갖도록 설계하고 있다. 또한 3D 그래픽 데이터를 처리하기 위한 파이프라인을 별도로 구축하기도 한다.

4.3.2 파이프라인의 속도상승

파이프라인 구조에서 실행속도가 얼마나 개선되는지 알아보자. 파이프라인 단계 수가 N, 명령어 개수가 i이고 각 단계를 통과하는데 걸리는 시간이 주기 T로 동일하다고 가정하자. 병렬계산 구조를 사용하지 않을 때 명령어 처리에 걸리는 총시간은 식 (4.3)처럼 된다.

$$t_s = (N \times T) \times i \tag{4.3}$$

[그림 4-6]에서 첫 번째 명령어는 모든 단계를 통과하는데 $N \times T$시간이 걸린다. 두 번째 명령어부터 나머지 $i-1$개는 모두 한 단계 주기 T시간씩 추가된다. 이를 모두 합치면 전체 명령어가 처리되는데 걸리는 총시간 t_1을 식 (4.4)처럼 구할 수 있다.

$$t_1 = [N + (i-1)] \times T \tag{4.4}$$

식 (4.3)과 식 (4.4)를 앞의 식 (4.1)에서 대입하면, 파이프라인 구조를 사용할 때 병렬계산의 속도상승 S_1을 식 (4.5)처럼 구할 수 있다.

$$S_1 = \frac{t_s}{t_1} = \frac{N \times i}{N + (i-1)} \tag{4.5}$$

식 (4.5)에서 명령어 개수 i가 무한히 커지면($i \to \infty$) 속도상승 S_1은 파이프라인 단계 수 N에 근접한다. 즉, 속도상승의 이론적인 최대치 S_{max}는 N이다. 예를 들어 [그림 4-6]의 구조는 이론적으로 최대 4배로 빨라진다.

4.3.3 슈퍼 파이프라인

슈퍼 파이프라인(super-pipeline) 구조는 기존 파이프라인의 단계 수는 유지하면서 각 단계 내에서 처리속도를 몇 배로 높여주는 CPU 설계 기술이다. 이를 위해 각 단계 내부에서 더 작은 단계들로 세분화시키고 클럭 속도를 높여 빠르게 처리한다. 여기서 슈퍼 파이프라인 차수 sp를 '파이프라인 구조의 한 단계 내에서 처리 속도를 몇 배로 높이는지 나타내는 비율'로 정의하자. [그림 4-7]의 예는 슈퍼 파이프라인 차수 $sp=2$, 파이프라인 단계 수 $N=4$이다. 이 구조는 [그림 4-6]과 비교해 파이프라인 각 단계의 처리속도를 2배로 높인 것이다.

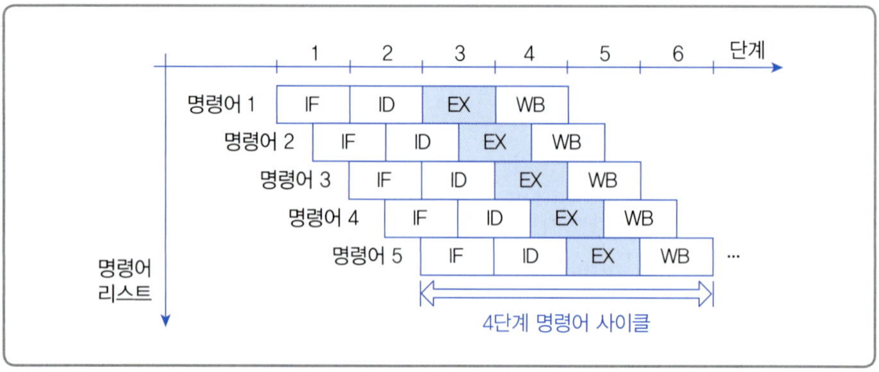

[그림 4-7] 슈퍼 파이프라인

슈퍼 파이프라인 구조에서 실행속도가 얼마나 개선되는지 앞에서와 같은 방법으로 알아보자. 파이프라인 단계 수가 N, 명령어 개수가 i이고 각 단계를 통과하는데 걸리는 시간이 주기 T로 동일하다고 가정하자. 병렬계산 구조를 사용하지 않을 때 명령어 처리에 걸리는 총시간은 식 (4.3)과 같다. [그림 4-7]에서 첫 번째 명령어는 $N \times T$시간이 걸린다. 두 번째 명령어부터 나머지 $i-1$개는 $T \div sp$시간씩 추가된다. 이를 합치면 전체 명령어가 처리되는데 걸리는 총시간 t_2를 식 (4.6)처럼 구할 수 있다.

$$t_2 = \left[N + \frac{1}{sp}(i-1)\right] \times T \tag{4.6}$$

식 (4.3)과 식 (4.6)을 앞의 식 (4.1)에서 대입하면, 슈퍼 파이프라인 구조를 사용할 때 병렬계산의 속도상승 S_2를 식 (4.7)처럼 구할 수 있다.

$$S_2 = \frac{t_s}{t_2} = \frac{N \times i}{N + \frac{1}{sp}(i-1)} \quad (4.7)$$

식 (4.7)에서 명령어 개수 i가 무한히 커지면($i \to \infty$) 속도상승 S_2는 슈퍼 파이프라인 차수와 파이프라인 단계 수를 곱한 $sp \times N$에 근접한다. 즉, 속도상승의 이론적인 최대치 S_{max}는 $sp \times N$이다. 예를 들어 [그림 4-7]의 구조는 이론적으로 최대 2×4=8배로 빨라진다.

4.3.4 파이프라인의 한계

파이프라인의 동작원리는 파이프를 통해 물이 순차적으로 아래로 흐르는 이치와 같다. 컨베이어 벨트(conveyer belt)를 통해 물건을 대량 생산하는 원리와도 같다. 자동차 1대를 만드는데 30시간 걸리는 작업을 생산라인을 분업화해 10분에 1대 꼴로 생산한다고 하자. 여기에 생산라인의 단계 수를 다시 2배로 늘리면 5분에 1대 꼴로 자동차가 생산될 수 있을까? 확신할 수 없다. 공장에서 작업자가 무한정 작업을 빨리할 수 있는 것이 아니다. 각 단계의 작업 속도가 자재투입 속도를 따르지 못하면 생산성 향상에는 한계가 있다. 컴퓨터의 CPU도 파이프라인의 단계 수를 늘린다고 무한정 빨리 작업을 처리할 수 있는 것은 아니다.

a. 파이프라인의 제약 조건

명령어 처리과정에서 파이프라인의 단계 수를 늘릴수록 대체로 속도상승 비율은 좋아진다. 그러나 이론적인 최대치까지 성능이 개선되지는 않는다. 실제로는 다음과 같은 제약조건으로 처리속도를 모두 따라가지 못한다.

① 시스템 자원의 사용에 충돌이 없어야 한다. 다른 단계에서 메모리나 입출력 장치 등의 시스템 자원을 먼저 차지해 사용하고 있으면 기다려야 한다.

② 명령어 간에 상호 의존성이 없어야 한다. 앞의 명령어가 실행된 결과로 얻어진 데이터나 주소를 사용해야 한다면 실행 순서를 지키고 기다려야 한다.

③ 모든 명령어가 같은 단계를 거쳐야 낭비가 없다. 모든 명령이 모든 단계를

거쳐야 하는 것이 아니므로 단계가 적어도 되는 명령은 시간 낭비가 있다.

④ 각 단계의 처리시간이 동일해야 한다. 한 단계 주기는 가장 긴 단계를 기준으로 한다. 낭비를 줄이려면 가능한 각 단계별 처리 시간이 같아지도록 잘게 나눠야 한다. 보통 명령어 인출보다 명령어 실행에 시간이 많이 걸린다.

⑤ 명령어는 순차적으로 실행되어야 한다. 인터럽트나 서브루틴으로 분기가 발생하면 파이프라인에 있던 명령어들을 버리게 되므로 처리가 지연된다.

b. 파이프라인의 성능 개선

파이프라인 구조의 명령어 인출단계에는 최근에 인출해온 명령어들을 순차적으로 저장해두는 작은 버퍼가 있다. 짧은 반복 루프들이 실행될 때는 문제가 없으나 분기가 발생하면 파이프라인에 저장되어 있던 명령어들이 대부분 쓸모없게 되어 버려야 하므로 시간지연이 발생한다.

인터럽트나 갑작스런 분기는 사전에 예상할 수 없기 때문에 완전히 해결할 수는 없다. 하지만 이를 가능한 피해 파이프라인의 성능저하를 줄여야 한다. 성능을 개선하는 대표적인 방법으로 ⓐ 지연분기 활용과 ⓑ 분기예측 방법이 있다.

지연분기(delayed branch)를 활용하는 방법은 프로그램 내에서 분기 명령어 앞뒤에 위치한 다른 명령어들의 순서를 적절히 재배치해 실행 순서를 바꾸는 것이다. 컴파일러에서 명령어를 번역할 때 실행순서를 미리 바꾸어 놓으면 파이프라인의 성능저하를 어느 정도 극복할 수 있다.

분기예측(branch prediction)은 그 명령이 분기하는지 예측했다가 분기하면 파이프라인에 유입된 명령들을 변화시켜 처리지연을 방지하는 기술이다. 대표적으로 ① 정적예측과 ② 동적예측이 있다. 정적예측은 컴파일러에서 분기를 미리 예측하는 방법이다. 동적예측은 실행 도중에 발생된 자료를 활용한다. 최근의 분기결과를 참조해 분기가 일어날지 확률적으로 예측하고 그에 적합한 순서대로 명령어를 인출한다. 대개 ①과 ②의 2가지 방법을 조합해 확률 높은 분기예측을 실시한다. 또한 분기 목적지 주소의 명령어를 별도의 파이프라인을 통해 미리 인출해오기도 한다. 파이프라인이 깊을 때는 특히 분기예측이 매우 중요하다. 이를 위해 효율이 높고 비순차적 추론이 가능한 명령어 실행엔진을 가지고 있어야 한다. 다중 분기예측, 데이터 흐름분석, 예측실행 등이 깊은 파이프라인의 오차를 줄이고 명령어 실행시간을 줄이는 명령어 처리기술들이다.

4.4 슈퍼스칼라 구조

요즘 대부분의 컴퓨터는 CPU에 슈퍼스칼라 구조를 가지고 있다. 슈퍼스칼라(superscalar) 구조는 한 명령어 사이클 동안 여러 개의 명령어를 동시에 처리할 수 있도록 설계한 CPU 구조이다. 이를 위해 여러 개의 여분의 실행 장치들이 필요하다. 싱글코어 프로세서에서도 사용할 수 있는 기술로 〈표 4-1〉의 분류에서 '명령어 레벨' 병렬계산의 일종이다. 펜티엄(Pentium) 등 1990년대에 개발된 프로세서들도 이미 CPU 내부 하드웨어 설계에 이런 슈퍼스칼라 구조를 채택하고 있다. 슈퍼스칼라 구조로 설계하기 위해서는 다음과 같은 장치들이 필요하다.

① 여러 개의 명령어 인출 장치
② 실행순서에 관계없이 동시에 실행되어도 무관한 서로 독립적인 명령어들을 판단해 골라내는 장치
③ 동시에 병렬로 처리할 수 있는 여러 개의 독립적인 명령어 실행 장치들

슈퍼스칼라 구조는 한 명령어 사이클 동안 여러 개의 명령어를 읽어와 어떤 명령어가 다른 명령어들과 독립적인지 찾아 그것들을 먼저 동시에 실행시킨다. 병렬처리를 방해하는 단골 메뉴는 이전에 실행된 명령어의 결과에 종속된 명령어들이 자주 발견되는 것이다. 이들은 다른 명령어들과 동시에 실행되지 못하고 기다려야 하므로 슈퍼스칼라 구조의 속도를 저하시킨다.

4.4.1 슈퍼스칼라와 파이프라인

슈퍼스칼라와 파이프라인 구조를 갖는 CPU에서 병렬계산을 설계해 보자. 여기서 슈퍼스칼라 차수 ss를 '한 명령어 사이클 동안 동시에 처리할 수 있는 명령어의 개수'로 정의하자. [그림 4-8]의 예는 동시에 3개의 명령어가 처리되므로 슈퍼스칼라 차수 $ss=3$, 파이프라인 단계 수 $N=4$이다.

[그림 4-8] 슈퍼스칼라와 파이프라인 구조

슈퍼스칼라와 파이프라인 구조에서 실행속도가 얼마나 개선되는지 앞에서와 같은 방법으로 알아보자. 파이프라인 단계 수가 N, 명령어 개수가 i이고 각 단계를 통과하는데 걸리는 시간이 주기 T로 동일하다고 가정하자. 병렬계산 구조를 사용하지 않을 때 명령어 처리에 걸리는 총시간은 식 (4.3)과 같다. [그림 4-8]에서 먼저 명령어는 $i \div ss$세트로 나누어진다. 첫 번째 명령어 세트는 $N \times T$시간이 걸린다. 두 번째 명령어 세트부터는 T시간씩만 추가된다. 이를 합치면 전체 명령어가 세트가 처리되는데 걸리는 총시간 t_3를 식 (4.8)처럼 구할 수 있다.

$$t_3 = \left[N + \frac{1}{ss}(i - ss)\right] \times T \tag{4.8}$$

식 (4.3)과 식 (4.8)을 앞의 식 (4.1)에서 대입하면, 슈퍼스칼라와 파이프라인 구조를 사용할 때 병렬계산의 속도상승 S_3를 식 (4.9)처럼 구할 수 있다.

$$S_3 = \frac{t_s}{t_3} = \frac{N \times i}{N + \frac{1}{ss}(i - ss)} \tag{4.9}$$

식 (4.9)에서 명령어 개수 i가 무한히 커지면($i \to \infty$) 속도상승 S_3는 슈퍼스칼라 차수와 파이프라인 단계 수를 곱한 $ss \times N$에 근접한다. 즉, 속도상승의 이론적인 최대치 $S_{\max}$는 $ss \times N$이다. 예를 들어 [그림 4-8]의 구조는 이론적으로 최대 3×4=12배로 빨라진다.

4.4.2 슈퍼스칼라와 슈퍼 파이프라인

슈퍼스칼라와 슈퍼 파이프라인 구조를 갖는 CPU에서 병렬계산을 설계해 보자. 또한 실행속도가 얼마나 개선되는지 앞에서와 같은 방법으로 알아보자. 파이프라인 단계 수가 N, 명령어 개수가 i이고 각 단계를 통과하는데 걸리는 시간이 주기 T로 동일하다고 가정하자. 슈퍼 파이프라인 차수를 sp, 슈퍼스칼라 차수를 ss라고 하자. 병렬계산 구조를 사용하지 않을 때 명령어 처리에 걸리는 총시간은 식 (4.3)과 같다. [그림 4-9]에서 명령어는 $i \div ss$세트로 나누어진다. 첫 번째 명령어 세트는 $N \times T$시간이 걸린다. 두 번째 명령어 세트부터는 $T \div sp$시간씩만 추가된다. 이를 합치면 전체 명령어 세트가 처리되는데 걸리는 총시간 t_4를 식 (4.10)처럼 구할 수 있다.

$$t_4 = \left[N + \frac{1}{sp} \times \frac{1}{ss}(i - ss)\right] \times T \qquad (4.10)$$

[그림 4-9] 슈퍼스칼라와 슈퍼 파이프라인 구조

식 (4.3)과 식 (4.10)을 앞의 식 (4.1)에서 대입하면, 슈퍼스칼라와 슈퍼 파이프라인 구조를 사용할 때 병렬계산의 속도상승 S_4를 식 (4.11)처럼 구할 수 있다.

$$S_4 = \frac{t_s}{t_4} = \frac{N \times i}{N + \frac{1}{sp} \times \frac{1}{ss}(i - ss)} \qquad (4.11)$$

식 (4.11)의 S_4는 앞에서 구한 속도상승 계산식 S_1, S_2, S_3를 모두 포함한다. $sp=ss=1$이면 S_1, $ss=1$이면 S_2, $sp=1$이면 S_3가 된다.

식 (4.11)에서 명령어 개수 i가 무한히 커지면($i \rightarrow \infty$) 속도상승 S_4는 슈퍼 파이프라인 차수, 슈퍼스칼라 차수, 파이프라인 단계 수를 모두 곱한 $sp \times ss \times N$에 근접한다. 즉, 속도상승의 이론적인 최대치 S_{max}는 $sp \times ss \times N$이다. 예를 들어 [그림 4-9]의 구조는 이론적으로 최대 2×3×4=24배로 빨라진다.

4.5 VLIW 구조

4.5.1 RISC

RISC의 기본 아이디어는 '많이 사용되는 실제 명령어들은 간단한 명령들이 대부분을 차지한다는 점'에서 출발한다. RISC에 대비되는 구조가 CISC(complex instruction set computer, 시스크)이다. CISC 구조는 간단한 명령부터 복잡한 명령까지 명령어의 종류가 다양하다. 복잡한 기계어 명령까지 모두 고려해야 하므로 명령어 실행단계가 많아지고 회로 설계가 복잡해진다. CISC는 명령어 사이클을 완수하는데 필요한 클럭 개수도 제각기 다르다.

RISC(reduced instruction set computer, 리스크)는 '명령 축약형 컴퓨터'라는 뜻의 영문약자이다. 처리 속도를 증가시키기 위해 복잡한 명령을 모두 없앴다. 명령어 처리구조를 단순화시켜 프로세서가 실행할 수 있는 기계어 명령의 수를 최소로 줄인 CPU를 말한다. 이론적으로 한 클럭에 한 명령어가 처리되도록 설계하는 것이 목표이다. 가능한 소프트웨어의 도움에 의지하지 않고 하드웨어적으로 동시에 많은 일을 처리할 수 있게 한다. 또한 범용 레지스터의 개수를 대폭 늘려 외부 메모리의 액세스 횟수를 최소한으로 줄이도록 설계해 실행 속도를 높인다.

RISC 구조는 하드웨어 회로가 덜 복잡해 CPU를 설계하는 노력과 시간이 절약되어 병렬처리 프로세서를 설계하는데 효율적이다. 이 때문에 과거의 통념에서는 RISC가 고성능 CPU의 정석이었다. RISC는 CISC 구조에 비해 내부 캐시나 여러 개의 명령어 파이프라인과 슈퍼스칼라 구조를 구성하기에 유리하다. 또한 RISC 구조는 프로그램의 개발에도 유리하다. 운영체제나 컴파일러 제작사는 물론 응용 프로그램 제작자까지 적은 수의 명령어만 조합해 사용하면 되므로 편리하다.

하지만 단순히 명령어 종류를 줄여 CPU 성능을 높이기에는 한계가 있다. RISC가 제대로 성능을 발휘하려면 병렬처리를 고려해 명령어를 적절히 분산시켜야 한다. 컴파일러는 사용자가 작성한 프로그램을 기계어로 번역해 명령어 코드를 CPU로 보낸다. RISC는 컴파일러가 번역해준 명령어를 판독해 병렬처리가 가능한 명령이 무엇인지 다시 조사하고 판단하는데 상당한 '하드웨어 자원을 낭비' 한다. 이 때문에 RISC 구조로 성능을 더 높이려면 하드웨어의 복잡성이 다시 증가한다. '해결책'의 하나로 VLIW처럼 명령어 구조를 개선하고 컴파일러의 정밀성과 비중을 확대시켜 컴파일러가 명령어의 병렬처리에 직접 관여하도록 한다.

4.5.2 VLIW

기존에 대부분의 전통적인 프로세서들은 하나씩 차례대로 실행되는 명령어들만 프로그램에서 사용하도록 허용했다. 이에 비해 VLIW 프로세서는 분명하게 명시한 명령어들은 동시에 병렬로 실행이 가능하도록 허락한다. 이런 프로세서 구조는 다른 접근 방법들이 갖는 내재된 복잡성이 없이 고성능을 추구할 수 있다.

VLIW(very long instruction word) 구조는 몇 개의 명령을 하나로 묶어 매우 긴 명령어 형식을 만드는 방식이다. '매우 긴 명령어 워드'의 영문약자이다. 128비트, 256비트, 512비트 혹은 그 이상까지 사용한다. 〈표 4-1〉의 분류에서 '명령어 레벨' 병렬계산의 장점을 택한 프로세서 설계 구조이다. 이 구조의 접근방법은 CPU로 명령어를 보내기 전에 병렬로 처리할 명령어들이 무엇인지 컴파일러에서 미리 판단한다. 컴파일러는 동시에 실행될 수 있는 연산을 가진 명령어들을 하나로 묶어 긴 명령어 형식 내에 재배열한다. 이를 전달받은 CPU는 별도의 판정 없이 바로 병렬처리를 실시하도록 설계한다.

프로세서 구조의 성능을 개선하려는 '전통적인 접근 방법'은 모두 하드웨어가 점점 복잡해지는 방법들이었다. 파이프라인 구조는 명령어들을 작은 단계로 나누고 그것들이 병렬로 동시에 실행되도록 하였다. 슈퍼스칼라 구조는 해독된 개별 명령어들이 프로세서의 다른 부분에서 완전히 독립적으로 실행되도록 하였다. RISC는 CPU가 명령어를 재분류하고 프로그램에서 명령어의 순서를 바꾸어 실행하도록 하였다. 이 접근 방법들은 본질적으로 이런 '모든 결정을 프로세서가' 해야 한다는 점에서 하드웨어의 복잡성을 증가시킨다. CPU를 설계할 때의 설계 노력, 기간, 가격, 회로 크기, 소비전력 등에서 불리해진다.

VLIW 구조는 프로그램 자체에 의존해 어떤 명령어들이 동시에 실행이 가능하고 충돌을 어떻게 피할지 판단한다. VLIW 구조의 하드웨어는 간단해졌지만 실질적인 문제가 있다. 다른 병렬계산 방식보다 최종 프로그램을 만들어내는 컴파일러가 무척 복잡해진다. 즉, VLIW 구조는 하드웨어 설계의 복잡성을 갖지 않는 대신 정교한 컴파일러 기술이 필요하다. 하드웨어 자원을 효율적으로 활용하는 기술과 병행해 기계어 명령을 적절히 배열해 주는 컴파일러 기술이 결합되면 더욱 고성능을 구현할 수 있다는 생각이다.

4.5.3 IA-64 구조

IA-64 명령어 구조는 VLIW 구조 중 하나로 RISC 방식의 복잡한 하드웨어 설계 문제를 해결하기 위한 것이다. 이 방식은 [그림 3-22] (a)의 수평적 마이크로프로그램 방법에서 발전했다. IA(instruction architecture)-64라는 의미 그대로 64비트 프로세서에서 동작하도록 설계된 명령어 구조이다. 기존의 32비트 명령어 구조인 IA-32 구조에 대해서도 하드웨어적으로 2진 호환된다.

IA-64 명령어 구조는 인텔과 HP가 공동으로 개발한 64비트 프로세서용 명령어 구조이다. 2000년대 초에 개발된 인텔의 아이테니엄(Itanium) 프로세서부터 채택되었다. '명시적 병렬 명령 계산(explicitly parallel instruction computing, EPIC)' 기술이라고도 한다. IA-64 구조는 [그림 4-10]처럼 128비트 길이의 명령어 번들(bundle, 묶음) 형식을 사용한다. 하나의 번들에는 41비트 길이의 명령 슬롯(instruction slot) 3개를 포함한다. 정교한 컴파일러 기술을 이용해 3개의 명령을 하나로 묶어 한 번에 실행할 수 있도록 만들었다.

[그림 4-10]에서 템플릿(template)의 역할은 번들 내에 포함된 명령 슬롯이 실행되는 방법을 적어놓는 표이다. 템플릿은 5비트이므로 16진수 0x01~1F에서 최

대 32가지의 실행방법을 적어놓을 수 있다. 템플릿은 각 명령 슬롯에 들어있는 명령의 내용에 따라 하드웨어 자원이 부족할 때는 병렬처리를 하지 않고 일부 명령만 임시로 정지할 수 있도록 지정한다. 예를 들어 템플릿 값이 0x00이면 정지하지 말고 동시에 모두 실행하라는 뜻이다. 또한 0x03이면 명령 슬롯 1과 명령 슬롯 2의 실행 뒤에서 한 번씩 정지하라는 뜻이다.

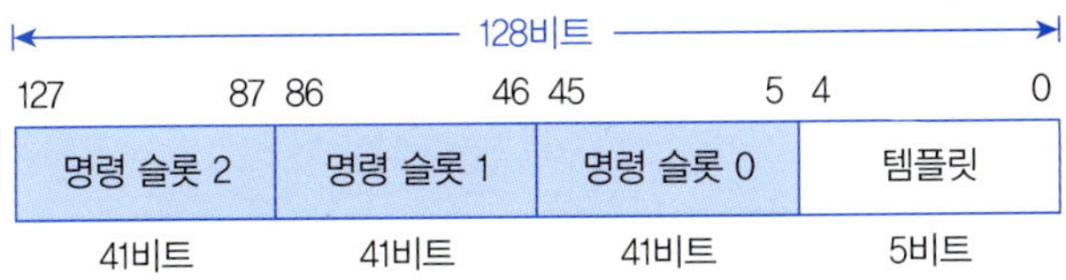

[그림 4-10] IA-64 구조의 명령어 번들 형식

IA-64와 같은 VLIW 구조의 명령어 설계들은 병렬처리 능력과 함께 확장성을 보유한다. 실제의 프로세서들은 [그림 4-10]과 같은 명령어 번들 형식을 여러 개 사용할 수 있다. 병렬처리를 위해서는 앞에서 설명한 명령어 구조나 컴파일러 설계기술 이외에도 하드웨어적인 여건도 충분히 갖추어야 한다. 복수의 정수 및 부동소수점 레지스터, 복수의 분기예측 장치, 복수의 정수 및 부동소수점 연산장치(ALU 및 FPU) 등 넉넉한 하드웨어 자원을 보유하고 있어야 한다.

4.5.4 VLIW와 파이프라인

VLIW와 파이프라인 구조를 갖는 CPU의 명령어 처리과정을 [그림 4-11]에 나타내었다. 여기서 VLIW 실행 차수 v는 'VLIW 구조에서 하나의 명령어 번들 형식에 포함되어 동시에 병렬처리로 실행될 수 있는 명령어의 개수'로 정의하자. [그림 4-11]은 파이프라인 단계 수가 $N=4$, VLIW 실행 차수가 $v=3$인 구조이다.

64비트 프로세서가 대중화를 이루면서 VLIW 구조를 구현할 여건이 쉬워졌다. 인텔이 IA-64 구조 이전에 사용하던 x86 CPU의 기계어 명령의 길이는 8비트에서 120비트까지 가변적인 길이를 갖고 있었다. 이렇게 하면 프로그램 실행에 필요한 레지스터나 메모리는 절약되지만 CPU 내부동작은 명령의 처리만 까다로울 뿐 병렬처리에는 오히려 걸림돌이 된다. 32비트 프로세서까지는 VLIW로 명령어 구조를 설계하기 어려워 성능향상에 한계가 있었다. 64비트 프로세서들이 개발되면서 VLIW 구조를 갖는 긴 명령어 형식을 적용할 수 있는 여건이 유리해진 것이다.

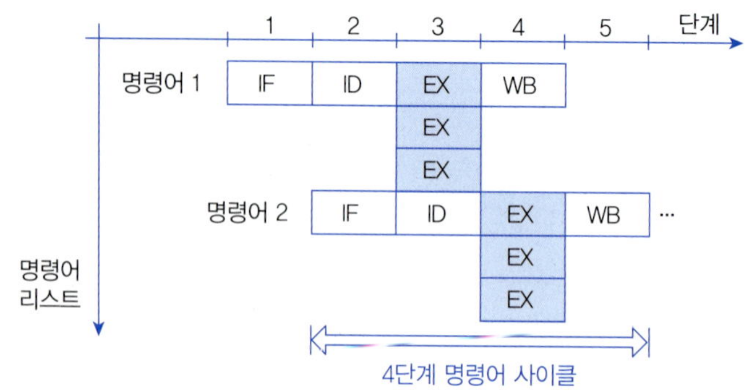

[그림 4-11] VLIW와 파이프라인

4.6 병렬컴퓨터

복수의 프로세서를 연결해 사용하는 다중프로세서(multi-processor) 구조를 병렬컴퓨터(parallel computer)라고 한다. 복수의 프로세서가 복수의 프로그램을 동시에 처리하거나 하나의 프로그램을 복수의 프로세서에 분할해 동시에 처리하는 구조이다. 병렬 계산을 통해 많은 작업을 처리할 수 있고 처리속도를 높일 수 있다. 슈퍼컴퓨터에 사용되는 대규모 병렬컴퓨터 혹은 초병렬컴퓨터(massively parallel computer)는 보통 수만 개 이상의 프로세서를 서로 연결해 사용하는 구조이다.

대규모 프로세서를 갖는 컴퓨터시스템은 2가지 방법이 있다. 분산된 지역에서 필요할 때 상호 연결되어 성능을 발휘하는 그리드 컴퓨팅(grid computing) 방법과 한 군데 모여 공동의 작업을 하는 클러스터 컴퓨팅(cluster computing)이다.

최근의 경향은 멀티코어 프로세서들을 집중적으로 연결해서 설계한다. 에너지와 국방과학 등을 연구하는 미국 에너지부 산하 오크리지 국립연구소에 IBM이 2018년 설치한 슈퍼컴퓨터(Summit)에는 228만개의 프로세서 코어가 사용되었다.

4.6.1 플린의 분류법

플린의 분류법(Flynn's taxonomy)은 컴퓨터의 구조를 명령어(instruction)와 자료의 흐름(data stream)으로 분류해 [그림 4-12]처럼 설명하는 방법이다. 1966년 플린(Michael J. Flynn)이 제안한 것이다. 오래전 만들어진 개념이지만 컴퓨터를 분류하는 방법으로 여전히 유효하게 사용되고 있다. 이 분류에 따르면 요즘 설계되는 컴퓨터들은 대부분 SIMD나 MIMD의 병렬컴퓨터 구조를 채택하고 있다.

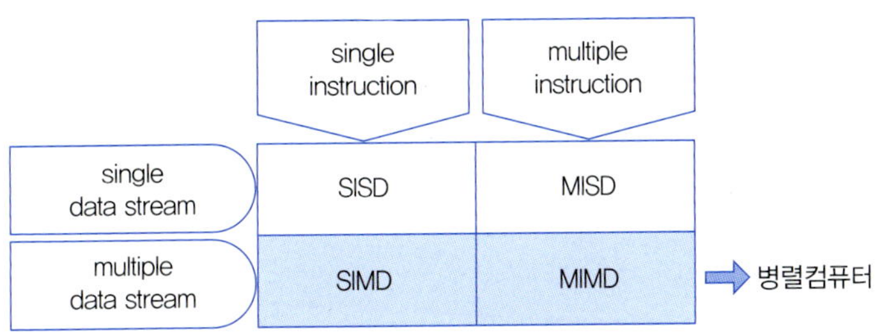

[그림 4-12] 플린의 분류법

① SISD(single instruction, single data stream) 또는 단일 명령, 단일 데이터 흐름 구조: 하나의 처리장치나 프로세서를 갖고 단일 명령으로 단일 데이터를 순차적으로 처리한다. 명령이나 데이터에 병렬계산이 없다. 단일 프로세서를 사용하는 과거 대부분의 순차처리 방식의 컴퓨터에 해당한다. 이런 구조는 파이프라인 기법으로 병렬처리 효과를 볼 수 있다.

② SIMD(single instruction, multiple data stream) 또는 단일 명령, 복수 데이터 흐름 구조: 복수의 처리장치나 프로세서를 갖고 단일 명령으로 복수의 데이터를 처리한다. 벡터 프로세서나 그래픽처리장치가 이에 해당한다. 각 배열은 동일한 연산을 수행하지만 처리하는 데이터는 서로 다르다. 비슷한 패

턴을 갖는 멀티미디어 데이터 등을 빠르게 처리하기에 적합하다.

③ MISD(multiple instruction, single data stream) 또는 복수 명령, 단일 데이터 흐름 구조: 복수의 처리장치나 프로세서를 갖고 복수의 명령으로 단일 데이터를 처리한다. 복수의 처리장치가 수행하는 명령은 다르나 자료는 같은 것을 사용한다. 실용적인 측면에서 실제로는 존재하기 힘든 구조이다. 우주 왕복선의 비행을 제어하는 수많은 컴퓨터를 예로 들 수 있다.

④ MIMD(multiple instruction, multiple data stream) 또는 복수 명령, 복수 데이터 흐름 구조: 복수의 처리장치나 프로세서를 갖고 복수의 명령으로 복수의 데이터를 동시에 처리한다. 독립적으로 동작하는 다중프로세서를 사용하는 구조이다. 서로 다른 명령과 데이터가 독립적으로 실행된다. 분산처리 시스템은 MIMD 구조를 갖는다. 병렬계산의 효율을 높이려면 각 처리장치에 일을 균등하게 배분해야 한다. 또한 처리장치 간의 통신 부담을 감소시켜야 한다. 프로그램을 병렬처리하기 위한 컴파일러 기술도 큰 영향을 미친다.

플린의 분류법에서 병렬컴퓨터라고 할 수 있는 것은 SIMD와 MIMD 구조이다. SIMD 구조의 벡터 프로세서는 같은 명령이 복수의 데이터를 처리하는데 사용된다. MIMD 구조의 다중프로세서는 각각의 프로세서에서 복수의 명령과 데이터가 독립적으로 실행된다.

4.6.2 벡터 프로세서

벡터 프로세서(vector processor)는 복수의 연산장치를 병렬로 연결해 큰 규모의 행렬이나 배열 연산을 고속으로 한꺼번에 처리할 수 있는 장치이다. 배열 프로세서(array processor)라고도 한다. 주로 수치해석이나 그래픽 데이터를 빠른 속도로 처리하기 위해 사용된다. 한 번의 명령으로 다량의 데이터를 처리하는 SIMD 구조의 하나이다. 이에 대응하는 말로 스칼라 프로세서(scalar processor)는 한 번의 명령으로 하나의 데이터를 처리하는 SISD 구조가 이에 해당한다.

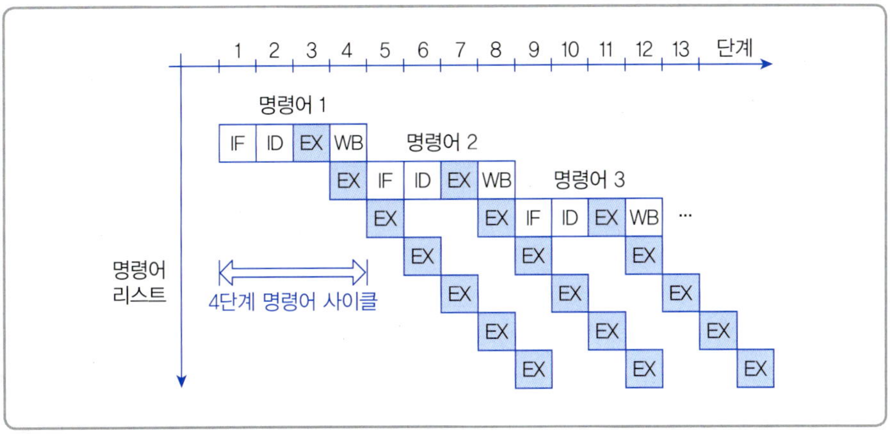

[그림 4-13] 벡터 프로세서와 파이프라인

SIMD 구조를 갖는 벡터 프로세서와 파이프라인 구조를 적용한 명령어 처리과정을 [그림 4-13]에 나타내었다. 〈표 4-1〉의 분류에서 '데이터' 병렬계산에 속한다. SIMD는 명령어 하나로 대량의 데이터를 처리할 수 있는 구조나 명령어 기술이다. 데이터의 속성상 비슷한 패턴을 갖게 되는 사진, 음성, 영상 같은 시각 이미지나 멀티미디어 데이터를 빠르게 처리하기에 적합하다. 명령어들이 계속해서 반복되는 루프를 단 하나의 명령어로 실행시킬 수 있다. 이를 통해 비디오, 오디오, 그래픽, 애니메이션 처리 등에 사용되는 계산량이 많은 순환문의 수행시간을 줄일 수 있다. 요즘은 물론 인텔 펜티엄 MMX 등 1990년대 말에 개발된 프로세서들도 이미 CPU 내부 하드웨어 설계에 이런 SIMD 기술을 사용하고 있다.

4.6.3 다중프로세서

다중프로세서 또는 멀티프로세서(multi-processor) 구조는 동시에 동작하는 여러 개의 프로세서를 병렬로 연결해 사용하는 병렬컴퓨터이다. 외부 기억장치나 입출력장치는 각 프로세서 간에 서로 공유할 수 있다. 그러나 각 개별 프로세서 내부의 레지스터와 실행 장치는 독립적으로 사용할 수 있어야 한다. 다중프로세서를 구성하는 방법은 [그림 4-14]처럼 다음과 같이 요약할 수 있다.

① 하나의 칩에 여러 개의 프로세서 코어를 내장하는 멀티코어 프로세서
② 하나의 시스템보드에 여러 개의 프로세서 칩을 장착하는 방법
③ 한 컴퓨터 내에 여러 개의 시스템보드를 넣는 방법
④ 여러 대의 컴퓨터를 공동의 작업을 위해 병렬로 연결하는 방법

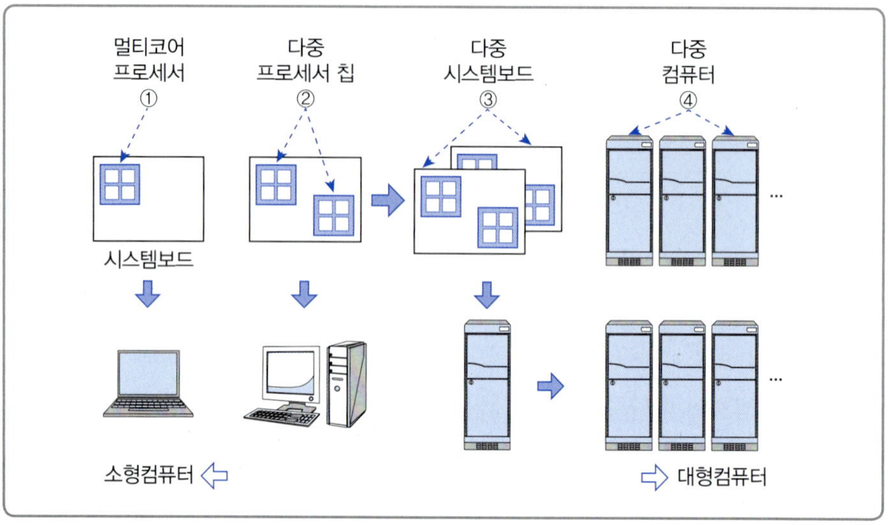

[그림 4-14] 다중프로세서(병렬컴퓨터) 구조

a. 멀티코어 프로세서

인텔은 2000년대 중반부터 대부분의 프로세서에 멀티코어를 채택했다. 소형에서 대형 컴퓨터에 이르기까지 요즘 컴퓨터들이 사용하는 일반적인 CPU의 형태는 멀티코어 프로세서이다. 프로세서는 단일코어 또는 싱글코어(single-core)에서 개발이 시작되었다. 싱글코어만으로 성능이나 속도를 향상시키려는 노력은 이미 물리적인 한계에 이르렀다. 다중코어 또는 멀티코어(multi-core) 프로세서는 다중프로세서의 일종이다. [그림 4-14]처럼 병렬컴퓨터의 가장 기본적인 형태이다.

멀티코어 프로세서는 물리적으로 하나의 칩 안에 여러 개의 프로세서 코어를 내장한 칩-레벨 다중프로세서이다. 코어로 불리는 두 개 이상의 독립적인 실제 CPU를 내장한다. 듀얼코어(dual-core)는 2개, 쿼드코어(quad-core)는 4개, 옥타코어(octa-core)는 8개의 코어가 프로세서 칩 안에 내장된다.

멀티코어 대신 그냥 멀티프로세서 혹은 멀티 CPU라고 하면 물리적으로 분리된

프로세서를 가리킨다. 멀티코어 프로세서의 칩 패키지(package) 내부에서 코어들이 모두 동일한 다이에 존재하지 않을 수도 있다. 다이(die)는 실리콘 소자의 반도체 표면 위에 집적회로를 만들고 회로 판을 잘라낸 것이다. 칩(chip)은 보통 반도체 부품을 가리키지만 다른 의미로 반도체 공정상에서 다이를 뜻할 때도 있다. 혹은 인쇄회로기판의 표면실장 부품인 저항이나 콘덴서도 칩이라고 한다.

b. 멀티코어의 동작

멀티코어를 설계할 때 '각 코어들은 강하게 또는 약하게 결합'된다. 공유 캐시를 사용할 수도 사용하지 않을 수도 있다. 다만 코어 간의 통신을 위해 공유 메모리를 사용하도록 만들어진다. 각 코어가 명령어 인출 및 해독장치 부분을 공유할 수 있다. 프로세서에 내장된 코어들이 꼭 동일하지는 않다. 프로세서 칩에 그래픽처리장치(GPU) 등을 함께 내장하기도 한다.

멀티코어 프로세서는 다중작업을 설계하기에 유리하다. 멀티코어가 한 칩에 내장되어 있어 이와 관련된 하드웨어를 효율적으로 구성할 수 있다. 각각의 칩으로 분리하는 것에 비해 프로세서 간의 연동에 유리하다. 멀티코어는 칩당 소비전력은 증가하지만 칩을 분리하는 것보다 전체 소비전력이 절감된다. 각 코어는 프로그램 명령을 읽고 실행하는 단위이다. 복수의 코어들이 CPU 명령을 복수로 받아들여 동시에 실행시키는 병렬계산으로 처리속도를 증가시킬 수 있다.

멀티코어 프로세서는 소프트웨어 알고리즘도 이에 맞게 설계해야 한다. 멀티코어는 대개 전혀 다른 일을 분배받아 동작하는 것이 아니다. 일반적으로 같은 일을 나눈다. 멀티코어의 성능을 제대로 얻으려면 각 코어의 작업량을 적절히 분산시켜야 한다. 컴퓨터가 작업해야 될 일을 잘 분담시키지 않으면 멀티코어를 내장하고 있어도 소용없다. 운영체제는 메모리와 주변장치들이 효율적으로 사용될 수 있도록 여러 개의 코어에 작업량을 적절히 분산시켜 동시에 동작시킬 수 있어야 한다. 멀티코어에 맞게 실행시키려면 응용프로그램들도 곤혹스러운 한계가 있다. 멀티코어에 적합하게 설계되지 않았던 기존의 소프트웨어들을 프로그래머가 다시 제작하기 전에는 멀티코어의 성능을 제대로 발휘할 수 없다.

4.6.4 하이퍼스레딩

파이프라인의 설계에서 단계 수가 많아지면 각 단계의 길이는 짧아지고 작업은 더욱 세분화된다. 어떤 스레드 작업을 진행할 때 파이프라인에서 각 단계를 모두 거치는 것이 아니기 때문에 일하지 않고 쉬는 유휴 단계가 발생한다. 작업이 할당되지 않은 실행 단계에는 다른 스레드의 작업을 함께 끼워 넣어 동시에 작업할 수 있다. 이를 이용해 '하나의 실행 장치에서 두 개의 스레드를 겹치지 않게 동시에 작업할 수 있도록 설계'하면 CPU의 활용도를 더욱 높일 수 있다.

일종의 멀티스레드로 인텔의 하이퍼스레딩(hyper-threading) 혹은 동시 멀티스레딩(simultaneous multi-threading) 기술이 있다. 이것은 하나의 물리적인 프로세서가 2개의 가상 프로세서처럼 동작하도록 만든 기술이다. 하나의 CPU 코어 내부에 2개의 ALU 장치와 하나의 명령어 실행 장치를 넣는다. 이 방법은 코어가 놀지 않고 일할 확률을 높이므로 프로세서의 성능을 끌어 올릴 수 있다. 하이퍼(hyper-)라는 접두사는 '지나치거나 과도한 것'을 나타낸다. 하이퍼스레드는 멀티스레드의 개념을 이용해 CPU가 놀지 않도록 마지막까지 쥐어짜려는 기술이다.

하이퍼스레딩을 사용하는 프로세서를 운영체제에서 보면 마치 2개의 CPU가 있는 것처럼 보인다. 물론 하드웨어 설계기술과 함께 운영체제에서 이를 지원해 주어야 가능하다. 이 기술을 적용하려면 파이프라인의 단계 수가 많고, 각 단계의 길이가 짧으며 CPU의 클럭이 높을 때 더욱 유리하다. 또한 CPU의 소비전력이 증가하기 때문에 프로세서 칩을 설계할 때 이를 고려해야 한다. 이 때문에 인텔이 이 기술을 개발한 것은 2000년대 초였지만 실제 시장에서 이 기술이 대중화된 것은 2000년대 말이었다. 이렇게 만든 가상의 듀얼코어나 듀얼 프로세서는 실제의 물리적인 듀얼코어나 듀얼 프로세서보다 성능이 떨어진다. 하이퍼스레딩을 사용하는 CPU 코어는 무엇보다 결국 실행 장치가 하나이기 때문이다.

4.6.5 비노이만형 컴퓨터

폰 노이만 구조(Von Neumann architecture)는 프로그램을 순차적으로 따라가면서 데이터를 처리하는 구조를 갖는 컴퓨터를 말한다. 다른 말로 폰 노이만 모델(Von Neumann model) 혹은 노이만형(Neumann type) 컴퓨터라고도 한다.

이 구조는 1940년대 폰 노이만이 제안한 원리를 기초에 두고 프로그램 내장방식과 명령의 순차실행을 특징으로 한다. 병렬처리를 하지 않는 대부분의 컴퓨터가 이 방식에 속한다. 과거 전통적인 방식의 SISD 구조가 이에 해당한다.

비노이만형(non-Neumann type) 컴퓨터는 노이만 타입이 아닌 컴퓨터를 통칭하는 말이다. 순차적인 명령어 실행이 아닌 데이터가 준비되는 상태에 따라 연산하는 구조를 가진 컴퓨터가 이 타입에 속한다. 이를 위해 명령을 생략하고 하드웨어로 데이터 자체에 처리방법을 부여한다. 또한 병렬처리가 가능한 명령어를 골라내어 명령어의 실행순서를 바꾸어 준다. 병렬컴퓨터에 속하는 SIMD나 MIMD 구조가 이에 해당한다. 또한 데이터 플로우 구조의 컴퓨터가 대표적이다.

데이터 플로우 구조(dataflow architecture)는 프로그램의 실행에 필요한 데이터를 모두 갖춘 상태에서 다음 처리장치로 보내 연산하는 컴퓨터이다. 전통적인 노이만형 컴퓨터나 제어흐름(control-flow) 구조가 아니기 때문에 최소한 개념적으로는 프로그램 카운터가 필요 없다. 이 아이디어는 함수 형식의 연산에서 변수를 변경하면 자동으로 결과가 재계산되는 원리이다. 예를 들어 [그림 4-15]에서 a나 b의 변수 값을 바꾸면 별도의 명령이 없더라도 y의 연산결과가 자동적으로 재계산된다. 데이터 플로우 컴퓨터는 비노이만형 컴퓨터 구조의 하나이다. 실행 장치가 작동되는 것은 오직 유효한 데이터가 입력되는지에 달려있다. 컴퓨터 내부의 각 장치는 데이터가 도착할 때마다 차례로 처리되기 때문에 대량의 데이터를 고속으로 처리할 수 있다. 비록 이 구조로 성공한 범용 프로세서는 없다. 하지만 디지털 신호처리, 네트워크 라우팅, 그래픽 처리, 원격계측, 데이터 창고업 등 특정 하드웨어에 성공적으로 구현되고 있다. 또한 이 개념은 데이터베이스 엔진이나 병렬계산 체계를 설계하는 소프트웨어 구조에도 유용하게 사용된다.

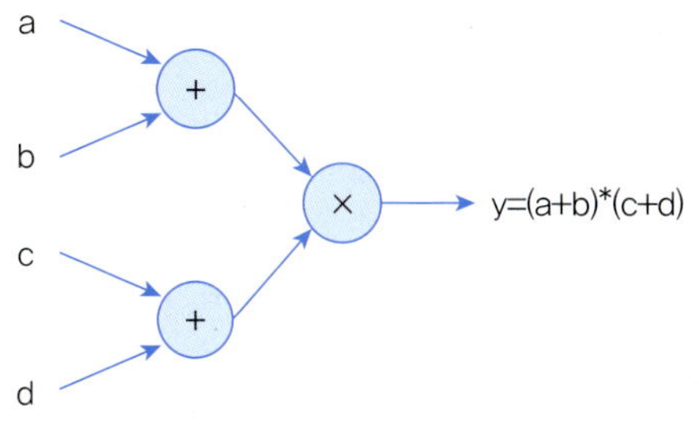

[그림 4-15] 데이터 플로우 구조의 명령어 처리

연습문제

1. 프로그램에서 주어진 명령어를 실행하기 위해 반복적으로 수행해야 하는 일련의 연속동작을 무엇이라고 하는가?

2. 명령어 사이클의 일부로 CPU가 메모리에서 명령어를 읽어오는 단계를 무엇이라고 하는가?

3. 명령어 사이클의 일부로 명령을 수행하는 단계를 무엇이라고 하는가?

4. 명령어 실행 사이클의 일부로 명령어의 오퍼랜드 필드에 포함된 간접주소로부터 유효주소를 읽어오는 단계를 무엇이라고 하는가?

5. 서브루틴을 호출할 때 메인 프로그램의 위치로 다시 돌아올 복귀 주소를 저장하는 메모리 영역을 무엇이라고 하는가?

6. CPU 레지스터 중 항상 현재 상태에서 이용이 가능한 스택 영역의 최종 위치를 표시하는 레지스터를 무엇이라고 하는가?

7. 프로그램의 정상적인 처리순서를 방해하며, 대부분 전혀 예상하지 못한 시점에서 CPU에 서비스를 요구하는 것을 무엇이라고 하는가?

8. 인터럽트 요구를 수용하려면 현재 하던 작업을 중단하고 먼저 처리해야 하는 프로그램을 무엇이라고 하는가?

9. 인터럽트를 처리하기 전에 스택에 저장해야 하는 값들을 모두 골라라.
   ① CPU 레지스터 상태 ② 복귀 시간 ③ 다음 번 명령어 내용
   ④ 메모리 참조 주소 값 ⑤ 복귀 주소

10. 인터럽트 서비스 프로그램이 진행되는 도중에 또 다른 인터럽트가 발생하는 환경을 무엇이라고 하는가?

11. 명령어 사이클의 일부로 인터럽트 서비스 루틴의 시작 주소를 호출해 인터럽트 요구를 처리하는 단계를 무엇이라고 하는가?

12. 인터럽트가 발생했을 때 특정한 것을 받아들이지 않도록 금지 플래그를 설정하는 것을 무엇이라고 하는가?

13. 다중 인터럽트를 처리하는 방법으로 맞는 것을 모두 골라라.
① 스택포인터를 리셋한다. ② 우선순위를 정한다.
③ 인터럽트 마스크를 설정한다. ④ 진행하던 작업을 모두 버린다.

14. 다음 CPU 명령어 사이클에서 각 단계의 설명이 맞는 것을 모두 골라라.
① 명령어 인출: 명령어를 해독하고 연산을 실행한다.
② 간접 사이클: 오퍼랜드 필드의 간접주소에서 유효주소를 읽어온다.
③ 명령어 실행: 메모리에서 명령어를 읽어 CPU로 가져온다.
④ 인터럽트 사이클: 인터럽트 요구에 해당하는 서비스 루틴을 실행한다.

15. CPU 명령어 사이클이 【보기 A】와 같이 구성될 때 처리순서를 골라라.

보기 A
① 명령어 인출 ② 연산 실행
③ 오퍼랜드 인출 ④ 명령어 해독

16. 컴퓨터에서 수행되는 병렬처리 작업에 대한 보다 전문적인 용어로 동시에 많은 계산이 수행되는 계산 형태를 무엇이라고 하는가?

17. 다음 병렬계산의 유형에 속하는 구조를 【보기 B】에서 모두 골라라.
(a) 비트 레벨 병렬계산 (b) 명령어 레벨 병렬계산
(c) 데이터 병렬계산 (d) 작업 병렬계산

보기 B
① 슈퍼스칼라 ② SIMD ③ 다중프로세서
④ 벡터 프로세서 ⑤ VLIW ⑥ MIMD
⑦ 파이프라인 ⑧ CPU의 비트 수 증가

18. 싱글코어 프로세서에서도 가능한 병렬계산의 종류를 【보기 B】에서 모두 골라라.

19. 다음 병렬계산의 유형에 속하는 구조를 【보기 C】에서 모두 골라라.

(a) 명령어의 순서를 재배열하고 그룹으로 묶어 병렬로 실행
(b) 병렬계산 환경에서 서로 다른 계산 마디에 데이터를 분배
(c) 실행 장치가 서로 다른 병렬컴퓨터에 작업을 분배
(d) CPU 프로세서 내부에서 컴퓨터 워드의 비트 수 증가
(e) 기능 병렬계산이라고도 부른다.

보기 C
① 데이터 병렬계산　② 작업 병렬계산
③ 명령어 레벨 병렬계산　④ 비트 레벨 병렬계산

20. 병렬계산 구조나 알고리즘의 성능 표시를 위해 병렬계산과 순차계산에 걸린 시간의 비율로 나타내는 것을 무엇이라고 하는가?

21. 하나의 명령어 사이클을 여러 단계로 나누고 각 단계에서 동시에 다른 명령어를 처리하도록 CPU를 설계하는 방식을 무엇이라고 하는가?

22. 명령어 사이클의 내부 단계에 대한 다음 질문의 답을 【보기 D】에서 골라라.

(a) 명령어 사이클에서 처리되는 순서는?
(b) 실제 피연산자가 명령어 자체나 레지스터에 저장되면 필요 없는 단계는?

보기 D
① 유효주소 계산　② 명령어 인출　③ 실제 피연산자 인출
④ 연산결과 저장　⑤ 명령어 해독　⑥ 연산 실행

23. 파이프라인이 다음과 같은 단계로 구성될 때 처리 순서대로 번호를 적어라.

① 명령어 인출　② 연산 실행　③ 연산결과 저장　④ 명령어 해독

24. 병렬계산에서 기존 파이프라인의 단계 수는 유지하면서 각 단계 내에서 처리속도를 몇 배로 높여주는 CPU 설계 기술을 무엇이라고 하는가?

25. 병렬계산 CPU 구조에서 슈퍼 파이프라인 차수가 8, 파이프라인의 단계 수가 20, 명령어 개수가 641일 때 다음을 계산하라.

(a) 병렬계산의 속도상승 S
(b) 속도상승의 이론적인 최대치 $S_{\max}$
(c) 병렬계산의 효율 $E[\%]$

26. 병렬계산 CPU 구조에서 슈퍼 파이프라인 차수가 4, 슈퍼스칼라 차수가 8, 파이프라인의 단계 수가 24, 명령어 개수가 840일 때 다음을 계산하라.

(a) 병렬계산의 속도상승 S

(b) 속도상승의 이론적인 최대치 S_{max}

(c) 병렬계산의 효율 $E[\%]$

27. 성능향상을 위해 파이프라인 구조를 사용하기 유리한 조건을 모두 골라라.

① 명령어 간에 높은 의존성 ② 명령어 간에 낮은 의존성
③ 각 단계별 처리시간이 틀림 ④ 각 단계별 처리시간이 동일
⑤ 명령어가 순차적으로 실행 ⑥ 명령어가 비순차적으로 실행
⑦ 명령어마다 같은 단계 거침 ⑧ 명령어마다 다른 단계 거침

28. 병렬계산에서 여분의 실행 장치를 갖추고 한 명령어 사이클 동안 여러 개의 명령어를 동시에 처리할 수 있도록 설계한 CPU 구조를 무엇이라고 하는가?

29. '명령 축약형 컴퓨터'라는 뜻의 영문약자로 명령어 처리구조를 단순화시켜 기계어 명령의 수를 최소로 줄인 CPU를 무엇이라고 하는가?

30. RISC 구조에 대한 설명으로 맞는 것을 【보기 E】에서 모두 골라라.

보기 E

① 명령의 수를 최소로 줄임 ② 명령어 종류가 다양
③ 병렬처리 설계에 효율적 ④ 프로그램 개발에 유리
⑤ 복잡한 명령까지 고려 ⑥ 회로설계가 덜 복잡
⑦ 명령어 실행단계가 많음 ⑧ 한 클럭에 한 명령어 처리
⑨ 명령어마다 클럭 개수가 다름

31. CISC 구조에 대한 설명으로 맞는 것을 【보기 E】에서 모두 골라라.

32. RISC는 컴파일러가 번역해준 명령어를 판독해 병렬처리가 가능한 명령을 다시 조사하고 판단하는데 상당한 자원을 낭비한다. 해결책을 설명하라.

33. '매우 긴 명령어 워드'의 영문약자로 몇 개의 명령을 하나로 묶어 매우 긴 명령어 형식을 만들고, 정교한 컴파일러 기술을 사용하는 구조를 무엇이라고 하는가?

34. 보통 수만 개 이상의 마이크로프로세서를 서로 연결해 사용하는 다중프로세서 구조를 무슨 컴퓨터라고 하는가?

35. 컴퓨터의 구조를 명령어와 자료의 흐름으로 분류해 설명하는 방법을 무엇이라고 하는가?

36. 플린의 분류법 중 다음의 설명에 맞는 구조를【보기 F】에서 골라라.
(a) 하나의 처리장치를 갖고 단일 명령으로 단일 데이터를 순차적으로 처리
(b) 복수의 처리장치를 갖고 단일 명령으로 복수의 데이터를 처리
(c) 복수의 처리장치를 갖고 복수의 명령으로 단일 데이터를 처리
(d) 복수의 처리장치를 갖고 복수의 명령으로 복수의 데이터를 동시에 처리

보기 F ① SISD ② SIMD ③ MISD ④ MIMD

37. 플린의 분류법 중 다음 설명에 맞는 구조를【보기 F】에서 골라라.
(a) 실용적인 측면에서 실제로는 존재하기 힘든 구조
(b) 서로 다른 명령과 데이터가 독립적으로 실행
(c) 명령이나 데이터에 병렬계산이 없음
(d) 비슷한 패턴을 갖는 멀티미디어 데이터를 빠르게 처리하기에 적합
(e) 병렬컴퓨터라고 할 수 있는 것들

38. 배열 프로세서라고도 하며 복수의 연산장치를 병렬로 연결해 큰 규모의 행렬이나 배열 연산을 고속으로 한꺼번에 처리할 수 있는 장치를 무엇이라고 하는가?

39. 멀티코어 프로세서의 특징에 대한 설명으로 맞는 것을 모두 골라라.
① 싱글코어의 물리적 한계 극복 ② 전체 소비전력이 증대
③ 다중작업 설계에 불리 ④ 프로세서 간 연동에 유리
⑤ 작업량을 분산해야 효율적 ⑥ 병렬컴퓨터

40. 하나의 CPU 코어 내부에 2개의 ALU 장치를 넣어 마치 하나의 물리적인 프로세서가 2개의 가상 프로세서처럼 동작하도록 만든 기술을 무엇이라고 하는가?

41. 노이만형 컴퓨터에 대한 설명으로 맞는 것을【보기 G】에서 모두 골라라.

보기 G ① 명령의 순차실행 ② 병렬계산이 없음 ③ MIMD
④ 프로그램 내장방식 ⑤ 병렬컴퓨터 ⑥ SIMD
⑦ 데이터 자체에 처리방법을 부여 ⑧ SISD

42. 비노이만형 컴퓨터의 특징에 해당하는 것을【보기 G】에서 모두 골라라.

43. 프로그램 내장방식과 명령의 순차실행을 특징으로 한 컴퓨터 형태를 이 원리를 제안한 사람의 이름을 따서 무엇이라고 하는가?

44. 변수를 변경하면 함수가 자동 재계산되는 원리로 프로그램 실행에 필요한 데이터를 모두 갖춘 상태에서 다음 장치로 보내 연산하는 컴퓨터를 무엇이라고 하는가?

05 CHAPTER
기억장치

COMPUTER ARCHITECTURE

컴퓨터를 켰을 때 만약 메인보드의 슬롯에 메인메모리가 장착되어 있지 않다면 어떤 일이 일어날까? 아무 일도 일어나지 않는다. 메모리 없이는 CPU가 프로그램을 실행할 수 없기 때문이다. 컴퓨터로 문서작업 도중에 동료가 실수로 전원 코드를 건드려 작업 중이던 문서가 사라졌다. 화면에 보이던 그 문서는 방금 전까지 어디에 들어 있었던 것일까? 메인메모리에 자리하고 있었다. 메인메모리에는 CPU가 지금 당장 실행해야 될 프로그램이나 데이터가 기록된다. 이를 위해 빠른 속도와 대용량이 요구되는 DRAM 반도체 메모리를 주로 사용한다.

어떤 컴퓨터구조 책에는 1950년대 자기코어 기억장치를 주기억장치의 종류로 가르치는 내용이 아직도 남아있다. 자기코어는 1970년대 이후 반도체 메모리에 밀려나 벌써 수십 년 전에 사라졌다. 어떤 책에는 2-way 세트연관 캐시를 가장 많이 사용한다고 적혀있다. 그러나 2000년대 초에도 4-way나 8-way를 대중적으로 사용하고 있었다. 5장에서는 이런 점들을 반영하였다.

5장은 메인메모리와 함께 캐시메모리와 가상메모리에 대한 내용을 다룬다. 메인메모리의 성능을 시스템버스의 전송속도로 평가하기 때문에 비트율과 시스템버스의 대역폭에 대해서도 알아본다. 메인메모리와 달리 자료를 저장할 때 주로 사용하는 보조기억장치는 6장에서 설명한다.

5장은 컴퓨터시스템의 기억장치에 대해서 설명한다. 이곳 5장에서는 메모리의 역할, 용량 표시, 메모리 계층구조, 가상메모리, 캐시메모리, 캐시의 매핑 방식, 반도체 메모리와 램 모듈의 기술과 동작 원리에 대해 알아본다. 또한 메인메모리의 성능을 나타내는 시스템버스의 대역폭을 설명한다.

05 CHAPTER

기억장치

5.1 기억장치

5.1.1 메모리의 역할

컴퓨터시스템에서 기억장치 또는 메모리(memory)의 역할은 프로그램이나 데이터를 저장하는 일이다. 저장장치(storage device)라고도 한다. 컴퓨터에서 동작하는 그 많은 프로그램들은 모두 어디에서 활동하는 것일까? [그림 5-1]처럼 프로그램 명령이나 데이터는 모두 메모리에 올라가 작업에 사용된다. 메인메모리가 클수록 동시에 많은 프로그램을 실행시킬 수 있다.

a. 메모리는 프로그램의 작업장

농구 선수에게 농구장이 필요하듯 메모리는 프로그램들이 활동하는 작업장이다. 메모리가 없으면 프로그램이 동작할 수 없다. 메인메모리에는 현재 실행중인 프로그램들이 들어 있다. 메모리의 각 영역은 서로 침범하지 못하도록 시스템 소프트웨어의 프로그래머가 정하고 있다. 컴퓨터와 대화하려면 먼저 프로그래밍 언어로 프로그램을 작성해야 한다. 메모리의 내용은 [그림 5-1]처럼 프로그래밍 언어로 작성된 텍스트(text) 문서와 데이터 등으로 구성된다. CPU는 메모리에 저장되어 있는 프로그램 명령을 하나씩 꺼내어 실행시킨다. 버퍼나 스택은 프로그램 수행에 필요한 값들을 임시로 저장하는 역할을 한다.

[그림 5-1] 메모리는 프로그램의 작업장

b. 램 상주 프로그램

램 상주 프로그램에서 램(RAM)은 컴퓨터의 메인메모리로 사용되는 램 메모리를 지칭한다. 램 상주 프로그램(terminate and stay resident, TSR)은 전체나 일부가 메모리에 남아 항상 대기하고 있다가 필요할 때 부르면 즉시 나타나 일을 수행한다. 실행 후 종료 될 때 메모리에서 제거되는 다른 프로그램들과 달리 일단 종료되더라도 메모리에 계속 남아 상주한다. 일을 마친 후에도 메모리에 다시 남아 대기한다. 운영체제의 커널과 바이러스 백신이 대표적인 램 상주프로그램이다.

램 상주 프로그램은 다른 응용프로그램을 사용할 때 문제가 발생할 수 있다. 특히 바이러스 예방 백신 프로그램이 램 상주되어 있는 경우 다른 프로그램의 설치를 방해하거나 다른 하드웨어 장치를 사용하는데 방해를 줄 수 있다. 도스 운영체제는 종종 프로그램들을 램 상주시킬 필요가 있었다. 이 때문에 시스템을 정지시키는 충돌이 자주 일어났다. 윈도우 운영체제에서는 일반적으로 램 상주프로그램을 실행시킬 필요가 없다. 사용자가 시작프로그램에서 선택할 수도 있다.

c. 주기억장치와 보조기억장치

메모리는 용도에 따라 주기억장치와 보조기억장치로 나눈다. 주기억장치 또는 메인메모리(main memory)는 프로그램의 동작에 주로 사용된다. 시스템 메모리라고도 한다. 컴퓨터에 전원이 들어온 상태에서 프로그램 작업이 실행 중일 때 사용된다. 현재 동작하고 있는 프로그램들과 데이터를 담고 있다. 빠른 실행을 위해서 주로 고속의 램 모듈 같은 반도체 메모리를 사용한다.

보조기억장치(auxiliary memory)는 자료를 저장할 때 주로 사용한다. 2차(secondary) 기억장치라고도 한다. 보조기억장치는 전원이 종료된 후에도 프로그램과 데이터를 안전하게 저장하는 것이 주요 목적이다. 이를 위해 저가격인 대용량 저장장치가 요구된다. 대표적인 보조기억장치는 각종 드라이브이다. 보조기억장치 중에서 하드디스크의 속도가 컴퓨터시스템에 가장 큰 영향을 미친다. 하드디스크를 액세스하는 횟수가 증가하거나 가상메모리로 사용될 때 더욱 그렇다.

5.1.2 메모리 용량 표시

n비트로 표현할 수 있는 2진수의 개수는 최대 2^n개이다. 4비트로 나타낼 수 있는 수는 0000~1111에서 2^4=16개이다. 이런 식으로 9비트는 2^9=512개를 표현할 수 있고 11비트는 2^{11}=2048개를 표현할 수 있다. 10비트로 나타낼 수 있는 2진수의 개수 2^{10}=1024는 10진수 1000에 가장 가깝다. 또 10비트씩 늘어날 때마다 2진수로 표현할 수 있는 수의 범위는 약 1000배인 1024배씩 늘어난다. 이 규칙을 이용해 전통적인 디지털 용량은 10, 20, 30, 40, 50비트로 표현할 수 있는 2진수를 각각 킬로(K), 메가(M), 기가(G), 테라(T), 페타(P)로 표시해 사용해왔다.

a. 전통적인 메모리 용량 표시

컴퓨터에서 데이터 계산은 전통적으로 8비트를 기본 단위로 사용해왔다. 메모리 용량을 표시할 때도 주로 바이트(byte) 수로 표시한다. 바이트 수가 커지면 10진수와 마찬가지로 읽기 힘들어지므로 〈표 5-1〉처럼 여러 가지 단위를 사용한다.

〈표 5-1〉 전통적인 메모리 용량 표시

2진 용량 단위		기호	바이트 수(bytes)
바이트	byte	B	1
킬로바이트	kilobyte	KB	$2^{10}=1024\simeq10^3$
메가바이트	megabyte	MB	$2^{20}=1024^2\simeq10^6$
기가바이트	gigabyte	GB	$2^{30}=1024^3\simeq10^9$

테라바이트	terabyte	TB	$2^{40}=1024^4 \simeq 10^{12}$
페타바이트	petabyte	PB	$2^{50}=1024^5 \simeq 10^{15}$

과거 메모리 용량 표시는 〈표 5-1〉처럼 대개 2진 표현이 주류였다. 컴퓨터 사용이 대중화되자 시장에서 메모리나 디스크 용량을 표시할 때 2진수와 10진수 사이에 혼란이 발생했다. 일반적으로 하드디스크 판매업자들이 표시하는 용량보다 운영체제에서 바라보는 디스크 용량이 더 작다. 윈도우 같은 운영체제는 메모리 용량처럼 대개 1024^3바이트를 1GB로 표시한다. 디스크 제조사들은 큰 용량으로 보이게 하려는 의도에서 대개 10^9바이트를 1GB로 표시한다. 이런 식의 2진과 10진 표시는 아래처럼 1GB는 7% 정도 나고 1TB는 10% 정도 차이가 난다.

① $1GB=1024^3=1,073,741,824 \neq 10^9[B]$
② $1TB=1024^4=1,099,511,627,776 \neq 10^{12}[B]$

b. 새로운 메모리 용량 표시 – IEEE 1541 표준

미국전기전자공학회(IEEE)는 10진수와 2진수의 표현 차이에서 오는 혼란을 해결하기 위해 2002년 새로운 표시 방법을 공인했다. 이를 〈표 5-2〉의 IEEE 1541 표준이라고 한다. 디지털 용량에서 10진법과 2진법의 단위를 명확히 구분하는 것이 목적이다. IEEE 1541 표준은 비트(bit)를 기호 b로 표시하고 바이트(byte)를 기호 B로 정했다. 바이트는 인접한 비트의 묶음이며 8비트를 주로 사용하기는 하지만 꼭 8비트일 필요는 없다고 한다. 8비트로 구성된 비트의 묶음을 별도로 옥텟(octet)이라고도 정의하고 기호 o로 표시한다. 또한 기존에 SI 단위계에서 유래되어 킬로(kilo-) 단위만 소문자 k로 표시하던 습관을 다른 단위와 통일하여 대문자 K로 표시한다. 이 책은 〈표 5-2〉의 새로운 표준을 주로 사용하도록 한다. 10진과 2진 용량이 혼동이 생기는 경우에는 단위를 좀 더 분명하게 표시하기로 한다.

〈표 5-2〉 IEEE 1541 표준의 새로운 메모리 용량 표시

새로운 10진 용량	단위 기호	비트 수 바이트 수	새로운 2진 용량	단위 기호	비트 수 바이트 수
kilobit kilobyte	Kb KB	10^3	kibibit kibibyte	Kib KiB	$2^{10}=1024\simeq10^3$
megabit megabyte	Mb MB	10^6	mebibit mebibyte	Mib MiB	$2^{20}=1024^2\simeq10^6$
gigabit gigabyte	Gb GB	10^9	gibibit gibibyte	Gib GiB	$2^{30}=1024^3\simeq10^9$
terabit terabyte	Tb TB	10^{12}	tebibit tebibyte	Tib TiB	$2^{40}=1024^4\simeq10^{12}$
petabit petabyte	Pb PB	10^{15}	pebibit pebibyte	Pib PiB	$2^{50}=1024^5\simeq10^{15}$
exabit exabyte	Eb EB	10^{18}	exbibit exbibyte	Eib EiB	$2^{60}=1024^6\simeq10^{18}$
zettabit zettabyte	Zb ZB	10^{21}	zebibit zebibyte	Zib ZiB	$2^{70}=1024^7\simeq10^{21}$
yottabit yottabyte	Yb YB	10^{24}	yobibit yobibyte	Yib YiB	$2^{80}=1024^8\simeq10^{24}$

단위를 바꾸는 일은 시장의 오랜 습관 때문에 시간이 무척 오래 걸린다. 〈표 5-2〉의 오른쪽에 위치한 2진 용량표시 PiB, EiB, ZiB, YiB 등은 어차피 새로 도입되어야 할 대용량 표시로 쉽게 적용되어 사용하고 있다. 새로운 표현을 써도 기존의 습관과 혼동되지 않는다. 하지만 새로운 10진 용량표시 KB, MB, GB는 이미 오래전부터 2진 용량표시로 사용하던 쪽에서는 오히려 혼동된다. 특히 반도체 메모리 분야나 컴퓨터의 운영체제에서는 전통적으로 KB, MB, GB를 2진 용량으로 표시해왔다. 컴퓨터의 내부에 저장되는 주소나 자료를 처리할 때 2진수를 사용하기 때문이다. 이를 10진 용량으로 바꾸어 사용하면 그 자체로 혼란이 발생한다. 여러 이유로 새로운 표준은 아직 완전히 정착되지 못하고 있다.

5.1.3 엔디언

엔디언의 어원은 조나단 스위프트(Jonathan Swift)의 소설 걸리버 여행기

(Gulliver's travels, 1726년)에서 유래했다. 당시 민중의 생활을 무시한 채 권력 투쟁을 일삼던 영국의 지도층을 풍자한 소설이다. 이 소설의 소인국 이야기에 나오는 2개의 섬나라(Lilliput와 Blefuscu) 사람들을 리틀 앤디언과 빅 엔디언이라고 부른다. 이들은 삶은 계란의 작은 쪽(smaller end)과 큰 쪽(larger end) 어느 쪽부터 먼저 깨는 것이 옳은지를 놓고 쓸모없는 전쟁을 벌인다.

컴퓨터시스템에서 엔디언(endian 혹은 endianness)은 메모리 주소와 같은 논리적으로 1차원적인 공간에 여러 개의 연속된 자료를 배열하는 방법이다. 빅 엔디언(big-endian)은 여러 단위로 구성된 자료를 저장할 때 큰 단위를 먼저 저장한다. 이와 반대로 리틀 엔디언(little-endian)은 작은 단위를 먼저 저장한다. 이 둘을 혼합한 미들 엔디언(middle 혹은 mixed endian)도 있다.

〈표 5-3〉 엔디언 방식과 바이트 저장 순서

16진수 숫자 코드	방식	낮은 주소 ← 메모리 저장 → 높은 주소
0x1234	빅 엔디언	12 34
	리틀 엔디언	34 12
0x12345678	빅 엔디언	12 34 56 78
	리틀 엔디언	78 56 34 12
	미들 엔디언	34 12 78 56 또는 56 78 12 34

메모리는 보통 낮은 주소에서 시작해 높은 주소 쪽으로 저장한다. 또한 보통 한 주소에 한 바이트가 저장된다. 〈표 5-3〉에 숫자 코드에 대한 예를 나타내었다. 빅 엔디언은 여러 개의 바이트로 이루어진 변수를 메모리에 저장할 때 큰 단위의 바이트가 앞 번지로 오게 배열한다. 반대로 리틀 엔디언은 작은 단위의 바이트가 앞 번지로 오게 배열한다. 미들 엔디언은 2바이트 단위로는 빅 엔디언이고 그 안에서는 바이트 단위로 리틀 엔디언인 경우와 정반대인 경우가 있다. 엔디언은 바이트 내에서 비트 단위로 데이터를 채울 때도 비슷하게 적용될 수 있다. 하지만 보통의 메모리 액세스는 바이트 단위로 이루어진다. 비트 단위를 사용하려면 일반적으로 별도의 연산과정이 필요하다.

[그림 5-2]에 4개의 바이트로 이루어진 변수를 저장하는 방법을 나타내었다. 빅 엔디언은 큰 단위의 바이트가 앞 번지에 오고 리틀 엔디언은 작은 단위의 바이

트가 앞 번지에 온다.

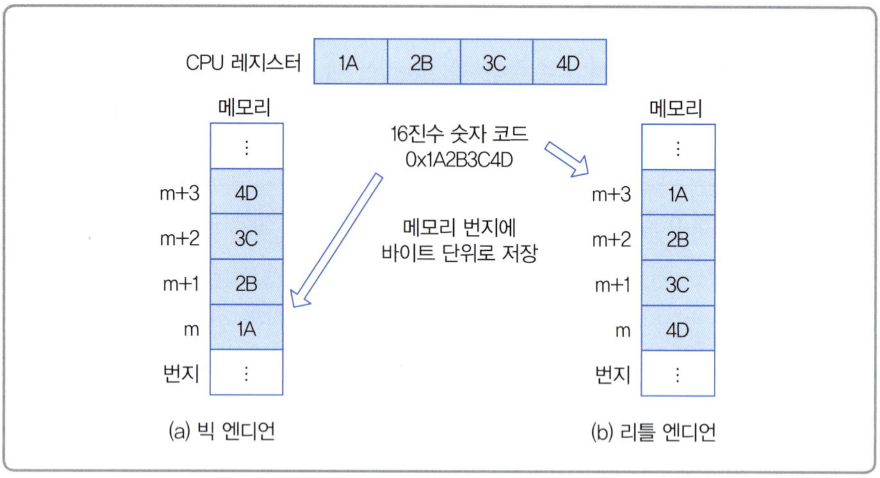

[그림 5-2] 빅 엔디언과 리틀 엔디언 저장

프로그래밍 작업에서는 보통 메모리에 저장되는 변수의 첫 바이트를 그 변수의 주소로 삼는다. [그림 5-2]에서 이를 m 번지로 나타내었다. (a)에서 메모리 주소에 저장된 순서대로 변수 값을 읽으면 빅 엔디언은 사람이 숫자를 쓰는 방법과 같아진다. 이것은 프로그래머가 디버깅할 때 편리하다. 반면 일부 하위 바이트 값만 필요하면 리틀 엔디언은 계산과정이 생략되어 편리하다. 0x1A2B3C4D의 4바이트 중에서 0x4D만 읽으려 할 때 (a)의 빅 엔디언은 변수의 주소 m 번지에 3을 더해 m+3 번지 주소에서 1바이트를 읽거나 m 번지부터 4바이트를 모두 읽어야 한다. 반면 (b)의 리틀 엔디언은 주소 m 번지에서 1바이트만 바로 읽을 수 있다.

인텔 프로세서는 전통적으로 리틀 엔디언을 사용한다. 일반적으로 네트워크 주소는 빅 엔디언을 사용한다. 두 방법 중 어느 한 쪽이 압도적으로 좋거나 나쁘지 않다. CPU 프로세서에 따라 일명 바이(bi-) 엔디언이라고 하여 펌웨어로 엔디언 방식을 선택할 수도 있다. 다른 방법은 소프트웨어 프로그램 내부에서 바이트 순서를 바꾸어 사용하기도 한다.

5.2 메모리 계층구조

5.2.1 읽기와 쓰기

메모리나 입출력장치를 읽고 쓸 때 이를 세분화해 메모리 읽기(memory read), 메모리 쓰기(memory write), 입출력장치 읽기(I/O read), 입출력장치 쓰기(I/O write)라고 한다. 컴퓨터의 메모리나 입출력장치에서 읽기와 쓰기 동작의 주체는 CPU이다. 읽기 동작은 메모리나 입출력장치에서 CPU 쪽으로 데이터가 입력된다. 쓰기 동작은 CPU에서 메모리나 입출력장치 쪽으로 데이터가 출력된다.

실제로 일어나는 읽기와 쓰기의 순간은 주소나 데이터와 함께 제공되는 읽기 신호와 쓰기 신호에 의해 결정된다. 읽기 시간(read time)은 CPU가 주소를 보낸 순간부터 데이터를 읽어오는 동작이 완료되기까지 걸린 시간이다. 쓰기 시간(write time)은 CPU가 주소와 기록할 데이터를 보낸 순간부터 저장이 완료되기까지 걸린 시간이다. 이것은 액세스 타임과 차이가 있다.

5.2.2 액세스 타임

액세스 타임은 데이터가 저장된 위치를 찾는데 걸린 시간이다. 이에 비해 전송속도는 그 이후에 실제로 전송이 이루어질 때의 데이터 전달 속도이다. 액세스 타임은 기억장치나 입출력장치의 동작속도를 나타내는 척도이다. 액세스 타임이 빠르면 읽기와 쓰기에 필요한 시간이 절약된다.

액세스(access)는 '어떤 장소로 접근하는 동작'을 말한다. 메모리나 입출력장치에서 액세스는 이미 저장된 내용을 읽기 위해 혹은 데이터를 새로 저장하기 위해 '특정 위치에 신호가 도달하는 동작'이다. 접근시간 또는 액세스 타임(access time)은 CPU가 데이터의 저장 위치에 접근을 완료하거나 응답을 받기 시작하는 데 걸린 시간이다. 이를 기술적으로 표현하면 [그림 5-3]과 같다. 즉, 액세스 타임은 메모리나 입출력장치에 새로운 주소가 도달한 시점부터 데이터를 출력하기 시작하거나 기록하기 시작하는 데까지 걸린 시간이다. 같은 장치라도 읽기와 쓰기의 액세스 타임이 다를 수 있다.

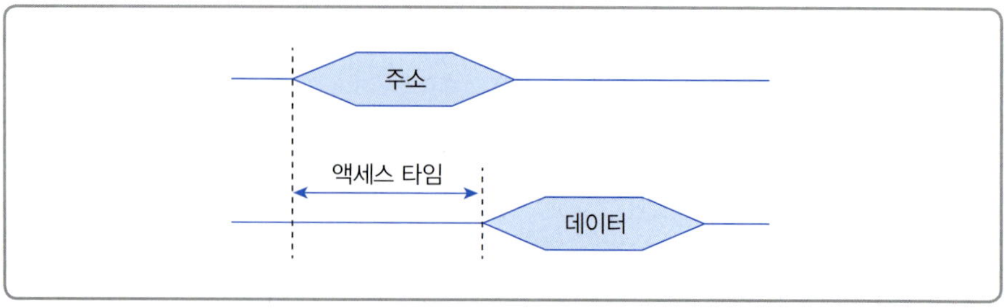

[그림 5-3] 액세스 타임의 정의

액세스 타임의 단위는 시간(sec)이다. 밀리(milli), 마이크로(micro), 나노(nano), 피코(pico)를 앞에 붙여 ms, μs, ns, ps로 각각 10^{-3}, 10^{-6}, 10^{-9}, 10^{-12}초를 나타낸다. 보조기억장치들의 액세스 타임은 대개 밀리초(ms) 단위이고 반도체 메모리의 액세스 타임은 나노초(ns) 수준이다. 액세스 타임이 빠른 소자는 가격이 비싼 대신 속도 성능이 좋다.

5.2.3 메모리 계층구조

컴퓨터시스템에 사용하는 기억장치 소자들을 액세스 타임이 빠른 순서대로 정렬하여 〈표 5-4〉에 ①~⑧로 나타내었다. 여기서 예로든 액세스 타임은 대략적인 값이다. 실제로는 제품마다 차이가 있다. 같은 종류의 메모리나 하드디스크도 액세스 타임이 조금만 빨라지면 가격이 급등할 수 있다. CPU 레지스터 간 데이터 전송은 보통 1클럭이 소요된다. ①에서 CPU 레지스터의 액세스 타임은 CPU 클럭 속도 3.3GHz의 역수를 취해 $\fallingdotseq 0.3\times10^{-9}$s에서 약 0.3ns가 된다.

〈표 5-4〉의 ②에서 SRAM의 액세스 타임은 CPU 외부에 있을 때를 예로 들었다. 캐시가 CPU 프로세서 칩에 내장되는 경우 액세스 타임은 보통 CPU 클럭 개수로 표시한다. 인텔의 3세대 Core i7 프로세서(2012년)의 내장 캐시를 예로 들면 [그림 5-7]에서 L1, L2, L3로 내려 갈수록 4, 10, 35~40클럭 이런 식으로 시간이 소요된다. 반대로 용량은 32KiB, 256KiB, 8MiB 이런 식으로 커진다.

〈표 5-4〉의 ③에서 DRAM의 액세스 타임은 과거 1980년대는 200ns가 넘는

것도 많았지만 요즘은 20ns이하의 제품도 나온다. 반도체 메모리의 기술발전으로 집적도가 올라가면서 가격은 떨어지지만 용량은 크게 늘고 속도는 빨라지고 소비전력은 줄어든다. 이것은 SRAM이나 ROM의 경우도 마찬가지이다.

〈표 5-4〉의 ⑤ 이하는 기계적인 한계로 액세스 타임이 빠르게 발전할 수가 없다. 하드디스크는 용량은 꽤 늘어나는 편이지만 액세스 타임은 미미하게 발전한다. 광학디스크는 호환성 때문에 대용량 매체의 보급이 늦고 하드디스크 보다는 성능에 덜 민감하기 때문에 더 둔감한 편이다. 플로피디스크는 시장에서 사라졌다. 과거 대용량 데이터 백업에 사용되던 자기 테이프도 요즘은 쓸 일이 없다.

〈표 5-4〉 액세스 타임이 빠른 소자 순서

순위	기억장치 종류	적용 예	액세스 타임 예
①	CPU 레지스터	3.3GHz CPU	≒ 0.3ns
②	캐시메모리	SRAM	2~3ns
③	메인메모리	DRAM	20~30ns
④	ROM	EEPROM	100ns
⑤	하드디스크	HDD	1/100초=10ms
⑥	광학디스크	ODD	1/10초=100ms
⑦	플로피디스크	FDD	1초
⑧	자기 테이프	tape 드라이브	10초

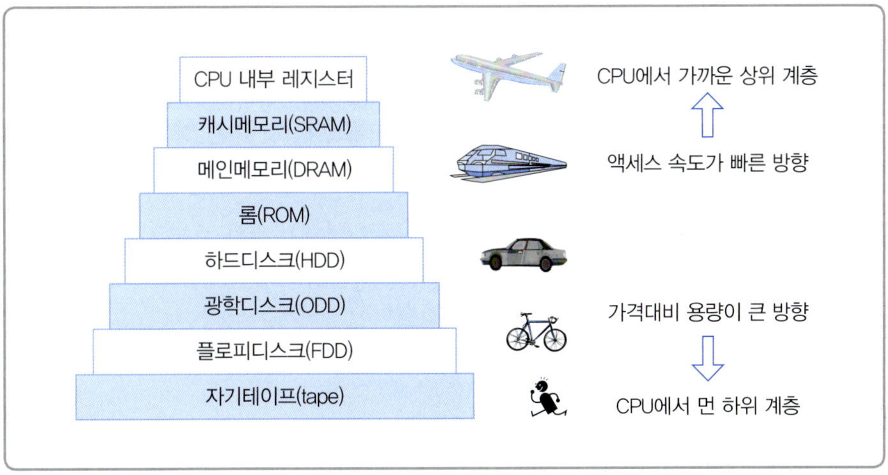

[그림 5-4] 기억장치 계층구조

기억장치 계층구조 또는 메모리 계층구조(memory hierarchy)는 컴퓨터시스템에서 여러 종류의 기억장치를 계층적인 구조로 만들어 사용하는 방법이다. 적은 비용으로 기억장치의 용량을 늘리고 전체 기억장치의 평균 액세스 속도를 높일 수 있다. 기억장치 계층구조는 [그림 5-4]처럼 가격, 용량, 속도 측면에서 다양한 계층의 기억장치로 구성된다. CPU에 가까울수록 상위계층으로 분류한다. 상위계층으로 갈수록 액세스 타임이 빠른 소자들이 배치된다. 속도가 빠른 소자들은 대개 비트당 가격은 높아지고 용량은 작아진다. 반대로 CPU에서 먼 하위계층으로 갈수록 속도는 느려지고 가격대비 용량이 큰 장치들이 배치된다. CPU에 가까운 상위계층에 데이터가 있을 확률이 높을수록 전체 기억장치의 평균 액세스 타임은 빨라진다. 이것은 앞으로 설명할 캐시나 디스크 캐시를 사용하는 이유가 된다.

5.2.4 가상메모리

프로그램이 실행되려면 동작에 필요한 최소한의 메모리가 작업공간으로 남아 있어야 한다. 이때 메인메모리가 부족하면 가상메모리를 설치해 사용한다. 이 가상의 기억공간은 실제로는 하드디스크와 같은 보조기억장치에 위치해 있다. 보조기억장치 중에서 하드디스크가 가장 용량이 크고 액세스 속도도 빠르기 때문이다. 가상기억장치 또는 가상메모리(virtual memory)는 주로 하드디스크의 일부를 확장된 램으로 가정해 부족한 메인메모리의 일부로 사용한다. 가상메모리를 사용하는 이유는 부족한 메인메모리의 크기를 외형적으로 늘리기 위한 것이다. 가상메모리는 논리적인 기억공간이기 때문에 물리적으로 연속적일 필요는 없다.

컴퓨터의 운영체제는 가상메모리를 통해 실제보다 더 많은 양의 메모리를 갖고 있는 것처럼 동작할 수 있다. 운영체제는 가상의 주소를 사용해 가상메모리를 확장된 램처럼 관리한다. 가상메모리의 크기는 운영체제에서 자동으로 관리한다. 운영체제에 따라 사용자가 임의로 최대 크기를 설정할 수도 있다.

a. 하드디스크 스와핑

메모리가 부족하면 새로운 내용이 램에 들어올 수 있도록 공간을 마련해 주어야 한다. 이때 하드디스크 스와핑은 가상메모리를 사용하기 위한 필수 동작이다.

하드디스크 스와핑(swapping) 혹은 스왑(swap)은 메인메모리의 내용과 보조기억장치인 하드디스크의 내용을 상호 교환하는 것이다. 스왑 파일은 가상메모리를 사용할 때 실제 메모리인 램에 대한 확장으로 하드디스크 상에 만들어지는 파일이다. '윈도우나 유닉스' 기반의 운영체제들은 대개 기본적으로 스왑 파일을 사용한다. 파일 단위로 하나의 연속된 공간을 구성할 수 있어 적은 횟수의 읽기와 쓰기로 가상메모리를 관리할 수 있는 장점이 있다. 램에 있어야 하는 것들 중에서 오래 전에 사용된 내용은 다시 필요해질 때까지 임시로 하드디스크에 스왑 파일로 보내진다. 필요에 따라 사용자가 스왑 파일의 크기를 조절할 수도 있다.

가상메모리의 스왑 파일처럼 운영체제와 응용프로그램들은 하드디스크에 주기적으로 자기가 관리하는 데이터나 프로그램을 임시 파일로 저장한다. 자동으로 삭제되기도 하지만 그렇지 않은 경우가 더 많다. 임시 파일들(temporary files)은 공간만을 차지하므로 가능하다면 지울 필요도 있다. 임시 파일들의 위치는 설치프로그램이 사용하는 임시 디렉터리와 응용프로그램이 관리하는 디렉터리 안에 있다. 일부 응용프로그램은 루트 디렉터리에 임시 디렉터리를 만들기도 한다.

b. 페이지와 페이징

가상메모리를 다루는 '일반적인 운영체제'에서는 스왑 파일 대신 페이지라는 용어를 주로 사용한다. 또한 스와핑 대신 페이징이라고 표현한다.

페이지(page)는 가상메모리를 사용하기 위해 메인메모리와 하드디스크 사이에 한 번에 이동하는 단위이다. 페이지는 가상메모리 공간을 일정한 크기로 나눈 것으로 가상 페이지라고도 한다. 운영체제는 다량의 페이지로 이루어진 가상메모리를 관리한다. 예를 들어 4KiB 페이지로 64GiB 가상주소 공간을 나누고 각각을 독립적으로 메인메모리에 매핑할 수 있다.

메모리가 부족해지면 운영체제는 메인메모리의 일부 영역을 할당해 가상의 기억공간을 다룰 수 있도록 한다. 페이지 프레임(page frame)은 주기억장치의 일부에서 가상의 기억공간을 다룰 수 있도록 할당된 메모리 영역이다. 페이지 프레임 하나에 페이지 하나가 들어오도록 할당한 것이다. 메인메모리에는 여러 개의 페이지 프레임들이 존재한다. 메인메모리에 들어 있는 페이지들은 하드디스크에 있는 페이지들 중 하나의 복사본이다.

다량의 페이지로 이루어진 가상메모리를 관리하기 위해 페이징(paging) 혹은 페이지 교체(replacement)는 [그림 5-5]처럼 메인메모리와 하드디스크 사이에 페이지를 교환하는 동작을 말한다. 운영체제가 참고하려는 페이지가 메인메모리에 없으면 하드디스크에 저장해둔 페이지를 참조해 필요한 것을 가져온다. 메인메모리에 비어있는 페이지 프레임이 있으면 새로운 페이지를 거기에 할당한다. 만일 비어 있는 공간이 없으면 페이지 프레임에 저장되어있던 페이지 하나를 꺼내 하드디스크에 저장하고 그 자리에 필요한 페이지를 바꾸어 넣는다.

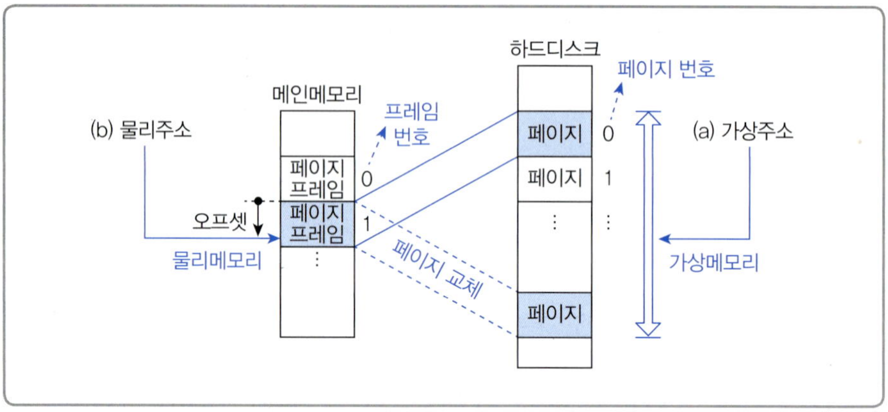

[그림 5-5] 메인메모리와 가상메모리

c. 가상주소와 물리주소

[그림 5-5]에서 가상메모리에 대응하는 용어로 실제 메모리를 물리메모리(physical memory)라고 한다. 또한 가상메모리를 관리하는 주소를 가상주소(virtual address)라고 하고 실제 메모리 주소를 물리주소(physical address)라고 한다. [그림 5-5] (b)처럼 메인메모리에서 페이지 프레임으로 사용하고 있는 시작 주소에서 지정하려는 주소까지의 차이인 오프셋(offset) 값을 알면 물리주소를 구할 수 있다. 오프셋 값을 변위(displacement) 값이라고도 한다. 오프셋을 이용하면 물리주소를 지정할 때 가상주소의 비트 수를 줄일 수 있다.

[그림 5-6]에서 운영체제는 가상주소에서 물리주소로의 변환을 위해 페이지 테이블(page table)을 만들어 저장한다. 이것은 현재 관리되고 있는 가상메모리의 모든 페이지와 메인메모리의 페이지 프레임과의 매핑 관계를 저장한 정보이다.

페이지 테이블의 각 항목의 내용을 페이지 테이블 등록정보(page table entry,

PTE)라고 한다. 등록정보 각 항의 내용은 '가상메모리의 페이지 번호가 메인메모리의 페이지 프레임 번호에 1:1로 매핑'된 정보이다. 페이지 테이블을 이용해 가상주소에서 실제 메모리의 물리주소를 계산할 수 있다. [그림 5-6]은 하드웨어적으로 페이지를 관리하는 방법이다. (a)의 가상주소 형식은 페이지 번호와 오프셋 값으로 이루어진다. 가상주소는 페이지 테이블에서 얻은 정보를 이용해 (b)처럼 프레임 번호와 오프셋 값으로 이루어진 물리주소로 계산된다.

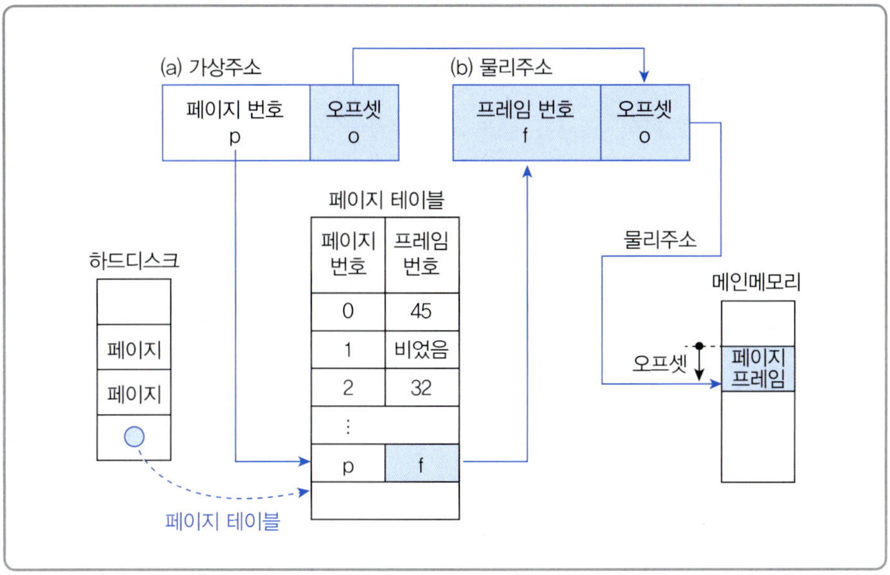

[그림 5-6] 가상주소에서 물리주소로 변환

페이지 테이블 자신도 가상메모리를 사용 중인 각 작업의 일부로 관리된다. 이 때문에 '다른 가상메모리 페이지처럼 취급'되어 하드디스크에 함께 저장될 수 있다. 또한 페이지 테이블이 복잡해지면 이를 관리하기 위해 페이지 디렉터리 구조로 2차와 3차 등 여러 단계(level)로 확대해 저장할 수 있다.

5.2.5 메인메모리와 가상메모리

사용자의 사용 환경에 따라 필요한 메모리의 크기는 다르다. 메모리를 얼마나 많이 사용하느냐 하는 문제는 다중작업을 얼마나 사용하는지와 평소 다루는 데이터의 크기가 얼마나 큰가에 따라 다르다. 대부분의 사용자들은 다중작업을 한다. 웹브라우저로 인터넷을 찾고 메일을 확인하고 참조할 문서 창을 여러 개 열어 놓고 작업하고 있다. 운영체제나 응용프로그램이 사용하는 메모리가 점차 커지는 추세에 따라 사용자들이 필요한 메모리도 점점 커지고 있다.

a. 메인메모리 크기를 늘려야

가상메모리를 많이 사용하면 메인메모리보다 속도가 느린 하드디스크의 액세스 횟수가 늘어난다. 가상메모리를 많이 사용할수록 시스템 성능이 현저하게 떨어진다. 권장할만하지 못하다. 가장 확실한 해결책은 가능한 메모리 부족이 나오지 않도록 메인메모리의 크기를 충분히 늘려주는 것이다. 메인메모리를 충분히 늘리면 하드디스크의 액세스 횟수나 가상메모리의 크기가 줄어 시스템 성능은 크게 향상된다. 성능이 높은 CPU일수록 메인메모리의 크기를 늘려 전체 시스템의 성능이 개선되는 효과가 더 커지는 경향이 있다. 여전히 느린 하드디스크 액세스 속도로 인해 성능에 발목이 잡히기 때문이다.

'운영체제나 CPU 별로' 최대한 관리할 수 있는 메모리 크기에는 제약이 있다. 대부분의 32비트 운영체제는 보통의 방법으로는 2^{32}B=4GiB 이하의 메인메모리 크기만 관리할 수 있다. 이때는 8GiB 메모리를 장착해도 운영체제에서 4GiB만 인식한다. 64비트 CPU라고 해서 64비트 메모리 주소를 사용하는 것이 아니라 CPU 칩을 설계하기 나름이다. 물리주소는 CPU 외부로 주소선이 나오도록 실제로 설계되어야 가능하다. 예를 들어 64비트 기계라도 48비트 가상주소와 36비트 물리주소를 사용하고 메인메모리의 크기를 최대 64GiB로 제한할 수 있다. 이때 한 주소에 한 바이트를 저장하여 최대 2^{36}B=64GiB인 메인메모리에 물리주소를 지정하려면 주소버스 선의 수가 36개가 나와야 한다.

b. 스래싱

스래싱은 몽둥이 '매질'이나 경기에서 '참패'라는 뜻이다. 컴퓨터에서 과다상태 또는 스래싱(thrashing)은 전체 시스템의 성능이 저하되어 작업의 진전이 아주 느리거나 아예 없는 상태를 말한다.

가상메모리에서 스래싱은 페이징 동작이 과도하게 일어나는 상태이다. 가상메모리를 사용하면 메인메모리와 하드디스크 사이에 프로그램이나 데이터를 옮기는 페이지 교체가 필요하다. 이때 페이지 교체가 너무 빈번하면 속도가 느린 디스크의 액세스 횟수가 늘어나 컴퓨터의 처리속도가 급격히 떨어진다.

파일 검색이 필요한 바이러스 검사를 실행하는 동안에도 CPU가 느린 하드디스크를 지속적으로 액세스하면 전체 시스템의 성능이 느려진다. 이때 또 다른 프로그램을 추가로 실행하면 평소보다 훨씬 느리게 동작하는 것을 느낄 수 있다. 이런 현상은 메모리나 기타 시스템 자원이 고갈되어 필요한 연산을 수행하기에 너무 부족한 상태에 빠졌을 때 일어난다. 운영체제는 응용프로그램들로부터 자원을 회수하는 방법 등을 통해 이런 문제를 해결하려고 노력한다.

5.3 캐시메모리

캐시(cache)는 '은닉처'라는 뜻이다. 캐시메모리(cache memory)는 주로 메인메모리의 액세스 타임을 줄이기 위해 CPU와 메인메모리 사이에 사용하는 빠른 속도의 메모리이다. CPU 캐시라고 하거나 줄여서 보통 캐시라고 한다. 캐시메모리는 CPU가 작업에 주로 사용하는 메인메모리의 액세스 타임을 줄이기 위해 사용된다. 컴퓨터가 프로그램에서 현재 사용 중인 내용의 근방을 캐시에 미리 저장해 둔다. 자주 액세스하는 데이터나 프로그램 명령을 반복해 검색하지 않고 즉시 사용할 수 있도록 준비해 실행속도를 높인다. 캐시는 주로 액세스 타임이 빠른 SRAM을 사용한다. CPU에 아주 가까운 곳에 위치하거나 아예 내장된다. 초기에는 캐시를 CPU 바깥에 장착했으나 1990년대 초부터는 프로세서 성능을 높이기 위해 주로 CPU 칩에 내장한다.

5.3.1 캐시와 메모리 계층

컴퓨터시스템은 캐시메모리로 메모리 계층 간의 속도 차이를 완충시켜 전체 기억장치의 평균 액세스 타임을 줄일 수 있다. 메모리 계층구조에서 CPU에 가까운 순서대로 보통 n차 캐시 혹은 레벨 n(level n, Ln) 캐시라고 한다. 컴퓨터시스템에서 몇 차 캐시까지 사용하느냐 하는 것은 프로세서 칩이나 시스템보드를 제작하면서 설계하기 나름이다.

a. L1, L2, L3 캐시

컴퓨터시스템에서 사용하는 메모리 계층구조의 일반적인 형태를 [그림 5-7]에 나타내었다. 이것은 메모리 계층구조의 예를 보여주기 위한 것이며 실제로는 프로세서를 설계하기 나름이다. 메모리 계층구조에서 L3, L2, L1 캐시로 올라갈수록 CPU 코어에 가까워져 속도는 빨라지고 크기는 작아진다. (a)에서 L3 캐시는 메인메모리의 일부 내용을 저장한다. L2 캐시는 L3의 일부를 저장한다. L1 캐시는 L2의 일부를 저장한다. CPU는 상위계층부터 자료를 찾는다. 없으면 차례대로 하위계층으로 내려가면서 자료를 찾는다. L1 캐시에 없으면 L2에서 찾고, L2에 없으면 L3 캐시에서 찾는다. L3에도 없으면 메인메모리에서 찾는다. 그곳에도 없으면 하드디스크나 다른 디스크에서 자료를 구한다. 이때 하위계층에 대한 액세스 횟수가 늘어날수록 평균 속도가 느려져 전체 기억장치의 성능은 떨어진다.

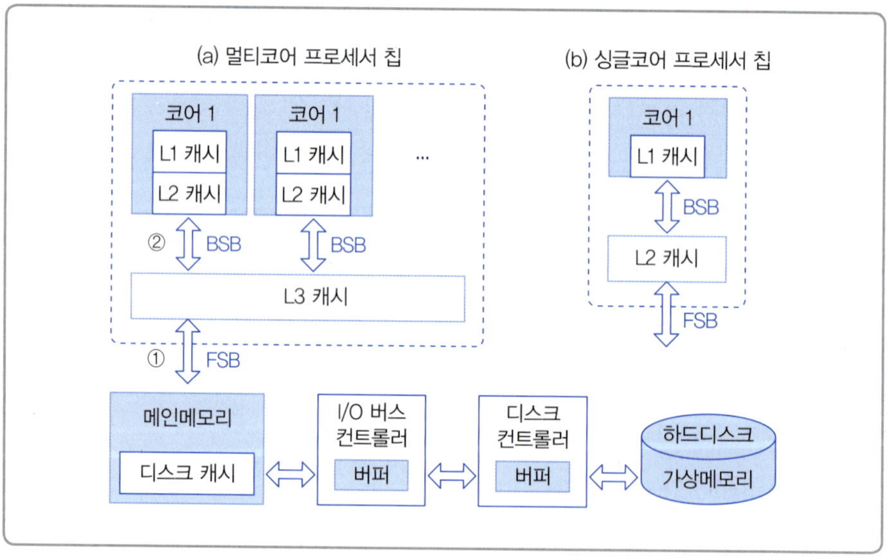

[그림 5-7] 컴퓨터시스템의 메모리 계층구조

같은 CPU 코어를 사용할 때 캐시가 클수록 성능에 유리하며 캐시의 위치에 따라 성능이 차이난다. 같은 레벨의 캐시라도 설치 위치가 ① CPU 코어 내부, ② CPU 언코어, ③ CPU 칩 외부의 순서대로 액세스 속도가 빠르다. 프로세서 칩에 내장된 장치 중에서 코어가 아닌 다른 부분을 언코어라고 한다.

같은 CPU 코어를 사용해 프로세서 성능을 개선시키는 방법은 ① CPU 코어 클럭 증가, ② 내장 캐시의 성능 개선, ③ 멀티코어 구조가 대표적이다. 내장 캐시의 성능 개선은 용량을 늘리는 것과 함께 연결 속도를 개선하는 것이다. 캐시와 CPU 코어 간의 데이터버스 연결에서 주로 비트 수와 버스의 클럭 속도를 올려주는 방법을 사용한다. 예를 들어 L3에 연결되는 CPU 외부 시스템버스는 64비트이지만 내부 캐시 간의 연결은 256비트로 설계할 수 있다. 또한 프로세서 칩 내부는 외부 시스템버스 클럭의 몇 배수로 동작하도록 설계한다. 시스템버스와 CPU 클럭과의 관계는 7장에서 설명한다.

b. 온-다이 캐시

요즘 CPU 프로세서 칩 내부에는 캐시를 내장하는 것이 일반적이다. 이를 온 다이(on-die) 캐시 혹은 온 칩(on-chip) 캐시라고 한다. 온 다이는 캐시가 CPU 코어와 같은 반도체 회로기판 위에 있다는 뜻이고 온 칩은 같은 칩 안에 있다는 뜻이다. 어떤 방식이건 프로세서 칩에 캐시가 내장되어있다. [그림 5-7]의 예처럼 CPU 고유 부분인 CPU 코어와 함께 L1, L2, L3 등의 캐시가 계층구조를 이루며 내장된다. (a)의 멀티코어 프로세서 칩에서 L1, L2 캐시는 각 코어가 독점하고 L3 캐시는 CPU 칩 내부의 공유 캐시로 사용하는 구조이다. (b)의 싱글코어 프로세서 칩에서 L1 캐시는 CPU 코어 내부에, L2 캐시는 프로세서 칩 내부에 위치한 경우이다. 물론 멀티코어 프로세서도 (b)의 구조를 가질 수 있다. 전통적인 개념으로 보아 CPU와 메인메모리 사이에 사용되는 캐시의 역할은 (a)의 L3와 (b)의 L2 캐시이다. 여기서는 주로 (a)의 멀티코어 프로세서를 기준으로 설명하겠다.

멀티코어 프로세서에서 각 코어의 개념은 독립적으로 명령을 실행하는데 필요한 부분을 말한다. [그림 5-7] (a)에서 각 코어(core)에는 연산장치(ALU), 레지스터, 부동소수점 처리장치(FPU), 독립적인 명령어 실행 장치와 각 코어가 단독으로 사용할 수 있는 L1, L2 캐시 등을 포함한다. 언코어(uncore)는 각 코어에서 제외되어 공통으로 공유해 사용할 수 있는 부분이다. 각 코어들이 공통으로 사용하는 명령어 인출과 해독장치, L3 공유 캐시와 칩 내부에 내장된 메모리 컨트롤러, 버스 컨트롤러, 그래픽처리장치(GPU) 등은 코어의 개념에서 제외된다.

메모리 계층구조에서 L1 캐시는 명령 캐시와 데이터 캐시를 분리해 설계하는 것이 일반적이다. 명령어를 병렬로 처리하기 위해 슈퍼스칼라 방식으로 설계하기에 유리하기 때문이다. L1 데이터 캐시는 동시에 읽고 쓰기가 가능하도록 데이터 출입구를 두 개로 분리한 듀얼포트(dual-ported) SRAM을 사용해 더욱 고속으로 설계한다. 이 기술은 대부분의 CPU 코어가 내부 레지스터를 듀얼포트 혹은 멀티포트(multi-ported) SRAM으로 구현하는데서 유래했다. L2, L3 캐시는 명령과 데이터가 공유해 사용한다. 각 코어 내부에서 L2 캐시는 프로세서 칩 내부의 다른 공유 장치들과의 버스 인터페이스 속도를 높이기 위해 사용된다. L3 캐시는 멀티코어 간의 다중작업이나 하나의 작업을 나눠서 처리할 때 일관성을 유지해준다.

c. 디스크 캐시

하드디스크는 메모리 계층구조에서 대표적인 가상메모리로 사용된다. [그림 5-7]에서 메인메모리의 일부는 디스크 캐시로 사용된다. 디스크에서 데이터를 읽고 쓰기 위해서는 디스크 컨트롤러와 I/O 버스 컨트롤러를 거쳐야 한다. 이들 장치에 분산된 버퍼도 중간 단계에서 일종의 디스크 캐시의 역할을 한다. 디스크 컨트롤러는 칩셋에 내장되거나 디스크 드라이브 자체에 직접 내장된다. I/O 버스 컨트롤러는 대개 메인보드의 칩셋에 내장된다.

디스크 캐시(disk cache)는 디스크의 액세스 타임을 줄이기 위해 CPU와 디스크 장치 사이에 사용하는 캐시메모리이다. 운영체제에 의해 주로 메인메모리의 일부를 할당해 디스크 캐시로 활용한다. 자료를 찾기 위해 빈번하게 액세스하는 하드디스크, 광학디스크, 휴대용 디스크와 CPU 사이의 속도 차이를 크게 줄여준다.

실제의 컴퓨터시스템은 메인메모리의 상당 부분을 디스크 캐시에 할당한다. 메인메모리 크기와 운영체제에 따라 다르지만 많게는 1/3 정도를 차지하기도 한다. 운영체제에 따라 메인메모리를 차지하는 디스크 캐시의 비율을 사용자가 조절할 수도 있다. 디스크 캐시를 많이 사용하면 메인메모리의 크기가 줄어들어 반대로 가상메모리를 늘려야 하므로 적절한 비율을 유지해야 한다. 이 때문에 디스크 캐시와 가상메모리의 크기는 대개 운영체제에서 자동으로 관리된다.

디스크 캐시라는 용어는 하드디스크에 내장된 디스크 버퍼(disk buffer)와 혼동되기 쉽다. 이것은 기계적으로 느린 하드디스크를 읽고 쓸 때 임시로 저장해두는 버퍼 메모리이다. 하드디스크를 빌려 사용하는 가상메모리의 페이지 일부를 복사한 메인메모리의 영역을 페이지 캐시(page cache)로 부르기도 한다. 이것은 페이지 프레임을 명확히 구분해 부르는 말이며 디스크 캐시에 포함된다.

5.3.2 전면버스와 후면버스

[그림 5-7]에서 메모리의 이중독립버스(dual independent bus)는 메모리버스가 ① CPU와 메인메모리 사이의 '외부 시스템버스'와 ② CPU 코어와 캐시 사이의 '내부 캐시버스'인 두 개의 독립적인 버스를 갖는 구조를 말한다.

전면버스는 주로 CPU와 외부 메인메모리 사이를 연결해주는 시스템버스를 이야기한다. 프론트 사이드 버스(front-side bus, FSB)라고도 한다. 메인메모리에 사용되는 램 모듈의 속도나 시스템버스의 클럭 등을 언급할 때는 대개 FSB를 가리킨다. 후면버스는 주로 CPU 내부에 내장된 캐시와 CPU 코어 사이를 연결해주는 캐시버스를 이야기 한다. 백 사이드 버스(back-side bus, BSB)라고도 한다.

전면버스와 후면버스로 나누는 이런 구조는 메모리버스의 한계를 극복하는 방법이다. CPU 프로세서 칩 내부의 BSB는 외부로 연결되는 FSB보다 대개 비트 수를 더 넓히고 클럭도 더 고속으로 설계한다. 캐시가 CPU 칩 내부에 내장되면서 이런 구조가 쉽게 가능해졌다. 캐시가 CPU 외부에 있던 과거에는 별도의 버스 구조로 분리해 비트 수를 늘리거나 클럭 속도를 올리는데 한계가 있었다.

5.3.3 캐시 적중과 실패

CPU가 한 번 이상 액세스한 내용은 일단 캐시에 복사된다. 캐시에는 사용자가 응용프로그램을 사용할 때 불러들인 파일이나 글꼴, 그림들이 들어있다. 캐시에 있는 내용들은 CPU가 요구할 때 신속히 재사용된다. 캐시에서 원하는 내용을 찾지 못하면 CPU는 메인메모리에서 새로운 내용을 읽어 들여 사용하고 이를 캐시에 저장해둔다. 캐시의 용량에는 한계가 있다. 한동안 사용되지 않았던 내용들은 새로운 내용에 자리를 내주고 캐시를 빠져 나간다.

CPU가 원하는 내용을 캐시에서 발견한 상태를 캐시 적중(hit)이라고 한다. 원하는 내용이 캐시에 없는 상태를 캐시 실패(miss)라고 한다. 캐시 적중이면 캐시에서 CPU로 정보를 읽어온다. 실패하면 메인메모리나 그 아래 계층에서 읽어 온다. 캐시 적중률(hit rate)은 CPU가 원하는 프로그램이나 데이터가 캐시에 있을 확률이다. 식 (5.1)로 나타낼 수 있다. 캐시가 커지면 적중률이 높아진다.

$$H = \frac{\text{캐시 적중 회수}}{\text{전체 메모리 액세스 회수}} \times 100\% \qquad (5.1)$$

캐시 적중률이 높을수록 전체 기억장치의 평균 액세스 타임이 빨라져 캐시의 액세스 타임에 가까워진다. 캐시 실패율(miss rate)은 CPU가 원하는 프로그램이나 데이터가 캐시에 없을 확률이다. 적중률의 반대로 캐시 부(不)적중률이라고도 한다. 캐시 적중률이 높아야 시스템 효율이 높아진다. 캐시 적중률과 실패율은 보통 0~1 사이의 값이나 100%를 곱해 백분율로 나타낸다.

5.3.4 평균 액세스 타임

캐시가 적용된 [그림 5-8]의 계층구조에서 전체 기억장치의 평균 액세스 타임을 구해 보자. 캐시 적중과 실패를 판정할 시간은 생략하기로 한다. 메인메모리의 일부 내용이 캐시로 올라간다. 메인메모리에 자료가 있을 확률이 100%라고 가정하자. 이때 캐시와 메인메모리의 액세스 타임이 각각 T_C, T_M이고 캐시의 적중률이 H라고 가정하자. 캐시 성공이 아닌 실패일 때 CPU는 메인메모리에서 자료를 가져와야 한다. 이때 캐시와 메인메모리의 액세스 비중은 각각 H와 $(1-H)$가 된다. 예를 들어 캐시와 메인메모리의 적중률이 각각 60%, 100%라면 액세스 비중은 각각 60%, 40%가 된다. 이 경우 전체 기억장치의 평균 액세스 타임 T_A는 액세스가 읽어나는 장소의 비율과 액세스 속도에 따라 식 (5.2)처럼 계산된다.

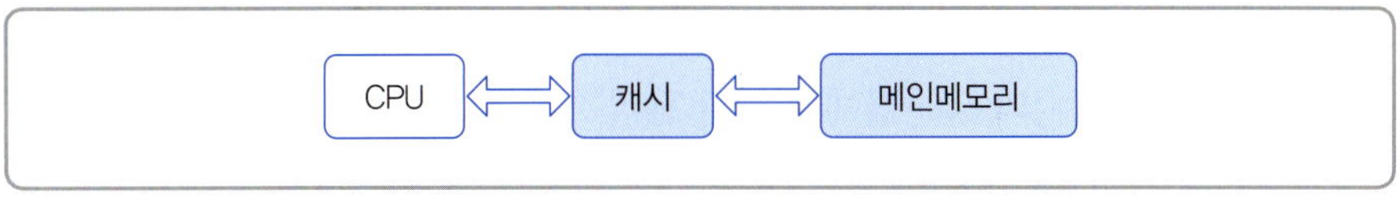

[그림 5-8] 메모리 계층구조 사례 A

$$T_A = H \times T_C + (1-H) \times T_M \quad (5.2)$$

이번에는 [그림 5-9]의 계층구조에서 전체 기억장치의 평균 액세스 타임을 구해 보자. 메인메모리의 일부 내용이 L2 캐시로 올라가고 L2 캐시의 내용 일부가 L1 캐시로 올라간다. 메인메모리에 자료가 있을 확률이 100%라고 가정하자. L1, L2 캐시와 메인메모리의 액세스 타임이 각각 T_1, T_2, T_M이고 L1, L2 캐시의 적중률이 각각 H_1, H_2라고 가정하자. L1 캐시 실패일 때 CPU는 L2 캐시에서 자료를 가져와야 한다. 그곳에도 없으면 메인메모리에서 가져와야 한다. 이때 L1, L2 캐시와 메인메모리의 액세스 비중은 각각 H_1, $(H_2 - H_1)$, $(1 - H_2)$가 된다. 예를 들어 L1, L2 캐시와 메인메모리의 적중률이 각각 70%, 90%, 100%라면 액세스 비중은 각각 70%, 20%, 10%가 된다. 이 경우 전체 기억장치의 평균 액세스 타임 T_A는 액세스 비중과 액세스 속도에 따라 식 (5.3)처럼 계산할 수 있다.

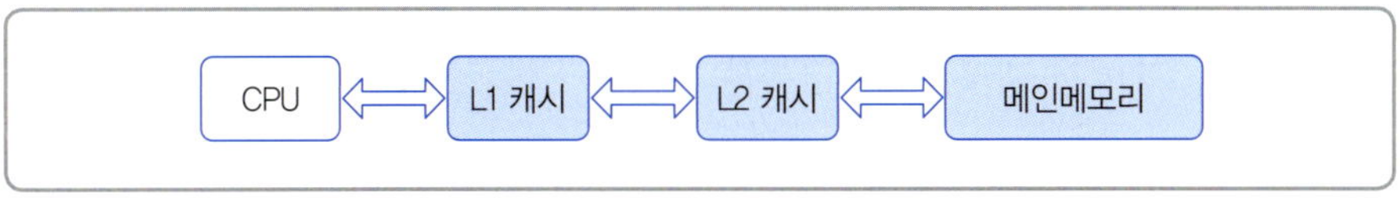

[그림 5-9] 메모리 계층구조 사례 B

$$T_A = H_1 \times T_1 + (H_2 - H_1) \times T_2 + (1 - H_2) \times T_M \quad (5.3)$$

5.3.5 지역성과 일관성

캐시의 목적은 메모리 계층구조에서 평균 액세스 타임을 줄이는데 있다. 컴퓨터시스템의 성능을 높이려면 메모리 상위계층에 데이터가 존재할 확률을 높여야 한다. 캐시 적중률을 높이기 위한 가장 확실한 방법은 비용을 감수하고 캐시의 크기를 늘리는 것이다. 캐시의 설계에는 다음 사항을 고려해야 한다. 다음 내용 중에서 데이터의 지역성과 일관성에 대해서 좀 더 알아보자.

① 액세스 타임이 빠른 소자: 캐시와 메인메모리 모두에 해당한다.

② 데이터의 지역성: 메인메모리에서 캐시로 정보를 인출할 때 당장 필요한 정보만 인출해오면 시간은 짧게 걸리나 효율은 떨어진다. 보통은 블록(block) 단위로 현재 필요한 정보와 앞으로 예측되는 정보를 함께 인출한다.

③ 캐시와 메인메모리의 데이터 일관성: 캐시의 내용을 변경할 때 메인메모리의 내용을 함께 바꾸어 주어야 한다. 이때 걸리는 시간을 최소화한다.

④ CPU 발열문제: 반도체는 액세스 횟수가 늘어나거나 클럭 속도가 빨라지면 발열량이 증가한다. 캐시 적중률이 높아지면 소비전력과 발열량이 증가한다. 하드웨어 엔지니어는 이것까지 대비해 CPU가 신뢰성 있도록 설계한다.

a. 데이터의 지역성

물리학에서 지역성의 원리(principle of locality)는 어떤 사물은 자신을 바로 옆에서 둘러싸고 있는 것들에 의해서만 직접적으로 영향을 받는다는 원리이다. 컴퓨터 과학에서는 이를 참조의 지역성(locality of reference)이라고 한다. 이것은 빈번하게 액세스되는 같은 값이나 관련된 저장 위치를 설명하는 방법이다.

컴퓨터시스템에서 지역성(locality)은 CPU가 기억장치의 특정 부분에 위치한 프로그램이나 데이터를 빈번히 또는 집중적으로 액세스하는 현상이다. 지역성은 데이터의 분산정도를 나타내며 캐시의 적중률에 가장 큰 영향을 미친다. 컴퓨터의 성능을 최적화하기 위해 캐시, 명령어 선인출 기술, 파이프라이닝 분기 예측 등에서 고려해야할 것 중 하나이다. 시간적 지역성(temporal locality)는 상대적으로 짧은 시간 내에 특정 데이터나 자원을 재사용하는 현상이다. 공간적 지역성(spatial locality)은 상대적으로 근접한 저장 위치 내의 자원을 사용하는 현상이다.

① 시간적 지역성: CPU에서 한번 참조한 프로그램이나 데이터는 조만간 다시 참조될 가능성이 높다. 서브루틴이나 응용프로그램 등 최근에 참조된 프로

그램과 데이터는 가까운 장래에 다시 액세스될 확률이 높다.

② 공간적 지역성: 한번 참조된 데이터 주변에 인접한 데이터는 같이 참조될 가능성이 높다. 배열 데이터와 같이 기억장치 내에 서로 인접해 저장된 데이터는 같이 액세스될 확률이 높다. 한편 대부분의 프로그램 명령어는 분기가 발생하기 전까지는 기억장치에 저장된 순서대로 실행된다. 이것은 공간적 지역성의 특별한 경우로 순차적(sequential) 지역성이라고 부른다.

짧은 시간을 기준으로 보면 CPU가 자주 액세스하는 메모리 위치는 주로 한정된 지역에 집중된다. 지역성이 좋을수록 현재 사용 중인 프로그램들은 CPU에 가까운 메모리 상위계층에 집중되어 있다. 이때는 캐시의 적중률이 높아 기억장치의 평균 액세스 속도가 빨라진다. 지역성이 나쁘면 데이터가 여러 메모리 계층으로 분산된다. 이때는 캐시의 적중률이 떨어져 평균 액세스 속도가 느려진다.

b. 데이터의 일관성

CPU는 본래 캐시가 아닌 메인메모리를 액세스하려고 한 것이다. 캐시는 메인메모리의 액세스 속도를 빠르게 해줄 목적으로 사용된다. 메인메모리와 그 복사본인 캐시 사이에는 데이터의 일관성이 유지되고 관리되어야 한다. 또한 캐시와 메인메모리 간의 데이터 일관성에 걸리는 시간을 최소화해야 한다.

정상적으로는 캐시에 있는 데이터가 메인메모리에 있는 자료의 일부 복사본이어야 한다. 디스크에서 읽어온 자료나 CPU에서 연산도중 발생한 데이터나 결과를 임시로 저장할 때 본래는 메인메모리도 같은 내용을 가지고 있어야 한다. 만일 '캐시만 새로 갱신되고 메인메모리가 똑같이 갱신되지 않으면' 캐시와 메인메모리는 서로 다른 내용을 가지게 된다. 이때 혹시 둘 사이의 매핑 구조가 깨지면 잘못된 결과를 초래할 수 있다. 이를 방지하기 위해 캐시의 데이터가 갱신될 때 메인메모리도 함께 갱신되어야 둘 사이의 매핑 구조가 정상적으로 유지된다.

5.3.6 쓰기 정책

[그림 5-7]에서 실제로는 L1 캐시에 있는 모든 데이터가 반드시 L2에 존재하

거나 L2 캐시에 있는 모든 데이터가 반드시 L3에 존재해야 하는 것은 아니다. 이것은 CPU가 캐시메모리를 사용하는 방법에 따라 달라진다. 캐시 쓰기 정책(write policy)은 캐시의 블록이 변경되었을 때 메인메모리의 블록을 갱신(update)하는 방법과 시기를 정하는 것이다. [그림 5-10]처럼 2가지 기본 방식이 있다.

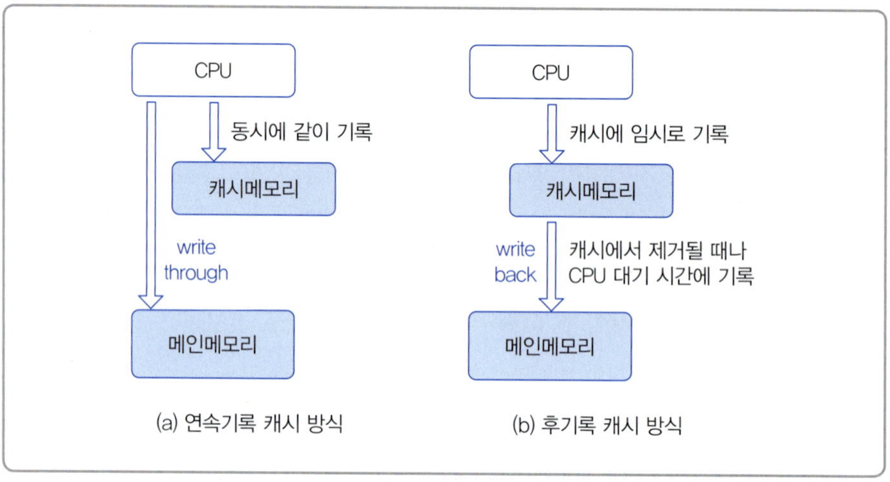

[그림 5-10] 캐시 쓰기 정책

연속기록(write-through) 캐시는 [그림 5-10] (a)처럼 CPU가 캐시와 메인메모리 두 군데의 데이터를 '정상적으로 함께 갱신'하는 방식이다. 캐시의 속도가 메인메모리보다 빨라 캐시가 먼저 업데이트되고 잠시 후 메인메모리에 기록이 완료된다. 이 방식은 구조가 간단하지만 캐시가 갱신될 때마다 느린 메인메모리를 매번 함께 액세스해야 하므로 성능은 떨어진다. 이를 가상메모리에 적용하면 속도가 느린 하드디스크 때문에 데이터를 기록하는데 시간이 더욱 오래 걸린다.

후기록(write-back) 캐시는 [그림 5-10] (b)처럼 CPU가 캐시의 데이터만 우선 변경하고 '메인메모리는 나중에 갱신'하는 방식이다. 액세스 타임이 느린 메인메모리의 쓰기 동작횟수를 최대한 줄여 시간을 절약할 수 있다. 평상시에는 캐시의 내용을 메인메모리에 매번 백업하지 않고 변경된 자료를 표시만 하고 캐시를 계속 사용한다. 나중에 그 자료가 교체될 때 메인메모리에 없는 내용이면 메인메모리로 복사한 후 자료를 캐시에서 비워준다. 이 방식은 하드웨어 구조가 복잡하고 데이터가 갱신되기 전까지 메인메모리의 일부 내용이 일시적으로 무효가 될 수 있다. CPU 기계 사이클이 대기(idle) 상태로 여유가 있을 때 캐시의 내용을 메인메모리에 블록단위로 수시로 미리 백업해두면 시스템 성능을 더 높일 수 있다. 요즘 프로세서 칩에 내장되는 캐시들은 대부분 후기록 캐시 방법을 사용한다.

a. 캐시 읽기

연속기록 캐시이든 후기록 캐시이든 두 방식 모두 읽기 동작에 걸리는 시간은 같다. 캐시 적중이면 CPU가 캐시에서 원하는 데이터를 읽어오고 실패이면 메인메모리에서 읽어온다. 읽기 동작에 걸리는 평균 액세스 타임은 CPU가 원하는 데이터가 캐시에 존재할 확률과 메인메모리에 존재할 확률에 따라 달라진다.

b. 캐시 쓰기

캐시 쓰기 동작은 캐시의 내용이 변경되는 경우에 발생한다. 쓰기 동작에 걸리는 평균 액세스 타임은 다음과 같이 캐시 쓰기 정책에 따라 달라진다.

① 연속기록(write-through) 캐시의 쓰기 동작: 처음에 캐시를 채울 때와 캐시 적중에 실패할 때 모두 캐시와 메인메모리에 '항상' 함께 기록한다. 결국 속도가 느린 메인메모리의 액세스 타임만큼 시간이 걸린다.

② 후기록(write-back) 캐시의 쓰기 동작: 디스크에서 읽어온 자료나 연산도중 발생한 데이터나 결과를 임시로 저장할 때 캐시에는 일단 메인메모리에 없는 내용들로 채워진다. 캐시를 다 채운 후 '캐시 적중에 실패하면' 자료가 교체된다. 교체될 기존의 자료는 메인메모리로 옮겨져 기록된다. 즉, 캐시 적중일 때는 캐시를 액세스하면 되고 실패일 때는 메인메모리를 액세스해야 하므로 결국 평균 액세스 타임은 읽기 동작과 같아진다.

5.3.7 교체 정책

캐시의 성능을 높이기 위해 다양한 캐시 적중 검사와 교체 알고리즘이 사용된다. '캐시 적중에 실패했을 때 캐시에 공간이 부족하면' 저장된 자료를 바꾸어 주어야 한다. 이때 캐시의 내용 중에서 교체되어 나갈 자료를 결정하는 것을 캐시 알고리즘(cache algorithm) 혹은 교체 정책(replacement policy)이라고 한다. 앞으로 설명할 캐시의 매핑 방식도 넓은 의미에서 캐시의 교체 정책에 포함된다. 가장 이상적인 목표는 미래에 가장 오랫동안 필요로 하지 않는 자료를 교체하는 것이다. 하지만 이것을 예측하는 것은 일반적으로 불가능하다. 대표적으로 캐시에 적재된 지 가장 오래된 자료나 최근에 액세스 횟수가 가장 적었던 자료를 선택해 새로운 자료로 교체하는 방법 등을 사용한다.

〈표 5-5〉 캐시 알고리즘(교체 정책)

알고리즘	교체 정책
선입 선출 (first-in first-out, FIFO)	가장 먼저 들어온 자료를 먼저 교체
최소 최근 사용 (least recently used, LRU)	최근에 가장 적게 사용된 자료를 먼저 교체
최대 최근 사용 (most recently used, MRU)	최근에 가장 많이 사용된 자료를 먼저 교체
최소 빈도 사용 (least frequently used, LFU)	사용 횟수가 가장 적은 자료를 먼저 교체

〈표 5-5〉의 방법을 사용하려면 각 자료의 사용 횟수나 최근에 사용된 자료를 표시하기 위해 캐시에 별도의 플래그 비트들을 갖추도록 설계해야 한다. LRU 알고리즘은 최근에 사용 횟수가 가장 적었던 자료 중 하나를 교체하는 것으로 대부분의 경우에 가장 효과적인 방법으로 알려져 있다. 한번 참조한 프로그램이나 데이터는 가까운 장래에 다시 참조될 가능성이 높다는 시간적 지역성 때문이다. MRU 알고리즘은 연속적인 순서를 가진 자료가 사용되는 상황에서 가장 유용한 방법이다. 그밖에도 LRU를 변형한 방법 등이 연구되고 있다. LRU의 단점은 비교대상이 늘어나면 캐시 내부에 LRU 정보를 저장하는 비트 수가 늘어나 판정시간이 증가하는 것이다. 요즘 프로세서 칩에 내장된 캐시들은 대부분 이 비트 수를 줄여 비교 속도를 높이는 의사(pseudo-) LRU 알고리즘을 사용한다.

5.4 캐시 매핑 방식

5.4.1 캐시 등록정보

메인메모리보다 캐시 용량(capacity)이 작기 때문에 메인메모리의 데이터 블록들이 캐시를 공유해 사용한다. 캐시메모리의 구조를 우선 살펴보자. [그림 5-11] (a)의 메인메모리는 고정된 크기를 갖는 여러 개의 데이터 블록(data block)으로 나누어진다. 메인메모리와 캐시 사이의 데이터 전송은 데이터 블록 단위로 이루어진다. (b)에서 캐시 라인(cache line)은 캐시메모리를 구성하는 열(row)이다. 각 캐시 라인에는 메인메모리의 데이터 블록 중 하나가 저장된다. 캐시의 데이터 교체는 캐시 라인 단위로 이루어진다.

데이터 블록의 크기도 캐시의 성능에 영향을 미친다. 캐시의 크기가 일정할 때 데이터 블록의 크기가 너무 작으면 캐시 라인의 수가 증가해 데이터 교체가 많아진다. 데이터 블록의 크기가 너무 크면 캐시 라인의 수가 줄어들어 마찬가지로 데이터 교체가 빈번해진다. 캐시의 데이터 교체가 많아지면 교체 정책에 따라 메인메모리의 액세스가 증가하기 때문에 결국 전체 성능에는 불리하다. 일반적으로 지역성 때문에 데이터 블록의 크기가 큰 것이 성능에 좀 더 유리하다. 데이터 블록 하나는 다시 여러 개의 워드(word)로 이루어진다. 워드 하나의 크기는 '메모리 주소 하나에 할당되는 비트 수'로 주로 1바이트를 사용한다. n비트 주소를 사용할 때 메인메모리와 캐시 사이에는 다음 관계의 매핑 구조가 성립한다.

① (메인메모리 용량) = (주소 수) × (워드 크기) = 2^n [워드]
② (메인메모리 용량) = (블록 수) × (블록 크기)
③ (블록당 워드 수) = (블록 크기) ÷ (워드 크기)
④ (캐시 라인 수) = (캐시 용량) ÷ (블록 크기)

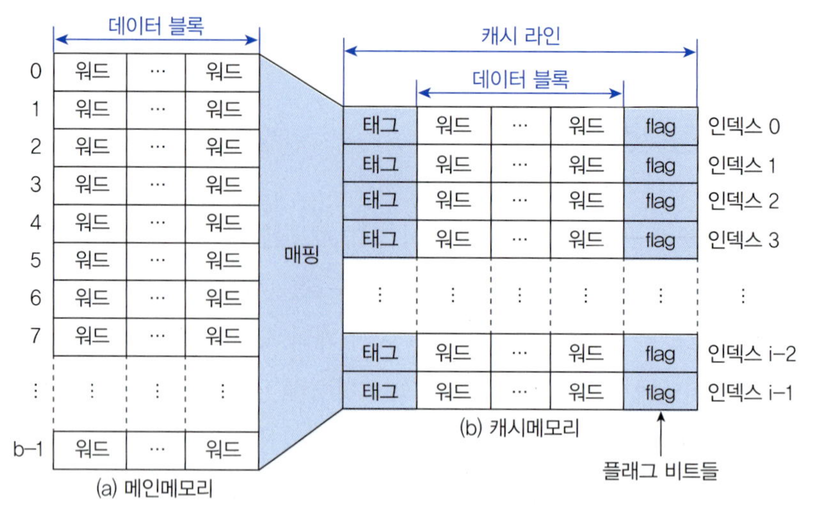

[그림 5-11] 메인메모리와 캐시의 매핑 구조(완전연관 캐시)

[그림 5-11] (b)의 캐시메모리에서 몇 번째 캐시 라인인지를 구분하는 색인 번호로 인덱스(index)가 사용된다. 메인메모리에 있는 하나의 데이터 블록이 하나의 캐시 라인으로 복사되면 해당 캐시 라인에 '등록정보'가 생성된다. 캐시 라인 등록정보에는 복사된 데이터 블록의 내용과 함께 복사를 요청한 메인메모리의 위치정보인 태그(tag)가 포함된다. 또한 현재 저장되어 있는 데이터 블록이 유효한지 아닌지를 표시하기 위해 플래그(flag) 비트들이 포함된다.

CPU가 메인메모리의 주소에서 읽거나 쓸 때 캐시를 먼저 점검해 해당하는 자료가 있는지 확인하게 된다. 캐시는 요청된 메인메모리의 주소를 확인해 자신이 보유한 등록정보 중에서 이 주소를 갖고 있는 캐시 라인이 있는지 검사한다. CPU가 원하는 메인메모리 주소가 캐시에서 발견되면 이를 캐시 적중(cache hit)이라고 한다. 캐시 적중이면 CPU가 즉시 해당 캐시 라인에서 데이터를 읽거나 쓴다. 캐시 실패(cache miss)이면 교체될 캐시 라인에 새로운 등록정보를 준비한다. 메인메모리에서 새로운 자료를 복사해오거나 캐시에서 교체되어 빠져나가는 자료를 메인메모리에 기록해 캐시에 대한 작업 요청을 완료한다.

5.4.2 캐시의 매핑

캐시의 매핑은 메인메모리의 복사본이 캐시에 어떻게 들어갈지를 결정해주는 방법이다. 메인메모리보다 캐시의 용량이 작기 때문에 메인메모리에 있는 다수의 데이터 블록들이 소수의 캐시 라인을 공유하는 방법을 결정해 주어야 한다. 이를 위해 메인메모리와 캐시에 들어있는 자료를 대응시켜주는 캐시의 매핑 방식이 필요하다. 이것은 CPU가 발생시킨 '메인메모리 주소와 캐시 라인의 자료를 1:1로 매핑'하는 방법이다. 매핑 방식에 따라 다음과 같이 나눌 수 있다.

① 완전연관(fully associative) 캐시: 메인메모리의 데이터 블록이 '아무 캐시 라인'에나 들어갈 수 있다.

② 직접매핑(direct-mapped) 캐시: 메인메모리의 데이터 블록이 '지정된 캐시 라인'에만 들어갈 수 있다.

③ 세트연관(set-associative) 캐시: 메인메모리의 데이터 블록이 복수의 캐시 라인을 묶은 '지정된 세트'에만 들어갈 수 있다.

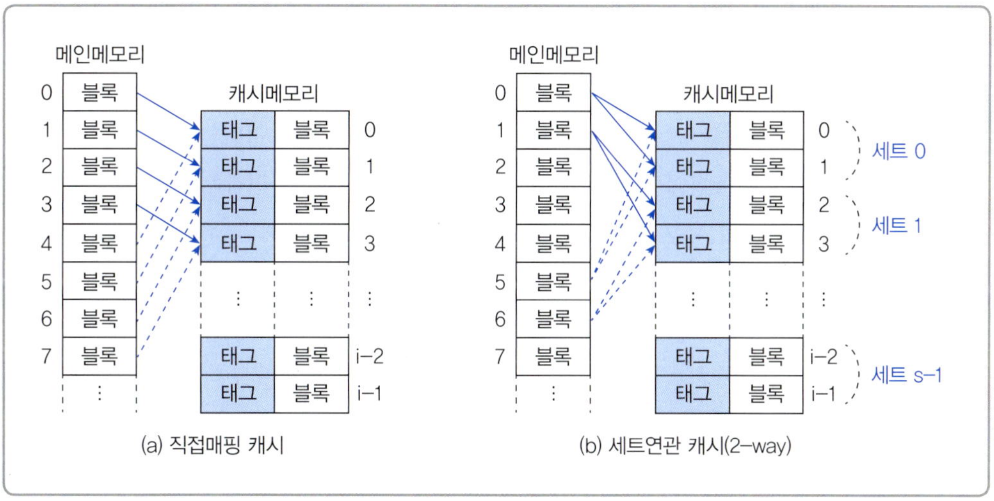

[그림 5–12] 직접매핑과 세트연관 캐시

캐시의 교체정책에서 [그림 5–11]처럼 캐시 라인의 위치를 자유롭게 고를 수 있는 캐시를 완전연관 캐시라고 한다. 이와 정반대로 [그림 5–12] (a)처럼 메인메모리의 각 위치가 지정된 캐시 라인 한군데로만 갈 수 있다면 이를 직접매핑 캐시라고 한다. (b)의 세트연관 캐시는 이 둘을 조합한 것이다. 직접매핑은 갈 자리가 한군데라 무조건 해당 캐시 라인의 데이터가 교체된다. 반면에 완전연관과 세트연관 캐시는 캐시 라인을 고를 수 있기 때문에 교체 정책이 필요하다.

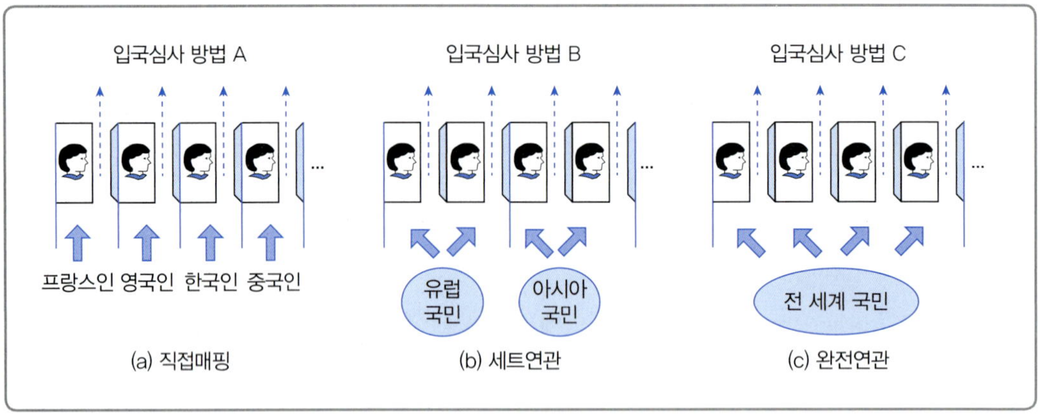

[그림 5-13] 캐시 매핑 방식

[그림 5-13]은 국제공항의 입구심사 방법을 캐시의 매핑 방식에 비유한 것이다. A의 직접매핑 방법은 국가별로 입국심사 창구를 제한한 것이다. 해당 창구가 붐빌 때 다른 창구가 비어 있어도 창구를 옮길 수 없다. 하지만 해당 국가 언어로 가장 빠른 심사를 받을 수 있다. C의 완전연관 방법은 비어있는 창구를 모두 이용할 수 있어 효율적이다. 그러나 창구에서 여러 나라를 관리해야 하므로 심사는 오래 걸린다. B의 세트연관 방법은 A와 C의 장점을 결합한 것이다. 창구도 효율적으로 운영하면서 창구별로 상대적으로 빠른 심사도 할 수 있다.

5.4.3 완전연관 캐시

[그림 5-11]처럼 완전연관 캐시는 메인메모리의 데이터 블록이 '모든 캐시 라인'에 들어갈 수 있다. CPU가 발생시킨 메인메모리 주소가 모든 캐시 라인에 포함된 블록 내의 워드로 매핑될 수 있다. [그림 5-14]에 나타낸 '가상'의 메인메모리 주소 형식을 다음과 같은 필드로 구분해 정의하자. 이를 이용해 메인메모리 주소와

캐시에 저장된 자료의 매핑관계를 살펴보자.

① 태그 필드: 캐시 라인에 들어갈 메인메모리의 블록을 선택
② 블록 오프셋 필드: 블록에 포함된 워드를 선택

[그림 5-14]와 같이 메인메모리 주소가 주어지면 캐시 적중여부를 검사한다. 캐시 적중여부는 모든 캐시 라인의 태그를 조사해 ① 메인메모리 주소의 태그와 일치하는 것이 있는지 검사한다. 일치하는 것이 있으면 적중이고 없으면 실패이다. 적중하면 ② 블록 오프셋 필드의 값을 이용해 해당 캐시 라인의 워드 중 하나를 골라 읽거나 쓴다. 실패하면 메인메모리에서 원하는 주소의 데이터를 읽거나 쓴다. 또한 새로 사용된 메인메모리의 해당 블록을 '비어있거나 교체될 캐시 라인'에 넣어주고 태그 비트를 고쳐준다.

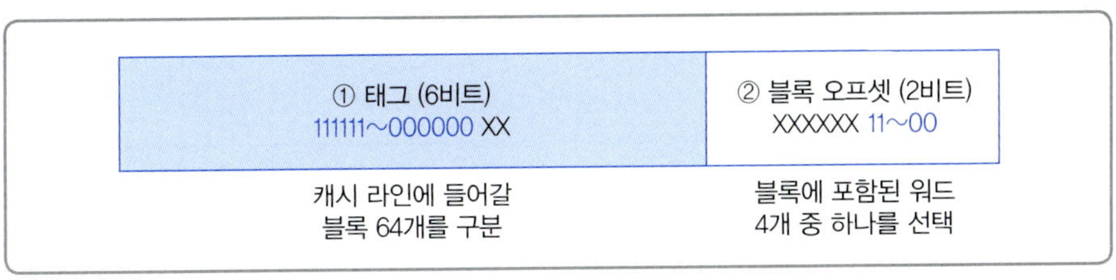

[그림 5-14] 완전연관 캐시의 메인메모리 주소 형식

[그림 5-14]에서 (캐시 용량)을 64워드라고 하자. (블록 크기)를 2^2=4워드로 정하면 블록 오프셋 필드에 2비트가 필요하다. 8비트 메모리 주소를 사용하면 태그 필드의 비트 수는 8-2=6이다. 6비트로 지원이 가능한 (블록 수)는 최대 2^6=64개이다. (메인메모리 용량)은 (블록 수)×(블록 크기)에서 최대 64×4=256워드이다.

5.4.4 직접매핑 캐시

[그림 5-12] (a)처럼 직접매핑 캐시는 메인메모리의 데이터 블록이 '지정된 캐시 라인'에만 들어갈 수 있다. CPU가 발생시킨 메인메모리 주소가 지정된 캐시 라인에 포함된 블록 내의 워드로 매핑될 수 있다. [그림 5-15]에 나타낸 '가상'의 메인

메모리 주소 형식을 다음과 같은 필드로 구분해 정의하자. 이를 이용해 메인메모리 주소와 캐시에 저장된 자료의 매핑관계를 살펴보자.

① 인덱스 필드: 캐시 라인을 선택
② 태그 필드: 캐시 라인에 들어갈 메인메모리의 블록을 선택
③ 블록 오프셋 필드: 블록에 포함된 워드를 선택

[그림 5-15]와 같이 메인메모리 주소가 주어지면 캐시 적중여부를 검사한다. 캐시 적중여부는 ① 인덱스 필드로 캐시 라인을 먼저 선택한다. 선택된 캐시 라인의 태그를 조사해 ② 메인메모리 주소의 태그 필드와 일치하는지 검사한다. 일치하면 적중이고 아니면 실패이다. 적중하면 ③ 블록 오프셋 필드의 값을 이용해 해당 캐시 라인의 워드 중 하나를 골라 읽거나 쓴다. 실패하면 메인메모리에서 원하는 주소의 데이터를 읽거나 쓴다. 또한 새로 사용된 메인메모리의 해당 블록을 '지정된 캐시 라인'에 넣어주고 태그 비트를 고쳐준다.

② 태그 (2비트) 11~00 XXXX XX	① 인덱스 (4비트) XX 1111~0000 XX	③ 블록 오프셋 (2비트) XX XXXX 11~00
캐시 라인에 들어갈 블록 4개를 구분	캐시 라인 16개 중 하나를 선택	블록에 포함된 워드 4개 중 하나를 선택

[그림 5-15] 직접매핑 캐시의 메인메모리 주소 형식

[그림 5-15]에서 (캐시 용량)을 64워드라고 하자. (블록 크기)를 2^2=4워드로 정하면 블록 오프셋 필드에 2비트가 필요하다. (캐시 라인 수)는 (캐시 용량)÷(블록 크기)에서 64÷4=16=2^4개에서 인덱스 필드에 4비트가 필요하다. 8비트 메모리 주소를 사용하면 태그 필드의 비트 수는 8−4−2=2이다. 2비트로 지원이 가능한 (캐시 라인당 블록 수)는 2^2=4개이다. 캐시가 지원하는 총 (블록 수)는 (캐시 라인당 블록 수)×(캐시 라인 수)에서 최대 4×16=64개이다. (메인메모리 용량)은 (블록 수)×(블록 크기)에서 최대 64×4=256워드이다.

5.4.5 세트연관 캐시

[그림 5-12] (b)처럼 세트연관 캐시는 메인메모리의 데이터 블록이 복수의 캐시 라인을 묶은 '지정된 세트'에만 들어갈 수 있다. CPU가 발생시킨 메인메모리 주소가 지정된 세트에 포함된 블록 내의 워드로 매핑될 수 있다. [그림 5-16]에 나타낸 '가상'의 메인메모리 주소 형식을 다음과 같은 필드로 구분해 정의하자. 이를 이용해 메인메모리 주소와 캐시에 저장된 자료의 매핑관계를 살펴보자.

① 세트 필드: 세트를 선택
② 태그 필드: 캐시 라인에 들어갈 메인메모리의 블록을 선택
③ 블록 오프셋 필드: 블록에 포함된 워드를 선택

[그림 5-16]과 같이 메인메모리 주소가 주어지면 캐시 적중여부를 검사한다. 캐시 적중여부는 ① 세트 필드로 세트를 먼저 선택한다. 선택된 세트 내의 모든 캐시 라인의 태그를 조사해 ② 메인메모리 주소의 태그 필드와 일치하는 것이 있는지 검사한다. 일치하는 것이 있으면 적중이고 없으면 실패이다. 적중하면 ③ 블록 오프셋 필드의 값을 이용해 해당 캐시 라인의 워드 중 하나를 골라 읽거나 쓴다. 실패하면 메인메모리에서 원하는 주소의 데이터를 읽거나 쓴다. 또한 새로 사용된 메인메모리의 해당 블록을 '지정된 세트에서 비어있거나 교체될 캐시 라인'에 넣어주고 태그 비트를 고쳐준다.

② 태그 (3비트) 111~000 XXX XX	① 세트 (3비트) XXX 111~000 XX	③ 블록 오프셋 (2비트) XXX XXX 11~00
세트에 들어갈 블록 8개 중 하나를 선택	세트 8개 중 하나를 선택	블록에 포함된 워드 4개 중 하나를 선택

[그림 5-16] 세트연관 캐시의 메인메모리 주소 형식

[그림 5-16]에서 (캐시 용량)을 64워드라고 하자. (블록 크기)를 2^2=4워드로 정하면 블록 오프셋 필드에 2비트가 필요하다. (캐시 라인 수)는 (캐시 용량)÷(블록 크기)에서 64÷4=16개이다. 각 세트에 캐시 라인을 2개씩 할당하면 (세트 수)는

16÷2=8=2^3에서 세트 필드에 3비트가 필요하다. 8비트 메모리 주소를 사용하면 태그 필드의 비트 수는 8−3−2=3이다. 태그 3비트로 지원이 가능한 (세트당 블록 수)는 2^3=8개이다. 이 캐시가 지원하는 총 (블록 수)는 (세트당 블록 수)×(세트 수)에서 최대 8×8=64개이다. (메인메모리 용량)은 (블록 수)×(블록 크기)에서 최대 64×4=256워드이다.

세트연관 캐시 방식에서 각 세트가 2개의 캐시 라인을 갖는 경우를 2−방향(2−way) 세트연관 캐시라고 한다. 각 세트가 n개의 캐시 라인을 갖는 경우를 n−방향(n−way) 세트연관 캐시라고 한다. (세트 수)=(캐시 라인 수)÷(way 수)의 관계가 있다. 이때 세트를 구성하는 way 수를 연관도(associativity)라고 한다. n이 클수록 매핑의 연관도가 크다고 할 수 있다. 연관도가 커지면 교체 정책이 세트 내에서 조사해야 할 캐시 라인의 개수가 늘어나 하드웨어가 복잡해진다. 캐시 전체가 하나의 세트가 되면 n이 최대가 되고 이를 완전연관 캐시라고 한다.

5.4.6 캐시 매핑 방식 비교

캐시의 교체 정책과 매핑의 연관도(associativity)는 균형을 선택해야 한다. 교체 정책에서 세트 내에서 조사할 대상이 많을수록, 즉 연관도가 클수록 조사할 공간과 시간이 늘어나 하드웨어 설계가 복잡하다. 그러나 캐시 적중에 실패할 확률이 줄어들어 적중률이 높아져 성능은 좋아진다. 이를 〈표 5−6〉처럼 나타낼 수 있다. ①번 쪽으로 갈수록 하드웨어로 구현은 간단하지만 적중률에서 나쁜 성능이다. 연관도가 높은 ⑤번 쪽으로 갈수록 구현하기 복잡하나 좋은 성능의 순서이다.

〈표 5−6〉 캐시의 매핑 방식 비교

	매핑 방식	캐시 적중 성능
①	직접매핑 캐시	가장 간단하고 가장 빠른 적중검사 실패율이 높아 가장 나쁜 성능
②	2−방향 세트연관 캐시	(2−way)
③	4−방향 세트연관 캐시	(4−way)
④	n−방향 세트연관 캐시 (n〉4)	(8−way, 16−way 등)
⑤	완전연관 캐시	가장 복잡하지만 가장 낮은 실패율 가장 좋은 성능

완전연관 캐시는 메인메모리에 연속된 블록이 캐시로 저장될 때도 캐시 라인의 선택이 자유롭다. 반복적인 서브루틴이나 다량의 배열 데이터 전체가 캐시로 적재될 때 지역성이 좋아져 적중률이 매우 높아진다. 하지만 태그를 비교하는 하드웨어가 복잡하고 설계 노력이 많이 들어 등록정보가 많아지면 설계하기 힘들다.

직접매핑 캐시 방식은 메인메모리의 각 위치가 오직 한군데 캐시 라인으로만 갈 수 있다. 선택의 여지가 없기 때문에 교체정책이 필요 없다. 이 때문에 캐시 적중 검사도 간단하고 실패이면 교체 정책도 필요 없이 가장 빠른 실행이 가능하다. 단점은 한 캐시 라인을 공유하는 여러 개의 블록 중에서 반복적으로 교체할 일이 생길 때이다. 한 캐시 라인에 들어갈 블록을 매번 다른 것으로 번갈아 다시 읽어 와야 하므로 캐시의 적중률이 떨어진다. 구조가 간단해 회로 비용이 적게 드는 장점이 있다. 하지만 크기가 무척 커야 상당한 성능을 얻을 수 있다. 또한 다른 방식보다 예측이 더 불가능하다.

세트연관 캐시는 완전연관 캐시와 직접매핑 캐시의 장점을 결합한 것이다. way 수가 늘어날수록 LRU 알고리즘을 구현할 하드웨어가 점점 복잡해진다. 하지만 완전연관 캐시에 가까울수록 캐시 실패율이 줄어들기 때문에 적중률이 높아져 성능은 좋아진다. 직접매핑에서 2-way 세트연관으로 바꾸면 캐시 적중률에서 캐시 용량을 2배로 늘린 것과 같은 효과를 나타낸다. 2-way에서 4-way 세트연관 캐시로 바꾸어도 마찬가지 효과가 나타난다. n-way(n>4) 이상은 그런 효과가 훨씬 작다. 그 대신 연관도가 클수록 뒤에서 설명할 가상주소 캐시의 일관성 문제에서 유리하다. 실제 사례를 보면 4-way와 8-way 세트연관 방식은 인텔의 펜티엄 4 프로세서(2002년)에 적용되었다. 8-way와 16-way 세트연관 방식은 인텔의 3세대 Core i7 프로세서(2012년)에 적용되었다. 한편 L1 캐시나 가상주소에서 물리주소를 변환하는 TLB의 경우는 등록정보의 수가 많지 않기 때문에 적은 숫자에 한해 일부를 완전연관 캐시로 꾸미기도 한다.

5.4.7 MMU와 TLB

디스크에 자료가 저장된 가상메모리를 메인메모리에 매핑하는 방법을 알아보자. 대부분의 범용 CPU들은 가상메모리를 사용한다. 가상메모리는 프로그램에 의해 발생하는 가상주소를 메인메모리에 있는 물리주소로 변환하는 과정이 필요하다. [그림 5-17]처럼 프로세서 칩에 내장된 MMU 장치가 TLB에 저장된 내용으로 이를 수행한다. '메모리 관리 장치'의 영문약자인 MMU(memory management unit)는 물리주소 변환과 메모리 보호가 주요 역할이다. MMU는 가상주소를 물리주소로 변환하는 속도를 개선하기 위해 TLB를 포함하고 있다. 또한 메모리 접근 권한을 제어해 메모리를 보호하고 캐시 관리, 버스 중재 등의 역할도 수행한다.

a. 프로세서 칩 내부의 MMU와 TLB

TLB는 가상메모리를 사용하는 어느 컴퓨터의 하드웨어에서나 거의 항상 나타난다. 컴퓨터시스템에서 개발된 초기의 하드웨어 캐시는 지금의 명령 캐시나 데이터 캐시가 아닌 TLB였다. 초기의 가상메모리는 캐시도 없이 가상메모리에 있는 페이지 테이블을 액세스하느라 무척 느렸기 때문이다. 요즘의 프로세서들은 각 CPU 코어 내부에 내장 캐시와 함께 내장 TLB를 사용하고 있다. [그림 5-17]에 전형적인 멀티코어 프로세서의 내장 캐시와 MMU에 포함된 TLB 구조를 나타내었다. 또한 그림과 같이 TLB도 캐시처럼 계층구조를 가질 수 있다.

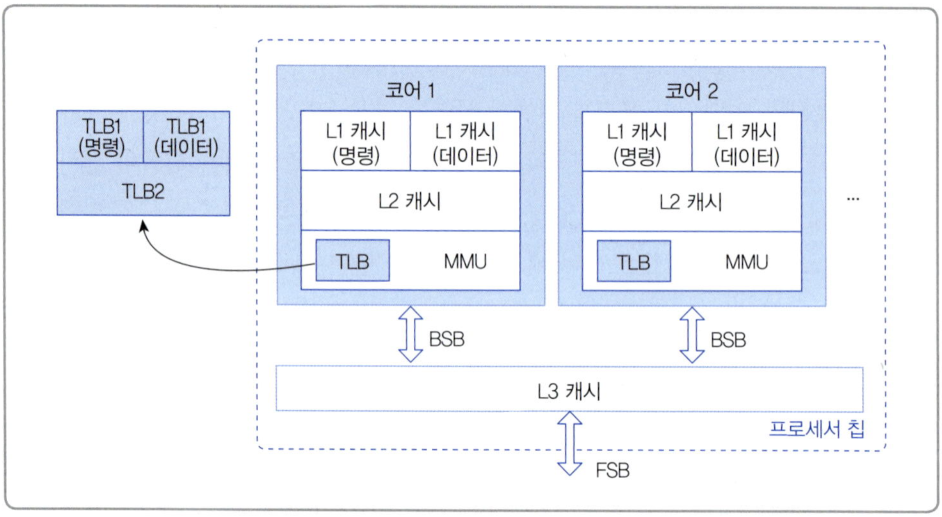

[그림 5-17] 멀티코어 프로세서의 내장 캐시와 TLB 구조

b. TLB

가상메모리를 사용할 때 CPU는 MMU에 가상주소를 발생한다. 실제 물리메모리를 액세스 하려면 물리주소가 필요하기 때문에 MMU가 이에 앞서 가상주소를 물리주소로 변환해야 한다. 주소를 변환하는 본래의 방법은 [그림 5-6]에 나타낸 것처럼 가상메모리에 있는 페이지 테이블을 이용하는 것이었다. 그러나 이 과정은 여러 군데 메모리 저장소의 내용을 읽어야 하고 거기서 얻은 정보로 다시 물리주소를 계산하는 과정을 수반하기 때문에 시간이 좀 걸린다. MMU는 이런 주소 변환 시간을 줄일 목적으로 TLB를 사용한다.

'변환 색인 버퍼'의 영문약자인 TLB(translation lookaside buffer)는 가상주소로 이에 해당하는 물리주소를 검색할 때 사용되는 버퍼 메모리이다. TLB는 운영체제가 저장해둔 페이지 테이블의 일부를 검색속도가 빠른 CPU 내부로 복사해온 것이다. 페이지 테이블에 대한 일종의 캐시 역할이다. 결국 TLB의 내용은 메인메모리의 일부 페이지 프레임에 저장된 가상메모리의 일부 페이지를 표시한 정보이다. TLB에 등록된 각항의 내용은 페이지 테이블처럼 하나의 페이지 번호가 하나의 페이지 프레임 번호로 1:1로 매핑된다. 페이지 테이블과 마찬가지로 이 정보를 이용해 실제 메모리 주소인 물리주소를 계산할 수 있다.

c. TLB를 이용한 물리주소 변환

CPU가 가상주소를 발생하면 [그림 5-18]의 흐름도와 같이 TLB를 이용한 가상주소에서 물리주소로의 변환 과정이 일어난다. [그림 5-19]는 실제 하드웨어적으로 이를 처리하는 과정을 나타낸다. 이런 모든 과정은 MMU가 담당한다.

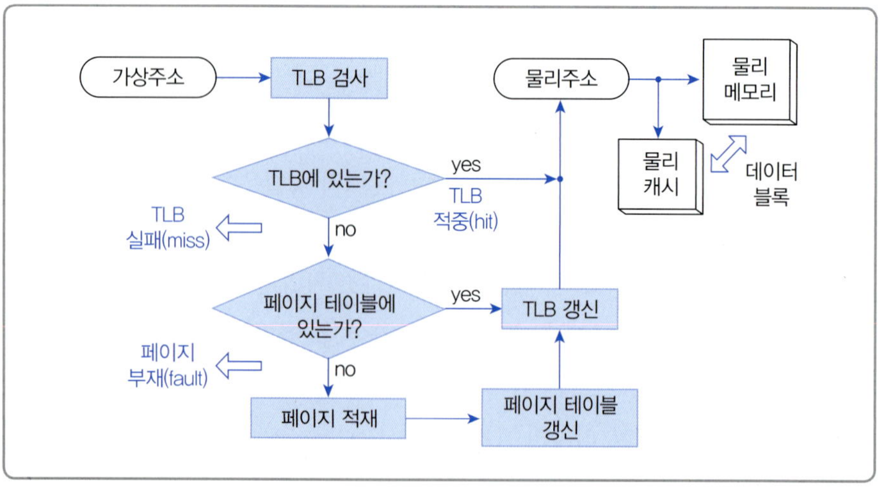

[그림 5-18] TLB를 이용한 가상주소에서 물리주소 변환

[그림 5-18]에서 CPU가 요청한 가상주소가 발생하면 먼저 TLB를 검사한다. 원하는 주소가 TLB의 등록정보 중에 있으면 이를 TLB 적중(hit)이라고 한다. 가상주소가 TLB의 등록정보 중에 없으면 TLB 실패(miss)라고 한다. 실패로 TLB에 원하는 가상주소를 물리주소로 변환할 정보가 없으면 페이지 테이블을 검사한다. 원하는 가상주소가 페이지 테이블의 등록정보 중에 존재하면 물리주소로 변환할 정보를 가져온다. 그런 후 TLB의 등록정보를 갱신한다. TLB 실패가 발생한 후 새로 사용된 내용의 TLB 적재(load)는 하드웨어에 의해서 자동으로 이루어진다.

페이지 테이블에서도 실제 메모리 주소 정보를 가져오지 못하는 경우가 발생한다. 이를 페이지 부재 혹은 페이지 폴트(page fault)라고 한다. 대부분의 페이지 부재는 가상주소 공간의 페이지가 실제 메인메모리에 없기 때문에 발생한다. 이때는 운영체제가 하드디스크에서 메인메모리로 새로운 페이지를 전송한다. 메인메모리에 비어있는 페이지 프레임이 있으면 거기에 새로운 페이지를 적재(load)한다. 비어있는 공간이 없으면 이미 메인메모리에 들어와 있던 페이지들 중에서 교체할 것을 골라 하드디스크로 가져오고 비워진 공간을 새로운 페이지로 교체한다. 그런 후 페이지 테이블의 등록정보를 갱신하고 물리주소 변환을 완료한다.

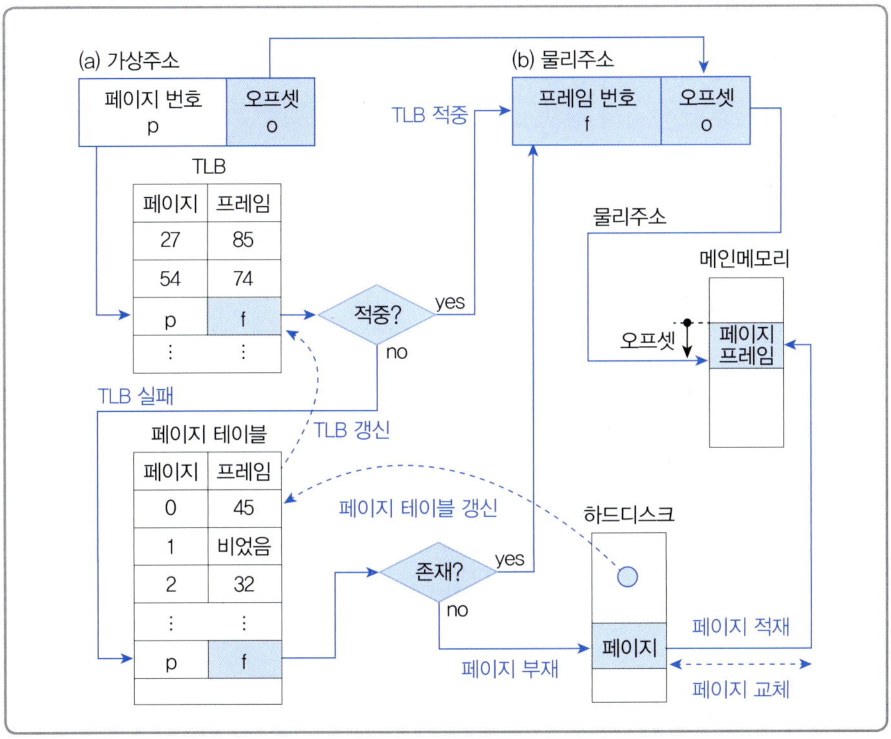

[그림 5-19] TLB 적중, TLB 실패와 페이지 부재

[그림 5-18]의 하드웨어적인 처리과정을 [그림 5-19]에 나타내었다. (a)의 가상주소 형식은 페이지 번호와 오프셋 값으로 이루어진다. 가상주소는 TLB나 페이지 테이블에서 얻은 정보를 이용해 (b)처럼 프레임 번호와 오프셋 값으로 이루어진 물리주소로 최종 계산된다. 이런 과정을 통해 MMU는 가상주소에서 물리주소를 계산해 물리메모리를 액세스할 수 있다.

한편 페이지 부재는 메모리 보호의 목적으로도 사용될 수 있다. 운영체제는 금지된 주소공간에 허락받지 않은 프로그램이나 악성코드 등이 접근하면 일부러 페이지 부재를 일으킨다. 그런 후 페이지 부재를 처리하지 않고 프로그램을 중지시켜 중요한 데이터를 읽고 쓰는 것을 막는다.

5.4.8 가상주소 캐시

가상메모리를 사용하는 CPU는 MMU에 가상주소를 발생한다. MMU가 실제 물리메모리를 사용하려면 물리주소가 필요하다. 물리메모리를 액세스하기에 앞서 가상주소를 물리주소로 변환해야 한다. 앞의 방법은 [그림 5-19]처럼 MMU에 있는 TLB나 가상메모리에 있는 페이지 테이블을 이용하는 것이다. 여기에 더해 [그림 5-20]의 가상주소 캐시 방법은 물리주소로 변환하는 시간을 더욱 줄여준다.

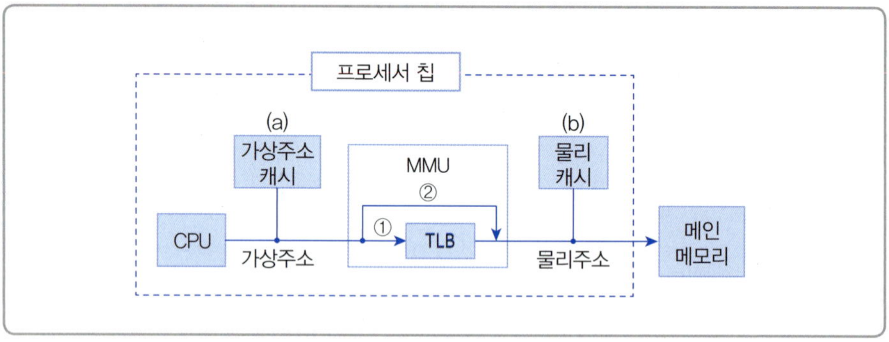

[그림 5-20] 가상주소 캐시와 물리캐시

[그림 5-20]에서 실제 물리메모리인 (b)의 물리캐시와 메인메모리는 MMU의 TLB에서 ①처럼 물리주소로 변환해 사용한다. 이에 비해 (a)의 가상주소 캐시는 가상주소를 이미 물리주소로 변환한 캐시 값을 저장하고 있다. CPU가 가상주소를 발생하면 MMU는 가상주소 캐시를 먼저 확인한다. 가상주소 캐시 안에 물리주소로 변환할 가상주소가 이미 존재하면 캐시 값으로 저장된 물리주소를 ②처럼 MMU가 그대로 가져다 사용할 수 있다.

가상주소 캐시는 물리캐시가 캐시 적중 여부를 확인하는 시간을 줄여준다. 물리캐시는 적중여부를 확인하기 위해 반드시 MMU에 와서 ①처럼 TLB에서 가상주소를 물리주소로 변환하고 계산하는 과정이 추가로 필요하다. 가상주소 캐시를 사용하면 이런 작업 없이 물리캐시의 적중 여부를 바로 확인할 수 있다.

CPU에서 요청한 가상주소가 가상주소 캐시 안에서 발견되면, 즉 적중이면 MMU가 물리메모리의 검색 속도를 높일 수 있다. 실패이면, 즉 MMU가 가상주소 캐시에서 요청한 가상주소를 찾지 못하면 TLB를 확인해 물리주소를 계산한다. 이때부터의 과정은 [그림 5-19]와 동일하다. TLB 적중이면 가상주소를 물리주소로 변환해 물리메모리를 액세스 할 수 있다. TLB 실패이면 페이지 테이블을 참조한다. 또한 페이지 폴트이면 하드디스크에서 새로운 페이지를 가져온다.

a. 가상주소 캐시의 일관성 문제

캐시는 한번 사용한 정보를 향후에 이용할 때 좀 더 빠르게 액세스하기 위한 목적이다. 가상주소 캐시에 저장된 내용들은 이전에 사용된 값들로 가상주소와 물리주소가 1:1로 매핑이 되지 않는 일관성 문제가 발생할 수 있다. 일관성에 문제가 생겨 매핑 구조가 변경되면 가상주소 캐시의 등록정보가 무효화되어 효율이 떨어진다. 이를 방지하려면 추가적인 하드웨어나 소프트웨어가 필요하다

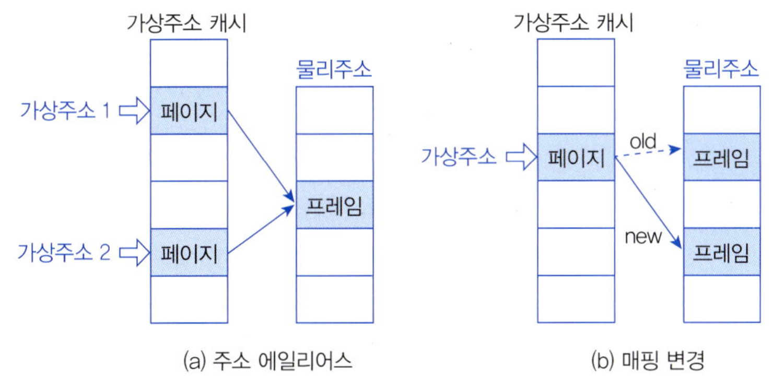

[그림 5-21] 가상주소 캐시의 일관성 문제

가상주소에서 물리주소로 변환할 때 TLB 대신 가상주소 캐시를 사용하면 [그림 5-21]처럼 캐시의 일관성 문제가 발생할 수 있다. (a)의 주소 에일리어스(alias)는 복수의 가상주소가 같은 물리주소로 매핑되는 경우이다. 에일리어싱(aliasing) 혹은 시너님(synonym, 동의어)이라고도 한다. 주요 원인은 공유메모리를 사용하는 멀티프로세서에서 복수의 프로세서가 서로 다른 주소로 동일 위치에 쓰기를 시도하면서 발생한다. (b)의 매핑 변경 현상은 같은 가상주소가 다른 물리주소로 또다시 매핑되는 경우이다. 하머님(homonym, 동음이의어)이라고도 한다. 이 현상은 문맥교환(context switch, 다중작업을 위해 레지스터의 값 등 기존의 작업을 저장하는 절차) 등에서 발생한다. 해당 페이지의 가상주소 캐시 항을 무효로 하거나 페이지 보호를 변경하는 경우, 새로운 복사본을 만들 경우에도 발생한다.

b. 가상주소를 다루는 캐시 방식

일반적인 캐시의 등록정보에서 인덱스 필드는 캐시에 저장된 자료이고, 태그는 캐시에 저장된 자료가 유효한지 판정하는 필드이다. 이때 인덱스에 저장된(indexed, I) 내용과 태그에 있는(tagged, T) 내용이 물리주소인지(physically, P) 아니면 가상주소인지(virtually, V)에 따라 〈표 5-7〉과 같이 4가지로 나눌 수 있다.

〈표 5-7〉 가상주소를 다루는 캐시 방식 비교

방식	저장 내용(인덱스)	유효 판정(태그)	특징
PIPT	물리주소	물리주소	TLB를 사용하여 구조가 간단하고 주소 에일리어스를 방지하지만 속도가 느리다.
VIVT	가상주소	가상주소	가상주소 캐시를 이용해 가장 빠르지만 주소 에일리어스와 매핑 변경 문제 발생
VIPT	가상주소	물리주소	TLB와 가상주소 캐시를 병렬로 참조 PIPT보다 빠르고 물리주소가 유효해야하므로 매핑 변경은 검출하고 에일리어스 문제는 발생
PIVT	물리주소	가상주소	이론적이며 쓸모없다.

전통적인 캐시는 PIPT 방식이다. 물리캐시를 사용하기 전에 TLB를 참조해 물리주소를 찾아야 하기 때문에 속도가 지연되어 느리다. 그러나 구조가 간단해 하드웨어적으로 캐시의 일관성을 보장하는 것이 가능하다. 공유메모리를 사용하는 멀티프로세서는 각 처리기가 자신만의 TLB를 가진다. 이때는 TLB의 일관성을 유지하는 것이 대단히 복잡하여 대부분 소프트웨어적으로 이를 처리한다.

VIVT 방식은 MMU가 물리주소를 구할 때 TLB를 사용하지 않고 가상주소 캐시를 이용하기 때문에 속도가 PIPT보다 무척 빠르다. 하지만 주소 에일리어스와 매핑 변경 문제와 같은 캐시의 일관성 문제가 발생한다.

VIPT는 PIPT와 VIVT의 장점을 결합한 것이다. TLB 변환과 병렬로 가상주소의 캐시 라인을 참조할 수 있다. PIPT 보다 지연시간을 줄일 수 있지만 물리주소가 유효할 때까지 비교작업은 할 수는 없다. 태그가 물리주소를 가지고 있어 매핑 변경 현상을 검출해 방지할 수 있다. 하지만 에일리어스 문제는 여전히 발생한다.

가상주소를 물리주소로 변환할 때 반복적으로 지연되면 CPU 성능에 악영향을 미친다. 이 때문에 L1 캐시처럼 매우 작고 지연시간이 매우 짧아야 하는 경우에는 VIPT 방식을 선호한다. 그러나 에일리어스를 방지하는 노력이 너무 커지는 것을 피해 L2 캐시 이상의 대형 캐시는 PIPT 방식을 사용하는 경향이 있다.

5.5 반도체 메모리

5.5.1 반도체 메모리 용어

컴퓨터에서 읽기와 쓰기 동작의 주체는 CPU이다. 반도체 메모리를 읽고 쓰는 주체도 CPU이다. 반도체 제조사들은 종종 CPU 입장에서 읽기와 쓰기를 메모리 칩 입장에서 출력(output)과 쓰기(write)로 표현한다.

〈표 5-8〉 반도체 메모리 용어

용어	내용
메모리 셀	메모리 칩 내부에 1비트를 저장하는 소자
메모리 워드 (비트 수)	메모리 내부의 저장 위치를 지정해 그룹으로 한 번에 읽고 쓸 수 있는 비트의 저장 단위
저장 밀도 (저장 용량)	메모리 칩 하나의 용량은 비트(b)로 표시 램 모듈의 용량은 바이트(B)로 표시
저장 주소	메모리 내부의 각 워드를 찾을 수 있는 저장 위치 정보
메모리 뱅크	기억장치를 분할해 독립적으로 액세스할 수 있도록 구성한 부분
메모리 랭크	공통의 메모리버스에 연결되어 동시에 동작하는 칩들의 모임

〈표 5-8〉에서 반도체 메모리의 용어를 살펴보자. 메모리 셀(cell)은 디지털 정보의 최소 단위인 1비트를 저장할 수 있는 소자이다. 메모리 워드(word)의 크기는 1, 2, 4, 8, 16, 32, 64, 128비트 등으로 커지며 칩의 설계마다 다르다. 저장 밀도(density)는 저장매체에 저장된 정보비트의 수량을 측정하는 방법으로 해당 매체

의 저장 용량(capacity)을 나타낸다. 저장 밀도를 표시할 때 개별 메모리 칩은 대개 비트 단위로 표시한다. 메인메모리에 사용되는 램 모듈은 주로 바이트 단위로 표시한다. 반도체 업체들은 메모리의 저장 밀도를 표시할 때 아직 과거의 습관을 고집하려는 경향이 있다. 〈표 5-2〉의 새로운 표준을 제대로 따르지 않는다. 반도체 제조사에서 표시한 1Gb 칩은 대개 10진 용량이 아닌 2진 용량의 1Gib(2^{30}비트)이다. 1GB 램 모듈도 대개 2진 용량의 1GiB(2^{30}바이트)를 가리킨다.

칩이나 램 모듈의 저장 구조(organization)를 사용해 저장 주소의 개수와 메모리 워드의 비트 수를 곱해 (주소 수)×(비트 수)로 저장 밀도를 나타낼 수도 있다. 메모리 칩의 구조를 256M×4로 표시하면 256M(=2^{28})개의 저장 주소와 4(=2^2)비트 크기의 메모리 워드를 갖는 1Gib(2^{30}비트) 용량의 칩임을 나타낸다.

메모리 뱅크(bank) 기억장치를 분할해 독립적으로 액세스할 수 있도록 구성한 논리적인 단위이다. 한 번의 읽기나 쓰기 동작에서 오직 하나의 뱅크만 액세스된다. 이 방식으로 메모리를 구성하면 CPU가 메모리의 한 뱅크를 사용할 때 입출력장치가 다른 뱅크를 사용할 수 있어 효율적이다. 뱅크의 크기는 논리적이라 구성하기 나름이다. 메모리 칩 내부에도 여러 개의 뱅크를 가질 수 있다. 전형적인 DRAM 칩에서 뱅크 하나는 여러 개의 행과 열로 구성된 격자구조의 저장 단위로 이루어진다. 램 모듈은 이런 구조가 여러 개의 칩에 걸쳐서 연결된다.

메모리 칩 내부의 저장 위치 구조는 (뱅크 수)×(행수)×(열수)로 표시할 수 있다. 여기서 행수와 열수는 뒤에 나오는 [그림 5-23]의 메모리 격자구조에서 나온다. 메모리 칩 내부의 뱅크 개수와 각 뱅크 내부의 행수와 열수를 모두 곱하면 칩 내부의 저장 주소(address)의 총 개수가 나온다.

메인보드의 램 모듈 슬롯(slot)도 뱅크로 구분할 수 있다. 이것은 메모리 컨트롤러와 이를 장착할 메모리 슬롯의 물리적인 구조에 의해 결정된다. 시스템보드에는 보통 2개 이상의 슬롯이 있고 한 번에 하나의 뱅크만 활성화될 수 있다.

5.5.2 ROM과 RAM

ROM(read only memory, 롬)은 '읽기 전용 메모리'의 영문약자로 보통의 방법으로는 읽을 수만 있는 메모리이다. ROM에 한 번 써진 내용은 잘 지워지지 않는다. ROM은 전원이 없어도 내용이 지워지지 않는 비휘발성(non-volatile, NV) 메모리의 일종이다. 내용이 쉽게 변경되지 않아야 하는 성질의 프로그램들이 주로 저장된다. 시스템 시동과 관련된 초기화 프로그램, 진단 프로그램, 시스템에서 자주 호출하는 서브루틴, CPU 내부 제어장치의 마이크로프로그램 등이 ROM에 저장된다. ROM과 반대되는 용어는 '읽기 쓰기 메모리'의 영문약자로 RWM(read write memory)인데 실제로는 잘 사용되지 않는다.

ROM과 반대되는 용어로 보통 RAM을 사용한다. 일반적으로 RAM은 데이터 보존을 위해 전원이 필요한 휘발성(volatile) 메모리를 통칭하는 말이다. 데이터를 보존하는데 전원이 필요 없고 읽고 쓰기도 가능한 메모리를 보통의 RAM과 구분하여 '비휘발성 램'의 영문 약자로 NVRAM(non-volatile RAM)이라고 한다.

RAM(random access memory, 램)은 찾는 주소에 따라 액세스 타임이 일정한 메모리이다. '무순 접근 메모리'의 영문약자이다. 반도체 메모리와 자기디스크 등 대부분의 기억장치가 이에 해당한다. SAM(sequential access memory, 샘)은 찾는 주소에 따라 액세스 타임이 변하는 메모리로 '순차 접근 메모리'의 영문약자이다. 자기 테이프 등 일부에서 해당한다. 음악 CD는 RAM 방식이라 곡을 지정하면 어떤 곡이든 나오는데 걸리는 시간이 일정하다. 과거에 쓰던 음악 테이프는 SAM 방식이라 테이프를 감아야 하므로 곡마다 나오는데 걸리는 시간이 다르다.

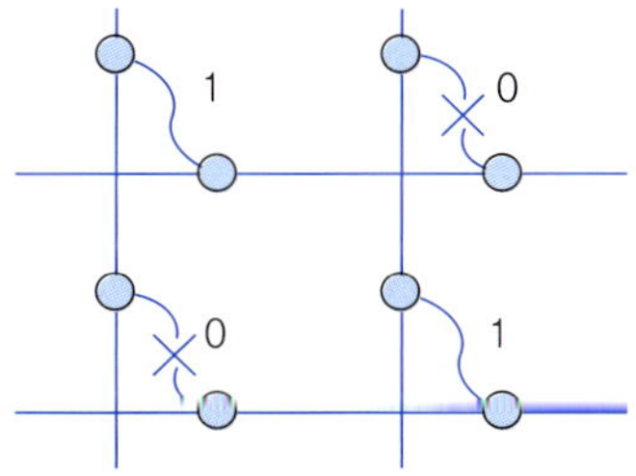

[그림 5-22] PROM 구조

a. 반도체 ROM의 종류

① 마스크 롬(mask ROM): 반도체 공정에서 마스크 필름(mask film)으로 인쇄하듯이 대량으로 생산하는 롬이다.

② PROM(programmable ROM): [그림 5-22]처럼 퓨즈(fuse)를 녹이면 끊어지는 구조로 전기적으로 한 번 프로그램하면 지울 수 없다.

③ EPROM(erasable PROM): 지우고 다시 쓰는 것이 가능하다. 지울 때는 상단의 투명한 유리창을 통해 자외선으로 데이터를 일괄 소거해 지운다. 기록할 때는 디지털에서 일반적으로 사용하는 전원보다 높은 12V 등을 사용한다.

④ EEPROM(electrically EPROM): 디지털회로에서 일반적으로 사용하는 5V이하의 낮은 전압으로 쓰고 지울 수 있다.

b. 플래시 메모리

플래시 메모리는 데이터를 보존하는데 전원이 필요 없고 읽고 쓰기가 가능한 비휘발성 램(non-volatile RAM, NVRAM)의 일종이다. 기술적으로는 EEPROM의 한 형태이지만 과거 전통적인 방식의 소자들과 구분된다. 기존 EEPROM은 몇 바이트로 구성된 작은 블록 단위로만 지울 수 있다. 플래시 메모리는 큰 블록 크기들을 사용할 수 있기 때문에 지우는 속도가 빠르고 일괄 소거도 가능하다. 비휘발성 메모리는 특히 지우는 시간이 느리기 때문에 중요한 장점이다. 또한 바이트 단위 프로그래밍이 가능하게 만든 기존의 EEPROM 방식보다 가격이 훨씬 저렴하다. 이런 장점 때문에 플래시 메모리가 대중적인 비휘발성 메모리 형태가 되었다.

플래시 메모리(flash memory)는 플로팅게이트(floating gate)의 충전과 방전을 이용하여 1소자당 1비트인 간단한 구성으로 만든다. 단위 셀 면적은 DRAM보다 작아 대용량에 유리하고 소비전력도 작다. 빠른 액세스와 높은 대역폭을 요구하는 메인메모리의 DRAM 모듈에 비해 가격이 저렴하다. 첫 액세스를 제외한 읽기의 액세스 타임은 DRAM을 따라올 만큼 빠르지만 쓰기의 랜덤 액세스 타임은 DRAM보다 100배 이상 느리다. 플래시 메모리는 NAND와 NOR 타입으로 불리는 크게 2가지 형태가 있다. 플래시 메모리의 내부 셀이 이들 논리 게이트와 유사한 특성을 보이기 때문이다. NAND 타입 플래시 메모리는 몇 개의 블록 단위로 읽고 쓸 수 있다. 주로 대용량이 요구되는 메모리 카드, USB 드라이브 등에 쓰인다. NOR 타입은 대개 바이트인 메모리 워드 단위로 읽고 쓸 수 있다. 과거 EPROM을 대체하여 빠른 속도가 요구되는 기계어 코드 수준의 응용설계에 주로 사용된다. 2가지 타입 모두 기존 디지털 기기의 설정 값을 저장하는 용도로 쓰이던

EEPROM이나 배터리 백업받던 SRAM을 대체하는데도 사용된다.

플래시 메모리는 메모리 카드가 들어가는 디지털 카메라, 휴대전화 등 각종 휴대용 기기와 USB 드라이브 등에 널리 쓰인다. 아직 가격이 문제이지만 물리적으로 취약하고 부피가 큰 하드디스크를 이동용 컴퓨터부터 빠르게 대체하고 있다.

c. SRAM과 DRAM

일반적으로 램(RAM)은 정보의 저장을 위해 전원이 필요한 휘발성(volatile) 메모리이다. 안정적인 전원이 유지되는 것이 필요하다. 순간적인 전압 강하나 아주 일시적인 전압 불안에도 내용이 변하거나 오동작을 일으킬 수 있다.

SRAM(static RAM, 에스램)은 교차결합 인버터(cross-coupled inverter)의 스위칭을 이용하는 쌍안정(bistable) 회로를 이루고 있다. 트랜지스터가 6개 정도 모여 1비트를 저장하는 안정된(static) 저장구조이다. 배터리 백업이나 전원만 공급받으면 DRAM과 달리 리프레시 회로가 필요 없어 편리하다. 가격은 DRAM 보다 비싸지만 무엇보다 액세스 타임이 빠르다.

DRAM(dynamic RAM, 디램)은 커패시터의(capacitor)의 충전과 방전을 이용해 최소 트랜지스터 1개와 커패시터로 1비트를 저장하는 구조이다. SRAM 보다 가격이 저렴하고 대용량 설계가 용이하다. 저장구조에서 전하의 충전(charge) 상태가 안정적이지 못하고 동적(dynamic)이다. 셀 안의 저장 상태가 유지되도록 주기적으로 충전 전압을 올려주는 리프레시(refresh, 재충전) 회로가 별도로 필요하다.

메모리 용어에서 기억장치에서 연이은 액세스를 새로 시작하는데 걸리는 시간 간격을 사이클 타임(cycle time)이라고 한다. SRAM은 사이클 타임과 액세스 타임이 동일하다. DRAM의 사이클 타임은 액세스 타임의 2배 정도이다. SRAM과 달리 DRAM은 리프레시가 진행되는 동안 새로운 액세스를 시작할 수 없어 연속 액세스를 하려면 액세스 타임의 2배 정도가 걸린다.

5.5.3 DRAM 구조

대용량 메모리 칩의 설계는 주소 선의 개수가 늘어나는 것이 문제이다. [그림

5-23]처럼 메모리 격자(memory matrix) 구조에서 RAS와 CAS 신호를 사용하면 집적도가 높은 DRAM 칩에 연결되는 외부 주소 선의 개수를 대폭 줄일 수 있다. 행주소를 지정하는 RAS(row address strobe)와 열주소를 지정하는 CAS(column address strobe) 신호를 주소 선과 함께 보내 각 저장 위치의 주소를 완성한다. 물론 RAS와 CAS사이의 시간지연(latency)이 적을수록 성능이 좋다. DRAM의 리프레시 방법은 RAS가 가해진 모든 행에 걸린 셀의 내용이 한 번에 재충전되는 방식 등을 사용한다. 리프레시가 차지하는 시간은 전체 사용시간의 1~2% 정도이다. 특정 셀에서 내용을 읽어오면 출력으로 전압이 떨어지기 때문에 강제로 재충전 해주어야 한다. 또한 특정 셀에 쓰면 그 행에 걸린 모든 열의 셀이 재충전된다. 이 때문에 DRAM을 연속 액세스를 하려면 액세스 타임의 2배 정도가 걸린다.

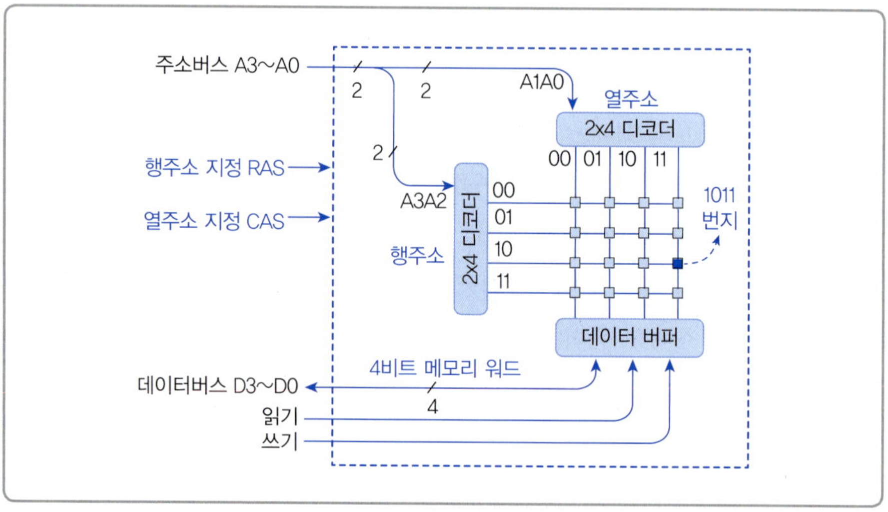

[그림 5-23] DRAM 메모리의 일반구조

[그림 5-23]에서 DRAM 메모리 칩 내부의 메모리 워드를 지정하는데 필요한 4개의 주소 선(A3~A0)을 위해 준비된 입력은 2개뿐이다. 행과 열의 주소로 2비트씩 나누어 먼저 RAS 신호를 보내고 주소 선에 A3, A2 신호를 넣는다. 그런 다음 CAS 신호를 보내고 주소 선에 A1, A0 신호를 보내 4비트 주소를 완성한다. 그런 후 읽기나 쓰기 신호를 주면 해당 주소에서 4비트짜리 메모리 워드 D3~D0을 데이터버스로 읽어 오거나 기록한다.

메모리 격자구조에서 행과 열이 꼭 대칭일 필요는 없다. 512M×8 4Gb 칩의 내부가 '8뱅크×16행×10열'의 격자구조라고 가정하자. 하드웨어적으로 이 칩에 3개의 뱅크 선택 선(BA2~BA0), 16개의 메모리 주소 선(A15~A0)과 8개의 데이터버스 선(D7~D0)이 연결될 수 있다. 각 뱅크에서 내부적으로 행주소 A15~A0와 열주소 A9~A0를 사용하면 뱅크 수를 곱해 $2^3 \times 2^{16} \times 2^{10} = 2^{29}$에서 512M($=2^{29}$)개의 주소를 지정할 수 있다. 또한 각 주소의 메모리 워드는 8비트이기 때문에 이 칩의 저장 밀도는 (주소 수)×(비트 수)를 곱해 512M×8에서 4Gib 용량이 된다.

5.5.4 램 모듈

메모리 모듈 혹은 램 모듈(RAM module)은 주로 컴퓨터의 메인메모리로 사용하기 위해 시스템보드에 장착하기 적합하도록 만들어진 부품이다. 대개 메인보드의 메모리 슬롯에 장착시킨다. 램 모듈은 저가격으로 대용량을 구현하고 대역폭을 증대시키기 위해 DRAM 칩들을 결합해 하나의 보드 형태로 만든다. 64비트 램 모듈을 위해서는 주소버스를 병렬로 연결해 칩의 개수와 칩당 비트 수를 곱해 64비트 데이터버스가 되도록 만든다.

대용량을 위해 너무 많은 칩들을 동시에 연결하면 램 모듈을 같은 신호선으로 동작시킬 때 칩셋에 부하(load)가 걸려 물리적인 한계가 발생한다. 이런 신호선의 전기적인 부하를 경감시킬 목적으로 사용하는 방법 중 하나가 메모리 랭크이다.

메모리 랭크(rank)는 공통의 메모리버스에 연결되어 동시에 동작하는 칩들의 모임이다. 주로 같은 칩 선택 신호에 연결되어 동시에 액세스가 가능한 DRAM 칩들의 집합을 말한다. 램 모듈 내의 메모리 칩들은 모두 같은 메모리 주소버스와 데이터버스에 연결되지만 물리적으로 1, 2, 4, 8개 등의 랭크로 나눌 수 있다. 메모리를 액세스 할 때는 칩 선택 신호가 각 랭크를 구분한다. 램 모듈에는 하나 이상의 랭크가 존재하며 칩을 많이 사용할수록 랭크를 더 많이 사용해야 한다.

메인메모리로 사용되는 DDR 램 모듈에서 데이터버스의 폭은 보통 64비트이다. 에러 정정 코드(error-correcting code)를 갖는 ECC 메모리는 보통 에러 정정 8비트를 추가해 72비트 데이터버스를 사용한다. 이때 데이터버스의 비트 수 64비트나 72비트는 칩당 메모리 워드의 비트 수와 랭크당 칩의 개수를 곱한 것이다.

램 모듈의 저장 밀도, 즉 저장 용량을 표시할 때 ① 램 모듈의 저장 구조와 ② 램 모듈의 구성으로 나타내는 2가지 방법이 있다. 칩의 구조처럼 램 모듈의 저장 구조

(organization)를 사용하면 저장 주소의 개수와 데이터버스의 비트 수를 곱해 (주소 수)×(비트 수)로 나타낼 수 있다. 램 모듈 구조를 1G×64로 표시하면 1G개의 저장 주소와 64비트 데이터버스로 구성된 8GiB 용량의 램 모듈임을 나타낸다.

램 모듈의 구성(composition)을 사용하면 칩의 저장 구조에 칩의 수를 곱해 (주소 수)×(비트 수)×(칩의 개수)로 표시할 수 있다. 64비트 램 모듈의 구성을 512M×8*16pcs로 나타내면 512M×8 구조의 4Gib 칩 16개(pieces)로 이루어진다는 뜻이다. 칩당 8비트이므로 64비트 데이터버스를 위해 랭크 하나에 64÷8=8개의 칩이 필요하다. 이 램 모듈 내의 16개 칩은 16÷8=2개의 랭크로 나누어진다.

메인보드가 결정되면 CPU와 메모리 컨트롤러에 따라 램 모듈 방식이 결정된다. 램 모듈에 따라 허용되는 시스템버스의 클럭 속도가 빠를수록 성능이 좋다. 램 모듈은 CPU와 시스템보드에서 권장하는 종류를 사용하는 것이 좋다. 같은 종류를 사용해야 잡음에 강하고 오동작이 발생할 확률이 적다. 메인메모리에서 에러가 발생하면 진행하던 프로그램이 정지하거나 작업이 없어질 수 있다. 시스템이 정지하거나 리셋이 발생하는 등 주로 심각한 에러가 발생할 수 있다.

5.5.5 DDR SDRAM

SDRAM(synchronous DRAM, 에스디램)은 메모리 컨트롤러가 아닌 시스템버스에 직접 동기(synchronous)되는 DRAM이라는 뜻이다. 물리적으로 메모리버스의 클럭 속도를 높이지 않고도 신호를 안정시켜 전송률을 높이는 방법이다.

DDR 램 모듈 방식에 사용하는 DDR(double data rate) SDRAM은 같은 시스템버스의 클럭 속도에서 SDRAM에 비해 '2배의 데이터 전송률'을 갖는다. 이를 위해 [그림 5-24]처럼 클럭 펄스의 상승과 하강 시점에서 2번의 데이터 전송을 일으킨다. 시스템버스의 클럭 속도가 물리적으로 증가하는 것은 아니지만 버스 사이클 하나당 전송횟수를 늘려 대역폭을 증가시키는 방법이다.

〈표 5-9〉에서 DDR, DDR2, DDR3, DDR4 방식의 기술적인 차이점은 클럭 승수에 있다. 클럭 승수(clock multiplier)는 '반도체 칩 내부의 동작 클럭이 외부 공급 클럭의 몇 배수인가'를 나타낸다. 이를 위해 반도체 칩 내부에 주파수 곱셈기 회로를 갖고 있다. 클럭 승수가 ×n이면 메모리 내부에서 사용하는 클럭은 외부 시스템버스 클럭 속도의 ×n배로 높아진다. DDR2, DDR3, DDR4 방식에서 메모리

내부의 클럭 승수는 각각 ×2, ×4, ×8배이다. 여기에 각 클럭의 상승과 하강에서 2번의 전송을 일으켜 데이터 전송률은 각각 ×4, ×8, ×16배가 된다.

〈표 5-9〉의 DDR SDRAM 모듈 방식은 한 번의 메모리버스 사이클 동안 여러 번의 데이터 전송을 일으킨다. 이를 위해 메모리 내부에 여러 개의 데이터 출입구를 만들고 선인출 또는 프리패치(prefetch) 버퍼에 여러 개의 데이터 비트를 미리 갖다 놓는다. 프리패치는 작업이 빨리 실행되도록 '필요한 자료를 미리 읽어 들이는 기능'을 말한다. 선인출 버퍼의 입출력 비트 수는 메모리버스 한 사이클당 전송 횟수가 된다. 〈표 5-9〉에서 DDR, DDR2, DDR3 방식에서 선인출 비트 수는 각각 2, 4, 8비트이다. 이들은 동일한 메모리버스의 클럭 속도에서 SDRAM에 비해 시스템버스의 대역폭을 각각 2, 4, 8배로 증가시킨다.

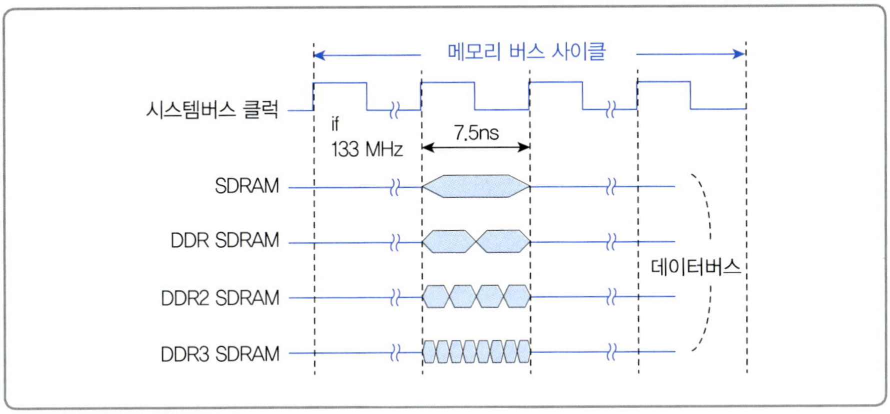

[그림 5-24] DDR SDRAM의 동작

〈표 5-9〉 DDR SDRAM 모듈의 특성

방식	① FSB의 클럭률 (물리적인 클럭 속도 계산 방법)	② 비트 수	동작 전압	선인출	시스템버스의 대역폭
DDR	200/266/333/400 MHz (÷2 = 시스템버스의 실제 클럭)	64	2.5V	2비트	①×②÷8 [MB/s]
DDR2	400/533/667/800 MHz (÷4 = 시스템버스의 실제 클럭)	64	1.8V	4비트	
DDR3	800/1066/1333/1600 MHz (÷8 = 시스템버스의 실제 클럭)	64	1.5V ~	8비트	
DDR4	1600/2133/2667/3200 MHz (÷16 = 시스템버스의 실제 클럭)	64	1.2V ~	8비트 ×2그룹	

DDR4를 DDR3처럼 설계하려면 '이론적으로는' 클럭을 2배로 세분화하고 선인출 비트 수를 16비트로 늘려야 하는데 문제가 있다. 클럭이 상승했다 떨어지는 속도가 더 빨라지려면 〈표 5-9〉에서 전압이 더 낮아야 하는데 이것은 반도체 공정과 관련이 있어 쉽지 않다. 그 대신 국제반도체표준협의기구(JEDEC)에서 정한 DDR4 표준(2012년)은 선인출 비트 수를 8비트로 유지하고 읽기, 쓰기, 리프레시가 독립적인 2개 또는 4개의 뱅크 그룹을 사용해 대역폭을 2배로 높였다.

〈표 5-9〉의 ①은 시스템버스의 실제 물리적인 클럭이 100, 133, 166, 200MHz일 때를 기준으로 설명한 자료이다. 이런 식으로 DDR3 1866MHz는 1866MHz÷8≒233MHz일 때를 나타낸다. 메모리 제조사는 그 이상도 만들 수 있다. 물론 CPU나 메모리 컨트롤러 역시 이를 지원해야 한다. 하지만 이들은 모두 반도체 칩 자체의 성능일 뿐 무엇보다 실제 200MHz 이상을 물리적으로 지원하는 '메인보드'를 만들기가 쉽지 않다. 램 모듈, CPU, 칩셋이 아무리 빨라도 메인보드 상의 시스템버스의 물리적인 속도가 '한계'가 있어 병목현상이 된다. 예를 들어 DDR3 1600MHz로 표시된 램 모듈을 133MHz 시스템버스를 지원하는 메인보드에 장착하면 1066MHz로 동작한다. 이처럼 반도체 칩을 표시 클럭보다 낮게 사용하는 것은 문제가 없다.

5.5.6 클럭 속도와 전압

반도체 내부의 액세스 횟수가 빈번해지거나 동작 클럭이 빨라지면 소비전력이 증가한다. 소비전력이 늘면 열이 많이 발생한다. 발열이 증가하면 전기저항이 커져 동작속도가 느려진다. 반대로 발열을 줄이려면 전력 소모를 줄여야 한다. 이를 위해 ① 동작 클럭 속도를 낮추거나 ② 동작 전압을 낮추어야 한다.

이동용 컴퓨터는 탁상용 컴퓨터와 다른 타입의 저소비전력의 프로세서를 주로 사용한다. 시스템 설정이나 운영체제로 대기모드를 설정해 CPU의 동작 클럭 속도를 떨어뜨릴 수 있다. 배터리 사용시간을 늘리고 발열도 줄일 수 있다. 단점은 CPU나 메모리 칩에서 클럭이 느려지면 컴퓨터의 성능이 함께 느려진다.

CPU나 메모리 칩에서 액세스 횟수나 클럭 속도를 높이면서도 발열을 줄이려면 〈표 5-9〉처럼 동작 전압을 점점 낮추어 주어야 한다. 이것은 반도체 나노 공정

(nano process)으로 불리는 최근의 미세공정 기술로 가능해졌다. 한계기술로 알려진 영역을 넘어 32nm, 22nm, 14nm처럼 점차 좁은 회로선 폭과 짧은 배선 거리를 구현하는 기술이다. 이런 고밀도 반도체 설계기술은 회로의 집적도를 높여 전기신호의 이동거리를 짧게 만든다. 거리가 가까우면 낮은 전압을 사용할 수 있어 전력을 적게 소모한다. 이때 발열이 줄어들고 이와 함께 전기저항도 줄어 칩의 클럭 속도와 액세스 횟수를 더욱 높이는 두 마리 토끼를 잡을 수 있게 된다.

5.6 시스템버스의 대역폭

5.6.1 전송속도와 비트율

데이터의 전송속도를 나타낼 때 가장 적합한 표현은 비트율(bit rate)이다. 전송 스피드(transmission speed)라고 해도 신호의 전달 속도를 나타낼 때가 있다. 속도를 나타내는 스피드(speed)는 거리를 시간으로 나눈 물체의 이동 속도이다. 일의 처리 속도를 나타내기도 하는 일반 명사이다.

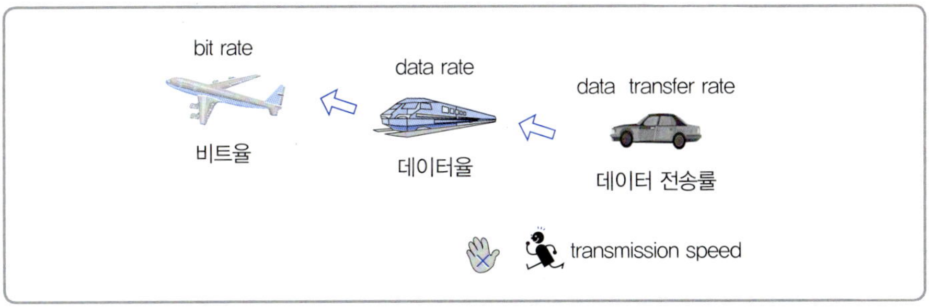

[그림 5-25] 전송속도와 비트율

데이터의 전송속도를 나타내는 보다 전문적인 용어는 데이터 전송률(data transfer rate)이다. 줄여서 데이터율(data rate) 또는 전송률(transfer rate)이라고 한다. 본래 정의는 '단위 시간당 전송되는 정보량'으로 모든 단위 시간이나 단위 정보량을 통칭한다. 초당 비트 수, 초당 바이트 수, 분당 비트 수, 분당 바이트 수 등이 모두 가능하다. 그 중에서 비트율이 가장 많이 쓰이기 때문에 '데이터 전송률의 대표적인 이름'이 되었다. 비트율의 본래 정의는 단위 시간당 전송되는 비트 수이지만 이런 이유에서 비트율의 단위로 초당 비트 수(bit/s)와 초당 바이트 수(B/s)를 함께 사용한다.

비트율의 단위는 국제 표준으로 [표 5-10]의 10진과 2진이 혼용되고 있다. 10진 단위는 국제단위계(international system of units, SI), 즉 미터(m)법으로 잘 알려진 킬로(kilo-)나 메가(mega-) 등의 1790년대부터 써온 전통적인 접두사를 앞에 붙인다. 2진 단위는 IEEE 1541 표준에 앞서 1999년 채택된 ISO 산하의 IEC 표준을 따른 키비(kibi, Ki)나 메비(mebi, Mi) 등 새로운 접두사를 앞에 붙인다. 초당 비트 수(bit per second)의 공식 약자는 bit/s이다. 비공식 단위로 bps와 b/s가 있다. bits/s는 잘못된 표현이다. 초당 바이트 수(byte per second)의 공식 약자는 B/s이다. 비공식 단위로 Bps가 있다.

〈표 5-10〉 10진과 2진 비트율

10진 표현 (SI 표준)	기호	bit/s B/s	2진 표현 (IEC 60027-2 표준)	기호	bit/s B/s
kilobit per second kilobyte per second	kbit/s KB/s	10^3	kibibit per second kibibyte per second	Kibit/s KiB/s	1024
megabit per second megabyte per second	Mbit/s MB/s	10^6	mebibit per second mebibyte per second	Mibit/s MiB/s	1024^2
gigabit per second gigabyte per second	Gbit/s GB/s	10^9	gibibit per second gibibyte per second	Gibit/s GiB/s	1024^3
terabit per second terabyte per second	Tbit/s TB/s	10^{12}	tebibit per second tebibyte per second	Tibit/s TiB/s	1024^4

5.6.2 채널의 대역폭

대역폭의 정의는 ① 통신 분야와 ② 컴퓨터 분야에 사용되는 2가지가 있다. 통신 분야나 신호처리 분야에서 신호의 대역폭(bandwidth)은 해당 신호의 전달에 사용되는 주파수(frequency)의 폭을 말한다. 보통 신호를 전송하도록 허용된 최고와 최저 주파수의 차이로 표시한다. 자동차의 통행에 필요한 도로의 폭처럼 신호를 전송할 때 필요한 주파수의 폭이다.

컴퓨터 분야에서 채널의 대역폭(bandwidth)은 '채널의 이론적인 최대 전송속도'이다. 채널의 전송능력을 나타낸다. 채널에서 단위 시간당 전송되는 최대 정보량으로 나타내기 때문에 비트율과 단위가 같다. 비트율은 어떤 특정 신호의 전송속도이다. 대역폭은 해당 채널이 허용하는 최대 전송속도이다. 통신 분야에서는 이것을 별도로 채널 용량(channel capacity)이라고 정의한다.

시리얼 버스 인터페이스는 초당 데이터 전송 횟수(number of data transfers)로 대역폭을 나타내기도 한다. 메가트랜스퍼(megatransfer, 10^6bits, MT)나 기가트랜스퍼(gigatransfer, 10^9bits, GT) 등을 사용해 비트율 대신 MT/s나 GT/s 등의 단위로 대역폭을 표시한다. 이때 전송을 위해 추가 비트가 부가되는 경우는 대개 총 비트율 대신 유효한 순수 데이터의 비트율을 대역폭으로 취급한다.

5.6.3 버스의 대역폭

버스의 대역폭은 '버스의 이론적인 최대 전송속도'이다. 버스의 전송능력을 나타낸다. 실제의 버스 사이클 하나는 [그림 5-24]처럼 여러 개의 클럭이 모여 구성된다. 모든 클럭마다 데이터 전송이 일어나는 것이 아니다. 하지만 버스의 대역폭은 이론적인 최대치로 어느 한 순간에서의 최대 전송속도를 나타낸다. 버스의 대역폭은 버스의 클럭률과 비트 수를 곱해 식 (5.4)처럼 간단히 구할 수 있다.

$$(\text{버스의 대역폭 bit/s}) = (\text{버스의 클럭률 Hz}) \times (\text{비트 수}) \qquad (5.4)$$

식 (5.4)에서 버스의 대역폭을 높이려면 ① 비트 수를 늘리거나 ② 버스의 클럭률을 올려야 한다. ① 비트 수를 늘리는 방법은 1980년대부터 시스템버스가 8, 16, 32, 64비트로 발전하는데 이미 수십 년이 걸렸다. 그 정도로 한계가 있다. 메인보드에서 시스템버스로 사용되는 메모리버스의 ② 클럭 속도를 올리면 한계가 얼마나 될까? 과거 메인보드나 램 모듈 초기의 설계자들은 시스템버스의 클럭 속도 자체를 올리려고 노력했다. 하지만 이미 물리적인 한계에 도달했다. SDRAM 모듈 방식에서 실제 가능한 메모리버스의 물리적인 한계는 '대략 300MHz 정도'로 알려져 있다. 대신 요즘은 DDR처럼 인터페이스 방식을 개선해 한 번의 버스 사이클 동안 여러 번의 전송이 일어나도록 버스를 설계해 대역폭을 키우고 있다.

a. 버스의 클럭률

클럭 속도를 가리키는 보다 전문적인 용어는 클럭률이다. 일반적인 개념의 클럭률(clock rate)은 클럭의 초당 사이클 횟수(Hz, hertz)이다. 요즘의 버스 인터페이스 방식들은 한 번의 버스 사이클 동안 여러 번의 데이터 전송을 실시한다. 이를 고려해 버스의 클럭률은 버스의 실제 물리적인 클럭 속도와 버스의 한 사이클당 전송횟수를 곱해 식 (5.5)처럼 구할 수 있다.

$$(\text{버스의 클럭률 Hz}) = (\text{실제 클럭 속도 Hz}) \times (\text{사이클당 전송횟수}) \qquad (5.5)$$

버스 인터페이스 방식에서 식 (5.5)와 같은 버스의 클럭률은 실제 물리적으로 적용되는 클럭 속도가 아니다. 이것은 한 번의 버스 사이클 동안 여러 번의 데이터 전송을 실시해 마치 '그런 효과'를 갖는다고 설명할 수 있다.

램 모듈 제조자들은 〈표 5-9〉의 ①처럼 FSB의 클럭률을 제품에 표시한다. DDR3 1600MHz로 표시된 램 모듈은 시스템버스의 실제 물리적인 클럭 속도가 200MHz이다. 이 방식은 한 번의 버스 사이클 동안 8번의 데이터 전송을 실시해 결국 200MHz×8회=1600MHz의 클럭률 효과를 갖는다.

b. 시스템버스의 대역폭

시스템버스의 대역폭은 '시스템버스의 이론적인 최대 전송속도'이다. 시스템버스의 전송능력을 나타낸다. 식 (5.4)에서 시스템버스의 클럭률과 비트 수를 곱해 구할 수 있다. ① SDRAM과 ② DDR3 SDRAM 모듈을 사용하는 시스템버스의 대역폭을 계산해 보자. 먼저 SDRAM은 한 번의 버스 사이클 동안 한 번의 데이터 전송만 실시한다. FSB 100MHz 64비트 SDRAM 모듈을 메인메모리로 사용하는 시스템버스의 대역폭은 다음과 같이 구해진다.

$$(\text{시스템버스의 대역폭}) = 100\text{MHz} \times 64\text{bits} \div 8 = 800[\text{MB/s}] \qquad (5.6)$$

DDR3 SDRAM은 한 번의 버스 사이클 동안 8번의 데이터 전송을 실시한다. 하지만 이런 특성은 이미 FSB의 클럭률에 포함되어 있기 때문에 대역폭의 계산 방법은 SDRAM의 경우와 같아진다. FSB 1600MHz 64비트 DDR3 SDRAM 모듈을 메인메모리로 사용하는 시스템버스의 대역폭은 다음과 같이 구해진다.

$$(\text{시스템버스의 대역폭}) = 1600\text{MHz} \times 64\text{bits} \div 8 = 12800[\text{MB/s}] \qquad (5.7)$$

여기에 사용된 MB/s 단위는 〈표 5-10〉에서 10^6B/s이다. 램 모듈 제조자들은 식 (5.7)에서 계산한 12800과 같은 대역폭을 제품명에 숫자로 사용하기도 한다. 즉, 시스템버스의 최대 전송속도로 제품명을 나타내기도 한다.

연습문제

1. 전체나 일부가 메모리에 남아 항상 대기하고 있다가 필요할 때 부르면 즉시 나타나 일을 수행하는 프로그램을 무엇이라고 하는가?

2. 주기억장치에 대한 설명으로 맞는 것을 【보기 A】에서 모두 골라라.

보기 A	
① 메인메모리	② 프로그램의 동작에 주로 사용
③ 각종 드라이브	④ 데이터를 저장할 때 주로 사용
⑤ 반도체 메모리	⑥ 2차 기억장치
⑦ 시스템 메모리	⑧ 전원이 없어도 보관

3. 보조기억장치에 대한 설명으로 맞는 것을 【보기 A】에서 모두 골라라.

4. 전통적인 메모리 용량표시에서 5MB는 몇 KB인가?

5. 전통적인 메모리 용량표시에서 4GB는 몇 KB인가?

6. IEEE 1541 표준의 메모리 용량 표시에서 3TiB는 몇 GiB인가?

7. IEEE 1541 표준의 메모리 용량 표시에서 2MiB는 몇 MB인가?

8. 여러 개의 바이트로 이루어진 변수를 메모리에 저장할 때 큰 단위의 바이트가 앞 번지로 오게 배열하는 방법을 무엇이라고 하는가?

9. 여러 개의 바이트로 이루어진 변수를 메모리에 저장할 때 작은 단위의 바이트가 앞 번지로 오게 배열하는 방법을 무엇이라고 하는가?

10. 메모리에 저장되는 변수 '0x77498756'의 첫 바이트 주소가 '0x3500'번지일 때 다음 메모리의 내용을 (a), (b)의 방법으로 16진수로 채워 넣어 표를 완성하라.

(a) 빅 엔디언

메모리 번지	3500	3501	3502	3503
저장 내용				

(b) 리틀 엔디언

메모리 번지	3500	3501	3502	3503
저장 내용				

11. 컴퓨터의 메모리와 입출력장치에서 읽기와 쓰기 동작의 주체는 누구인가?

12. CPU가 주소를 보낸 순간부터 데이터를 읽어오는 동작이 완료되기까지 걸린 시간을 무엇이라고 하는가?

13. CPU가 주소와 기록할 데이터를 보낸 순간부터 저장이 완료되기까지 걸린 시간을 무엇이라고 하는가?

14. CPU가 데이터의 저장 위치에 접근을 완료하거나 응답을 받기 시작하는 데까지 걸린 시간을 무엇이라고 하는가?

15. 메모리나 입출력장치에 새로운 주소가 도달한 시점부터 데이터를 출력하기 시작하거나 기록하기 시작하는 데까지 걸린 시간을 무엇이라고 하는가?

16. 액세스 타임의 단위에서 0.045μs는 몇 ns인가?

17. 다음 기억장치 소자들을 액세스 타임이 빠른 순서대로 번호를 적어라.

① 메인메모리 ② 롬 바이오스 칩 ③ 캐시메모리 ④ CPU 레지스터
⑤ 광학디스크 ⑥ 플로피디스크 ⑦ 하드디스크 ⑧ 자기 테이프

18. 다음 기억장치 소자들을 액세스 타임이 빠른 순서대로 번호를 적어라.

① ROM ② DRAM ③ SRAM ④ 자기 테이프
⑤ FDD ⑥ CD-ROM ⑦ HDD ⑧ CPU 레지스터

19. 기억장치 계층구조를 사용하는 이유는 무엇인가?

20. CPU에 가까운 기억장치 상위계층으로 올라 갈수록 맞는 설명을 모두 골라라.

① 액세스 타임 느려짐 ② 비트당 가격 하락 ③ 가격대비 용량 작아짐
④ 액세스 타임 빨라짐 ⑤ 비트당 가격 상승 ⑥ 가격대비 용량 커짐

21. 주로 하드디스크의 일부를 확장된 램으로 가정해 부족한 메인메모리의 일부로 사용하는 것을 무엇이라고 하는가?

22. 가상메모리를 사용하는 이유는 무엇인가?

23. 가상메모리에 대한 설명으로 맞는 것을 모두 골라라.

① HDD 일부를 확장된 램으로 가정 ② 많이 사용할수록 성능에 유리
③ 메인메모리보다 액세스가 빠름 ④ 메인메모리 크기를 외형적으로 확장
⑤ 물리적으로 연속인 공간에 설치 ⑥ 사용 횟수나 크기 늘면 성능 떨어짐

24. 윈도우나 유닉스 기반의 운영체제에서 가상메모리를 사용할 때 실제 메모리인 램에 대한 확장으로 하드디스크 상에 만들어지는 파일을 무엇이라고 하는가?

25. 일반적인 운영체제에서 가상메모리를 사용하기 위해 메인메모리와 하드디스크 사이에 한 번에 이동하는 단위를 무엇이라고 하는가?

26. 메인메모리의 일부에서 가상의 기억공간을 다룰 수 있도록 할당한 메모리 영역을 무엇이라고 하는가?

27. 다량의 페이지로 이루어진 가상메모리를 관리하기 위해 메인메모리와 하드디스크 사이에 페이지를 교환하는 동작을 무엇이라고 하는가?

28. 현재 관리되고 있는 가상메모리의 모든 페이지와 메인메모리의 페이지 프레임과의 매핑 관계를 저장한 정보를 무엇이라고 하는가?

29. 컴퓨터 용어에서 전체 시스템의 성능이 저하되어 작업의 진전이 아주 느리거나 아예 없는 상태를 무엇이라고 하는가?

30. 가상메모리에서 스래싱은 어떤 경우에 발생하는가?

31. 메인메모리의 크기에 대한 설명으로 맞는 것을 모두 골라라.

① 클수록 많은 프로그램 실행 ② 가상메모리 사용 늘면 성능은 향상
③ 줄면 하드디스크 액세스 증가 ④ OS와 메인메모리 크기 제약은 무관

32. 어떤 프로세서가 36비트 가상주소와 32비트 물리주소를 사용한다. 페이지 하나의 크기는 4KiB이며 메모리 워드의 크기는 1바이트이다. 다음 질문에 답하라.

(a) 아래 그림에서 두 주소를 구성하는 각 필드 P, F, S의 비트 수를 구하라.
(b) 페이지 테이블 등록정보(PTE)는 몇 비트인가?
(c) 가상메모리의 총 크기는 몇 GiB인가?
(d) 가상메모리 페이지의 개수는 몇 개인가?
(e) 프레임 개수만큼 저장하려면 페이지 테이블은 몇 MiB 크기로 해야 하는가?

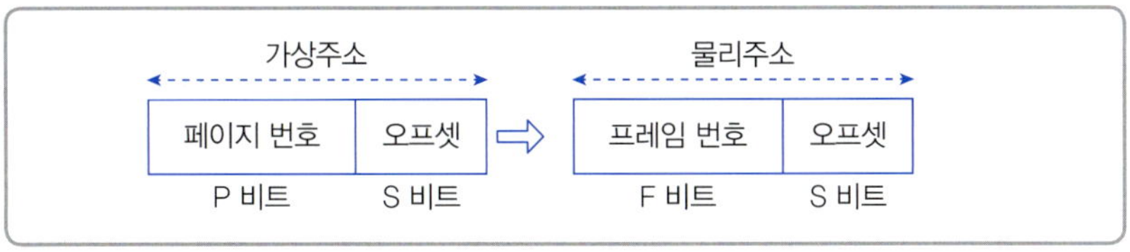

33. 주로 메인메모리의 액세스 타임을 줄이기 위해 CPU와 메인메모리 사이에 사용하는 빠른 속도의 메모리를 무엇이라고 하는가?

34. 프로세서 칩에 내장된 장치 중에서 코어가 아닌 다른 부분을 무엇이라고 하는가?

35. 같은 CPU 코어를 사용해 프로세서 성능을 개선시키는 방법을 모두 골라라.

① 멀티코어 구조 사용 ② 가상메모리 사용 ③ 내장 캐시 성능개선
④ 싱글코어 구조 사용 ⑤ 디스크캐시 사용 ⑥ CPU 코어 클럭 증가

36. CPU 프로세서 칩 내부에 내장한 캐시를 무엇이라고 하는가?

37. 디스크의 액세스 타임을 줄이기 위해 주로 메인메모리의 일부를 할당해 CPU와 디스크 장치 사이에 사용하는 캐시메모리를 무엇이라고 하는가?

38. 메모리의 이중독립버스 구조에서 주로 CPU와 외부 메인메모리 사이를 연결해주는 시스템버스를 영문약자로 무엇이라고 하는가?

39. 메모리의 이중독립버스 구조에서 주로 CPU 내부에 내장된 캐시와 CPU 코어 사이를 연결해주는 캐시버스를 영문약자로 무엇이라고 하는가?

40. 하드디스크의 액세스 타임이 10ms인 메모리 계층구조에서
(a) 아래 표를 완성하라.
(b) 전체 기억장치의 평균 액세스 타임을 구하라.

구분	액세스타임		적중률(%)	액세스 비중(%)
	캐시 적중	캐시 실패		
L1	2ns		65	
L2	10ns		95	
메인메모리	30ns	10ms	100	

41. CPU가 기억장치의 특정 부분에 위치한 프로그램이나 데이터를 빈번히 또는 집중적으로 액세스하는 현상을 무엇이라고 하는가?

42. 데이터의 지역성에서 CPU에서 한 번 참조한 프로그램이나 데이터는 조만간 다시 참조될 가능성이 높다는 성질을 무엇이라고 하는가?

43. 데이터의 지역성에서 한 번 참조된 데이터 주변에 인접한 데이터는 같이 참조될 가능성이 높다는 성질을 무엇이라고 하는가?

44. 캐시의 블록이 변경되었을 때 메인메모리의 블록을 갱신하는 방법과 시기를 정하는 것을 무엇이라고 하는가?

45. 캐시 쓰기 정책에서 CPU가 캐시와 메인메모리 두 군데의 데이터를 정상적으로 함께 갱신하는 방식을 무엇이라고 하는가?

46. 캐시 쓰기 정책에서 CPU가 캐시의 데이터만 우선 변경하고 메인메모리는 나중에 갱신하는 방식을 무엇이라고 하는가?

47. 메모리 계층구조에서 각 레벨의 액세스 비중을 채워 넣어 다음 표를 완성하고, 연속기록(write-through) 캐시를 사용할 때 다음 값을 구하라.

(a) 읽기 동작의 평균 액세스 타임 T_R
(b) 쓰기 동작의 평균 액세스 타임 T_W
(c) 읽기와 쓰기를 모두 고려한 전체 기억장치의 평균 액세스 타임 T_A

구분	액세스 타임	적중률	액세스 비중 (%)	읽기	쓰기
L1	4ns	80%		60%	40%
L2	12ns	95%			
메인메모리	34ns	100%			

48. 문제 47번을 후기록(write-back) 캐시 방법으로 풀어라.

49. 캐시 교체 알고리즘에 대한 다음 설명으로 맞는 것을 【보기 B】에서 골라라.

(a) 최근에 가장 많이 사용된 자료를 먼저 교체
(b) 최근에 가장 적게 사용된 자료를 먼저 교체
(c) 가장 먼저 들어온 자료를 먼저 교체
(d) 사용 횟수가 가장 적은 자료를 먼저 교체
(e) 연속적인 순서를 가진 자료가 사용되는 상황에서 가장 유용한 방법

보기 B ① 선입 선출(FIFO) ② 최소 최근 사용(LRU) ③ 최대 최근 사용(MRU) ④ 최소 빈도 사용(LFU)

50. 다음 캐시 알고리즘에 대해 각 캐시 라인에 들어갈 블록 번호를 아래 표에 채워 넣고 캐시 적중된 곳에 H로 표시하라. 데이터 블록은 캐시 라인 0부터 들어간다.

(a) FIFO 알고리즘

블록 번호	5	0	2	5	3	6	3	2	1	2
캐시 라인 0										
캐시 라인 1										
캐시 라인 2										
적중 표시 H										

(b) LRU 알고리즘

블록 번호	5	0	2	5	3	6	3	2	1	2
캐시 라인 0										
캐시 라인 1										
캐시 라인 2										
적중 표시 H										

51. 캐시의 매핑 방식이 필요한 이유를 설명하라.

52. 캐시의 매핑 방식에 대한 다음 설명과 맞는 짝을 【보기 C】에서 골라라.

(a) 메인메모리의 블록이 아무 캐시 라인에나 들어갈 수 있다.
(b) 메인메모리의 블록이 지정된 캐시 라인에만 들어갈 수 있다.
(c) 메인메모리의 블록이 캐시 라인을 묶은 지정된 세트에만 들어갈 수 있다.

보기 C ① 직접매핑(direct-mapped) 캐시　② 세트연관(set-associative) 캐시
③ 완전연관(fully associative) 캐시

53. 【보기 C】에서 캐시 라인의 교체 정책이 필요한 방식을 모두 골라라.

54. 다음 설명이나 질문에 해당하는 캐시의 매핑 방식을 【보기 D】에서 골라라.

(a) 캐시 교체 알고리즘이 가장 복잡하지만 가장 낮은 실패율
(b) 가장 간단하고 빠른 적중시간을 보이지만 가장 나쁜 성능
(c) 연관도(associativity)가 높은 순서대로 번호를 골라라.

보기 D ① 2-way 세트연관　② 8-way 세트연관　③ 직접매핑
④ 4-way 세트연관　⑤ 16-way 세트연관　⑥ 완전연관

55. 인텔의 3세대 Core i7 프로세서의 L1 데이터와 L2, L3 공유 캐시 구조를 나타낸 아래 표를 완성하라. 메인메모리의 36비트 주소 형식에서 각 필드를 구성하는 비트 수는 그림과 같다. 메모리 워드의 크기는 1바이트이다.

메인메모리 주소 형식의 필드 구성

태그	세트	블록 오프셋
T 비트	S 비트	W 비트

캐시	캐시 용량	연관도	블록 크기	캐시 라인 수	세트 수	메인메모리 주소의 비트 수		
						T	S	W
L1	32KiB	8-way	64B					
L2	256KiB	8-way	64B					
L3	8MiB	16-way	64B					

56. '메모리 관리 장치'의 영문약자로 가상메모리를 사용하는 프로세서 칩에 주로 내장되며 물리주소 변환과 메모리 보호가 주요 역할인 장치를 무엇이라고 하는가?

57. '변환 색인 버퍼'의 영문약자이며 가상주소로 이에 해당하는 물리주소를 검색할 때 사용되는 버퍼 메모리를 무엇이라고 하는가?

58. 가상메모리를 사용하는 프로세서 칩에 주로 내장되며 페이지 테이블에 대한 일종의 캐시 역할을 하는 장치를 무엇이라고 하는가?

59. 어떤 CPU가 원하는 가상주소의 자료가 현재 메인메모리의 페이지 프레임에 없을 때 물리주소 변환에 필요한 작업의 순서대로 번호를 적어라.

① 가상주소 발생　② 페이지 테이블 갱신　③ TLB 검사
④ TLB 갱신　⑤ 물리주소 변환　⑥ 페이지 적재나 교체
⑦ 페이지 테이블 검사

60. 가상주소 캐시의 다음 일관성 문제에 대한 짝을 【보기 E】에서 모두 골라라.

(a) 복수의 가상주소가 같은 물리주소로 매핑
(b) 같은 가상주소가 다른 물리주소로 또다시 매핑

보기 E
① 주소 에일리어스　② 하머님(homonym, 동음이의어)
③ 매핑 변경　④ 시너님(synonym, 동의어)

61. 메모리 칩 내부에 1비트를 저장하는 소자를 무엇이라고 하는가?

62. 메모리 셀 536870912개를 갖는 메모리 칩의 저장 밀도는 몇 MiB인가?

63. 메모리 내부의 저장 위치를 지정해 그룹으로 한 번에 읽고 쓸 수 있는 비트의 저장 단위를 무엇이라고 하는가?

64. 저장 구조가 32M×16으로 표시되는 메모리 칩에 대해 다음을 계산하라.

(a) 저장 주소의 개수를 2^n의 형태로 나타내어라.
(b) 메모리 워드의 비트 수
(c) 저장 밀도 [MiB]

65. 저장 구조가 256M×4인 칩으로 64비트 램 모듈을 구성할 때 다음을 계산하라.
(a) 칩 하나의 메모리 워드 비트 수
(b) 칩이 최소 몇 개가 필요한가?
(c) 칩 하나의 저장 밀도는 몇 MiB인가?
(d) 설계할 수 있는 램 모듈의 저장 밀도는 최소 몇 GiB인가?

66. 기억장치를 분할해 독립적으로 액세스할 수 있도록 구성한 논리적인 단위를 무엇이라고 하는가?

67. '읽기 전용 메모리'의 영문약자로 보통의 방법으로는 읽을 수만 있는 메모리를 무엇이라고 하는가?

68. '비휘발성 램'의 영문 약자로 데이터를 보존하는데 전원이 필요 없고 읽고 쓰기도 가능한 메모리를 보통의 RAM과 구분하여 무엇이라고 하는가?

69. '무순 접근 메모리'의 영문약자로 찾는 주소에 따라 액세스 타임이 일정한 메모리를 무엇이라고 하는가?

70. '순차 접근 메모리'의 영문약자로 찾는 주소에 따라 액세스 타임이 변하는 메모리를 무엇이라고 하는가?

71. 다음 액세스 방식에 해당하는 저장장치를 【보기 F】에서 모두 골라라.
(a) RAM
(b) SAM

보기 F		
① 반도체 메모리	② DVD-ROM	③ 음악 테이프
④ 자기 테이프	⑤ 음악 CD	⑥ 자기 디스크

72. 다음 설명에 맞는 ROM의 종류를 【보기 G】에서 모두 골라라.
(a) 자외선으로 데이터를 일괄 소거하고 12V 등을 사용해 기록한다.
(b) 퓨즈를 녹이면 끊어지는 구조로 한 번 프로그램하면 지울 수 없다.
(c) 디지털에서 사용하는 5V이하의 낮은 전압으로 쓰고 지울 수 있다.
(d) 반도체 공정에서 마스크 필름으로 인쇄하듯 대량으로 생산한다.

보기 G
① 마스크 ROM ② PROM
③ EPROM ④ EEPROM

73. 비휘발성 램의 일종으로 전원이 꺼져도 데이터가 보존되어 휴대용 하드디스크를 대체하고 있는 대중적인 메모리를 무엇이라고 하는가?

74. 전원이 없어도 데이터가 보존되는 반도체 메모리를 모두 골라라.

① SRAM ② EEPROM ③ DRAM
④ 플래시 메모리 ⑤ NVRAM

75. 신호선의 전기적인 부하를 경감시킬 목적으로 사용하며 공통의 메모리버스에 연결되어 동시에 동작하는 칩들의 모임을 무엇이라고 하는가?

76. 다음 반도체 메모리 방식에 대해 맞는 설명을 【보기 H】에서 모두 골라라.

(a) DRAM
(b) SRAM

보기 H
① 대용량 설계가 용이하고 저가격
② 비싸지만 액세스 타임 빠름
③ 전원이 있으면 리프레시 불필요
④ 전하의 충전상태가 안정적이지 못하고 동적
⑤ 사이클 타임 = 액세스 타임
⑥ 사이클 타임 = 액세스 타임의 2배 정도

77. 기억장치에서 연이은 액세스를 새로 시작하는데 걸리는 시간 간격을 무엇이라고 하는가?

78. DRAM 반도체 칩에서 2개의 뱅크 선택선과 외부 주소선 6개를 RAS, CAS 신호에 모두 사용해 내부 주소를 완성할 때 최대 몇 개의 주소를 지정할 수 있는가?

79. 램 모듈에 대한 설명으로 맞는 것을 모두 골라라.

① 주로 보조기억장치로 사용 ② 같은 종류 사용해야 오동작 적음
③ 시스템보드에 장착 ④ 주로 저가격 대용량 SRAM을 사용
⑤ 주로 메인메모리로 사용 ⑥ 용량은 대개 비트로 표시

80. 어떤 72비트 ECC 램 모듈의 구성이 128Mx8*36pcs일 때 다음을 계산하라.
(a) 메모리 칩의 개수
(b) 칩당 메모리 워드의 비트 수
(c) 랭크당 칩의 개수
(d) 랭크 개수
(e) 칩 하나의 저장 밀도는 몇 MiB인가?
(f) ECC 8비트를 제외한 램 모듈의 실제 저장 밀도는 몇 GiB인가?

81. 같은 시스템버스의 클럭 속도에서 SDRAM에 비해 2배의 데이터 전송률을 갖는 램 모듈 방식을 무엇이라고 하는가?

82. 반도체 칩 내부의 동작 클럭이 외부 공급 클럭의 몇 배수인가를 나타낸 것을 무엇이라고 하는가?

83. DDR3 SDRAM의 선인출 비트 수는 DDR SDRAM의 몇 배인가?

84. 같은 시스템버스 클럭 속도를 사용할 때 DDR4 SDRAM은 일반 SDRAM에 비해 이론적인 데이터 전송률이 몇 배인가?

85. CPU나 메모리 칩에서 나노 공정을 사용해 더욱 좁은 회로선 폭과 짧은 배선 거리를 구현하였다. 이때 동작 전압을 낮추면 얻을 수 있는 효과를 모두 골라라.
① 클럭 속도 감소 ② 소비전력 감소 ③ 열 발생 감소
④ 전송속도 감소 ⑤ 클럭 속도 증가 ⑥ 소비전력 증가
⑦ 열 발생 증가 ⑧ 전송속도 증가

86. 비트율의 단위에서 다음을 계산하라.
(a) 7300kbit/s는 몇 Mbit/s인가?
(b) 18760Mbit/s는 몇 GB/s인가?
(c) 40GiB/s는 몇 MiB/s인가?
(d) 3Tibit/s는 몇 GiB/s인가?

87. 다음 용어의 정의와 단위에 대해 맞는 것을 【보기 I】에서 모두 골라라.

(a) 비트율
(b) 컴퓨터 분야에서 대역폭
(c) 통신 분야에서 대역폭

보기 I
① 전송에 필요한 주파수 폭
② 채널용량
③ 단위 시간당 전송되는 정보량
④ bit/s나 B/s로 표시
⑤ 채널이 허용하는 최대 비트율
⑥ 어떤 신호의 전송속도
⑦ 채널의 이론적인 최대 전송속도
⑧ Hz로 표시
⑨ 대표적인 데이터 전송률
⑩ 채널의 전송능력

88. 클럭의 초당 사이클 횟수(Hz, hertz)로 클럭 속도를 가리키는 보다 전문적인 용어를 무엇이라고 하는가?

89. 다음은 어떤 것끼리 곱해서 계산하는지 【보기 J】에서 모두 골라라.

(a) 버스의 클럭률
(b) 버스의 대역폭

보기 J
① 실제 클럭 속도
② 비트 수
③ 사이클당 전송횟수

90. 클럭 속도가 200MHz인 64비트 시스템버스의 대역폭은 몇 MB/s인가?

91. FSB 3200MHz 64비트 램 모듈을 사용하는 시스템버스의 대역폭은 몇 GB/s인가?

06 CHAPTER

보조기억장치

COMPUTER ARCHITECTURE

CPU가 프로그램을 실행시킬 때 주로 사용하는 주기억장치와 달리 보조기억장치는 자료를 저장할 때 주로 사용한다. 보조기억장치는 프로그램이 실행되지 않을 때에도 프로그램과 데이터를 안전하게 저장하는 것이 목적이다. 보조기억장치는 저가격과 대용량이 요구되는 드라이브를 주로 사용한다. 대표적인 보조기억장치는 하드디스크로 대용량과 함께 데이터 전송속도에 중점을 두고 성능이 발전했다. 광학디스크는 특히 음악, 영화, TV 등 다양한 멀티미디어의 기술발전과 직접 연관이 있다. 디스크 한 장에 상업영화나 음악을 담기 위해 데이터 압축 기술도 함께 발전한다. 인터넷 전송기술이나 HDTV 등의 방송통신 기술표준과도 연계된다. 요즘 컴퓨터에서 처리하는 자료는 멀티미디어의 비중이 절대적이다. 멀티미디어가 없다면 사실 그렇게 대용량 고속의 장치들이 필요하지 않다. 1990년대만 해도 전문가들의 몫이었지만 지금은 일반 사용자들도 멀티미디어 자료를 만들고 편집하고 전송하는데 익숙하다. 이를 처리해주는 컴퓨터시스템과 기술을 연구하는 것이 컴퓨터 분야에서 할 일이다. 6장은 이와 연관된 디지털 오디오와 비디오 기술을 알아본다. 또한 드라이브는 이런 파일들이 저장되는 실제 장소이다. 이를 관리하기 위해 운영체제에서 파일시스템을 설치하는 곳이기도 하다. 파일시스템에 대한 설명 없이 하드디스크와 관련된 제약과 현재의 기술을 설명할 수 없다.

6장은 컴퓨터시스템의 보조기억장치에 대해서 설명한다. 이곳 6장에서는 드라이브의 정의, 디스크의 원리, 하드디스크의 구조와 방식, 광학디스크의 구조와 방식, 디스크에 저장되는 디지털 오디오와 비디오 기술에 대해서 알아본다. 또한 디스크에 설치되는 파일시스템의 구조와 동작원리를 설명한다.

06 CHAPTER

보조기억장치

6.1 드라이브와 디스크

6.1.1 드라이브

드라이브는 본래 하드디스크처럼 모터와 같은 구동장치를 갖는 하드웨어 저장장치를 가리키는 말이었다. 컴퓨터시스템의 드라이브(drive)는 휴대용 저장장치를 포함해 드라이브 문자가 부여되는 모든 보조기억장치를 말한다. 드라이브에는 파일을 저장하는 체계인 파일시스템이 존재하고 운영체제의 탑재가 가능하다. 드라이브에 따라 사용할 수 있는 파일시스템의 종류가 정해져 있다. 대표적인 드라이브는 다음과 같다.

① 하드디스크 드라이브(hard disk drive, HDD)
② 광학디스크 드라이브(optical disc drive, ODD)
③ 반도체 드라이브(solid-state drive, SSD)
④ 휴대용 드라이브

SSD는 플래시 메모리를 기반으로 한 비휘발성 반도체 소자로 기계적인 장치가 없어 고장이나 충격에 강하고 수명이 길다. 또한 조각 모음을 통한 드라이브 최적화도 필요 없다. 무엇보다 동작 속도가 월등해 비싼 가격에도 HDD를 빠르게 대체해 나가고 있다.

[그림 6-1] 보조기억장치의 종류

a. 드라이브 문자

드라이브가 제대로 인식되면 드라이브 문자가 정해진다. 드라이브 문자(letter)는 컴퓨터시스템에 장착된 여러 개의 드라이브를 구분하기 위해 사용된다. 지능적이지 못한 플로피디스크의 드라이브 문자는 일반적으로 ROM BIOS나 UEFI 펌웨어가 결정한다. 나머지 드라이브에 할당된 문자는 운영체제에 따라 임의로 바꿀 수도 있다. 드라이브 문자를 할당하는 방법은 보통 다음과 같다.

① A:와 B:는 플로피디스크(floppy disk)를 위해 배정한다.
② C:부터 하드디스크의 문자를 할당한다.
③ ODD와 외부 드라이브는 대개 운영체제만으로 인식하고 문자를 할당한다.

드라이브는 주로 컴퓨터시스템의 시동과정 중에 ROM BIOS나 UEFI 펌웨어와 드라이브 장치에 내장된 드라이버를 통해 운영체제에서 인식한다. 새로운 드라이브를 추가로 장착하면 별도의 설정 없이 운영체제만으로 드라이브를 인식할 수도 있다. 낮은 버전의 운영체제는 최신 기종의 드라이브(drive) 장치를 인식하지 못해 사용하지 못할 수도 있다. 이런 경우 장치 제조사에서 해당 운영체제의 버전에 맞는 드라이버(driver) 파일이 제공되면 이를 설치해 사용할 수 있다.

b. 가상 드라이브

에뮬레이터 프로그램으로 〈표 6-1〉과 같이 다양한 형태의 가상 드라이브를 흉내 낼 수 있다. 가상 드라이브(virtual drive)는 물리적으로는 실제 독립적으로 존재하지 않는 가상의 저장 공간이다. 하지만 운영체제에서는 논리적으로 독립적인 정상적인 드라이브처럼 취급한다.

〈표 6-1〉 가상 드라이브의 종류

가상 드라이브	설명
네트워크 드라이브	일시적으로 네트워크 연결 상에 존재하는 가상의 드라이브
하드디스크 파티션	하나의 하드디스크를 몇 개의 논리적인 드라이브로 나눈 것
램 드라이브	소프트웨어 프로그램에 의해 디스크 드라이브를 흉내 내도록 만든 램(RAM) 영역, 주로 메인메모리의 일부를 이용
가상 광학디스크 드라이브	디스크에서 추출한 이미지 파일로 실제의 광학디스크 드라이브처럼 사용, 주로 하드디스크의 일부를 이용

6.1.2 디스크의 원리

하드디스크 드라이브를 줄여 그냥 하드디스크라고 부르기도 한다. 하지만 엄밀히 말하면 '드라이브는 저장장치'이고 원반 모양이라는 뜻의 '디스크(disk 혹은 disc)는 저장매체(media)'이다. 예를 들어 광학디스크 드라이브와 광학디스크가 다르다. CD 음반 같은 모양이라고 해서 특히 주로 광학디스크를 disc라고 하고 컴퓨터의 하드디스크와 같은 자기디스크를 주로 disk라고 하지만 둘 다 동의어다. 디스크에 데이터를 기록하고 판독하는 대표적인 원리를 알아보자.

a. 자기디스크의 원리

자기디스크(magnetic disk)는 자성매체(magnetic media)를 이용한다. 일명 플래터(platter, 큰 접시)라고 불리는 원형 디스크 평판에 자화물질을 코팅한다. 플로피디스크는 플라스틱 원판을 사용하고 하드디스크는 알루미늄 등의 금속으로 만든 원판에 자성물질을 입힌다. 자기디스크의 기록 원리는 전자석(electromagnet)의 원리와 같다. [그림 6-2]처럼 쇠막대에 코일을 감고 코일에 전류가 흐르면 일시적으로 자화가 된다. 읽고 쓰기 헤드(head)를 이용해 디스크 표면상에 존재하는 수많은 미세 자성체의 극성을 1과 0으로 구분한다. 쓰기 동작은 전류가 흐르는 헤드의 자성으로 디스크 표면에 있는 미세 자성체의 극성을 변화시켜 기록한다. 헤드의 코일에 플러스(+)와 마이너스(−) 극성의 전류를 흐르게 하면 자장(magnetic field) 성분이 발생해 디스크 표면에 2가지 형태의 자성 패턴이 저장된다. 읽기 동작은 자장이 형성된 곳에 코일이 지나가면 반대로 전류가 발생하는 현상을 역이용한다. 디스크 표면의 미세 자성체가 코일이 달린 헤드에 전류를 유도시킨다. 기록할 때와 동일한 극성의 전류가 생성되는 것을 검출해 1과 0을 판독한다.

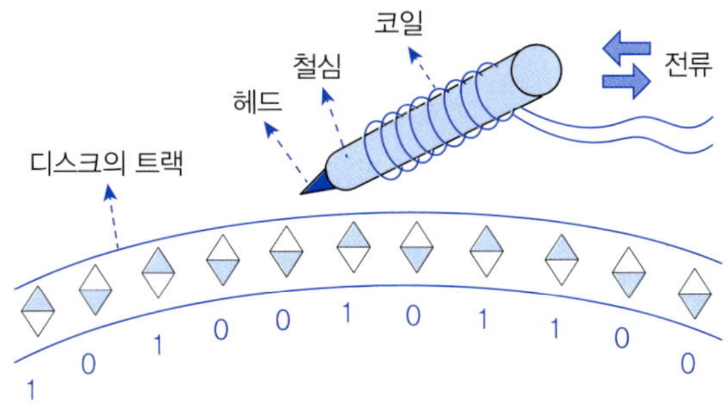

[그림 6-2] 자기디스크는 전자석의 원리

b. 광학디스크의 원리

광학디스크(optical disc) 혹은 광디스크는 광학 매체(optical media)를 이용한다. 플라스틱 재질의 투명한 디스크 원판 내부에 알루미늄 등을 코팅해 반사면을 기록면으로 만들고 빛을 이용해 1과 0을 기록하고 판독한다. 광학 매체는 CD, DVD, 블루레이 디스크 등이 대표적이다. 데이터를 기록할 때는 인쇄를 하거나 강한 레이저 광선(Laser beam)으로 기록면의 상태를 반사가 잘되는 부분과 그렇지 않은 부분으로 변화시킨다. 데이터를 판독할 때는 약한 레이저 빔을 사용해 빛이 반사되는 돌아오는 경로를 분리해 수광 소자로 받아들인다. 반사되는 빛의 유무나 반사량의 차이로 1과 0을 구분한다.

6.2 하드디스크

6.2.1 하드디스크의 구조

하드디스크는 자화물질로 코팅된 얇은 판들의 모임이다. [그림 6-3]과 같이 자기디스크의 기록면은 트랙(track)이라는 여러 개의 동심원으로 구성된다. 트랙을 여러 개의 호(arc)로 나눈 것을 섹터(sector)라고 한다. 섹터는 'CPU가 자기디스크나 광학디스크를 읽고 쓰는 최소 단위'이다. 섹터는 헤더, 데이터 영역, 에러 정정 코드(error-correcting code, ECC)의 3가지 기본 영역으로 이루어진다. 섹터의 크기는 주로 데이터 영역의 크기로 표시한다. 하드디스크는 1956년 도입된 이후 전통적으로 512바이트 크기를 사용하고 광학디스크 ROM은 주로 2048바이트를 사용한다.

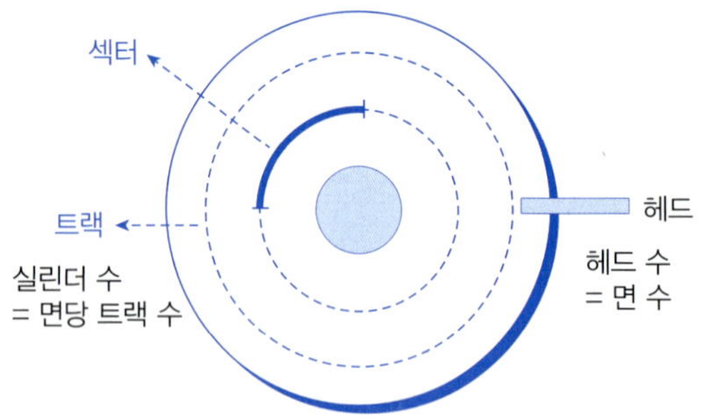

[그림 6-3] 자기디스크의 트랙과 섹터

512바이트를 넘는 하드디스크의 섹터 크기를 정하는 표준을 통칭해 '차세대 형식'이라는 뜻으로 어드밴스트 포맷(advanced format)이라고 한다. 첫 공식 표준인 4KiB 크기의 섹터는 2010년에 표준이 완성되어 2011년부터 이 기술이 적용된 하드디스크가 보급되었다. 4KiB 섹터를 지원하지 않는 운영체제에서도 사용할 수 있도록 하드디스크 컨트롤러가 중간에서 512B로 보이도록 에뮬레이션을 지원한다. 이 기술은 3TiB 이상의 용량을 갖는 하드디스크부터 적용된다. 섹터 크기가 커지면 대용량 디스크에 유리하다. 또한 에러정정코드를 설계하기에 더 효율적이다. 섹터 크기가 커지면 큰 파일은 관리가 효율적이지만 작은 파일은 그다지 효율적이지 않다. 이것은 뒤에 설명할 파일시스템과 클러스터의 크기에 상관이 있다.

트랙은 실린더의 동의어로 생각되지만 엄밀하게는 다른 말이다. [그림 6-4]에서 같은 반경에 위치한 여러 표면에 존재하는 트랙들의 집합을 실린더(cylinder)라고 한다. 트랙들이 마치 '원통' 모양을 이루는 것에서 유래했다. 트랙 수와 실린더 수는 같다. [그림 6-4]에서 읽고 쓰기 헤드(head)는 디스크 기록면의 개수와 같고 축에 달린 디스크 팔(arm)의 끝에 장착된다. 구동장치(actuator)로 팔이 평판 위를 움직이면서 헤드가 디스크의 표면을 자화시켜 데이터를 기록하고 판독한다.

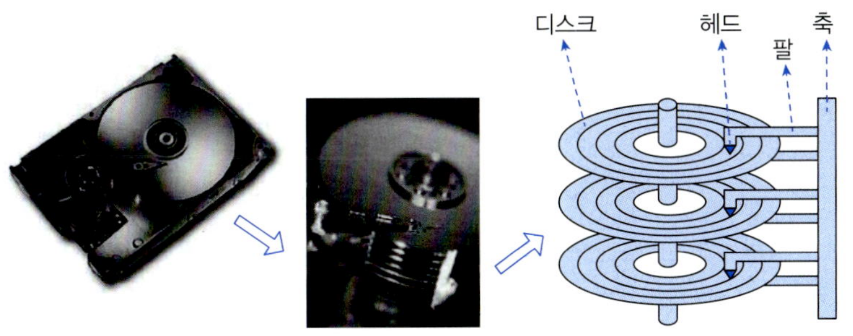

[그림 6-4] 하드디스크의 내부 구조

하드디스크의 헤드가 가늘수록 트랙의 폭을 좁게 해 기록 밀도를 높일 수 있다. 기록 밀도를 높이면 헤드가 디스크 표면에 가까울수록 불순물이나 기계적 결함이 생길 위험이 커진다. 이 때문에 하드디스크는 불순물 유입을 막기 위해 밀봉된 일명 윈체스터(Winchester) 구조의 디스크를 사용한다. 밀봉된 내부에서 고속회전하면 디스크 표면이 공기의 압력으로 헤드에 밀착되는 구조를 갖는다.

[그림 6-4]에서 디스크 팔이 동시에 움직이면 각 면에 배정된 여러 개의 헤드가 동시에 앞뒤로 움직인다. 이 중 하나의 헤드만 교대로 디스크 표면에 닿아 읽고 쓴다. 이렇게 하면 같은 반경에 위치한 다른 면의 트랙들을 액세스할 때 디스크 팔을 이동시킬 필요가 없어 디스크의 액세스 시간을 줄일 수 있다. 처음 사용하는 하드디스크는 맨 바깥쪽 트랙에서 안쪽 트랙 방향으로 디스크에 기록한다. 맨 첫 번째 면의 트랙에서 시작해 순차적으로 다음 면의 트랙에 기록한다. 각 면의 트랙을 모두 기록하면 그 다음 트랙으로 헤드가 이동한다.

a. 하드디스크의 용량

초기의 하드디스크는 각 디스크 면의 구조에서 트랙당 섹터 수가 일정하도록 설계했다. 이를 이용해 과거의 하드디스크 구조는 실린더 수, 헤드 수, 트랙당 섹터 수로 나타내었다. 이런 하드디스크의 용량은 이론적으로 식 (6.1)과 같이 구할 수 있다. 요즘은 트랙당 같은 섹터 수를 사용하지 않기 때문에 이런 식으로 계산할 수 있다면 대략 평균치를 이야기하는 것이다.

[하드디스크 용량] (총 바이트 수)
= (실린더 수) × (헤드 수) × (트랙당 섹터 수) × (섹터당 바이트 수)
= (면당 트랙 수) × (면 수) × (트랙당 섹터 수) × (섹터당 바이트 수) (6.1)

b. 고정디스크

하드디스크를 가리키는 말로 고정디스크(fixed disk)가 있다. IBM사의 대형컴퓨터에서 사용하던 구식용어에서 유래했다. 초기의 하드디스크는 크고 무거웠으며 오늘날처럼 밀봉된 구조도 아니었다. 이때 하드디스크에 대한 설치사항은 '이동시키지 말고 제자리에 고정'해놓으라는 것이었다. 하드디스크의 직경은 1956년 5MB용 24인치로 시작해 14인치, 8인치로 발전했다. IBM PC XT에서는 5.25인치였고 IBM PS/2 모델(1987년)이후부터는 3.5인치가 표준으로 정착되었다. 사륜구동 자동차에 타이어를 장착하는 알루미늄 휠(wheel)의 직경이 18인치 내외인 것을 감안하면 옛날 하드디스크가 얼마나 컸는지 상상할 수 있다.

6.2.2 디스크의 기록 밀도

디스크의 기록 밀도는 '단위 길이당 바이트 수 혹은 비트 수'로 나타낸다. 전통적인 하드디스크의 섹터는 길이나 기록 밀도가 달라도 똑같이 512바이트를 기록한다. 과거의 하드디스크는 플로피디스크처럼 트랙의 위치와 상관없이 트랙당 섹터 수가 일정했다. 그 결과 [그림 6-5] (a)처럼 트랙의 원이 작은 디스크 중심부에서 바깥으로 갈수록 기록 밀도가 낮아져 디스크의 저장 공간이 낭비된다.

요즘 하드디스크는 더 이상 트랙당 같은 섹터 수를 사용하지 않는다. 기록 밀도를 높이기 위해 트랙의 위치에 따라 섹터 수를 달리한다. 일명 ZBR(zoned bit recording, 구획비트기록) 방식은 하드디스크의 트랙을 여러 개의 구역(zone)으로 나누어 기록 밀도를 달리한다. 디스크 외곽의 헐거운 기록 밀도에서 오는 낭비를 없애기 위해 [그림 6-5] (b)처럼 외곽에 더 많은 섹터를 넣는다. ZBR 방식은 대개 다음과 같은 방법을 사용한다.

① 면당 수십 개의 구역으로 트랙을 나눈다. 보통은 각 구역당 트랙 수가 같아지도록 면당 총 트랙 수를 구역의 개수로 균등하게 나눈다.
② 같은 구역 내에서 트랙당 섹터의 개수는 같다.
③ 중심에서 외곽 구역으로 갈수록 트랙당 섹터 수를 늘린다.

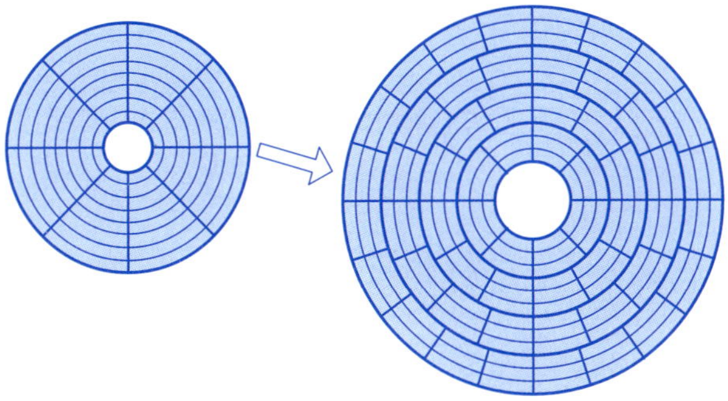

[그림 6-5] ZBR 방식 하드디스크의 트랙과 섹터

ZBR 방식은 용량을 늘리고 데이터 전송속도를 크게 향상시킬 수 있다. 하드디스크 내부의 디스크 면당 존재하는 보통 수천 개의 트랙을 수십 개의 구역으로 나눈다. 3.5인치 하드디스크의 경우 외곽 구역의 섹터 수는 많게는 중심부의 2배 정도가 된다. 하드디스크는 보통 등속회전을 하므로 이 방식을 사용하면 중심부에 비해 디스크 외곽 구역의 데이터 전송속도가 많게는 2배 정도로 빨라진다.

6.2.3 디스크의 액세스 타임

[그림 6-6]에서 디스크의 액세스 타임 T_A는 다음과 같이 크게 2가지로 구성되며 식 (6.2)처럼 표현할 수 있다. 기타 헤드가 디스크의 원하는 트랙에 안착해 안정을 취하는 시간(settle time) 등이 포함될 수 있으나 여기서는 생략한다.

① 탐색시간(seek time): 헤드가 원하는 트랙을 찾는 시간

② 회전지연(rotational latency): 디스크가 회전해 원하는 섹터에 도달한 시간

$$T_A = \text{탐색시간} + \text{회전지연} + \text{기타} \quad (6.2)$$

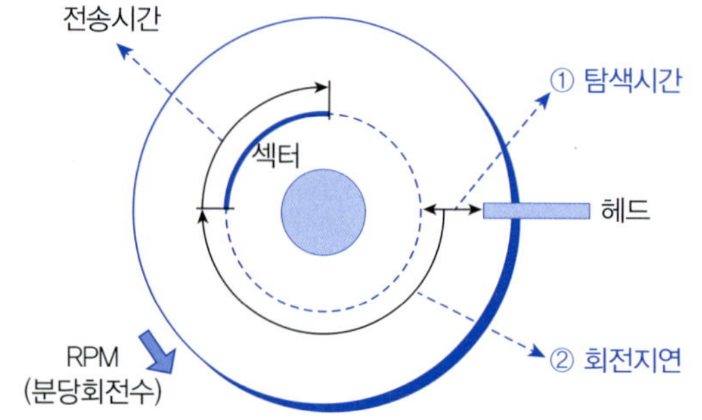

[그림 6-6] 디스크의 액세스 타임

[그림 6-6]에서 탐색시간은 수 ms 단위로 짧을수록 액세스 속도가 빠르고 가격도 비싸다. 하드디스크의 기계적인 속도 성능을 표시할 때는 탐색시간과 함께 분당회전수(revolutions per minute, RPM)를 가장 중시한다. 예를 들어 하드디스크의 기계적인 성능은 7200RPM, 탐색시간 9ms 등으로 사양에 나타낼 수 있다. 실제 상업용 하드디스크의 RPM 속도는 5400, 7200, 10000, 15000 등이며 고속일수록 가격이 비싸다. 회전지연은 디스크의 RPM 회전속도에 의해 결정된다. 디스크의 평균 회전거리를 확률적으로 반 바퀴로 계산하면 6000RPM으로 회전하는 디스크의 평균 회전지연 시간은 식 (6.3)처럼 구해진다.

$$T_R = \left(\frac{60\text{s}}{6000}\right) \div 2 = 5 \times 10^{-3}\text{s} = 5[\text{ms}] \tag{6.3}$$

[그림 6-6]에서 전송시간(transfer time)은 섹터에서 데이터를 읽어내어 I/O 버스로 데이터를 전송하기 전에 디스크 버퍼에 저장해 놓는 시간이다. 디스크 컨트롤러에서 I/O 버스를 통한 데이터를 전송할 때의 속도와는 다르다. 6000RPM으로 회전하는 디스크의 트랙당 섹터 수가 400, 섹터당 512바이트일 때 4KiB를 연속 액세스해서 읽거나 쓰는 데 걸리는 전송시간을 계산해보면 식 (6.4)와 같다.

$$T_T = \left(\frac{60\text{s}}{6000}\right) \times \frac{4\text{KiB} \div 512\text{B}}{400} = 0.2[\text{ms}] \tag{6.4}$$

이때의 데이터 전송속도를 바로 계산할 수 있다. 식 (6.4)는 4KiB를 액세스하는 데 0.2ms가 걸리므로 식 (6.5)와 같이 구해보면 20.48MB/s가 된다.

$$\frac{4\text{KiB}}{0.2 \times 10^{-3}\text{s}} = \frac{4 \times 1024\text{B}}{0.2 \times 10^{-3}\text{s}} = 20.48 \times 10^{6}[\text{B/s}] \tag{6.5}$$

6.2.4 인터리빙

컴퓨터나 통신에서 인터리빙(interleaving)은 저장장치의 액세스 성능을 높이기 위해 연속된 데이터가 서로 물리적으로 인접하지 않도록 배열하는 방법이다. 인터리브(interleave)라고도 한다. 다음과 같이 다양한 분야에 응용될 수 있다.

① 멀티미디어 파일을 조각내고 데이터 순서를 바꾸어 저장한다. 이렇게 하면 검색속도를 높여 복수의 사용자에게 전송할 때 전송속도를 높인다.

② 컴퓨터 메모리의 램 모듈을 뱅크 단위로 별도 채널로 구성해 교대로 저장하면 메모리 액세스 성능이 향상되어 검색속도를 높인다.

③ 디지털 통신에서 데이터의 순서를 재배치하면 암호화 기법을 부여하고 한 부분에 에러가 집중되는 것을 막는다.

하드디스크는 인터리빙 기술을 설명하기 좋은 예이다. 인터리빙 기술의 예로 과거 1990년대 이전의 디스크 인터리브를 들 수 있다. 초기의 컴퓨터들은 플로피나 하드디스크의 연속된 섹터를 읽는 것이 충분히 빠르지 않았기 때문에 인터리브를 사용했다. 디스크 버퍼와 통신하는 속도보다 회전 속도가 더 빠르면 같은 트랙에 있는 연속된 섹터를 액세스하기 위해 한 바퀴 더 돌아야 했다. 해결책으로 섹터의 번호를 떨어뜨려 배치해 한 바퀴 회전하는 동안 여러 개의 섹터를 액세스한다. 하드디스크를 저수준 포맷할 때 논리적으로 연속된 번호의 섹터를 물리적으로 일정한 간격으로 떨어뜨려 배치한다.

하드디스크 인터리브 값은 바이오스나 운영체제 차원에서 디스크를 운영할 때 섹터 번호가 물리적으로 건너뛰는 비율이다. 하드디스크 제조사가 저수준 포맷에서 최적으로 지정해 놓는다. 인터리브 값 n:1은 n섹터 간격으로 배치해 한 트랙의 섹터를 모두 액세스하는데 n회전이 필요하다는 뜻이다. 1:1이면 1회전으로 한 트랙에 있는 섹터를 모두 읽을 수 있다. 2:1이면 연속된 번호의 섹터는 하나씩 건너서 배치한다. 만일 새로운 섹터에 대한 액세스를 준비하는데 3섹터를 지나치는 시간이 필요하면 인터리브 값은 최소 4:1로 해야 한다. [그림 6-7]에서 9개의 섹터로 이루어진 트랙을 4:1로 인터리브 시키려면 4섹터마다 배치하고 순환시켜 섹터 번호를 재배열할 수 있다. 이 트랙의 섹터를 모두 읽으려면 4회전이 필요하다.

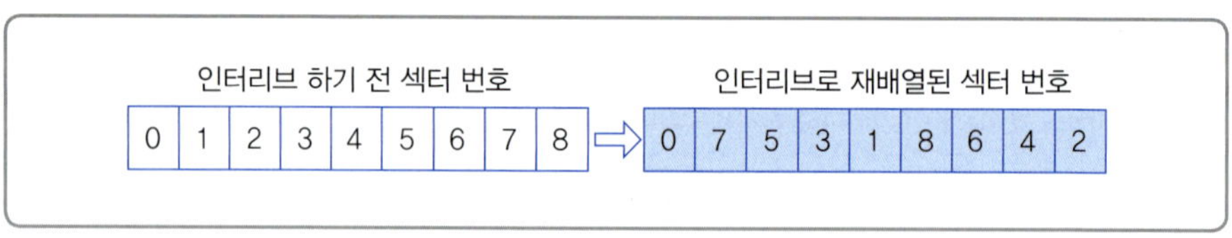

[그림 6-7] 하드디스크 인터리브 값 4:1

요즘 하드디스크는 인터리브 값으로 1:1을 사용한다. 요즘은 디스크 버퍼가 충분히 크고 처리속도가 빠르기 때문에 물리적으로 연속된 섹터도 바로 액세스할 수 있다. 섹터들은 그룹지어 클러스터 단위로 액세스하는 것이 일반적이다.

6.2.5 하드디스크의 발전

하드디스크의 기술발전 목표는 ① 용량 증가와 함께 ② 전송속도를 높이는 것이다. 하드디스크의 액세스 성능을 개선하기 위한 기술 분야로 [그림 6-8] (a)의 기계장치는 고속으로 회전하는 구동장치이다. 여기서 발생하는 소음, 열, 진동 등의 문제는 하드디스크가 발전하는데 가장 걸림돌이 되고 있다. (b)에서 하드디스크에 내장된 디스크 버퍼는 느린 기계장치와 고속의 I/O 버스 사이에서 데이터 전송속도를 완충해주는 메모리 버퍼의 역할을 한다. 요즘은 기계장치를 포함한 하드디스크 자체의 속도보다 (c)처럼 하드디스크와 메인보드 사이의 전송방식을 개선하려고 노력한다. 이 방법은 데이터 전송속도를 높이기 위해 I/O 버스 인터페이스를 최적화하는 것을 목표로 한다. 하드디스크를 다루는 I/O 버스 컨트롤러는 칩셋이나 별도의 확장카드가 될 수 있다. 하드디스크의 인터페이스 방식이 바뀌면 하드디스크와 함께 메인보드의 칩셋이 함께 지원되어야 한다.

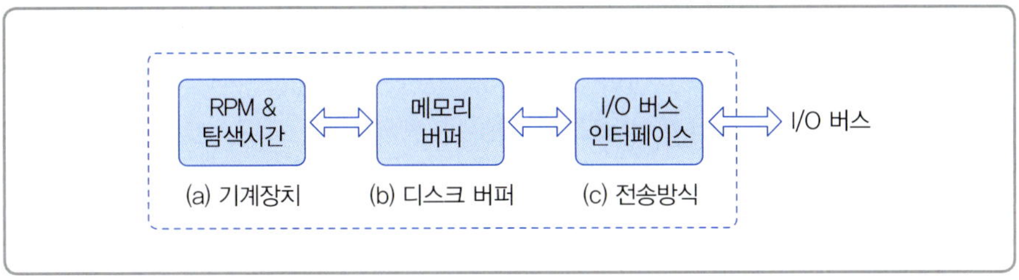

[그림 6-8] 하드디스크의 액세스 성능 개선 분야

a. 하드디스크 인터페이스 방식

하드디스크의 인터페이스 방식을 선택할 때 개인이나 일반 사무용 컴퓨터는 대개 가격이 저렴하고 단순한 방식이 적합하다. 이 경우는 대개 인터페이스가 편리하고 속도 성능은 좋지만 연결 가능한 소자 수가 제한되고 종류가 다른 장치를 동시에 인터페이스하기에 부족하다. 네트워크 서버처럼 높은 신뢰성이 필요한 곳은 이보다 우수한 성능의 방식을 사용할 수 있다. 이때는 인터페이스 문제가 적고 연결 소자 수의 여유, 멀티태스킹, 시스템 자원분담 능력 등을 고려하게 된다.

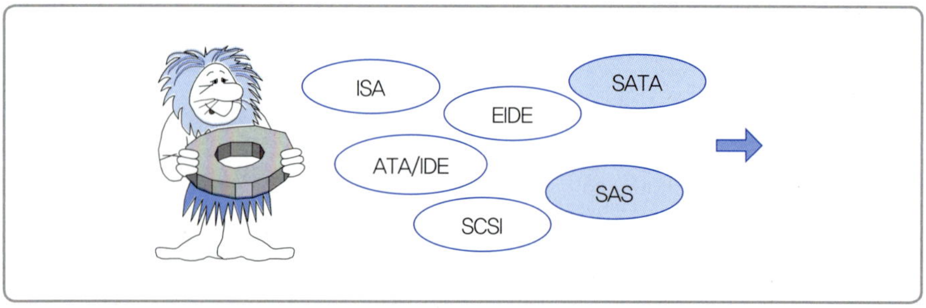

[그림 6-9] 하드디스크 인터페이스 방식의 발전

[그림 6-9]는 상업적으로 사용된 대표적인 하드디스크 인터페이스 방식들이다. 하드디스크의 실제 데이터 전송속도는 인터페이스 방식과 물리적인 한계에 따라서 달라진다. 인터페이스 방식에서 제시하는 하드디스크의 데이터 전송속도는 이론적인 순간 최대치를 말한다. SATA3 표준(2009년)의 이론적인 최대 전송속도는 600MB/s이다. 이 방식으로 7200RPM의 기계적인 성능을 갖는 하드디스크에서 실제 지속가능한(sustained) 데이터 전송속도는 최대치의 25~30% 수준이다. 또한 하드디스크에 내장된 디스크 버퍼가 클수록 고속 전송에 유리하다. 일종의 디스크 캐시 역할을 하기 때문이다. 이를 고려하여 '지속가능한 데이터 전송속도'와 '디스크 버퍼'의 크기를 기계적인 성능과 함께 주요 사양으로 나타낼 수 있다. 한편 대부분의 운영체제는 메인메모리에 디스크 캐시를 설치해 사용하기 때문에 벤치마크 프로그램들은 이보다 훨씬 큰 전송속도를 표시해 보여준다.

b. 패럴렐에서 시리얼 버스 방식으로

하드디스크 인터페이스는 병렬 또는 패럴렐(parallel) 버스 방식에서 직렬 또는 시리얼(serial) 버스 방식으로 발전했다. 병렬 인터페이스가 갖는 전송속도의 한계를 극복하기 위해 케이블의 길이와 폭을 줄이고 고속의 직렬 인터페이스를 구현했다. 〈표 6-2〉에서 기존의 ATA와 SCSI 방식에 사용된 병렬버스 표준 대신에 고속의 직렬버스 표준으로 바뀐 것을 SATA와 SAS 인터페이스라고 한다.

〈표 6-2〉 대표적인 하드디스크 인터페이스 방식

방식 (비트 수)		특징
패럴렐 버스	ISA (16)	'industry standard architecture'의 약자, 아이사(eyesah)로 발음, IDE 방식 이전의 대표적인 인터페이스 방식
	ATA /IDE (16)	'advanced technology attachment 혹은 intelligent drive electronic'의 약자, 주로 영문 낱자로 발음, 별도의 인터페이스 카드 없이 HDD와 ODD 등을 함께 사용할 수 있는 저렴한 방식, parallel ATA 혹은 PATA라고도 함
	SCSI (8/16)	'small computer system interface'의 약자, 스커지(skuzzy) 혹은 스카시로 발음, ATA/IDE 보다 진보한 방식으로 HDD, ODD, 스캐너 등 여러 종류의 소자를 함께 지원
시리얼 버스	SATA (1)	'serial ATA'의 약자, 새이터(saytuh) 혹은 사타로 발음, S-ATA 라고도 함, eSATA는 외장형 장치를 위한 SATA 인터페이스, 병렬 PATA 방식에 비해 고속의 인터페이스 구현
	SAS (1)	'serial attached SCSI'의 약자, 주로 영문 낱자로 발음, 병렬 SCSI 방식에 비해 고속의 인터페이스 구현

〈표 6-2〉에서 SATA는 최소 4가닥의 선으로 장치 간을 점-대-점(point-to-point)으로 연결하는 규격이다. eSATA는 SATA 방식의 외부 인터페이스 표준이다. 컴퓨터시스템 본체 외부의 I/O 포트를 통해 외부 장치에 연결된다.

ATA와 SATA는 기술에 연관성이 없고 장치 간에 호환되지 않는다. SCSI와 SAS 역시 호환되지 않는다. SATA와 SAS 방식은 1980년대 만들어진 기존 방식들의 인터페이스 표준을 물려받지 않고 20년 뒤에 전혀 새로운 개념으로 설계한 기술이다.

6.2.6 RAID 구조

하드디스크는 전자회로와 함께 물리적인 기계장치가 결합되어 구동되므로 기계적인 부분은 반도체 기술에 비해 매우 더디게 발전한다. CPU 성능이 아무리 빨라져도 하드디스크의 느린 입출력 속도는 컴퓨터시스템의 전체 성능에 제약이 된다. 일반 사용자들은 CPU 성능보다 RAID처럼 하드디스크 구조를 개선하는 것이 컴퓨터시스템의 성능 향상에 대한 체감 지수를 더 높일 수 있다.

RAID(redundant array of inexpensive disks, 레이드)라는 용어는 1987년 UC

버클리 대학 연구진에 의해 처음 정의되었다. 하드디스크의 성능을 개선하기 위해 여러 개의 디스크를 배열 구조로 연결해 하나의 논리적인 디스크처럼 구동시키는 기술이다. 시장에서는 영문약자에 포함된 저가격(inexpensive)이 가격과 성능 표현에 부정적이라고 판단해 독립(independent) 디스크로 바꾸어 부르기도 한다.

RAID 구조는 가격이 저렴한 디스크를 여러 개 묶어 전체 디스크의 용량을 크게 증대시킨다. 운영체제에서 보면 마치 하나의 대용량 디스크처럼 동작한다. 복수의 디스크에 분산 저장하고 동시에 액세스가 가능하다. 이를 통해 액세스 시간을 절약하고 데이터 전송속도를 높일 수 있다. 4개의 드라이브로 동시에 읽고 쓰면 이론적으로 4배까지 디스크 액세스 속도를 증대시킬 수 있다. 신뢰성을 고려해 다양한 RAID 구조들 중에서 선택해 사용할 수 있다.

6.2.7 RAID 레벨

여분의 디스크를 연결하는 방법과 요구하는 성능에 따라 다양한 종류의 RAID 구조가 제안되었다. 이를 RAID 레벨(level)이라고 한다. 〈표 6-3〉에 각 RAID 표준 레벨의 기본 설계 개념을 요약했다. 각 구조는 2개 이상의 하드디스크를 배열로 사용한다. 각 디스크는 동시에 데이터를 읽고 기록할 수 있다.

〈표 6-3〉 RAID 표준 레벨과 특징

RAID 레벨	설계 개념	최소 디스크 수
RAID 0	패리티 없는 블록 단위 스트라이핑	2
RAID 1	패리티 없는 미러링	2
RAID 2	비트 단위 스트라이핑과 해밍코드 검사디스크들	3
RAID 3	바이트 단위 스트라이핑과 전용 패리티 디스크	3
RAID 4	블록 단위 스트라이핑과 전용 패리티 디스크	3
RAID 5	블록 단위 스트라이핑과 분산 패리티	3
RAID 6	블록 단위 스트라이핑과 이중 분산 패리티	4
RAID 01과 10	패리티 없는 미러링과 블록 단위 스트라이핑	4

RAID 0 구조와 RAID 1 구조는 기존의 하드디스크도 하드웨어 추가 없이 운영체제만으로 설정해 사용할 수 있는 간단한 구조이다. RAID 2 구조 이상은 해당 원리를 지원하는 하드디스크와 하드웨어가 추가되어야 사용할 수 있다.

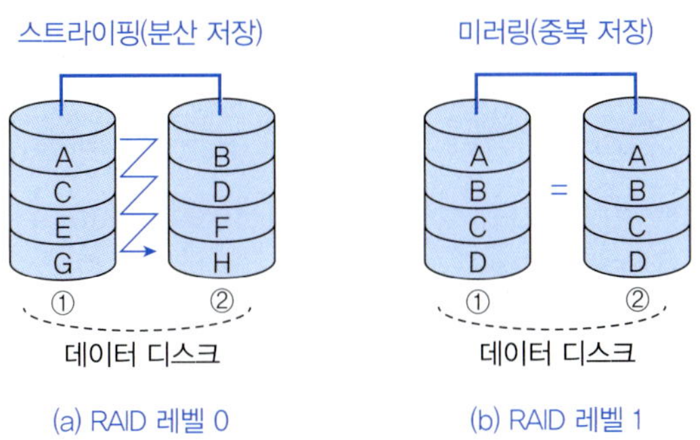

[그림 6-10] RAID 0(패리티 없는 블록 단위 스트라이핑) & RAID 1(패리티 없는 미러링)

스트라이프(stripe)는 '줄무늬'이고 미러(mirror)는 '거울'이다. [그림 6-10]처럼 이런 형태로 디스크에 데이터를 저장하는 방식을 각각 ① 스트라이핑(striping)과 ② 미러링(mirroring)이라고 한다.

스트라이핑은 여러 개의 디스크에 데이터를 똑 같은 스트라이프 크기로 나누어 분산 저장한다. 이 방법은 디스크의 액세스 속도를 높일 수 있다. 또한 이 기술은 메모리에도 적용될 수 있다. 한편 미러링은 하나 이상의 미러 장치에 중복 저장한다. 이 방법은 디스크가 고장 났을 때 데이터가 손실되는 것을 방지할 수 있다.

스트라이핑 방법은 대개 순환순서로 기회를 균등하게 부여하는 라운드 로빈 방식으로 여러 개의 디스크에 나누어 저장한다. 파일처럼 논리적으로 연속되는 데이터를 일정한 크기의 블록으로 잘게 나누어 여러 개의 디스크에 균등하게 분산시켜 기록한다. 한 디스크에 액세스가 집중되지 않기 때문에 병목현상에 따른 속도를 개선할 수 있다. 반면에 한 디스크에서 에러가 발생해도 전체 데이터가 손상될 우려가 있어 이를 복구할 수단이 함께 필요하다. 에러를 체크하는 기능과 함께 디스크 고장에 대한 대비를 고려해 설계해야 한다.

a. RAID 레벨 0

RAID 0 구조는 [그림 6-10] (a)처럼 빠른 입출력이 가능하도록 데이터를 여러 개의 디스크에 '패리티 없이 블록 단위로 분산 저장'한다. 데이터가 중복된 디스크는 없다. 동일한 크기의 블록 혹은 스트라이프 크기는 사용자가 지정할 수 있으며 크기에 따라 성능이 달라진다. RAID 0 구조는 액세스 속도에서 가장 높은 성능을 나타낸다. 구조가 가장 간단하고 비용이 가장 저렴하다. 하지만 에러가 발생하면 복구할 수 없다. 디스크 하나만 고장이 나도 모든 데이터를 잃을 수 있어 고장에 대한 대비 능력이 전혀 없다. RAID 0은 여분(redundant)의 디스크를 사용하지 않아 진정한 RAID 구조로 취급하지 않으려는 경향도 있다.

b. RAID 레벨 1

RAID 1 구조는 [그림 6-10] (b)처럼 데이터를 한 개 이상의 디스크에 '패리티 없이 중복 저장'한다. 데이터를 분산하지는 않는다. 디스크를 여벌로 백업해 사용하므로 하나의 드라이브가 고장 나더라도 다른 드라이브를 통해 완벽한 복구가 가능하다. 구조는 간단하나 용량이 크게 줄고 비용이 많이 든다. 속도가 다른 두 개의 디스크를 묶어 사용할 때는 액세스 속도가 빠른 쪽의 디스크에서 읽는다. 반면에 두 개의 디스크에 모두 저장하므로 느린 쪽 디스크의 속도로 저장된다.

c. RAID 레벨 2

RAID 2 구조는 데이터를 각 디스크에 '비트 단위로 분산 저장하고 여러 개의 해밍코드 검사디스크를 사용'한다. 데이터 디스크 이외에 사용된 여분의 검사디스크에는 오류검출 및 정정이 가능하도록 해밍코드(Hamming code)로 패리티 비트를 계산해 저장한다. [그림 6-11]은 데이터 디스크 ①~④에 대해 해밍코드로 계산한 패리티 검사디스크 ⑤~⑦을 사용한다. 해밍코드 이론에서 검사디스크 수(C)에 따라 가능한 데이터 디스크 수(D)는 식 (6.6)과 같다. 만일 검사디스크가 C=3개이면 $D \le 2^3 - 3 - 1 = 4$에서 데이터 디스크를 4개까지 처리할 수 있다.

$$D \le 2^C - C - 1 \quad (C \ge 2) \tag{6.6}$$

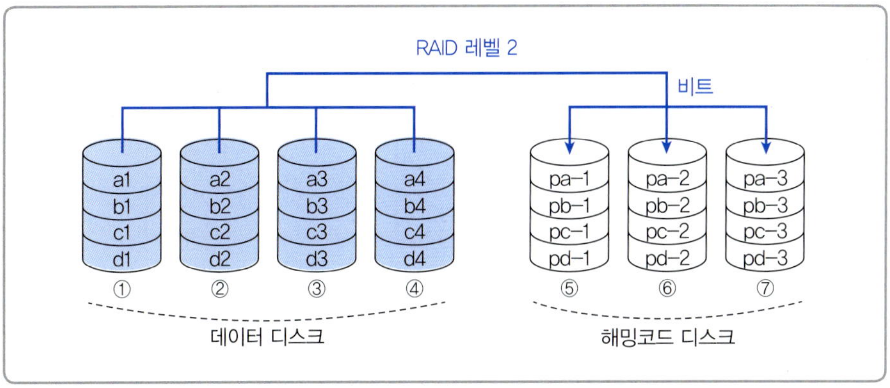

[그림 6-11] RAID 2(비트 단위 스트라이핑과 해밍코드 검사디스크들)

식 (6.6)에서 데이터 디스크가 늘어나면 오류가 발생한 위치를 찾기 위해 검사 디스크 수도 늘어난다. 디스크 배열의 수가 증가할수록 전체 디스크 중에서 검사 디스크가 차지하는 비율은 줄어든다. RAID 2는 높은 신뢰성이 요구되는 곳에는 유리하나 구조가 복잡하고 비용이 많이 들어 거의 사용하지 않는다.

d. RAID 레벨 3

RAID 3 구조는 데이터를 각 디스크에 '바이트 단위로 분산 저장하고 하나의 패리티 검사디스크를 사용'한다. 데이터 디스크 이외에 사용된 여분의 전용 검사디스크에 패리티 바이트를 계산해 저장한다. RAID 3 구조는 데이터를 바이트 단위로 관리하는 별도의 하드웨어가 추가로 필요하다. [그림 6-12]에서 4개의 데이터 디스크 ①~④에 저장된 바이트가 $d_1 \sim d_4$일 때 패리티 바이트 p를 구하는 계산식은 식 (6.7)과 같다. 여기서 d_4에서 에러가 발생했다고 가정하면 원래의 데이터를 복원하는 계산식을 식 (6.8)처럼 구할 수 있다.

$$p = d_1 \oplus d_2 \oplus d_3 \oplus d_4 \tag{6.7}$$

$$\begin{aligned} d_4 &= p \oplus d_1 \oplus d_2 \oplus d_3 = (d_1 \oplus d_2 \oplus d_3 \oplus d_4) \oplus d_1 \oplus d_2 \oplus d_3 \\ &= d_4 \oplus (d_1 \oplus d_1) \oplus (d_2 \oplus d_2) \oplus (d_3 \oplus d_3) = d_4 \oplus 0 \oplus 0 \oplus 0 \end{aligned} \tag{6.8}$$

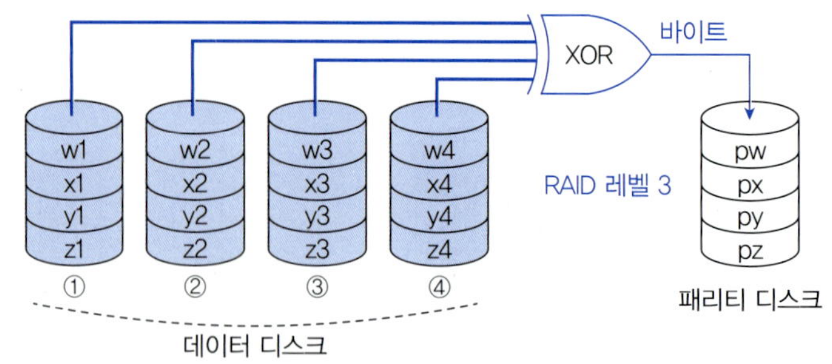

[그림 6-12] RAID 3(바이트 단위 스트라이핑과 전용 패리티 디스크)

배타적 논리합 혹은 XOR(exclusive OR, ⊕) 연산은 $0 \oplus 0$ 또는 $1 \oplus 1$처럼 같은 값끼리는 0이 된다. 식 (6.8)에서 $d_1 \oplus d_1$, $d_2 \oplus d_2$, $d_3 \oplus d_3$ 값은 모두 0이 된다. 또 $0 \oplus 0 = 0$과 $1 \oplus 0 = 1$처럼 어떤 값과 0에 대한 XOR 연산은 다시 자기 자신이 된다. 결국 $d_4 \oplus 0 = d_4$에서 패리티를 만들 때 저장해 둔 d_4 값이 복원된다.

RAID 3 방식은 RAID 2에 비해 검사디스크의 개수가 줄어들었다. 하지만 디스크에 기록할 때마다 패리티 바이트를 계산해 검사디스크에 넣어야 하므로 패리티를 사용하지 않을 때보다 여전히 성능이 감소한다. RAID 2처럼 RAID 3 방식도 검사디스크를 포함해 모든 데이터 디스크에서 동시에 읽기와 쓰기 동작이 진행된다. 이를 위해 입출력 버스에 연결된 여러 개의 하드디스크 인터페이스 채널을 빠른 속도로 교대로 액세스해야 하므로 입출력 버스에 부하가 생긴다.

e. RAID 레벨 4

RAID 4 구조는 각 디스크에 데이터를 바이트들의 묶음인 '블록 단위로 분산 저장하고 하나의 패리티 검사디스크를 사용'한다. [그림 6-13]처럼 데이터 디스크 이외에 사용된 여분의 전용 검사디스크에 패리티 블록을 계산해 저장한다. RAID 3과 RAID 4의 유일한 차이는 데이터를 디스크에 분산 저장하는 스트라이프의 크기가 바이트 단위이냐 블록 단위이냐이다.

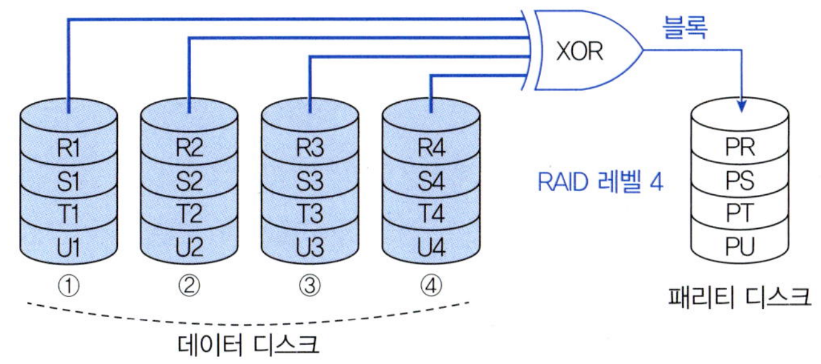

[그림 6-13] RAID 4(블록 단위 스트라이핑과 전용 패리티 디스크)

RAID 4 방식은 본래 한 데이터 블록이 바뀔 때마다 데이터 디스크들의 블록을 모두 읽어 패리티 블록을 다시 계산해야 한다. 이로써 디스크 액세스 횟수가 증가할 수 있다. 이런 단점은 다음과 같은 설계로 극복할 수 있다. [그림 6-13]에서 4개의 데이터 디스크 ①~④에 저장된 데이터 블록이 $D_1 \sim D_4$일 때 패리티 블록 P를 구하는 계산식은 식 (6.9)와 같다. 여기서 D_3 블록이 D_3'로 바뀌었다고 가정하면 새로운 패리티 블록 P' 값은 식 (6.10)처럼 간단히 구해진다.

$$P = D_1 \oplus D_2 \oplus D_3 \oplus D_4 \tag{6.9}$$

$$\begin{aligned} P' &= (D_1 \oplus D_2 \oplus D_3' \oplus D_4) \oplus 0 \\ &= (D_1 \oplus D_2 \oplus D_3' \oplus D_4) \oplus (D_3 \oplus D_3) \\ &= (D_1 \oplus D_2 \oplus D_3 \oplus D_4) \oplus (D_3 \oplus D_3') = P \oplus (D_3 \oplus D_3') \end{aligned} \tag{6.10}$$

식 (6.10)에서 어떤 값과 0에 대한 XOR 연산은 다시 그 값이 된다. $D_3 \oplus D_3$는 같은 값에 대한 XOR 연산이므로 0 대신 넣을 수 있다. 변경될 패리티 블록은 기존 패리티 블록 값과 바뀔 데이터 블록의 이전과 현재 값을 모두 XOR 연산해 구할 수 있다. 해당 데이터 블록만 읽고 쓰므로 디스크 액세스 횟수가 줄어든다.

f. RAID 레벨 5

RAID 3과 4는 전용 패리티 검사디스크를 사용하기 때문에 데이터 디스크에 기록할 때마다 패리티 디스크를 갱신해야 한다. 이때 패리티 디스크에 액세스가 집중되는 병목현상으로 여러 개의 데이터 디스크에 동시에 쓰기가 불가능해 성능이 저하된다. 이를 개선하기 위해 RAID 5 구조는 [그림 6-14]처럼 각 디스크에 '데이터와 함께 패리티 정보를 블록 단위로 분산 저장'한다. 별도의 패리티 검사디스크를 구분해 사용하지 않는다. 데이터 블록과 함께 패리티 블록에 대한 분산 알고리즘을 사용한다. 이 방법은 패리티 디스크의 병목현상을 없애 여러 개의 디스크에 동시에 쓰기가 가능해진다.

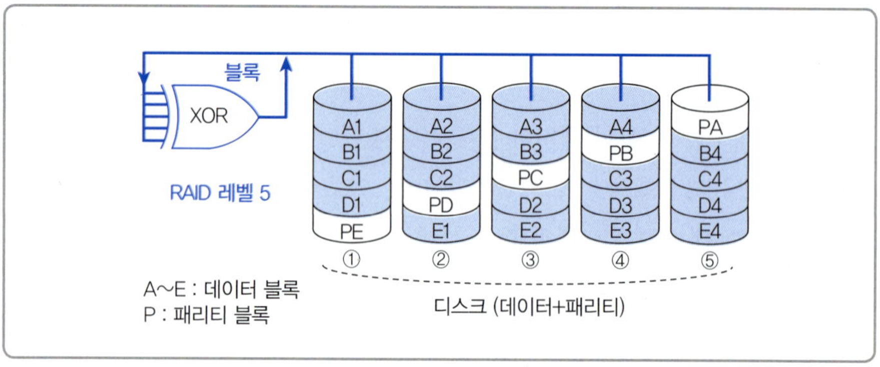

[그림 6-14] RAID 5(블록 단위 스트라이핑과 분산 패리티)

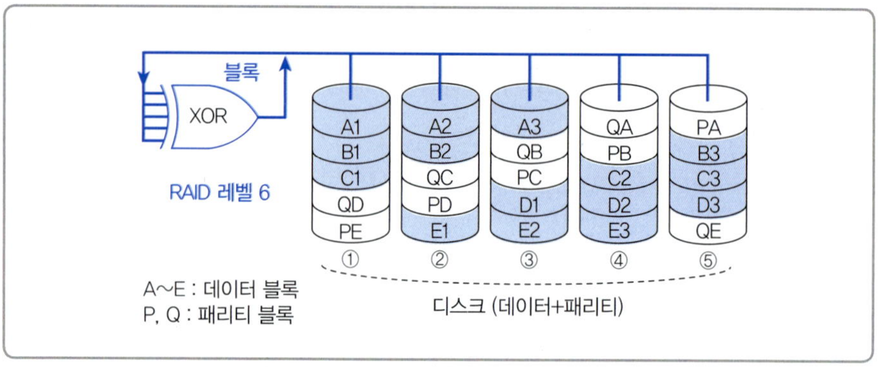

[그림 6-15] RAID 6(블록 단위 스트라이핑과 이중 분산 패리티)

g. RAID 레벨 6

RAID 6 구조는 각 디스크에 '데이터와 함께 이중 패리티 정보를 블록 단위로 분산 저장'한다. RAID 5 구조와의 차이점은 [그림 6-15]처럼 두 세트의 패리티 블록으로 이중 분산 패리티를 사용하는 것이다. 이 방법은 RAID 5보다 복잡하나 디스크가 동시에 장애를 일으켜도 복구해낼 수 있어 신뢰성을 더 높인다. 패리티 블록을 이중으로 관리해야 하므로 RAID 5 구조에 비해 성능은 약간 나빠진다. 다만 데이터 디스크를 추가할 때마다 읽기에서의 성능은 약간씩 올라간다.

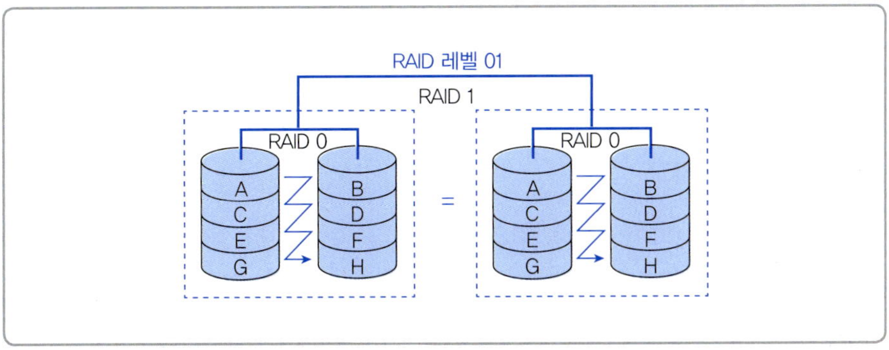

[그림 6-16] RAID 01(패리티 없는 블록 단위 스트라이핑에 대한 미러링)

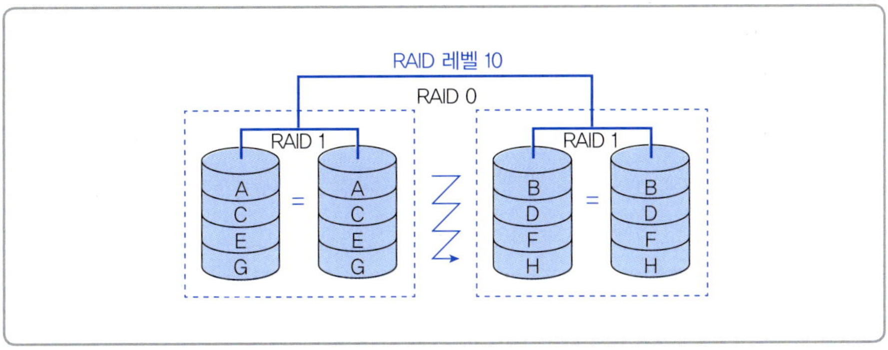

[그림 6-17] RAID 10(패리티 없는 미러링에 대한 블록 단위 스트라이핑)

h. RAID 레벨 01과 10

RAID 01과 RAID 10 구조의 특징은 '패리티 없는 중복 저장과 블록 단위 분산 저장'이다. RAID 0+1과 RAID 1+0 구조라고도 한다. 이 방식들은 RAID 0과 RAID 1의 장점을 결합한 것이다. RAID 0의 장점인 스트라이핑 구조의 빠른 데이터 전송속도와 RAID 1의 장점인 미러링 구조의 안전성을 갖고 있다. 패리티를 사용하지 않기 때문에 패리티를 계산하는 방법들에 비해 쓰기 성능이 더욱 빠르다.

RAID 01과 RAID 10은 RAID 레벨 중 가장 대중적인 구조로 속도와 용량은 거의 같다. 신뢰성은 RAID 10이 약간 더 높다. 이들 구조는 최소 4개의 디스크가 필요하다. [그림 6-16]에서 RAID 01 구조는 '스트라이핑 세트의 미러링(a mirror of stripes)'이다. RAID 0으로 묶은 디스크 세트를 RAID 1로 미러링한다.

한편 [그림 6-17]에서 RAID 10 구조는 '미러링 세트에 대한 스트라이핑(a stripe of mirrors)'이다. RAID 1로 묶은 디스크 세트를 RAID 0으로 스트라이핑한다. 그 밖에 다양한 구조들이 있으나 이 책에서는 생략하도록 한다.

i. RAID 1, 5, 10 비교

RAID 1 구조는 랜덤(random) 읽기와 랜덤으로 한 블록만 쓰는 작은 쓰기(small write)가 많은 환경에서 높은 성능을 보인다. 분산 저장을 하지 않기 때문에 순차적인(sequential) 블록을 읽고 쓸 때는 일반 디스크의 속도 밖에 내지 못한다.

RAID 5 구조는 중복 저장을 하지 않기 때문에 중복 저장을 하는 RAID 1과 RAID 10에 비해 같은 비용으로 더 큰 디스크 용량을 사용하게 된다. RAID 5는 순차적인 여러 블록을 동시에 쓰는 큰 쓰기(large write)와 순차적인 블록 읽기에 유리하다. 랜덤으로 디스크를 액세스 할 때는 RAID 1보다 낮은 성능을 보인다. 특히 랜덤으로 작은 쓰기가 많은 환경에서는 성능이 현저하게 떨어진다. 이를 RAID 5 구조의 '작은 쓰기 문제'라고 하며 다양한 해결책들이 연구되고 있다. RAID 5의 성능은 스트라이프의 크기로도 조절할 수 있다.

RAID 10 구조는 랜덤 액세스나 순차적인 블록 읽기와 쓰기에서 모두 우수한 성능을 보인다. RAID 1이나 RAID 5가 최고의 성능을 보이는 부분은 거의 근접하게 따라가고 취약한 부분은 그들보다 개선된 성능을 보인다.

6.2.8 고장 수명

물건이 고장 날 확률을 시간적으로 정의할 때 [그림 6-18]을 참조해 다음과 같이 나타낼 수 있다. 소모품처럼 한번 쓰고 버리는 수리가 불가능한 장치는 아래의 ③만 사용한다. 또한 이들 사이에는 식 (6.11)의 관계가 존재한다.

① 평균 고장 간격(mean time between failure, MTBF): 고장 날 때부터 수리해

사용하다 다시 고장 날 때까지 시간 간격 평균치

② 평균 수리 시간(mean time to repair, MTTR): 수리에 걸리는 시간 평균치

③ 평균 고장 수명(mean time to failure, MTTF): 사용하기 시작해 고장 날 때까지 시간 평균치

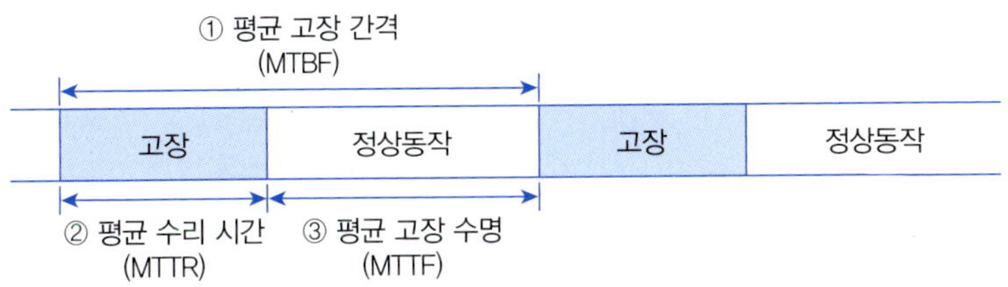

[그림 6-18] 고장이 발생할 평균시간

$$MTBF = MTTR + MTTF \tag{6.11}$$

RAID 구조와 같은 디스크 배열의 주요 단점은 여러 개의 장치를 연결하면 식 (6.12)와 같이 전체의 평균 고장 수명이 줄어 고장이 날 확률이 증가한다.

$$MTTF_{전체} = \frac{디스크\ 하나의\ MTTF}{배열\ 디스크의\ 수} \tag{6.12}$$

4년마다 1번 고장 날 수 있는 디스크를 4개 연결해 사용하면 늘어난 개수만큼 고장확률이 증가해 확률적으로는 1년마다 1번씩 고장 날 수 있다는 이론이다. 이런 단점을 보완하려면 디스크 배열에서 오류가 발생하면 정확히 검출하고 데이터를 신속히 복구해 주어야 한다. 이를 위해 여분의 디스크를 추가할 필요가 생기고 그 방법에 따라 다양한 RAID 방식들이 발전했다. 디스크 배열 내에서 에러가 발생하면 그 디스크의 사용은 즉각 중지된다. 그런 후 여분으로 투입해 설계했던 검사디스크에 저장된 정보로 신속하게 에러를 복구하고 RAID 구조를 재배열한다. 이런 에러 복구에 걸린 시간이 평균 수리 시간에 해당한다.

6.3 광학디스크

6.3.1 기록면과 트랙

[그림 6-19]처럼 광학디스크의 한쪽은 투과면으로 합성수지로 만들어진 투명한 플라스틱 층이며 빛이 투과한다. 다른 한쪽은 라벨 인쇄면으로 보호 피막을 입히고 사용자가 글씨를 쓸 수 있게 만든다. 기록면은 디스크 내부에 빛을 반사하는 알루미늄 등의 코팅막을 입혀 반사면으로 만든다. 광학디스크를 읽을 때는 투과면 쪽에서 레이저 광선을 쏘아 투명기판을 통과해 기록면에서 반사되어 돌아오는 빛의 반사량 차이로 1과 0을 구분한다.

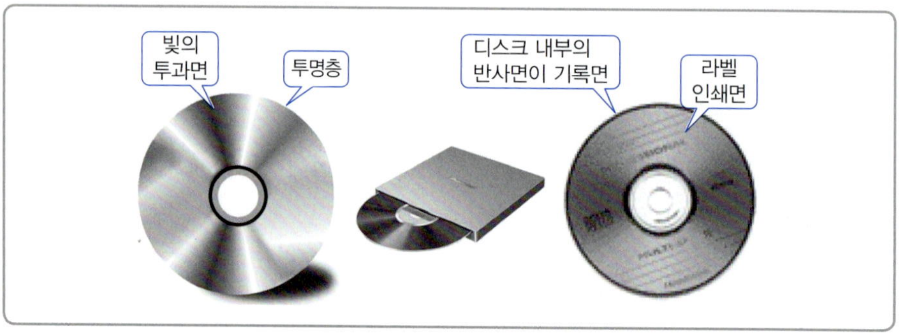

[그림 6-19] 광학디스크의 양면

하드디스크는 [그림 6-20] (a)처럼 여러 개의 분리된 동심원 트랙으로 이루어진다. 트랙의 위치에 따라 섹터의 길이도 다르고 기록 밀도도 다르다. 광학디스크는 (b)처럼 하나의 나선형 트랙으로 이루어진다. 광학디스크의 트랙은 1개이다. 같은 길이의 섹터들로 분할되며 단위 길이당 기록 밀도가 동일하다. 광학디스크도 하드디스크처럼 섹터 단위로 저장된다. 광학디스크의 섹터 하나당 데이터 영역의 크기는 대개 2048바이트이다.

하드디스크나 플로피디스크는 바깥쪽 트랙에서 시작해 안쪽으로 기록한다. 반대로 광학디스크의 기록방향은 중심부에서 바깥쪽으로 기록한다. 광학디스크의 반사면을 보면 기록 용량이 얼마나 남았는지 기록된 부분과 기록되지 않은 부분의 색깔 차이로 알 수도 있다. 광학디스크 드라이브를 열면 보통의 큰 원(12cm)과 미니 CD가 들어가는 작은 원(8cm)이 있다. 중심부를 물고 회전하므로 중심부에 들어가도록 크기만 맞추면 명함 등 어떤 모양으로도 만들 수 있다.

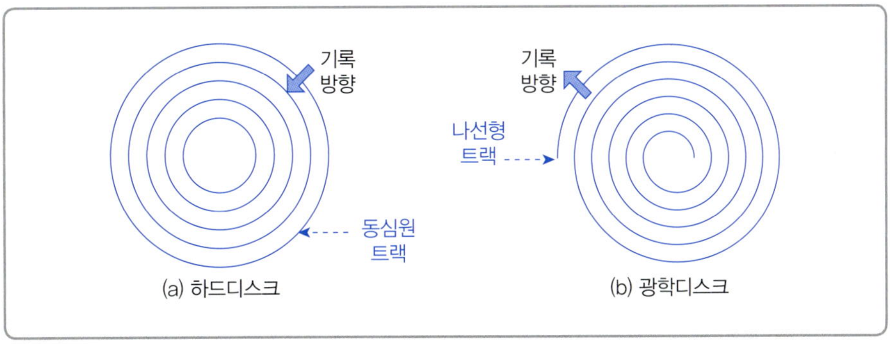

[그림 6-20] 하드디스크와 광학디스크의 트랙

6.3.2 광학 매체

광학디스크는 특히 종류가 다양해 매체의 호환성에 관심을 두어야 한다. 광학디스크 드라이브마다 지원할 수 있는 매체의 종류가 다르다. 기록이나 재기록에 사용되는 빈 디스크의 종류도 기록방식과 배속에 따라 서로 호환되지 않을 수 있다. CD, DVD, 블루레이 등 광학디스크의 표준은 계속 추가되고 변하고 있다. 예전에 만든 광학디스크 드라이브는 새로 나온 디스크 매체를 읽지 못한다. 새로 나온 광학디스크 드라이브는 대개 자신보다 이전에 나온 방식으로 제작된 다양한 종류의 광학디스크들을 읽을 수 있다. 광학디스크는 드라이브와 배속이 맞지 않아도 지원하지 않는다. 16배속 DVD 기록 장치에서 4배속 기록 매체를 사용하면 16배속이 아닌 최대 4배속 이하로만 기록할 수 있다.

a. 광학 매체의 종류

광학디스크에 기록하는 작업을 '굽기'나 '버닝(burning, 태우기)'이라고 한다. DVD를 굽는다고 한다. 실제로 레이저 광선으로 기록면을 가열하거나 태우기 때문에 기록이 끝나면 따끈해져서 나온다. 예전 EPROM도 굽는다고 했다. 데이터를 기록하거나 지우면 반도체 칩이 빵을 구은 것처럼 따끈해져 나온다. 다음과 같이 기록하는 방식에 따라 광학디스크의 매체(media) 종류를 나눌 수 있다.

출판용 광학디스크는 반사면을 아예 인쇄해 기록한다. 읽을 수만 있는 재생전용이다. 상업용 프로그램 판매와 영화나 음악 등의 출판 목적으로 사용된다. 트랙에 망치로 때린 것처럼 수많은 미세 홈을 인쇄해 데이터를 기록한다.

기록용 광학디스크는 투명층과 반사면 사이에 염료층을 코팅한 후 레이저의 열로 태워 변색시켜 기록한다. 코팅 상태를 그대로 유지한 부분은 읽기 동작에서 빛을 잘 반사하고 태운 부분은 빛이 난반사된다. 읽을 때는 기록할 때보다 약한 출력을 갖는 긴 파장의 레이저를 사용한다. 기록할 때는 강한 에너지를 갖는 짧은 파장의 레이저 광선을 사용한다. 광학디스크에서 약칭으로 R(recordable)은 1회만 기록이 가능한 매체이다. 기록용이나 재기록용 디스크에서 속칭 공(blank) 디스크는 아직 데이터가 기록되지 않은 비어있는 매체이다.

재기록용 광학디스크는 레이저 광선의 강약과 냉각속도 차이로 기록면의 물질 상태를 변화시켜 데이터를 지우고 기록한다. 기록면의 코딩은 상태 변화를 통해 정보의 반복 저장이 가능한 혼합물질이 사용된다. 초기 상태는 원자들이 규칙적으로 배열된 결정 상태이다. 레이저 광선으로 일정 온도 이상의 열을 가하면 액체 상태로 변한다. 냉각과정에서 열을 서서히 줄이면 다시 반사율이 높은 결정 상태로 돌아간다. 레이저 광선을 갑자기 차단해 급속히 냉각시키면 원자들이 무질서하게 배열되어 난반사가 일어나는 비정질 상태로 바뀐다. 광학디스크에서 약칭으로 RW 혹은 RE(rewritable)는 여러 번 지우고 재기록이 가능한 매체이다.

b. 기록용 소프트웨어

광학디스크를 기록하는 리코딩(recording) 소프트웨어는 대개 그 자체가 기록장치의 드라이버를 내장한 프로그램이다. 대부분 별도의 드라이버를 설치할 필요가 없다. 광학용 드라이브를 구입할 때 제공되는 기록용 소프트웨어가 자신의 기록 장치에 맞는 드라이버로 가장 무리가 없다. 경우에 따라서 운영체제만으로 광학디스크에 기록할 수도 있다. 기본적인 광학디스크 정도는 별도의 기록용 소프트웨어가 필요 없도록 운영체제에서 그 기능을 내장하기도 한다.

같은 광학디스크에 용량을 몇 번에 나누어 기록하는 기능을 멀티세션(multi session)이라고 한다. 광학디스크는 중심부에서부터 바깥쪽으로 순차적으로 기록한다. 마지막 기록부분에는 파일의 시작과 끝 위치를 알 수 있도록 일종의 파일 테이블을 저장한다. 광학디스크에 용량을 남겨 놓으면 나중에 나머지 부분에 추가로 기록할 수 있다. 새로운 파일 테이블의 위치는 맨 마지막 기록위치로 이동하고 멀티 세션 이전에 사용하던 앞의 테이블은 버린다.

6.3.3 등선속도와 등각속도

광학디스크와 하드디스크의 구동방식을 〈표 6-4〉처럼 회전방식으로 나눌 수 있다. 저속의 광학디스크는 CLV 방식이다. 하드디스크는 CAV 방식이다. 고속의 광학디스크는 소음과 진동을 줄이기 위해 대개 2가지 방식을 혼합해 사용한다.

〈표 6-4〉 CLV와 CAV 회전방식

방식	드라이브 회전속도	RPM & 소음	데이터 전송속도	적용
등선속도 (CLV)	가변	저속 저소음	일정	12× 배속 이하의 저속 CD-ROM, 음악 CD, 비디오 DVD 재생시 등
등각속도 (CAV)	일정	고속 고소음	일정	FDD, 과거의 저밀도 HDD
			가변	요즘 HDD, 고속의 광학디스크

등선속도(constant linear velocity, CLV) 방식은 오디오 CD처럼 디스크가 회전할 때 선속도가 일정한 드라이브 구동방식이다. 1배속 CD-ROM의 등선속도는 대략 1.2m/s 정도이다. 저속의 광학디스크에 사용된다.

〈표 6-5〉의 ① CLV 방식에서 '트랙 위치에 따라 변하는 RPM 회전수와 트랙 위치와 무관한 데이터 전송속도'를 보여준다. 광학디스크는 기록 밀도가 동일하므로 이 방식은 트랙 위치에 상관없이 동일한 데이터 전송속도를 갖는다. 이 방식은 트랙 위치에 따라 회전수를 조절해 진행방향의 선속도가 일정하도록 유지해야 한다. 이를 위해 구동 모터의 회전이 빨라지거나 느려진다. 헤드가 회전반경이 작은 디스크 중심부로 이동할수록 원이 작아지기 때문에 회전속도가 빨라진다. 회전반경이 큰 외곽으로 갈수록 원이 커지기 때문에 회전속도가 느려진다.

등각속도(constant angular velocity, CAV) 방식은 디스크가 회전할 때 각속도

가 일정한 드라이브 구동방식이다. 플로피디스크를 포함해 보통의 하드디스크와 고속의 광학디스크에 사용된다.

〈표 6-5〉의 ② CAV 방식에서 '트랙 위치와 무관한 RPM 회전수와 트랙 위치에 따라 변하는 데이터 전송속도'를 보여준다. 구동모터가 항상 같은 속도로 회전하므로 트랙의 위치에 따라 선속도가 달라진다. 플로피디스크나 과거의 저밀도 하드디스크는 트랙 위치에 상관없이 트랙당 섹터 수가 같았다. 이를 CAV 방식으로 구동하면 트랙 위치에 관계없이 일정한 데이터 전송속도를 얻었다. 그러나 요즘 하드디스크는 [그림 6-5]처럼 ZBR 방식을 사용하기 때문에 외곽으로 갈수록 트랙당 섹터 수가 늘어나 데이터 전송속도가 증가한다. 광학디스크도 CAV 방식으로 구동하면 외곽으로 갈수록 선속도가 빨라져 전송속도가 증가한다.

〈표 6-5〉 회전방식에 따른 CD-ROM 특성

배속 예	전송속도 [KiB/s]	트랙위치에 따른 RPM		회전방식
		제일 바깥	제일 안쪽	
1×	150	212	495	① CLV
2×	300	424	990	
12×	1800	2544	5940	
20×	1200~3000	4000		② CAV
36×	2160~5400	7200		
52×	3120~7800	10400		

CLV 방식은 회전수가 서서히 변하므로 소음과 진동이 거의 없다. 데이터 전송속도가 일정하여 디스크에 기록할 때는 이 방식이 안정적이다. 또한 광학디스크를 대용량으로 설계하기에도 유리하다. CAV 방식은 드라이브가 고속으로 회전하므로 소음과 진동이 심한 편이다. 또한 전송속도가 계속 변해 기록할 때 안정적이지 못하다. 이런 결점에도 탐색시간이 짧아 무엇보다 액세스 속도 측면에서 유리하다. 이에 대한 타협안은 CLV의 변형인 일명 ZCLV(zoned CLV, 구획등선속도) 방식이다. 이 방식은 트랙 위치를 여러 단계의 구역(zone)으로 나누고 각 구역은 자신만의 CLV 속도를 사용한다. 광학디스크 기록 장치들은 초기에는 CLV 방식으로 기록했지만 요즘은 ZCLV 기록 방식을 사용한다. 이 방법은 바깥쪽 트랙 구역

과 안쪽 트랙 구역이 대략 2.5배 정도의 CLV 속도 차이가 나도록 모터를 구동시킨다. 예를 들어 52× CD 기록은 맨 안쪽 트랙 구역에서 20× 배속 CLV 방식으로 기록하고 맨 바깥쪽 트랙 구역에서 52× 배속 CLV 방식으로 기록한다.

6.3.4 광학디스크의 배속

일반적으로 광학디스크의 데이터 전송속도는 〈표 6-6〉에 나타낸 각 기본 매체별 배속으로 표시한다. 광학디스크의 배속이 정해지면 데이터 전송속도는 이에 비례해 정해진다. CD-ROM의 배속은 오디오 CD를 읽어내는 속도의 배속으로 나타낸다. 오디오 CD를 읽어내는 속도로 데이터를 읽으면 1배속 CD-ROM이라고 한다. 52배속 CD-ROM은 1배속 CD-ROM의 52배인 데이터 전송속도를 갖는다.

〈표 6-6〉 광학디스크의 1배속 데이터 전송속도

1배속 디스크	비트율			비교
	1Mbit/s	MB/s	KiB/s	
1× CD	≒ 1.23	≒ 0.154	150	= 2048B×75블록/s÷1024
1× DVD	≒ 11.08	≒ 1.385	1353	≒ 9× 배속 CD
1× 블루레이	36	4.5	≒ 4395	≒ 29× 배속 CD

DVD-ROM의 배속은 비디오 DVD를 읽어내는 속도의 배속으로 나타낸다. 블루레이도 마찬가지다. 〈표 6-6〉에서 1배속 블루레이 디스크의 전송속도는 약 29배속 CD에 해당한다. 빠른 배속은 프로그램 설치나 파일 복사할 때 필요하다. 그러나 오디오 CD는 1배속이므로 52배속 CD-ROM에서도 1배속으로 동작한다.

6.3.5 광학디스크의 발전

광학디스크는 멀티미디어 데이터의 기록 매체로 발달했다. CD(compact disc)는 1982년 필립스(Philips)와 소니(Sony)사에 의해 처음 디지털 음반으로 발매되었다. CD는 1926년에 극장용으로 개발된 아날로그 LP 음반(long play record)을 1980년대 말에 이미 대체했다. 필립스, 소니, 도시바(Toshiba)와 파나소닉(Panasonic)에 의해 1995년 DVD가 개발되면서 아날로그 비디오를 밀어냈다. DVD는 보조기억장치로서 CD는 대체했지만 영화를 담기에는 턱없이 부족했다. 아날로그 TV에서 재생될 목적으로 만들어졌기 때문이다. 2006년 공식 발표된 블루레이 디스크는 영화나 음악을 담을 출판물(title)로 시작해 DVD를 급속히 대체했다. 이들 광학디스크에 음악이나 영화대신 데이터를 담으면 보조기억장치가 된다.

a. 음악 CD는 왜 74분인가?

필립스가 처음 개발해 발표한 음악 CD는 현재보다 조금 작고 60분 용량이었다. 소문에 의하면 필립스는 이를 대량 보급하기에 앞서 이 용량이 적당한 지 알아보고 싶었다고 한다. 그 당시 세계적인 지휘자였던 오스트리아의 카라얀(Herbert von Karajan, 1908~1989)에게 물어보았다는 것이다. 지휘자에 따라 연주시간이 달랐던 베토벤(Ludwig van Beethoven, 1770~1827) 교향곡 제9번 '합창'에 대해 카라얀은 자신의 연주시간 74분이 오디오 CD 안에 들어가야 하지 않겠냐고 대답했다는 것이다. 이렇게 필립스가 카라얀의 제안에 따라 그때부터 오디오 CD 용량을 74분으로 정했다는 설이 있다. 이 이야기는 확인되지 않은 사실로 낭설이라는 반론이 많다. 실제로 제9번 교향곡에 대한 카라얀의 연주시간은 74분보다 짧은 60분대였다고 한다. 좀 더 현실성 있는 이야기는 필립스 고위층이 CD가 대체할 카세트테이프 보다 너무 크지 않아야 한다는 생각이었다는 것이다. 그 결과 카세트테이프의 대각선 길이 11.5cm보다 약간 크게 12cm 직경으로 결정되었고 CD의 크기에 따라 자연스럽게 용량이 결정되었다는 것이다.

b. CD의 형식

CD에 음악 대신 컴퓨터 파일을 저장한 것을 CD-ROM(시디롬)이라고 한다. CD-ROM 드라이브는 컴퓨터에 장착하는 보조기억장치의 하나이다. 오디오 CD에 기록되는 단위를 저장 블록이라고 한다. CD-ROM에서는 이를 섹터라고 표현한다. 오디오 CD에는 1초 동안 75개의 저장 블록이 사용된다.

[그림 6-21] (a)에서 저장 블록 하나의 크기는 1초 동안 저장되는 오디오 데이

터의 크기를 75블록으로 나눈 값이다. 오디오 CD는 초당 44100개의 샘플을 16비트 스테레오 음으로 구한다. 이를 이용하면 식 (6.13)에서 CD의 저장 블록 하나의 크기는 2352바이트로 계산된다.

$$(44100\text{샘플})\times(16\text{비트})\times(2\text{채널})\div(75\text{블록/초})\div 8 = 2352[\text{바이트/블록}] \quad (6.13)$$

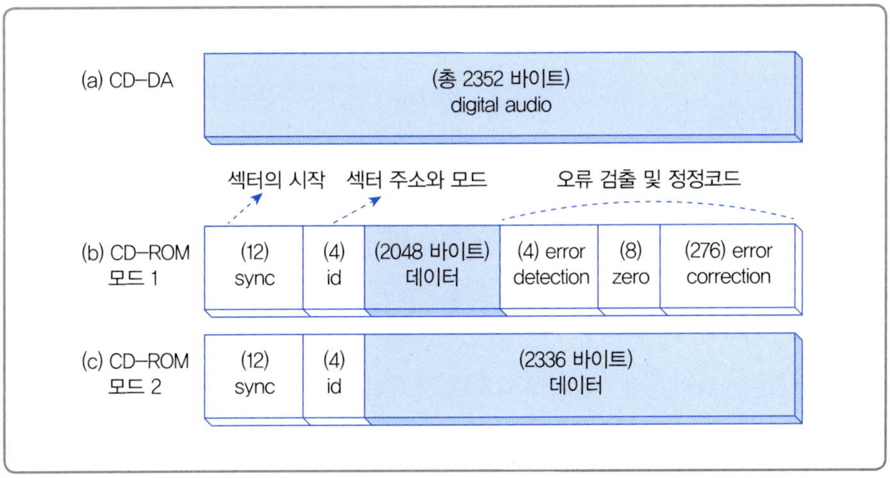

[그림 6-21] CD-ROM 섹터의 필드 구성 (바이트 수)

〈표 6-7〉 대표적인 CD 형식

형식	특징	
CD-DA (digital audio)	오디오 CD 혹은 음악 CD라고 한다. 아날로그 음악을 디지털 오디오 형식으로 변환해 기록한다. 초당 44.1kHz 샘플링, 샘플당 16비트, 좌우 스테레오 2채널로 기록	
CD-ROM (read only memory)	오디오 CD 매체에 컴퓨터 파일을 저장한다.	
	모드(mode) 1 기록방식	데이터 CD라고 한다. 저장 블록을 데이터와 제어 및 오류정정코드 영역으로 나눈다.
	모드(mode) 2 기록방식	모드 1에서 제어 및 오류정정코드를 삭제해 더 많은 용량을 저장할 수 있다. 음악, 그림, 비디오 등 에러 정정이 필요 없거나 에러가 발생해도 신뢰성이 중요하지 않은 경우에 사용된다.
CD-ROM XA	CD-ROM XA(extended architecture) 형식은 CD-ROM의 모드 1과 모드 2 기록방식을 섞어 사용할 수 있다.	

일반적인 데이터 CD의 형식은 〈표 6-7〉에서 CD-ROM 모드 1 기록방식이다. CD-ROM에서 사용하는 섹터 하나의 크기는 오디오 CD의 저장 블록과 같은 2352바이트이다. 차이점으로 데이터 CD는 [그림 6-21] (b)처럼 제어 영역과 오류정정코드 영역을 포함한다. 이 중에서 순수 데이터 영역의 크기는 2048바이트이다. 1배속 데이터 CD가 1초당 전송하는 데이터 용량은 2048바이트×75블록/s =150KiB/s다. DVD-ROM에서 사용하는 데이터 DVD의 섹터 하나의 크기는 총 2418바이트이며 이 중에서 데이터 영역은 2048바이트이다. 블루레이 디스크도 BD-ROM에서 이런 식으로 2048바이트 크기의 섹터를 사용한다.

c. 광학디스크의 구조

본래 DVD는 CD에 비해 용량이 매우 커서 다기능으로 쓰인다는 뜻의 이름이 붙었다. DVD는 '디지털 다기능 디스크(digital versatile disc)'의 영문약자이다. DVD에 극장영화를 담으면 DVD 비디오가 되고 상업용 음악을 담으면 DVD 오디오가 된다. 컴퓨터 파일을 담으면 DVD-ROM이 된다. 그냥 DVD라고 하면 대개 DVD 비디오를 가리킨다. 시장에 최초로 알려진 형식이 DVD 비디오였기 때문에 DVD를 디지털 비디오 디스크(digital video disc)라고도 한다.

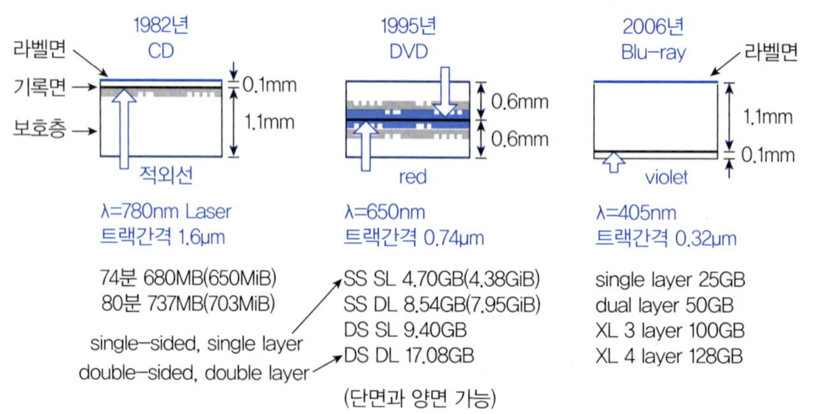

[그림 6-22] 광학디스크의 내부 구조(12cm 표준용량)

CD, DVD, 블루레이 디스크는 직경 12cm와 두께 1.2mm로 물리적인 크기는 같다. 8cm 크기의 디스크도 나온다. [그림 6-22]처럼 광학디스크의 표준 용량은 층과 면수에 따라 달라진다. DVD는 양면이나 레이저의 강약을 조절해 2층 구조를 만들 수 있다. DVD는 표층 4.7GB와 내층 3.84GB를 이용해 단면 단층(SS SL)과 양면 이층(DS DL) 등의 구조가 가능하다. 광학드라이브가 양면을 지원하지 않으면 영화를 보던 도중 디스크를 뒤집어야 한다. 블루레이는 기록면과의 거리인 보호막이 0.1mm로 얇아졌다. 레이저의 점(spot)이 작기 때문에 보호막이 깊어지면 빛이 변형되는 것을 막는다. 한편 HD DVD는 그림의 DVD와 같은 구조를 갖는다. 이런 규격들은 꾸준히 업데이트되기 때문에 개발, 표준화, 제품출시 연도 등이 혼재되어 자료에 따라 차이가 있다. [그림 6-22]은 CD가 발매된 최초 연도, DVD가 발명된 연도, BD-ROM의 규격이 완성된 연도를 나타낸다.

〈표 6-8〉 광학디스크의 기술 발전

<table>
<tr><th colspan="2">형식</th><th>특징</th></tr>
<tr><td colspan="2">DVD-Video</td><td>가장 먼저 정해진 규격</td></tr>
<tr><td colspan="2">DVD-ROM</td><td>DVD-Video에 컴퓨터 파일을 저장</td></tr>
<tr><td colspan="2">DVD-Audio</td><td>손실이 없는 비압축 PCM 방식, 192kHz/24bit</td></tr>
<tr><td rowspan="3">기록 및
재기록용
DVD</td><td>DVD-RAM</td><td>마쓰시타, 도시바, 히타치 주도의 재기록 매체</td></tr>
<tr><td>DVD-R
DVD-RW</td><td>파이오니아(Pioneer) 주도, 가장 대중적임,
DVD-RW를 DVD-E 혹은 DVD-ER이라고도 함</td></tr>
<tr><td>DVD+R
DVD+RW</td><td>필립스, 소니, HP 주도</td></tr>
<tr><td rowspan="2">차세대
DVD</td><td>블루레이
디스크(BD)</td><td>소니진영(필립스, 마쓰시타, 샤프, 삼성전자, LG전자 등),
일반명사 blue에서 e를 뺀 Blu-ray Disc로 상표 등록,
Blu-ray 공 디스크: BD-R(기록전용), BD-RE(재기록용)</td></tr>
<tr><td>HD DVD</td><td>도시바 진영(NEC, 산요, 메모리텍 등)</td></tr>
<tr><td colspan="2">차차세대 기술개발</td><td>① 렌즈와 디스크의 간격을 줄여 기록 밀도를 높이는 기술
② 홀로그래피(holography) 등 3차원 영상을 이용한 기술
③ RGB 조합의 컬러 레이저 디스플레이 기술 등을 개발</td></tr>
</table>

d. 블루레이와 HD DVD

〈표 6-8〉에서 차세대 DVD라 불리는 방식은 블루레이 디스크(Blu-ray disc, BD) 방식과 HD DVD(high-definition/density DVD) 방식이다. 모두 동일한 반도체 레이저 광선을 사용한다. [그림 6-22]처럼 기존 CD의 적외선 반도체 레이저

(파장 780nm)나 DVD의 적색 반도체 레이저(파장 650nm) 광선 대신 청색 반도체 레이저(파장 405nm) 광선을 사용한다. 점차 짧아지는 파장의 레이저로 기록 홈의 크기를 줄여 기록 밀도를 높였다. 'Blue-ray'처럼 청색광선과 같은 일반명사로는 상표 등록이 불가능했기 때문에 발음을 유지하기 위해 'Blu-ray'라는 이름이 선택되었다. BD는 블루레이 디스크(Blu-ray Disc)의 약자이다. 그런데 실제로는 청색(blue) 보다는 보라색(violet) 영역이다.

블루레이 디스크와 HD DVD 두 방식의 차이점은 레이저 광선을 유도하는 광픽업(optical pickup) 장치 기술에서 블루레이가 좀 더 정밀하다는 것이다. 기록 홈의 크기와 깊이가 HD DVD 보다 작아 더 많이 저장할 수 있다. 블루레이의 용량은 400GB(16층×25GB, 2008년) 등 계속 대용량이 발표되고 있다.

HD DVD는 단면 단층, 단면 이층 구조의 용량이 각각 15GB, 30GB이다. DVD와 마찬가지로 양면 구조를 사용하면 용량이 2배가 된다. HD DVD 방식은 기존의 DVD 제조 공정과 장비들을 활용할 수 있고 기존 DVD 매체와의 호환성에서 약간 유리하다. 3가지 표준이 존재하던 DVD 재기록장치처럼 HD DVD와 블루레이 2가지 방식을 모두 지원하는 드라이브도 있다.

처음에는 HD DVD 방식이 먼저 앞서 나가는 것 같아 보였지만 결국 시장에서 이 방식은 실패로 끝났다. 무엇보다도 영화 제작업자들이 손을 들어준 블루레이 디스크 방식이 승리하고 차세대 DVD의 표준으로 자리를 잡았다.

6.3.6 디지털 오디오 기술

블루레이 디스크 규격에는 웬만한 음향 기술들이 모두 담겨있다. 〈표 6-9〉의 디지털 오디오 기술들은 본래 더 다양한 채널, 비트, 샘플링, 비트율을 지원할 수 있다. 그러나 저장용량과 호환성 때문에 CD, DVD, BD 등의 매체별로 몇 가지 규격으로 제한된다. 또한 비디오와 오디오 타이틀이 지원하는 형식이 다르다.

〈표 6-9〉 BD-ROM의 디지털 오디오 규격(2010.04 버전)

<table>
<tr><th rowspan="2"></th><th rowspan="2">사운드 시스템 방식</th><th colspan="3">최대치</th><th rowspan="2">샘플링 [kHz]</th></tr>
<tr><th>Mbit/s</th><th>비트</th><th>채널</th></tr>
<tr><td>①</td><td>Dolby Digital(AC-3)</td><td>0.64</td><td>24</td><td rowspan="2">5.1</td><td rowspan="2">48</td></tr>
<tr><td>②</td><td>DTS Digital Surround</td><td>1.5</td><td>24</td></tr>
<tr><td>③</td><td>Dolby Digital Plus</td><td>4.7</td><td>24</td><td>7.1</td><td>48</td></tr>
<tr><td>④</td><td>DTS-HD High Resolution Audio</td><td>6.0</td><td>24</td><td>7.1</td><td>96</td></tr>
<tr><td>⑤</td><td>Dolby TrueHD</td><td>18.6</td><td>24</td><td rowspan="3">8
6</td><td rowspan="3">48/96
192</td></tr>
<tr><td>⑥</td><td>DTS-HD Master Audio</td><td>24.5</td><td>24</td></tr>
<tr><td>⑦</td><td>Linear PCM</td><td>27.6</td><td>24</td></tr>
</table>

〈표 6-9〉의 규격에서 BD-ROM 드라이브는 ①, ②, ⑦을 재생할 수 있어야 한다. 나머지는 선택사항이다. ⑦은 오디오 CD에서 유래했고 ①, ②는 DVD 비디오에서 유래했다. AC-3(audio coding-3)로 더 잘 알려진 ① 돌비디지털과 ② DTS(digital theater systems)는 극장 영화의 사운드 시스템으로 개발된 5.1 채널을 갖고 있다. 두 방식에 큰 차이는 없다. 대개 압축률이 낮은 DTS가 데이터양은 많지만 손실이 적어 신호 대 잡음비가 약간 좋다. HDTV도 ①, ②를 이용한 사운드를 전송한다.

표준 블루레이 디스크는 DVD에 적용된 ①, ②를 기본 사항으로 그대로 물려받았다. 다만 비트율을 개선해 손실을 약간 더 줄였다. 블루레이 디스크는 ①과 ②에 대한 각자의 개선 버전으로 ③, ⑤와 ④, ⑥ 방식을 추가했다. ③, ④는 손실을 대폭 줄인 7.1 채널 형식이며 ⑤~⑦은 손실이 없는 압축하지 않은 오디오 형식이다. 이중에서 ⑦ Linear PCM 방식의 비트율은 간단히 계산할 수 있다. 블루레이 디스크의 비트율은 ⑦에서 (24비트)×(6채널)×(192kHz)÷1000≒27.6[Mbit/s]이다. 같은 방식인 음악 CD의 비트율은 (16비트)×(2채널)×(44.1kHz)÷1000≒1.4[Mbit/s] 수준이다.

6.3.7 디지털 비디오 기술

DVD 비디오는 기존 아날로그 TV에서 재생되는 것을 목표로 개발되었다. 이 한계 때문에 아날로그 TV에서 DVD는 [그림 6-23]처럼 720×480 화면을 제대로 보여주지 못한다. 화면 일부를 잘라 내거나 여백을 넣어야 한다. 수평과 수직의 비율이 달라 일그러져 보이는 화면을 애너모픽(anamorphic) 이미지라고 한다.

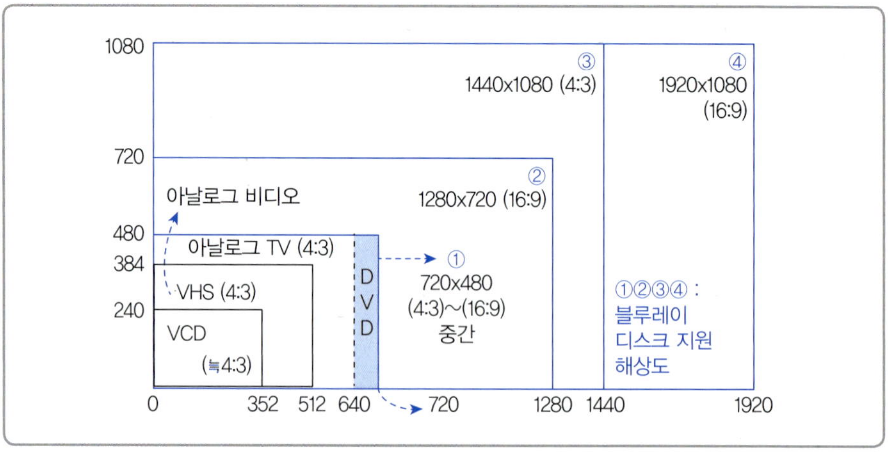

[그림 6-23] 디지털 비디오 기술 표준에서 해상도(북미방식)

〈표 6-10〉은 몇 가지 디지털 비디오 기술에 대한 표준이다. 블루레이 디스크는 처음부터 HDTV 방식의 장치들과 함께 개발되어 정확한 해상도와 화면 비율로 보여줄 수 있다. 압축비가 높을수록 데이터양은 줄지만 화질에서 손실을 감수해야 한다. 블루레이 디스크는 ①~④의 비디오 형식을 사용한다. DVD로부터 물려받은 ② MPEG-2 방식은 단층 구조의 25GB 블루레이 디스크에서 2시간 정도의 고해상도 비디오 밖에 저장하지 못한다. ③, ④ 방식은 비슷한 화질을 유지하면서도 MPEG-2에 비해 비트율을 절반 이하로 줄여 재생시간을 2배 정도로 늘린다.

〈표 6-10〉 디지털 비디오 기술

구분	압축 방식	최대 해상도	화면비	프레임률	압축
VHS	아날로그 비디오	512×384	4:3	60i	–
VCD	MPEG-1 (VHS를 압축)	352×240	≒4:3	60i	140:1
DVD	① MPEG-2 Part 2	720×480	≒4:3 ≒16:9	480i	40:1

<table>
<tr><td rowspan="2">BD
①~④</td><td>② MPEG-2 Part 2
③ H.264/MPEG-4 AVC
④ VC-1</td><td>1280×720
1920×1080</td><td>16:9
16:9</td><td>60p
24p/60i</td><td rowspan="2">③, ④는
낮은 비트율</td></tr>
<tr><td>③, ④ 방식만 가능</td><td>1440×1080</td><td>4:3</td><td>24p/60i</td></tr>
</table>

〈표 6-10〉에서 비디오의 프레임(frame)은 완성된 한 화면이다. 프레임률(frame rate)은 화면에서 초당 보여주는 프레임 수로 fps(frames per second) 단위로 나타낸다. 8장의 [그림 8-4]처럼 2가지 화면 구성 방법이 있다. 프레임률에서 i는 비월주사(interlaced scanning) 방식이고 p는 순차주사(progressive scanning) 방식이다. 60i 형식은 초당 30화면을 완성한다. 60p는 초당 60화면을 완성한다. 프레임률로 표시하면 각각 30fps와 60fps이다. DVD와 블루레이 디스크의 본래 표준은 60i인데 실제 대부분의 영화 타이틀은 60p로 만든다. 과거의 극장판 영화는 초당 24화면인 소스를 이용해 24p로 만든다. 이 영화를 높은 프레임률로 재생할 때는 임의로 프레임 수를 삽입한다.

6.3.8 압축 코딩

실제 자연현상의 시각과 청각 정보는 모두 아날로그이다. 디지털 코드는 컴퓨터에 저장하고 처리되는 논리적인 1과 0의 부호(code)이다. [그림 6-24]처럼 비디오나 오디오 정보를 컴퓨터에 저장하고 전송하려면 아날로그 신호를 디지털 코드로 변환해야 한다. 이때 정보량이 너무 많으면 데이터를 압축하게 된다. 이 과정을 '부호화' 또는 코딩(coding)이나 인코딩(encoding)이라고 한다. 반대로 재생하려면 압축을 풀고 다시 아날로그 신호로 변환해야 한다. 이 과정을 '복호화' 또는 디코딩(decoding)이라고 한다. 코딩과 디코딩을 처리하는 하드웨어나 소프트웨어를 코덱(coder and decoder, CODEC)이라고 한다. '코더와 디코더'의 영문약자이다. 만일 설치된 코덱이 없거나 디코딩 속도가 느리면 비디오나 오디오가 정상적으로 재생되지 않는다.

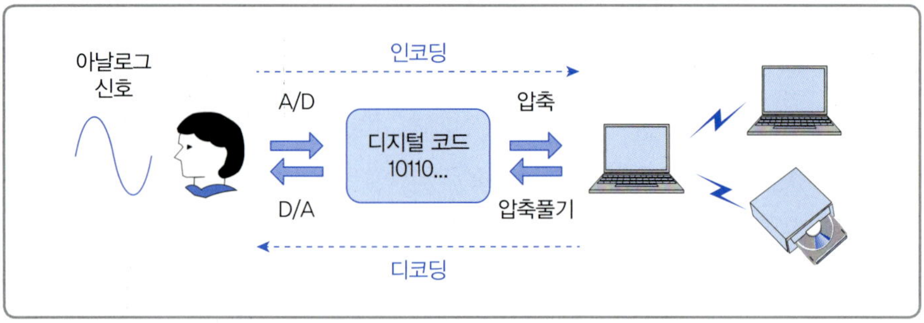

[그림 6-24] 인코딩과 디코딩

a. 압축 품질

연속적인 아날로그 신호를 이산적인 디지털 코드로 변환할 때 8장의 [그림 8-11]처럼 샘플링으로 디지털 표본 값을 추출하고 각 표본에 비트 수를 할당한다. 이때 샘플링 속도와 비트 수를 조절할 수 있다. 같은 아날로그 정보를 표현할 때 디지털 정보량이 많을수록 데이터의 품질은 높아진다. 화질이나 음질을 높이면 데이터양이 늘어난다. 비디오는 (가로)×(세로) 해상도가 높고 각 화소가 지닌 색상 수가 많을수록 화질이 좋아진다. 영화나 음악 판매사들은 원하는 재생 시간만큼 디스크에 담을 수 있도록 용량도 고려한다. 인터넷으로 동영상이나 음악을 전송하려면 네트워크 속도를 고려해 데이터를 코딩할 때 다양한 방법으로 압축한다. 압축을 많이 할수록 용량이 줄어드는 대신 품질에서 손해 본다. 압축 품질은 대개 초당 전송해야할 정보량인 비트율(bit rate)로 나타낸다. 비트율이 낮으면 압축을 많이 해 데이터양은 줄지만 품질에는 손실이 있다.

b. 동영상 압축 표준

동영상 데이터의 압축 표준은 비슷한 목적의 여러 국제 연구모임들이 제정하고 있다. 〈표 6-11〉에서 ① VCEG(video or visual coding experts group)는 국제전기통신연합(ITU-T) 산하의 연구모임이다. ② MPEG(moving picture experts group)는 '동영상 전문가 그룹'이라는 뜻의 영문약자로 국제 표준화기구(ISO/IEC) 산하의 연구모임이다. 한편 ③ AVC(advanced video coding)와 HEVC(high efficiency video coding)는 중립적인 이름으로 VCEG와 MPEG이 공동으로 개발했다. 또한 공동으로 표준을 관리하기 때문에 사실상 동일한 내용의 기술이다.

〈표 6-11〉 주요 동영상 압축표준

연도	ITU-T (VCEG)	중립이름	ISO/IEC (MPEG)	응용 예
1988	H.261		MPEG-1	VCD(VHS를 압축), MP3
1996	H.262, H.263		MPEG-2 Part 2	DVD, HDTV, 블루레이
2003	H.264	AVC	MPEG-4 Part 10	블루레이, MP4, UHDTV
2013	H.265	HEVC	MPEG-H	UHDTV

〈표 6-11〉에서 음악파일로 잘 알려진 MP3의 정식 명칭은 MPEG-1 혹은 MPEG-2 audio layer 3이다. 휴대폰 동영상 파일로 알려진 MP4의 명칭은 MPEG-4 Part 14이다. MPEG-1과 MPEG-2에 사용된 고정된 비디오 압축비는 효율이 높은 대신 빠른 동작의 화면에서 일시적으로 흐트러지는 단점이 있다. H.264의 응용분야는 블루레이 디스크, 인터넷 동영상, 케이블 TV, 화상회의 등에서 광범위하게 사용된다.

6.3.9 HDTV와 UHDTV

〈표 6-12〉에서 UHD(ultra high-definition, 초고선명)는 HD(high-definition, 고선명)나 SD(standard-definition, 표준선명)보다 고해상도를 갖는다는 뜻이다. 주사방식에서 i는 비월주사로 60i, p는 순차주사로 60p 프레임률 형식을 가리킨다. 표준 지상파 HDTV 방송의 주사방식은 1080i이므로 풀(Full) HD가 아니다. Full HD 화질을 감상하려면 1080p로 제작된 블루레이 디스크 영화를 통해서 가능하다.

〈표 6-12〉와 [그림 6-25]에 HDTV와 UHDTV 방식을 비교하였다. UHDTV 방송까지 과연 필요할까? 하는 의문은 60인치 이상 대형 TV가 대중화되면서 이내 사라져 버렸다. 화면이 커질수록 픽셀 크기가 커져 기존의 HDTV 해상도에서도 화질이 떨어져 보이기 때문이다.

〈표 6-12〉 HDTV와 UHDTV 형식(북미방식)

화질	주사 방식	해상도	용도	화소당 비트 수	컬러 샘플링	오디오 채널수
SD급	480i	640×480	아날로그 TV 방송			2
	480p	704/720×480	SDTV 방송, DVD	24	4:2:0	5.1
HD급	720p	1280×720	인터넷 동영상 등			
	1080i	1920×1080	HDTV 방송			
Full HD	1080p	1920×1080	블루레이 등			
UHD 혹은 Ultra HD	2160p	3840x2160 (4K)	UHDTV 방송 UHD 콘텐츠	24 30 36	4:4:4 4:2:2 4:2:0	10.1 ~ 22.2
	4320p	7680x4320 (8K)				

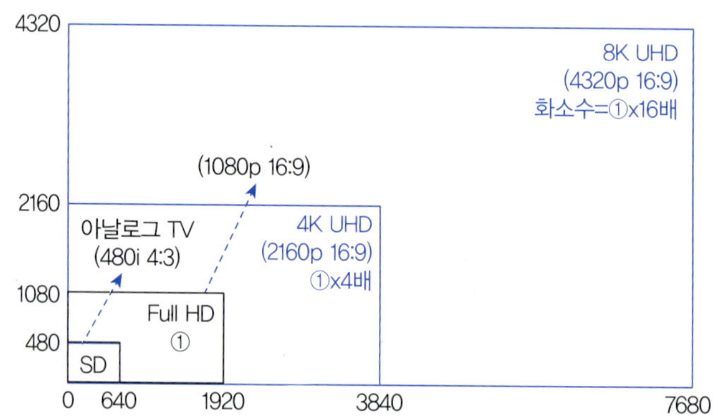

[그림 6-25] HDTV와 UHDTV 해상도 비교

한국에 스마트 TV와 3DTV 등의 주도권에서 뒤쳐지자 일본은 그동안 연구해온 초고선명도 TV 개발에 집중했다. 2012년 런던올림픽을 계기로 영국 BBC와 공동으로 8K UHDTV 시범방송을 했던 일본 NHK가 UHD 기술표준을 제안하고 ITU가 이를 승인했다. UHDTV 방식도 HDTV와 마찬가지로 TV, 방송, 콘텐츠 3가지 모두 준비되어야 안방에서 극장과 같은 영상과 음향 효과를 기대해볼 수 있다.

a. 지상파 TV의 6MHz 대역폭

북미방식의 지상파 HDTV 방송은 과거 아날로그 TV와 같은 채널당 6MHz 대역폭을 사용한다. 이 채널의 채널용량은 약 19Mbit/s 정도가 한계로 알려져 있다. 3DTV를 전송하기 위해서는 왼쪽과 오른쪽 영상을 분리해 보내야 한다. 한 가지 방법은 왼쪽 영상은 현재의 지상파 HDTV와 같은 MPEG-2 방식의 12Mbit/s로 보내고, 오른쪽은 H.264로 압축해 5.5Mbit/s로 전송한다. 이 방법은 안경을 사용한 방식이며, 안경을 사용하지 않는 3DTV 방송은 6MHz의 대역폭으로 부족하다. UHDTV 방송까지 생각하면 이야기가 더욱 달라진다. 4K UHDTV는 H.264로 압축해도 30Mbit/s 정도가 필요해 지상파가 아닌 케이블이나 위성방송을 이용해야 한다. 이 문제를 해결하려면 적어도 압축률이 더 높은 〈표 6-11〉의 HEVC 압축기술 등을 사용해야 한다. 여기까지가 6MHz 대역폭의 한계로 인식되고 있다.

압축 기술은 발전하지만 압축할수록 화질은 손상된다. 고해상도로 가더라도 6MHz 대역폭의 한계로 다시 압축해서 화질에서 손해 볼 정도라면 고해상도로 갈 이유가 적어진다. 8K UHDTV 등 차세대 실감용 방송 등 더 이상의 기술발전을 위해서는 대역폭을 늘려야 한다. 그러나 이 문제는 간단해 보이지 않는다. 기존 방식과의 호환성, 국제표준, 방송사업자들의 이해, 방송 인프라 등 산업전반의 발전 속도와 정책 변수가 많아 빠르게 정착되기 어려운 면이 있다.

b. 크로마 서브샘플링

〈표 6-12〉에서 컬러 샘플링(color sampling)은 색상 정보를 디지털로 인코딩하는 방법이다. RGB는 이미지에서 색상 정보를 분리해 얻은 절대 색 공간(color space)이다. 이에 대해 크로마 서브샘플링(chroma subsampling)은 YCbCr이라는 색 공간을 사용해 RGB 정보를 인코딩한다. 색상 신호는 밝기 성분을 표현하는 Y와 채도(chroma) 성분 CbCr로 이루어진다. Cb는 파랑과 Y에 대한 색차 정보(B-Y)이고 Cr은 빨강과 Y에 대한 색차 정보(R-Y)이다. 우리 눈은 색상보다 빛의 밝기에 민감하다는 점에서 착안해 대개 Y보다 CbCr 성분에 더 적은 저장 공간을 할당해 데이터양을 줄인다. 실제로 망막의 원추세포는 가시광선에서 색상을 인식하지만 빛의 밝기로 물체의 형태와 명암을 구분하는 간상세포가 이보다 훨씬 더 많다. YCbCr 신호가 재생되려면 다시 RGB로 표현되어야 하므로 RGB보다 색상 분리가 약하다. 그러나 저장하고 전송할 때 데이터양을 줄일 수 있어 디지털 TV 방송, 동영상 압축과 JPEG 인코딩 등에 널리 사용된다.

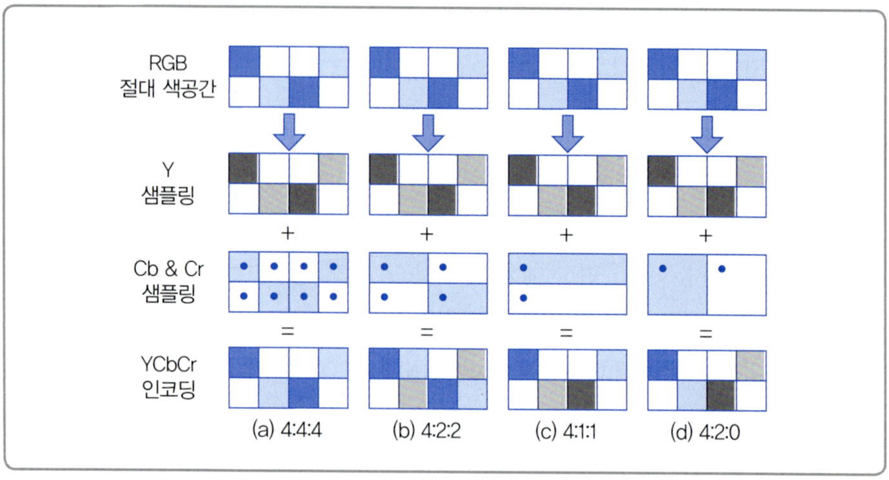

[그림 6-26] YCbCr 색상 표본화 형식

[그림 6-26]에서 4픽셀씩으로 이루어진 YCbCr 서브샘플링을 실시해보자. 그림에 (4픽셀)×(2행)씩 표시한 이유는 (d)번을 비교 설명하기 위한 것이다. (a) 방식은 모든 픽셀에 대해 Y값과 함께 Cb와 Cr 값에 대한 서브샘플링을 각각 구한다. (b) 방식은 (2픽셀)×(1행) 단위로 (c) 방식은 (4픽셀)×(1행) 단위로 Cb와 Cr 값에 대한 서브샘플링을 각각 구한다. (d) 방식은 (2픽셀)×(2행) 단위로 Cb와 Cr 값에 대한 서브샘플링을 구한다. 이런 방법은 인접한 픽셀 간에는 색상차이가 크게 나지 않을 것이라는 가정에 근거를 둔다.

[그림 6-26] (b) 방식은 (a) 방식에 비해 Cb와 Cr 값의 서브샘플링을 1/2로 줄인다. 또 (c)와 (d) 방식은 1/4로 줄인다. RGB와 YCbCr가 3가지 요소별로 모두 똑같이 최대 8비트씩 저장된다고 하자. 이때 저장되는 데이터양은 (a) 24비트, (b) 16비트, (c)와 (d) 방식은 12비트로 (a)에 비해 2/3와 1/2 크기로 줄어든다. 〈표 6-12〉에서 HDTV는 (d) 방식을 사용하고 UHDTV는 (a) 방식까지 사용한다.

Y(일명 luminance)는 이미지의 흑백이나 무색 성분을 표현하는 빛의 밝기(brightness)이다. 보통은 Y에 대한 감마 보정(gamma correction) 값 Y'(일명 luma)을 사용한다. 대부분의 정보가 몰려있는 어두운 부분을 더 자세히 표현하기 위해 비선형특성을 갖도록 보정해주는 것이다. Y'을 사용하면 인코딩할 때 Y보다 적은 비트 수를 사용해 좋은 화질을 구할 수 있어 데이터 압축효과가 있다.

6.4 파일시스템

6.4.1 파일시스템의 역할

파일(file)은 사용자나 프로그램이 컴퓨터에 정보를 저장하는 논리적인 구성단위이다. 컴퓨터의 저장장치에 파일을 저장하고 관리하는 체계를 파일시스템(file system)이라고 한다. [그림 6-27]처럼 파일시스템은 운영체제의 일부로 운영체제에서 관리하는 가장 기초적인 부분에 해당한다. 운영체제는 자신이 인식할 수 있는 모든 드라이브에 저장된 파일들을 다양한 파일시스템을 통해 추적하고 관리한다. 운영체제가 바뀌면 지원할 수 있는 파일시스템과 실행파일의 종류나 구조가 달라질 수 있다. 운영체제끼리 파일시스템이 호환되지 않으면 다른 운영체제에서 만들어 놓은 파일을 읽을 수 없다.

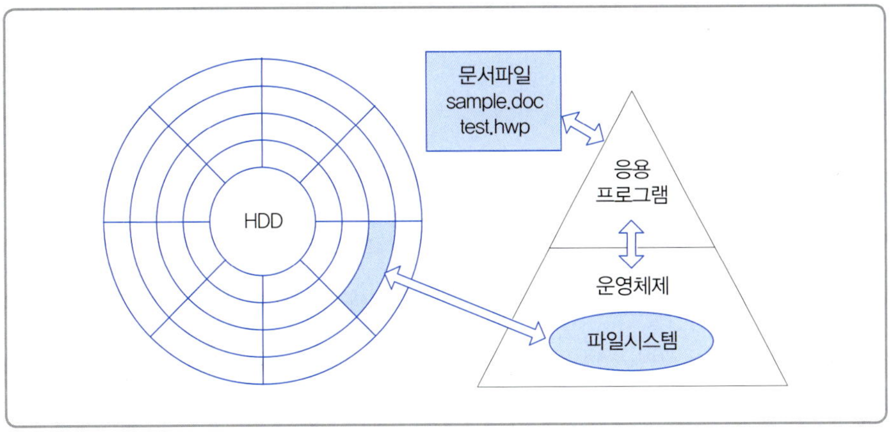

[그림 6-27] 파일시스템의 역할

기존에 사용하던 파일시스템은 과거의 하드웨어 장치에 맞도록 설계되었다. 과거의 파일시스템은 용량이 커진 새로운 하드디스크를 아예 인식하지 못할 수도 있다. 나중에 개발된 운영체제들은 대개 기존의 운영체제에서 사용하던 파일시스템들을 수용하려고 노력하는 경향이 있다.

〈표 6-13〉은 컴퓨터시스템에 사용된 몇 가지 파일시스템이다. 보통 하나의 운

영체제에서 여러 개의 파일시스템을 지원한다. 드라이브 매체별로도 파일시스템의 종류가 다르다. 어떤 파일시스템은 다른 파일시스템에 비해 저장 공간이 더 낭비될 수 있다. 어떤 파일시스템은 하드디스크의 액세스 속도나 신뢰성 측면에서 성능이 저하되는 문제가 발생할 수도 있다.

〈표 6-13〉 운영체제와 매체별 파일시스템

운영체제 또는 매체	적용 가능한 파일시스템
DOS, Windows 3.x, 95	FAT 또는 FAT16
Windows 95b, 98, ME	FAT16, FAT32
Windows 2000, XP	FAT16, FAT32, NTFS
Windows XP SP2, 7 이후	FAT16, FAT32, exFAT, NTFS
CD-ROM	① ISO 9660
DVD Video	② ISO 13346 혹은 UDF(universal disc format)
DVD-ROM	①+②가 결합된 UDF 브리지(bridge) 형식
Blu-ray 디스크	UDF 개정판 2.5 또는 2.6 등을 사용

6.4.2 디스크 파티션

과거에는 하드디스크 구조를 CHS(cylinder-head-sector)로 표시해 트랙, 면, 섹터의 위치를 주소로 지정했다. 하지만 이를 지정하던 각 필드의 비트 수 제한으로 인해 하드디스크의 용량이 제약을 받게 되었다. 요즘은 섹터마다 번호를 매긴 LBA(logical block addressing)를 사용한다. '논리 블록 주소방식'의 영문약자이다. 이를 통해 운영체제는 하드디스크를 1차원처럼 취급한다. 섹터 번호로는 섹터가 어느 면이나 어느 트랙에 존재하는지 알 수 없다. 운영체제는 디스크의 물리적인 3차원 구조를 무시하고 0번부터 끝번까지 섹터 번호로 디스크를 관리한다.

디스크 파티션(partition)은 하나의 물리적인 하드디스크를 여러 개의 논리적인(logical) 디스크로 분할한 것이다. '분할된 디스크 영역'을 파티션 또는 볼륨(volume)이라고 한다. 하드디스크에는 최소 하나 이상의 파티션이 존재한다. 플로피 디스크에는 파티션이 없다.

파티션을 하이-레벨 포맷하면 파일시스템이 만들어진다. DOS 운영체제는

NTFS 파일시스템을 인식하지 못한다. NTFS 파티션을 만들려면 먼저 비도스(non-DOS) 영역으로 분할한 후 NTFS 파일시스템으로 포맷해야 한다. [그림 6-28]은 하드디스크를 2차원 구조로 표시한 것이다. 이 그림의 예는 C:와 D: 두 개의 DOS 파티션으로 분할하고 FAT 파일시스템으로 포맷한 것이다.

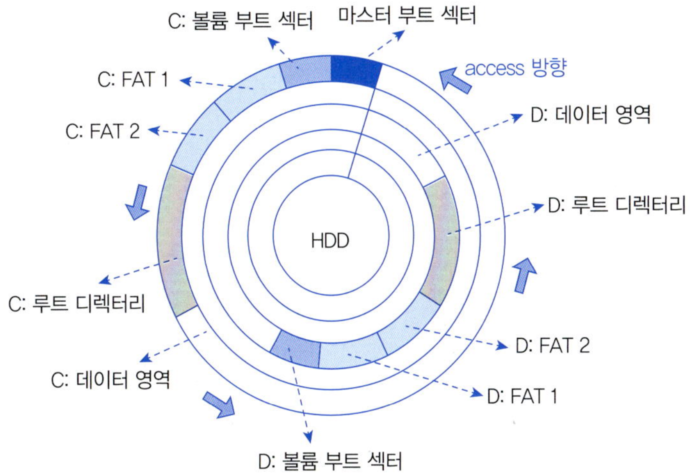

[그림 6-28] 하드디스크의 DOS 파티션 구조

a. 마스터 부트 섹터

[그림 6-28]에서 마스터 부트 섹터(master boot sector)의 위치는 항상 하드디스크의 첫 번째 섹터이다. 하드디스크의 첫 번째 면, 첫 번째 트랙, 첫 번째 섹터로 섹터 번호 0번이다. 마스터 부트 섹터에 기록된 정보를 마스터 부트 레코드(master boot record, MBR)라고 한다. 다음과 같은 정보들이 포함된다.

① 파티션 테이블(partition table): 하드디스크의 파티션 정보가 저장된다. 파티션 개수와 크기가 정해진다.

② 부트스트랩 코드: 볼륨 부트 레코드(VBR)를 로드할 프로그램을 저장한다. 부팅이 가능한 파티션을 알려주고, 부팅하려는 파티션에서 운영체제를 로드할 부트스트랩 코드를 연결해 로드한다.

마스터 부트 섹터에는 하드디스크의 분할 개수 등 디스크의 파티션 정보를 가지고 있다. 이 때문에 마스터 부트 섹터를 파티션 섹터라고도 한다. 또한 어느 파티션의 디스크 볼륨에서 어떻게 운영체제를 메모리로 로드할 지에 대한 정보를 가지고 있다. 이 때문에 마스터 부트 섹터는 항상 바이러스의 주공격 대상이 된다. 이곳이 피해를 당하면 아예 부팅이 되지 않을 수 있다. 시스템 설정에서 마스터 부트 섹터 쓰기 방지 옵션이 있는 컴퓨터도 있다. 이 설정을 해지하지 않으면 운영체제를 새로 설치할 때 정확하게 설치되지 않는다.

b. 볼륨 부트 섹터

[그림 6-28]에서 볼륨 부트 섹터(volume boot sector)는 각 디스크 볼륨의 제일 첫 번째에 위치한 섹터이다. 플로피디스크에는 마스터 부트 섹터가 없고 볼륨 부트 섹터만 존재한다. 볼륨 부트 섹터에 기록된 정보를 볼륨 부트 레코드(volume boot record, VBR)라고 한다. 파티션으로 나누어진 디스크 볼륨을 하이-레벨 포맷하면 파일시스템과 함께 생성된다. 여기에는 다음과 같은 정보들이 포함된다.

① 바이오스 파라미터 블록(BIOS parameter block, BPB): 파일시스템의 구조에 대한 기본 정보를 저장한다. 볼륨 레이블 명, 파일시스템 이름, 총 섹터 수, 클러스터당 섹터 수 등이 기록된다.
② 부트스트랩 코드: 운영체제를 로드할 OS 로더 프로그램을 저장한다.

c. 부트 바이러스와 파일 바이러스

컴퓨터 바이러스(computer virus)는 대표적인 악성코드 프로그램이다. 디스크의 부트 섹터, 파일시스템, 파일, 메모리 영역을 감염시켜 이들을 숙주로 이용해 숨어서 기생한다. 감염된 파일이 메모리에서 실행될 때 프로그램 안에서 자신을 복제하고 다른 파일이나 다른 컴퓨터로 실행 코드의 형태로 전파된다. 컴퓨터 바이러스의 특징은 자신을 복제하고 다른 파일이나 시스템을 손상시키는 것이다.

파일 바이러스(file virus)는 확산을 위해 주로 실행파일에 침투한다. 부트 바이러스(boot virus)는 디스크의 마스터 부트 섹터나 볼륨 부트 섹터에 감염되어 동작하므로 더욱 치명적이다. 디스크 파티션이나 파일시스템을 공격하면 디스크의 모든 자료를 찾을 수 있는 정보가 손상될 수 있다. 부트 바이러스는 운영체제가 부팅되기 전에 메모리에 올라가기 때문에 온전한 다른 디스크로 부팅해야 바이러스 백신으로 치료를 해볼 수 있다. 어떤 컴퓨터 바이러스는 네트워크 파일시스템을 공격해 확산 기회는 더욱 높이려고 한다.

6.4.3 GUID 파티션 테이블

롬 바이오스 기반의 마스터 부트 레코드(MBR)는 파티션 테이블에서 2TiB 이상의 하드디스크 크기를 인식하지 못한다. 2TiB 이상의 하드디스크는 새로운 파티션 테이블을 사용해야 한다. GPT는 1980년대 초부터 광범위하게 사용되어 온 MBR 파티션 방법을 대체하기 위해 2010년에 UEFI 규격의 일부로 포함되었다.

[그림 6-29]에서 GPT(GUID partition table) 혹은 GUID 파티션 테이블은 물리적인 하드디스크의 새로운 파티션 테이블 형식이다. GUID(globally unique identifier)는 '전역 고유 식별자'라는 뜻으로 컴퓨터 소프트웨어에서 식별자로 사용하는 고유 참조 번호이다. GPT는 리눅스를 포함한 유닉스 계열이나 윈도우 운영체제의 64비트 버전에서 단독으로 사용되거나 UEFI 기술과 함께 사용될 수 있다. 윈도우 운영체제의 32비트 버전에서는 GPT를 통한 부트를 지원하지 않는다.

식 (6.14)처럼 파티션 테이블에서 지정이 가능한 섹터의 개수와 하드디스크에서 정해진 섹터의 크기를 곱하면 디스크 용량을 구할 수 있다. 파티션 테이블의 비트 수는 한정되므로 섹터의 크기를 늘리면 하드디스크의 용량이 늘어난다.

$$[\text{디스크 용량}] = (\text{섹터 개수}) \times (\text{섹터 크기}) \qquad (6.14)$$

GPT의 '핵심은 64비트 LBA 주소를 사용'하는 것이다. LBA 주소 하나가 섹터 하나를 지정한다. 512B 섹터를 기준으로 이 방법으로 지정할 수 있는 하드디스크의 최대 용량을 구해보자. n 비트로 나타낼 수 있는 최대 숫자는 (2^n-1)이다. 과거 MBR 파티션 테이블은 32비트 LBA 주소를 이용해 $(2^{32}-1)\times 512B \fallingdotseq 2^{41}B$에서 2TiB 또는 약 2.2TB$(2.2\times 10^{12}B)$까지의 디스크를 사용할 수 있다. GPT는 64비트 LBA 주소를 이용하므로 $(2^{64}-1)\times 512B \fallingdotseq 2^{73}$에서 8ZiB 혹은 약 9.4ZB$(9.4\times 10^{21}B)$까지의 디스크를 사용할 수 있다. 4KiB 섹터를 사용하면 용량은 더욱 늘어난다.

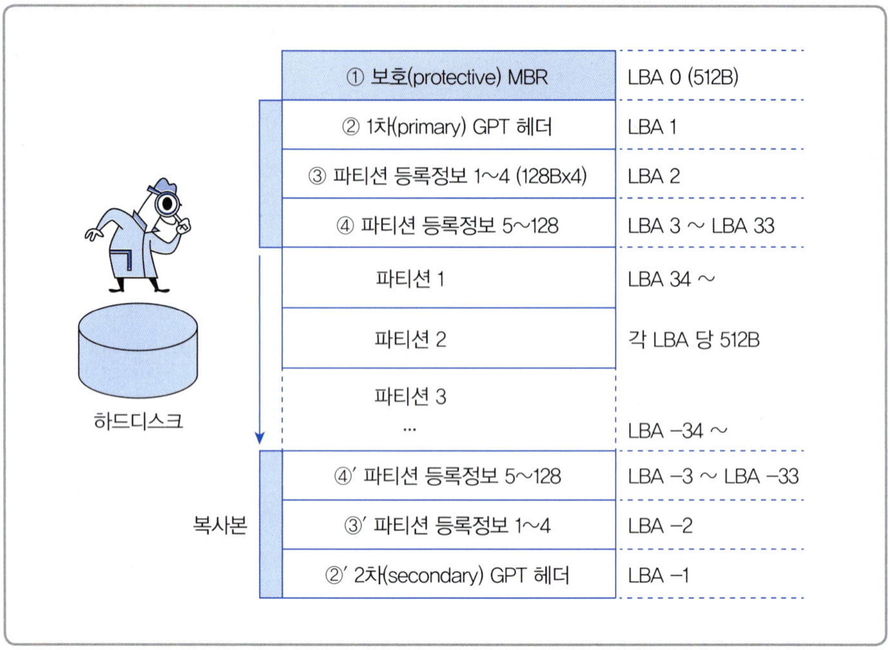

[그림 6-29] GUID 파티션 테이블

UEFI 규격은 섹터 크기와 상관없이 최소 16,384B를 파티션 등록정보(entry)에 사용하라고 규정한다. 이 숫자는 512B 크기의 섹터를 사용할 때 [그림 6-29]처럼 128개의 파티션 등록정보가 되고 LBA 34부터 실제 디스크 파티션으로 사용할 수 있다. 만일 4KiB 크기의 섹터를 사용하면 [그림 6-29]에서 LBA 40 위치부터 실제 파티션으로 사용할 수 있다.

전통적인 IBM PC 호환 기종의 컴퓨터시스템은 하드디스크의 첫 번째 섹터에 MBR을 사용해 왔다. MBR는 파티션 정보와 BIOS 기반의 첫 단계 부트로더(bootloader) 코드를 저장한다. [그림 6-29]의 ①은 기존의 MBR에 대한 호환성을 고려한 것이다. GPT의 첫 번째 섹터에 MBR이 보호되어 UEFI가 아닌 BIOS를 통한 부팅도 지원한다. 다만 MBR이 GPT 파티션을 인식하도록 변형된다.

[그림 6-29]의 ②에서 GPT 헤더는 디스크에서 사용이 가능한 영역을 표시한다. 파티션의 개수와 크기, 파티션 테이블의 구조를 정의한다. 디스크 GUID를 포함한다. 자신의 크기와 위치, 2차 GPT 헤더의 크기와 위치를 저장한다. 또한 자신

과 파티션 테이블의 CRC32 검증 값(checksum)을 포함하고 있어 부팅 시에 펌웨어, 부트로더, 운영체제에 의해 검증된다. 만약 GPT 테이블을 편집기로 수정하면 검증 값이 무효가 된다. 이 경우 2차 GPT에 저장된 값으로 복원이 가능하나 둘 다 무효 값이 나오면 디스크를 사용할 수 없다.

[그림 6-29]의 ③과 ④에서 파티션 등록정보에는 파티션 영역, 즉 각 파티션의 첫 LBA와 마지막 LBA 번호, 파티션의 이름과 속성 등이 포함된다.

6.4.4 클러스터

본래 클러스터(cluster)는 '한 무리로 모여 있는 집단'이라는 뜻이다. 컴퓨터 클러스터(computer cluster)라고 말하면 공동의 작업을 위해 상호 연결해 사용하는 컴퓨터 그룹을 말한다. 이를 통해 많은 양의 계산이나 데이터 저장 등의 작업을 수행하는 것을 클러스터 컴퓨팅이라고 한다. 이것은 기존의 방식으로 만든 대형 슈퍼컴퓨터보다 훨씬 싼 가격으로 고성능 시스템을 구현할 수 있다.

파일시스템에 사용되는 데이터 클러스터(data cluster)는 디스크의 섹터를 모아 놓은 파일의 최소 저장 단위이다. 클러스터는 디스크의 물리적인 용어로 DOS용 파일시스템에서 유래했다. '할당단위(allocation unit)'라고도 한다. 파일시스템에서 클러스터는 디스크 공간에 파일과 디렉터리를 저장하도록 할당된 최소 단위이다. 디스크에 파일을 저장할 때 클러스터의 정수 배만큼의 공간이 사용된다. 큰 파일은 여러 개의 클러스터에 나누어 저장한다. 작은 파일은 클러스터 하나를 채우지 못한다. 파일을 클러스터 단위로 관리하기 때문에 파일시스템은 각각의 섹터를 다루는 부담에서 벗어난다. 하드디스크에서 조각난 파일을 모으는 디스크 조각 모으기도 클러스터 단위로 이루어진다.

a. 클러스터의 크기

클러스터는 여러 개의 섹터를 모아 구성한다. 클러스터 내의 섹터번호는 연속이다. 그러나 섹터 번호는 1차원 구조이고 하드디스크는 여러 장의 플래터로 이루어진 3차원 구조이다. 하드디스크는 인터리브도 사용해야 하므로 논리적으로 연속된 번호의 섹터라도 실제로는 물리적으로 연속된 상태가 아닌 경우가 많다.

〈표 6-14〉처럼 클러스터 크기는 파일시스템과 디스크 용량에 따라 다양한 크기의 클러스터를 사용한다. 운영체제에 따라 사용자가 디스크를 포맷할 때 가능한 파일시스템의 종류와 클러스터의 크기를 선택할 수 있다. MS 윈도우 운영체제는 대략 XP 이후부터 32GiB 이하의 플래시 메모리 등에는 FAT32를 주로 사용한다. exFAT는 대용량 외장 드라이브를 위한 MS 윈도우 표준으로 2006년 Windows Embedded CE 6.0에서 유래했다. 대용량 하드디스크에는 NTFS를 주로 사용한다.

대개 디스크 용량이 커지면 클러스터 크기도 커진다. 식 (6.15)처럼 파일시스템에서 사용되는 클러스터의 크기와 개수를 곱하면 디스크 용량을 구할 수 있다. 전체 디스크 용량은 일정하므로 클러스터 크기가 커지면 클러스터의 개수는 줄어든다. 반대로 클러스터 크기가 작아지면 클러스터의 개수는 늘어난다.

$$[\text{디스크 용량}] = (\text{클러스터 크기}) \times (\text{클러스터 개수}) \qquad (6.15)$$

〈표 6-14〉 디스크 용량과 파일시스템의 기본 클러스터 크기 (2012.08 기준)

FAT16	FAT32	exFAT	NTFS
~256MiB : 4KiB ~512MiB : 8KiB ~1GiB : 16KiB ~2GiB : 32KiB ~4GiB : 64KiB	~256MiB : 2KiB ~8GiB : 4KiB ~16GiB : 8KiB ~32GiB : 16KiB ~2TiB : 32KiB	~256MiB : 4KiB ~32GiB : 32KiB ~256TiB : 128KiB	~16TiB : 4KiB ~32TiB : 8KiB ~64TiB : 16KiB ~128TiB : 32KiB ~256TiB : 64KiB

클러스터는 '파일의 최소 저장단위'이다. 클러스터보다 작은 파일이라도 최소 하나의 클러스터가 사용된다. 이 때문에 파일의 크기와 디스크를 차지하는 실제 공간 사이에는 차이가 있다. 클러스터 크기가 커지면 디스크에서 느슨하게 낭비되는 공간(slack space)이 많아진다. 클러스터 크기가 64KiB이면 1KiB짜리 파일을 저장할 때 63KiB의 낭비가 발생한다. 클러스터 크기가 4KiB이면 3KiB만 낭비된다. 확률적으로 파일의 평균 크기가 클러스터의 절반보다 작으면 50% 이상의 디스크 공간이 낭비된다. 작은 용량의 파일이나 파일의 개수가 많을수록 디스크 저장 공간의 낭비가 심해진다. 또한 낭비되는 디스크 공간까지 CPU가 액세스해야

하므로 검색 시간도 낭비된다. 이처럼 클러스터가 커지면 공간 낭비로 비효율적이 되지만 큰 사이즈의 파일을 읽고 쓸 때의 속도는 증가한다. 또한 파일을 기록하는 정보가 간단해지고 디스크에서 조각이 줄어든다.

반대로 클러스터 크기가 작아지면 파일을 저장할 때 디스크 공간의 낭비를 줄일 수 있다. 하지만 클러스터의 개수가 많아져 디스크의 액세스 횟수가 증가한다. 같은 용량의 파일을 읽고 쓸 때는 하드디스크의 액세스 횟수가 적을수록 전체 시스템의 성능에 유리하므로 이것은 오히려 불리할 수 있다. 클러스터의 크기를 바꾸려면 〈표 6-14〉에서 하드디스크를 파티션하거나 파일시스템을 바꾸어야 한다.

b. 조각 모으기

하드디스크를 사용하다 보면 각 파일을 구성하는 클러스터들이 여러 장소에 분산되어 파일이 조각(fragmentation)난다. 파일시스템은 파일이 조각나지 않도록 가능한 연속된 저장 공간을 찾으려고 시도한다. 그런 저장 공간이 마련되지 않으면 클러스터들이 인접되지 못하고 파일이 조각난다.

하드디스크를 처음 사용할 때는 클러스터의 순서대로 기록된다. 대부분의 운영체제는 파일이 삭제되면 우선 그 부분을 비워두고 남아있는 나머지 빈 공간부터 채운다. 저장할 공간이 부족해지면 이전에 파일을 삭제했던 빈 공간에 파일을 저장하게 된다. 이때 연속된 저장 공간을 구하지 못하면 파일의 저장 위치가 순차적으로 배열되지 못하고 조각이 나서 디스크 검색 속도가 느려진다.

가상메모리도 조각날 수 있다. 가상메모리의 크기는 운영체제에서 자동으로 조절되며 크기와 저장 위치가 수시로 변한다. 특히 가상메모리의 사용이 효율적이지 못하면 시스템의 성능이 눈에 띄게 저하된다.

디스크 조각 모으기(disk defragmentation) 프로그램은 파일을 인접한 클러스터로 모이도록 재배열해 디스크의 검색 속도를 향상시킨다. 같은 파일을 구성하는 클러스터들을 서로 인접하게 옮기면 액세스 시간이 크게 절약된다. 운영체제에 따라서는 시스템에 여유가 있는 대기 시간에 이를 자동으로 수행하기도 한다.

6.4.5 FAT와 NTFS 비교

가장 대중적으로 사용된 FAT 파일시스템과 NTFS 파일시스템을 비교해보자. 〈표 6-15〉의 '파일 할당 테이블의 비트 수'는 클러스터의 지정에 사용되는 비트 수이다. 이 비트 수에 따라 파일시스템에서 관리할 수 있는 클러스터의 최대 개수가 결정된다. 과거 플로피디스크는 12비트인 FAT12를 사용했다. FAT16은 16비트를 사용한다. FAT32는 32비트 중 28비트를 사용하고 나머지 4비트는 여유로 남겨 놓았다. NTFS 파일시스템은 이 비트 수를 가변시킬 수 있다.

〈표 6-15〉에서 최대 디스크 볼륨 크기는 클러스터의 개수에 영향을 받는다. 마찬가지로 최대 파일 크기는 디스크 볼륨의 크기에 영향 받는다. 이런 최대치들은 클러스터의 크기와 운영체제에 따라서 달라진다.

DOS 운영체제에서 유래한 FAT 파일시스템은 단순히 클러스터 관리용 표만 저장한다. 〈표 6-15〉에서 FAT32는 파일 할당 테이블에 32비트를 사용하고 2세트를 저장하므로 FAT 영역의 총 크기를 식 (6.16)과 같이 간단히 구할 수 있다.

$$(\text{FAT32 영역}) = (\text{4바이트}) \times (\text{클러스터 개수}) \times (\text{2세트}) \qquad (6.16)$$

〈표 6-15〉 FAT와 NTFS 파일시스템의 비교

구분	FAT16	FAT32	NTFS
도입 연도	1984	1996	1993~2001
파일 할당 테이블	16비트	32비트	가변 (~64비트)
최대 클러스터 개수	$\fallingdotseq 2^{16}$	$\fallingdotseq 2^{28}$	$2^{64}-1$
최대 볼륨 크기	2GiB	2TiB	거의 무제한
최대 파일 크기	볼륨 크기	4GiB	볼륨 크기
최대 파일 개수	$\fallingdotseq 2^{16}$	$\fallingdotseq 2^{28}$	$2^{32}-1$
파일명 길이	기본 8.3자	255자	255자
파일명 코드	시스템 문자 세트		유니코드 UTF-16
파일 속성	표준 속성 세트만 있음		표준 + 사용자
볼륨 부트 섹터 (복사본 위치)	첫 섹터 (복사본 없음)	첫 섹터 (6번 섹터)	첫 섹터 (마지막 섹터)
파일 테이블	FAT와 복사본		$MFT와 복사본

FAT 파일시스템은 구조가 단순하고 파일 테이블의 크기도 NTFS보다 작다. 사용자 액세스 권한 등을 살필 필요도 없고 다양한 속성을 고려할 필요도 없다. 디스크 볼륨의 크기가 작으면 NTFS보다 FAT 파일시스템의 속도가 더 빠를 수 있다. 그러나 〈표 6-14〉와 〈표 6-15〉를 비교하면 FAT32는 NTFS 파일시스템에 비해 다음과 같은 약점을 갖고 있다.

① 디스크 공간 낭비: 클러스터의 크기가 커서 디스크 공간에 낭비가 크다.
② 파일 크기 제약: 최대 파일 크기에 제약이 있어 대용량 파일을 처리해야 하는 동영상 캡처(capture)나 인코딩 작업 등에 불리하다.
③ 디스크 용량 제약: 512B 섹터 대신 4KiB 섹터를 사용하면 최대 볼륨 크기도 8배로 커지나 여전히 16TiB가 한계이다.

6.4.6 하드디스크의 용량 인식

대용량 하드디스크를 컴퓨터에 새로 장착하면 아예 이를 인식하지 못하거나 작은 용량으로 잘못 인식할 수 있다. 이 문제를 해결하려면 대부분의 경우에 운영체제를 바꾸고 경우에 따라서는 펌웨어 업그레이드나 메인보드를 바꾸어 주어야 한다. 하드디스크의 용량 인식은 다음과 같은 몇 가지 이유로 제약을 받는다.

① 롬 바이오스의 제약
② 파티션 테이블의 제약
③ 파일시스템의 처리 능력

과거에는 롬 바이오스 내부 정보에 디스크의 기하학적인 구조를 표시하는 비트 수에 제한을 두었다. 이 때문에 512MiB 이상의 용량 표시에 한계가 발생했다. 이 문제는 롬 바이오스나 메인보드를 교체하고 LBA 주소방식을 도입해 해결했다.

기존의 롬 바이오스나 운영체제가 처리하는 파티션 테이블에도 한계가 있다. 이 문제를 해결하고 2TiB 이상의 하드디스크를 인식하려면 운영체제를 바꾸거나 경우에 따라서는 UEFI 펌웨어를 지원하는 메인보드로 교체해야 가능하다.

하드디스크 용량이 제약을 받는 또 다른 원인은 운영체제가 취급하는 파일시스템에 있다. 〈표 6-15〉처럼 파일시스템마다 처리할 수 있는 하드디스크의 최대 용량에 차이가 있다. FAT16, FAT32, NTFS 사이에는 2GiB와 2TiB의 장벽이 있다.

NTFS의 최대 볼륨 크기도 실제로는 운영체제에 따라 한계가 정해지고 운영체제도 개정판(revision)마다 다르다. 〈표 6-15〉에서 NTFS는 이론상 $2^{64}-1$개의 클러스터로 구성된다. 그러나 윈도우 8 출시(2012.10) 기준으로 보면 64KiB 클러스터 크기를 사용해 윈도우 7은 16TiB, 윈도우 8은 256TiB까지 가능하다. 예를 들어 클러스터 개수를 32비트인 $2^{32}-1$개로 제한하면 $(2^{32}-1)\times 64\text{KiB} \fallingdotseq 2^{32}\times 2^{16}\text{B}=2^{48}\text{B}$에서 약 256TiB의 디스크까지 사용할 수 있다.

6.4.7 FAT 파일시스템

FAT는 DOS용 파일시스템에서 유래했다. FAT 파일시스템이 설치된 디스크 영역을 FAT 디스크 볼륨이라고 한다. 이를 설치하려면 하드디스크에 DOS 파티션을 만들어야 한다. DOS 파티션을 FAT 파일시스템으로 포맷하면 FAT 디스크 볼륨이 생성된다. FAT 디스크 볼륨은 [그림 6-28]처럼 ① 볼륨 부트 섹터, ② 파일 할당 테이블(FAT) 2세트, ③ 루트 디렉터리, ④ 데이터 영역의 4가지로 이루어진다. 운영체제에서 보여주는 디스크 용량은 순수한 데이터 영역만을 표시한다.

a. FAT

[그림 6-30]처럼 파일 할당 테이블 또는 FAT(file allocation table)는 디스크에 저장된 모든 파일을 찾아낼 수 있도록 클러스터 번호를 기록한 자료이다. 만일 FAT 영역이 물리적으로 고장 나면 전체 디스크의 운영에 치명적이다. 저장된 데이터가 손상된 것은 아니지만 데이터에 접근할 정보를 잃어버린다. 이를 대비해 [그림 6-28]처럼 디스크의 시스템영역에 파일 테이블에 해당하는 두 개의 동일한 FAT를 만든다. 사용자가 파일작업을 하면 두 개의 FAT를 동시에 갱신시킨다. 정상적으로 갱신되지 않고 중간에 제대로 저장되지 않은 상태에서 전원을 끄거나 하는 문제가 생기면 디스크 검사를 실시해야 한다. 하나의 FAT에서 파일의 클러스터 정보를 잃어버리면 다른 하나의 FAT를 근거로 복구해낸다.

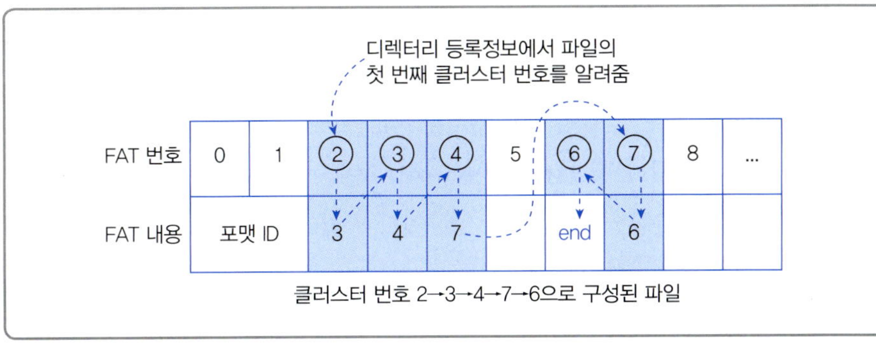

[그림 6-30] FAT 등록정보로 파일의 조각 찾기

[그림 6-30]처럼 FAT 번호와 클러스터 번호는 1:1로 대응한다. FAT 등록정보의 내용은 '파일이 저장된 클러스터의 연결 번호'를 기록한다. 클러스터의 개수가 많아지면 FAT 영역도 커진다. FAT 영역은 대개 디스크 캐시로 올라간다.

FAT 파일시스템은 [그림 6-30]처럼 체인(chain) 구조를 이용해 파일을 구성하는 모든 클러스터의 정보를 찾아낸다. 디스크의 디렉터리 등록정보에는 각 파일의 첫 번째 클러스터 번호가 저장된다. 그 클러스터 번호에 해당하는 FAT 등록정보의 내용은 파일을 구성하는 두 번째 클러스터 번호를 가리킨다. 두 번째 클러스터 번호의 FAT 내용은 세 번째 클러스터 번호를 가리킨다. 이런 식으로 마지막을 표시하는 특수 코드가 나타날 때까지 클러스터가 계속해서 연결된다.

b. 디렉터리와 폴더

파일시스템에서 디렉터리는 그 디렉터리에 속해있는 파일들에 대한 정보인 디렉터리 등록정보(entry)를 모아 놓은 것이다. FAT32 파일시스템의 디렉터리 등록정보는 간단히 파일명, 확장자, 속성, 저장시간, 파일 크기 등이다. 파일 속성은 읽기, 숨김, 시스템, 디렉터리, 기록 속성 등이다. FAT32 파일시스템은 영문자 길이로 최대 255자까지의 긴 파일명을 지원한다. 이를 위해 디렉터리 등록정보를 여러 개 사용한다. 과거의 파일시스템들은 루트 디렉터리에 대한 위치, 크기, 파일의 최대 개수가 정해져 있었다. FAT12와 FAT16은 512개로 제한된다. 요즘 파일시스템들은 루트 디렉터리의 위치와 크기를 자유로이 할 수 있다.

디렉터리는 인명록이나 전화번호부처럼 체계적이고 조직적으로 정보를 정리해 접근하는 방법을 말한다. 인터넷 포털사이트의 웹페이지 화면 구성도 주제별로 구조화된 안내체계에 디렉터리라는 용어를 사용한다.

컴퓨터의 파일시스템에서 디렉터리(directory)는 파일이 있는 장소를 쉽게 찾을 수 있도록 그룹으로 만들어 정리해 놓은 목록이다. 논리적인 계층으로 분류해 각 드라이브의 최상위 저장 위치인 루트(root) 디렉터리와 서브(sub) 디렉터리 구조를 갖는다. 디렉터리는 파일시스템 입장에서 파일들을 체계적으로 분류하고 관리하기 위한 논리적인 분류체계이다. DOS나 유닉스 같은 운영체제에서 유래되었다. '루트 디렉터리'는 디렉터리 트리(tree) 구조의 최상단이며 지울 수 없다. 윈도우 운영체제는 디렉터리 대신 폴더라는 용어를 사용한다. 폴더(folder)는 컴퓨터를 대하는 사용자 입장에서 분류한 파일이나 항목이 존재하는 가상의 공간이다. 윈도우 운영체제의 최상위 폴더는 '바탕 화면'이 된다. 그 위치는 논리적으로는 루트 디렉터리가 아니며 각 사용자 영역의 특정한 디렉터리에 저장된다.

6.4.8 디스크 포맷

디스크의 '형식화 작업'이라는 뜻으로 포맷(format 혹은 formatting)은 디스크를 사용할 수 있도록 준비하는 과정이다. 하드디스크는 최초로 사용하기 전에 ① 로우-레벨 포맷과 ② 하이-레벨 포맷으로 두 번 포맷해야 한다.

a. 로우-레벨 포맷

하드웨어 수준에 가까운 로우-레벨 포맷은 대개 '제조 공장에서' 하드디스크를 출고할 때 실시한다. 저수준 포맷 또는 로우-레벨 포맷(low-level format)은 디스크의 인터리브 값을 설정하고 특정 형식의 디스크 컨트롤러에 맞도록 디스크를 물리적으로 준비한다. 이를 물리적 포맷이라고 한다. 트랙과 섹터를 생성해 시작과 끝을 구분하는 정보를 디스크의 특정위치에 저장한다. 로우-레벨 포맷을 실시하면 내용을 거의 복구할 수 없다. 로우-레벨 포맷을 중단했다면 전문가에게 복구를 맡겨야 한다.

로우-레벨이든 하이-레벨 포맷이든 데이터 영역에서 불량(bad) 섹터를 찾을 수 있고 복구 시도도 가능하다. 요즘은 공장에서 제조상의 불량섹터를 제외한 나머지 부분만을 사용하도록 사용자가 포맷할 수 있는 영역과 별도로 분리해 놓는다. 이 영역은 운영체제에서 실시하는 일반적인 디스크 검사로는 발견되지 않는다.

하드디스크 제조사가 사용자에게 로우-레벨 포맷 프로그램을 별도로 제공하는 경우도 있다. 과거의 하드디스크는 제조기술이 부족해 디스크가 회전하면서 발생하는 열이 헤드의 위치를 어긋나게 할 우려가 있었다. 과거에는 이를 바로잡기 위해 가끔씩 로우-레벨 포맷해줄 필요가 있었다.

요즘의 하드디스크는 대개 공장출하 때 이미 저수준 포맷되어 나온다. 또한 트랙당 같은 섹터 수를 사용하지 않는다. 제조자가 제공한 것이 아닌 사용자가 일반적으로 구한 프로그램으로는 정확하게 로우-레벨 포맷되지 않는다. 특히 공장출하 때 제조사에서 이미 최적의 비율로 맞추어 놓은 인터리브 값을 임의로 바꾸면 오히려 하드디스크의 액세스 속도가 현저히 떨어질 수 있다.

b. 하이-레벨 포맷

일반 사용자들이 사용하는 하이-레벨 포맷은 '운영체제 설치 중에' 실시하거나 운영체제가 탑재되지 않는 디스크를 새로 포맷할 때 사용된다. 고수준 포맷 또는 하이-레벨 포맷(high-level format)은 디스크가 부팅 가능하도록 하고 파일시스템을 설치해 운영체제가 사용할 수 있도록 한다. 이를 논리적 포맷이라고도 한다. 디스크 볼륨 부트 섹터의 볼륨 부트 레코드와 파일시스템 영역을 새로 생성한다. 사용자의 데이터 영역은 전체 섹터를 검사해 클러스터만 새로 할당하는 것이기 때문에 기존의 내용이 완전히 지워지는 것이 아니다. 하이-레벨 포맷 후 다른 내용으로 덮어 쓰기를 하지 않은 부분은 복구해낼 수도 있다.

DOS 모드에서 포맷하는 속도보다 윈도우 환경에서 포맷할 때 시간이 많이 절약된다. 디스크 캐시의 영향 때문이다. 빠른 포맷(quick format)은 디스크의 파일 테이블이 있는 파일시스템 부분만 갱신하는 것이다. 빠른 포맷은 하이-레벨 포맷의 방법 중 하나이다. 하이-레벨 포맷과의 차이점은 불량 섹터를 검사하지 않는 것이다. 이 때문에 시간은 절약되지만 사용 중 새로 생긴 데이터 영역의 불량 섹터는 찾을 수 없다. 그러나 과거 플로피 디스켓이 아닌 요즘 하드디스크의 품질은 사용 도중에 불량섹터가 발생하는 경우가 매우 드물다. 파티션을 포함해 하드디스크의 형식화 작업이 가능한 순서대로 정리하면 ① 로우-레벨 포맷, ② 파티션, ③ 하이-레벨 포맷, ④ 빠른 포맷 순서가 된다.

6.4.9 파일시스템 에러

컴퓨터를 사용하다가 전원이 도중에 갑자기 꺼지면 사용 중이던 파일들이 정상적으로 저장되지 못하여 파일시스템에 에러가 발생할 수 있다. 이것은 대부분 물리적인 에러가 아닌 소프트웨어적으로 발생하는 논리적인 에러이다. '디스크 검사' 프로그램은 파일시스템의 오류를 수정하고 불량 섹터를 검사하고 복구를 시도할 수 있다. 운영체제에 따라 컴퓨터를 정상 종료하지 않으면 운영체제가 디스크 검사를 자동으로 실시하기도 한다. 간혹 하드디스크의 용량 표시가 틀리거나 정확히 표시가 되지 않을 때도 디스크 검사로 고칠 수 있다.

로스트 클러스터(lost cluster)는 클러스터를 찾는 체인이 끊어져 파일을 제대로 찾을 수 없게 된 경우이다. 두 개의 파일에서 클러스터가 중복(cross-linked files)되어 두 파일 중 하나의 데이터가 소실된 경우도 발생할 수 있다. 디스크 검사로 해결할 수도 있으나 이미 다른 파일이 사용하고 있거나 파손된 파일은 복구하기 어렵다. 단지 파일 테이블 부분만 정상적인 것으로 복구할 수 있다.

디스크에서 삭제된 파일은 그 내용이 실제로 바로 없어지는 것이 아니다. 삭제된 파일의 저장 위치나 등록정보도 물리적으로 완전히 사라진 것이 아니다. 파일시스템은 우선 파일 테이블에만 논리적으로 삭제된 것으로 표시한다. FAT 파일시스템은 디렉터리 등록정보에서 삭제된 파일명의 첫 글자에 0xE5를 표시한다.

NTFS 파일시스템은 [그림 6-32]의 ①에서 파일 레코드 헤더에 포함된 플래그 값을 0으로 만들어 삭제를 표시한다. 만약 삭제된 파일 위치에 다른 파일이 아직 덮어쓰기를 하지 않았다면 파일시스템을 이용해 이를 복구할 수 있다. 삭제된 파일을 복구(recovery)하는 유틸리티 프로그램들도 시중에서 쉽게 찾아볼 수 있다.

하이-레벨 포맷 후에도 파일을 복구할 수 있다. 하이-레벨 포맷은 파일 테이블의 원본만 새로 초기화한다. 즉, 두 세트의 파일 테이블 중 아직 지워지지 않은 복사본을 근거로 복구를 시도할 수 있다. 파일을 사용하면 파일 테이블의 원본과 복사본의 내용이 함께 변하기 때문에 시간이 지날수록 복구가 점점 어려워진다. 물론 아직 다른 파일로 덮어쓰기가 되지 않은 부분은 복구할 수도 있다.

6.5 NTFS 파일시스템

NTFS(new technology 혹은 NT file system) 파일시스템은 윈도우 NT 운영체제에서 유래했다. NTFS는 FAT32보다 대용량 하드디스크와 대용량 파일을 관리하기에 유리하다. 클러스터의 크기가 커서 생기는 문제도 적다. 파일이나 디스크 볼륨의 크기에도 사실상 제한이 없다. NTFS는 운영체제에서 파일시스템이 가질 수 있는 거의 모든 기능을 갖추고 있다. 성능, 안정성, 호환성, 확장성, 보안성, 압축, 디스크 단편화 등에서 FAT32보다 우수하며 다음과 같은 추가 기능이 있다.

① 액세스할 수 있는 파일을 서버 관리자가 통제 가능
② 다양한 보안 및 속성설정 기능
③ 파일 단위의 압축 기능
④ 유니코드 기반의 파일 이름 지원
⑤ 고정디스크나 교체용 모두 데이터 보안 지원
⑥ 권한설정과 윈도우 운영체제에서의 파티션 관리 등

6.5.1 NTFS 기록 방식

NTFS 파일시스템에 시스템 정보를 기록할 때의 2가지 특징은 ① 메타데이터와 ② 데이터베이스 형식이다. 메타데이터는 일종의 하우스키핑(housekeeping)이다. 하우스키핑은 일반 사용자의 본질적인 문제 해결에 직접 관여하지 않는 '시스템의 운용에 관한 루틴'이다. 집안 가사일이나 시설 관리처럼 꼭 필요하지만 눈에 잘 뜨이지 않는 작업이다. 컴퓨터에서 메인 작업이 시작되기 전에 파일을 열고 변수를 초기화 하는 것과 같은 일반적인 준비 작업을 하는 프로그램을 말한다.

메타데이터(metadata)는 다른 데이터를 설명해주는 속성 정보이다. 특정 데이터의 위치나 내용, 사용 조건 등으로 데이터에 대한 속성을 정의하거나 설명한다. 이 속성들은 기계가 이해하는 정보로 대개 일반 사용자에게는 액세스 되지 않는다. 메타데이터를 사용하면 자료를 구조화 하고 데이터를 빠르게 찾기 위한 인덱스(index) 역할을 할 수 있다. NTFS는 시스템 영역을 메타데이터 파일로 작은 부분으로 모듈(module)화 하고 이를 포함한 모든 시스템 정보를 파일로 구성한다.

데이터베이스(database, DB)는 여러 사람에 의해 공유되어 사용될 목적으로 통합해 관리되는 데이터의 집합이다. 논리적으로 연관된 자료의 중복을 없애고 구조화해 저장함으로써 자료의 검색과 업데이트에 효율을 높이는 시스템이다. NTFS 파일시스템은 실제 데이터를 별도의 영역으로 분리해 취급하지 않고 파일의 저장 정보와 함께 데이터베이스의 레코드 형식으로 기록한다.

6.5.2 NTFS 디스크 볼륨

NTFS 파일시스템이 설치된 디스크 영역을 NTFS 디스크 볼륨 혹은 파티션이라고 한다. non-DOS 파티션을 만들고 NTFS 파일시스템으로 포맷하면 NTFS 디스크 볼륨이 생성된다. NTFS 디스크 볼륨은 하드디스크를 1차원 구조로 표시한 [그림 6-31]에서 시스템영역인 MFT 영역과 사용자 영역으로 나누어진다.

[그림 6-31] (a)의 MFT 영역(zone)은 시스템 파일과 다른 파일에 대한 인덱스로 전체 디스크 볼륨을 액세스할 때 빈번히 사용된다. MFT 영역은 디스크 액세스 성능을 고려해 인접한 디스크 영역을 충분히 확보해야 한다. 운영체제는 MFT 영역을 만들기 위해 디스크 볼륨의 맨 앞부분에 전체 볼륨 용량의 12.5% 정도를 기본으로 먼저 확보한다. 파일이 삭제되면 파일 테이블인 MFT에 삭제로 표시된다. 하지만 MFT 영역의 크기 자체가 감소하지는 않는다. 나중에 공간이 부족하면 그 공간을 재사용할 수 있다. MFT 영역은 디스크 볼륨의 나머지 데이터 영역이 모자라지 않는 한 보호된다. 파일이나 디렉터리가 추가되어 MFT 영역이 모자라게 되면 운영체제는 다른 데이터 영역에 MFT 영역을 추가로 설치한다. 파일 크기가 크고 개수가 적으면 (b)의 데이터 영역이 먼저 소모된다. 파일 크기가 작고 개수가 많으면 (a)의 MFT 영역이 먼저 소모된다. 어느 한 영역이 소모되면 MFT 영역은 조각나 단편화가 시작된다. 과도하게 MFT 영역이 조각나면 시스템 성능이 저하된다. 일반적으로 MFT 영역은 조각 모으기가 되지 않는다.

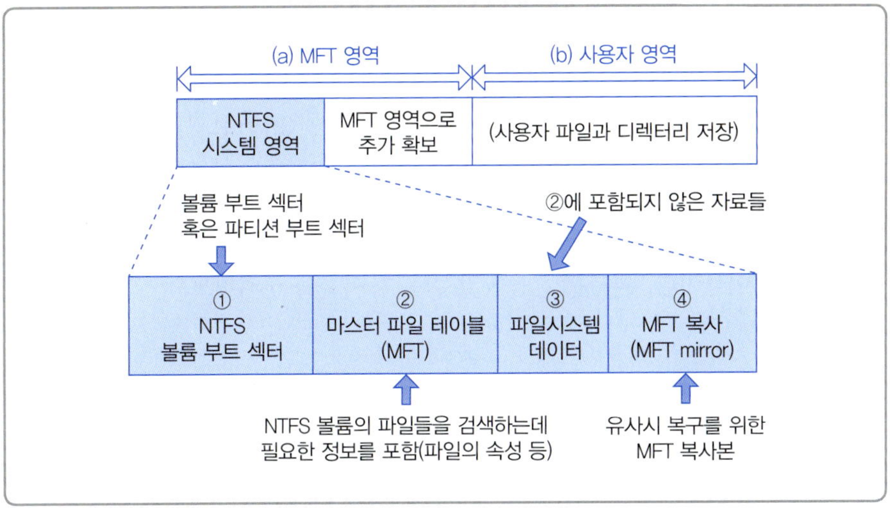

[그림 6-31] NTFS 디스크 볼륨 구조

a. NTFS 볼륨 부트 섹터

[그림 6-31]에서 NTFS 볼륨의 첫 번째 섹터에 NTFS 볼륨 부트 섹터가 위치한다. 이곳에 저장된 NTFS 볼륨 부트 레코드(VBR)는 〈표 6-16〉과 같이 구성된다. 바이오스 파라미터 블록(BPB)과 확장 BPB에는 디스크 볼륨과 파일시스템의 구조에 대한 기본 정보가 저장된다. 디스크 매체의 종류, 시리얼 번호, 섹터당 바이트 수, 총 섹터 수, 클러스터당 섹터 수, 파일 테이블과 그 복사본이 놓여있는 클러스터 번호, 파일 테이블의 크기 등이 기록된다. 또한 〈표 6-16〉처럼 운영체제를 로드하기 위한 부트스트랩 코드가 포함된다.

〈표 6-16〉 NTFS 볼륨 부트 섹터

길이	명칭과 용도	크기
3B	jump(부트스트랩 코드를 실행하기 위한 점프 명령)	512B
8B	OEM ID(파일시스템 이름)	
25B	바이오스 파라미터 블록(BPB)	
48B	확장 바이오스 파라미터 블록(extended BPB)	
426B	부트스트랩 코드(OS 로더)	
2B	end of sector marker	

b. 마스터 파일 테이블(MFT)

디스크 볼륨을 NTFS로 포맷하면 [그림 6-31]의 ①~④처럼 NTFS 파일시스템을 구축한다. 이때 운영체제가 $MFT 파일을 포함한 여러 종류의 메타데이터를 시스템 파일로 생성한다. 마스터 파일 테이블(master file table, MFT)은 $MFT 파일의 내용으로 디스크 볼륨에 있는 모든 파일과 디렉터리에 대한 등록정보가 저장된 파일 테이블이다. 여기서 혼동하기 쉬운 용어들을 정리해보자.

① MFT 영역: 디스크 공간 중 NTFS 파일시스템의 '시스템 영역'
② $MFT: MFT를 저장한 NTFS 파일시스템의 '시스템 파일명'
③ MFT: ②의 내용인 NTFS 파일시스템의 '파일 테이블'

〈표 6-17〉의 마스터 파일 테이블(MFT)은 NTFS 파일시스템의 파일 테이블에 해당한다. 디스크 볼륨 내의 각 파일이나 디렉터리에 대한 속성과 관계된 일종의 데이터베이스이다. MFT는 디스크 전체를 검색하고 관리하는 시작점이다. 데이터를 생성하거나 삭제하고 파일을 읽거나 쓰는데 직접 관여한다.

〈표 6-17〉에서 MFT의 첫 16개 레코드 0~15번은 NTFS 파일시스템의 운영에 책임 있는 메타데이터 파일들에 대한 정보이다. 메타데이터 파일명은 $ 표시로 시작한다. 레코드 16번 이후부터는 일반 사용자 파일과 디렉터리에 대한 정보가 저장된다. NTFS는 시스템 영역을 메타데이터 파일로 모듈화 하여 매우 유연한 장점을 지닌다. MFT의 첫 레코드 16개를 제외한 나머지 시스템 파일은 디스크의 아무 곳에나 옮길 수 있고 심지어 조각 나도 괜찮다.

〈표 6-17〉 마스터 파일 테이블(MFT)

레코드	파일명	파일의 내용
0	$Mft	master file table : 자기 자신인 $MFT 파일에 대한 정보
1	$MftMirr	master file table mirror : $MFT 파일의 복사본에 대한 정보
2	$LogFile	log file : 시스템 오류 시 메타파일을 빨리 복구하기 위한 기록
3	$Volume	volume file : 볼륨 레이블(label), 파일시스템 버전 등의 정보
4	$AttrDef	attribute definitions : 파일들의 속성과 설명에 대한 리스트
5	.	root file name index : 루트 디렉터리 안의 파일명 인덱스

6	$Bitmap	cluster bitmap : 사용되지 않은 빈 클러스터 공간을 표시
7	$Boot	boot sector : 볼륨 부트 섹터의 BPB와 부트스트랩 로더 포함
8	$BadClus	bad cluster file : 디스크 볼륨의 불량 클러스터 표시
9	$Secure	security file : 디스크 볼륨 안의 모든 파일에 대한 보안 설명
10	$UpCase	upper case table : 파일명의 소문자를 유니코드 대문자로 변환
11	$Extend	NTFS extension file : 다양한 옵션 확장을 위해 사용
12~15	미사용	미래를 위해 예약해 둠
16~		일반 사용자 파일과 디렉터리에 대한 등록정보가 저장되기 시작

6.5.3 MFT 레코드

FAT 파일시스템의 FAT는 단순히 파일을 저장한 클러스터 위치만 정리한 것이다. NTFS 파일시스템의 MFT는 '파일을 구성하는 클러스터에 관한 정보와 함께 다양한 속성을 저장'한다. 또한 모든 파일에 대한 속성의 위치를 찾을 수 있도록 MFT에 속성 리스트를 만든다. NTFS 파일시스템은 MFT에 저장된 파일 속성을 통해 디스크 볼륨 내의 모든 파일이나 디렉터리를 관리하고 다룬다.

〈표 6-17〉의 마스터 파일 테이블(MFT)에 파일을 등록하려면 MFT 레코드 단위로 기록해야 한다. [그림 6-32]와 같은 MFT 레코드(record)의 내용은 각 파일이나 디렉터리의 성질을 정의한 속성들의 집합이다. 디스크 볼륨 내의 모든 파일이나 디렉터리는 MFT 영역에 최소 하나 이상의 레코드를 갖는다. 각 레코드는 어떤 파일에 대응하는 정보이다. MFT는 자신도 관리되어야 할 파일로 취급한다. MFT에 등록된 첫 레코드(0번)는 자기 자신인 $MFT 파일에 대한 정보이다.

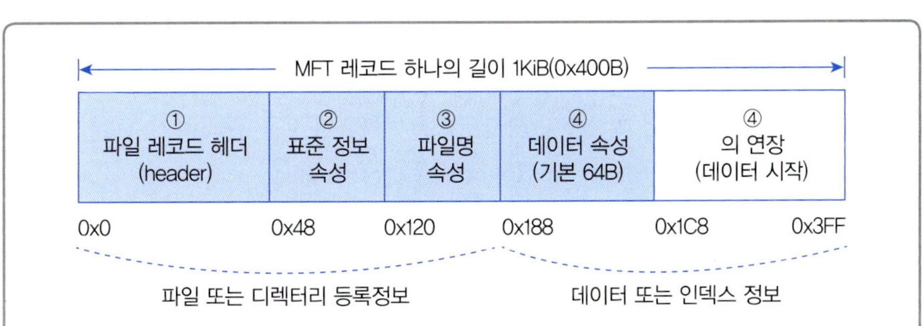

[그림 6-32] MFT 레코드의 일반적인 필드 형식

a. NTFS 레코드 형식

MFT 레코드의 내용은 각 파일시스템에서 미리 정해준 형식에 따라 다르지만 일반적인 형식은 [그림 6-32]와 같다. 512B 크기의 섹터를 사용할 때 실제 MFT 레코드 하나의 크기는 보통 1KiB 정도의 고정된 사이즈를 사용한다. 4KiB 크기의 섹터를 사용할 때는 MFT 레코드의 크기도 섹터와 같이 보통 4KiB를 사용한다. 1KiB 내에서 10비트 16진수로 바이트 위치를 표시하면 [그림 6-32]에서 0x0~0x3FF와 같다. 여기에 포함된 각 속성에 포함되는 내용들을 살펴보면 다음과 같다.

① 파일 레코드 헤더(header): 파일 ID, 레코드의 저장 위치, 레코드의 실제 길이, 레코드의 할당 크기, 파일의 시작 위치, 다음 번 속성 ID, 플래그(flag) 등을 저장한다. 2바이트 플래그 값이 1이면 파일이 '사용 중' 이라는 뜻이고 0이면 '삭제'된 파일이라는 뜻이다.

② 표준 정보(standard information) 속성: 파일 생성 시간, 파일 최종 변경 시간, 파일 레코드 최종 변경 시간, 파일 최종 액세스 시간 등

③ 파일명(file name) 속성: 파일이 속한 디렉터리 위치, 파일 변경 횟수, 파일의 할당 크기, 파일의 실제 크기, 파일명 길이, 파일명 공간, (16비트)×(255자)까지 지원하는 유니코드 기반의 파일명 등

④ 데이터(data) 속성: 파일의 데이터와 데이터를 찾는 인덱스에 대한 속성이다. 비상주 속성에 대한 설명, 속성의 이름, 압축 단위 크기, 속성의 할당 크기, 속성의 실제 크기, 데이터 시작 위치, 첫 데이터 스트림(stream)의 크기 등이 내용으로 포함된다.

b. 상주 속성과 비상주 속성

NTFS 파일시스템에서 각 MFT 레코드에는 해당 파일을 관리하기 위한 다양한 속성(attribute)들을 포함한다. 파일의 크기, 시간과 날짜, 사용 권한, 저장 위치 등은 물론 심지어는 그들의 데이터도 파일의 속성 중 하나로 취급한다. 파일과 디렉터리는 자신의 속성을 [그림 6-32]의 MFT 레코드 항목 내에 직접 저장하거나 그들이 저장된 위치를 MFT 레코드에서 가리키는 외부 공간에 저장한다.

상주(resident) 속성은 파일의 속성이 $MFT 파일의 레코드 내에 포함되는 경우이다. 파일명과 저장된 시간 등은 항상 상주한다. 작은 파일이나 작은 디렉터리는 MFT 레코드에 상주 속성으로 그 파일 데이터 자체를 통째로 저장할 수 있다.

파일의 속성이 너무 많거나 파일을 구성하는 클러스터 개수가 많아지면 MFT 레코드 하나에 담지 못한다. 이때는 여러 개의 레코드를 할당해 $MFT 파일 외부에 비상주(non-resident) 속성으로 저장한다. 비상주 속성으로 저장된 나머지 레코드의 위치에 대한 인덱스를 $MFT 파일 내부에 상주 속성으로 저장한다.

6.5.4 B+ 트리

NTFS 파일시스템은 디렉터리 구조에 B+ 트리를 사용한다. B+ 트리(Bplus tree)는 정렬된(sorted) 데이터를 표현하는 일종의 추상적인 트리 구조이다. 비슷한 이름을 갖는 파일들을 그룹지어 인덱스로 만들고 특정한 파일을 찾을 때 디스크 액세스 횟수를 최소로 줄이는 기술이다. 고유한 검색 키(key)로 자료를 효율적으로 찾을 수 있다. B+ 트리 구조는 동적인 다층구조의 인덱스를 나뭇가지로 사용해 나뭇잎 형태처럼 자료를 저장한다.

NTFS 등 많은 파일시스템과 Microsoft SQL 서버와 MySQL 등 많은 데이터베이스 관리시스템들이 메타데이터 인덱스를 구축하는데 이런 형태의 트리를 사용한다. 장점은 목록이 많은 큰 디렉터리를 검색할 때 B+ 트리 구조 덕분에 FAT보다 NTFS가 더 빠르다. FAT는 파일을 찾기 위해 큰 디렉터리내의 모든 파일명을 검색하기 때문이다. 작은 디렉터리는 인덱스 정보를 기록해 MFT 내에 상주 속성으로 저장한다. 큰 디렉터리는 B+ 트리를 구성해 $MFT 파일 외부의 클러스터들에 저장하고 MFT 내부에는 그 위치를 찾을 수 있도록 포인터만 저장한다.

연습문제

1. 컴퓨터시스템의 드라이브에 대한 설명으로 맞는 것을 모두 골라라.
   ① 주기억장치 ② 드라이브 문자 부여
   ③ 파일시스템이 존재 ④ 보조기억장치
   ⑤ 운영체제 탑재 가능 ⑥ 하드웨어 구동에 필요한 파일

2. 드라이브 인식과 문자 할당에 대한 설명으로 맞는 것을 모두 골라라.
   ① 롬 바이오스로 인식 ② 운영체제만으로는 인식 못함
   ③ 문자로 드라이브를 구분 ④ 드라이브 내장 드라이버로 인식
   ⑤ 할당된 문자는 변경 불가 ⑥ UEFI 펌웨어로 인식

3. 물리적으로는 실제 독립적으로 존재하지 않는 가상 드라이브를 모두 골라라.
   ① 하드디스크 파티션 ② FDD ③ 램 드라이브
   ④ USB 메모리 ⑤ 네트워크 드라이브 ⑥ HDD
   ⑦ 가상의 ODD ⑧ 휴대용 드라이브

4. 소프트웨어 프로그램에 의해 디스크 드라이브를 흉내 내도록 만든 램 영역을 무엇이라고 하는가?

5. CPU가 자기디스크나 광학디스크를 읽고 쓰는 최소 단위를 무엇이라고 하는가?

6. '차세대 형식'이라는 뜻으로 전통적인 하드디스크의 섹터 크기를 넘는 섹터 크기를 정하는 표준을 통칭해 무엇이라고 하는가?

7. 다음에 맞는 섹터 크기를 【보기 A】에서 골라라.
   (a) 전통적인 하드디스크의 섹터 크기
   (b) 광학디스크 ROM의 섹터 크기
   (c) 어드밴스트 포맷 섹터 크기의 첫 번째 표준

보기 A			
	① 512B	② 1024B	③ 2048B
	④ 4096B	⑤ 64KiB	

8. 디스크의 섹터 크기가 커질 때 관리가 효율적인 것을 모두 골라라.
① 대용량 디스크 ② 에러정정코드 ③ 큰 파일 ④ 작은 파일

9. 실린더 수가 6144, 헤드 수가 4, 트랙당 섹터 수는 768로 동일하며, 섹터당 바이트 수가 512인 하드디스크의 용량은 MiB인가?

10. '구획비트기록'의 영문약자로 하드디스크의 트랙을 여러 개의 구역으로 나누어 기록 밀도를 달리하는 방법을 무엇이라고 하는가?

11. ZBR 방식에서 하드디스크의 외곽 트랙으로 갈수록 맞는 특징을 모두 골라라.
① 섹터 수 증가 ② 섹터 수 감소 ③ 전송속도 감소 ④ 전송속도 증가

12. 다음에 대한 설명으로 맞는 것을 【보기 B】에서 골라라.
(a) 헤드가 원하는 트랙을 찾는 시간
(b) 디스크가 회전해 원하는 섹터에 도달하는 시간
(c) 섹터에서 데이터를 읽어 내는 시간

보기 B ① 대기시간(waiting time) ② 탐색시간(seek time)
③ 분당회전수(RPM) ④ 전송시간(transfer time)
⑤ 회전지연(rotational latency)

13. 디스크의 액세스 타임을 【보기 B】에서 번호를 골라 식으로 표현하라.

14. 하드디스크의 기계 성능을 표시할 때 가장 중요한 2가지를 【보기 B】에서 골라라.

15. 어떤 하드디스크의 탐색시간이 8.7ms, 회전수가 8000RPM, 트랙당 섹터 수가 750, 섹터당 512바이트일 때 다음 질문에 답하라.
(a) 평균 회전지연 시간은 몇 ms인가?
(b) 디스크의 액세스 타임은 몇 ms인가?
(c) 4KiB를 연속 액세스하는데 걸리는 전송시간은 몇 μs인가?
(d) 데이터 전송속도는 몇 MB/s인가?

16. 디스크의 평균 회전지연 시간이 4ms가 되려면 몇 RPM이 되어야 하는가?

17. 데이터 전송속도가 80MB/s인 하드디스크에서 CPU가 512바이트 섹터 하나를 읽거나 쓰는데 걸리는 시간은 몇 μs인가?

18. CPU가 512바이트 섹터 하나를 읽거나 쓰는데 걸리는 시간이 4.096μs인 하드디스크의 데이터 전송속도는 몇 MB/s인가?

19. 저장장치의 액세스 성능을 높이기 위해 연속된 데이터가 서로 물리적으로 인접하지 않도록 배열하는 방법을 무엇이라고 하는가?

20. 인터리빙 기술의 응용분야를 모두 골라라.
① 멀티미디어 파일 저장 ② 가상메모리
③ 램 모듈의 뱅크 ④ 하드디스크 섹터 재배열
⑤ 코프로세서 ⑥ 통신 암호화와 에러 분산

21. 하드디스크 인터리브에 대한 설명으로 맞는 것을 모두 골라라.
① 섹터를 재구성 ② 섹터 번호는 물리적으로 연속
③ 요즘 많이 사용 ④ 트랙은 디스크를 읽는 단위
⑤ 디스크의 액세스 성능 향상 목적
⑥ n:1은 연속된 번호의 섹터가 물리적으로 건너뛰는 비율

22. 트랙당 10개의 섹터로 이루어진 하드디스크를 저수준 포맷할 때 인터리브 값이 3:1이 되도록 섹터 번호를 재배열시켜 아래 표를 완성하라.

인터리브 하기 전 섹터 번호											인터리브로 재배열된 섹터 번호									
0	1	2	3	4	5	6	7	8	9	➡										

23. 하드디스크의 액세스 성능을 개선하기 위한 기술 분야를 모두 골라라.
① 기계장치 ② 대용량화 ③ 평균고장수명
④ 가상메모리 ⑤ 디스크 버퍼 ⑥ 전송방식

24. 하드디스크의 성능을 개선하기 위해 여러 개의 디스크를 배열 구조로 연결해 하나의 논리적인 디스크처럼 구동시키는 기술을 무엇이라고 하는가?

25. RAID 구조의 개념에 대한 설명으로 맞는 것을 모두 골라라.
① 하나의 대용량 디스크처럼 동작 ② 고가격 디스크를 여러 개 사용
③ 분산 저장과 중복 저장 사용 ④ 다수의 디스크를 동시에 액세스
⑤ 액세스 속도에는 다소 불리 ⑥ 전체 디스크 용량을 크게 증대

26. RAID 구조에서 디스크의 액세스 속도를 높이기 위해 여러 개의 디스크에 데이터를 똑 같은 크기로 나누어 분산 저장하는 방법을 무엇이라고 하는가?

27. RAID 구조에서 디스크가 고장 났을 때 데이터가 손실되는 것을 방지하기 위해 하나 이상의 미러 장치에 중복 저장하는 방법을 무엇이라고 하는가?

28. RAID 레벨의 설계 개념에 대한 다음 설명과 맞는 짝을【보기 C】에서 골라라.
(a) 바이트 단위로 분산 저장하고 하나의 패리티 검사디스크를 사용
(b) 비트 단위로 분산 저장하고 여러 개의 해밍코드 검사디스크를 사용
(c) 데이터와 함께 패리티 정보를 블록 단위로 분산 저장
(d) 데이터와 함께 이중 패리티 정보를 블록 단위로 분산 저장
(e) 블록 단위로 분산 저장하고 하나의 패리티 검사디스크를 사용
(f) 패리티 없는 중복 저장과 블록 단위 분산 저장
(g) 패리티 없이 중복 저장
(h) 패리티 없이 블록 단위로 분산 저장

보기 C				
	① RAID 1	② RAID 2	③ RAID 3	④ RAID 4
	⑤ RAID 5	⑥ RAID 6	⑦ RAID 0	⑧ RAID 01과 10

29. 최소 디스크 수가 다음과 같은 RAID 구조를【보기 C】에서 모두 골라라.
(a) 2개 (b) 3개 (c) 4개

30. RAID 레벨에 대한 다음 설명의 구조를【보기 C】에서 모두 골라라.
(a) 하드웨어 추가 없이 운영체제만으로 설정해 사용할 수 있는 구조
(b) 고장대비 능력은 없지만 액세스 속도에서 가장 높은 성능을 나타내는 구조

31. RAID 2 구조의 해밍코드 이론에서 검사디스크의 수가 4개라면 최대한 연결이 가능한 데이터 디스크의 개수는 몇 개인가?

32. 고장 수명을 시간적으로 정의한 다음 설명과 맞는 짝을【보기 D】에서 골라라.
(a) 수리에 걸리는 시간 평균치
(b) 고장 날 때부터 수리해 사용하다 다시 고장 날 때까지 시간 간격 평균치
(c) 사용하기 시작해 고장 날 때까지 시간 평균치
(d) 수리가 불가능한 장치도 사용할 수 있는 방법

보기 D
① 평균 고장 간격(mean time between failure)
② 평균 고장 수명(mean time to failure)
③ 평균 수리 시간(mean time to repair)

33. 평균 고장 간격이 36000시간, 평균 수리 시간이 240시간인 하드디스크 6개를 배열로 사용할 때 다음 시간을 계산하라.
(a) 디스크 하나의 평균 고장 수명
(b) 디스크 배열 전체의 평균 고장 수명

34. 광학디스크의 트랙에 대한 설명으로 맞는 것을 【보기 E】에서 모두 골라라.

보기 E
① 같은 길이의 섹터로 구성 ② 분리된 여러 개의 동심원
③ 바깥에서 중심부로 기록 ④ 중심에서 바깥쪽으로 기록
⑤ 트랙 위치별 기록 밀도 다름 ⑥ 하나의 나선형 트랙

35. 하드디스크의 트랙에 대한 설명으로 맞는 것을 【보기 E】에서 모두 골라라.

36. 광학디스크에서 트랙의 개수는 몇 개인가?

37. 광학디스크의 기록용 소프트웨어에 대한 설명으로 맞는 것을 모두 골라라.
① 대개 기록장치의 드라이버 내장 ② 대개 별도의 드라이버 설치 필요
③ 운영체제만으로 기록 불가능 ④ 버닝(burning)은 기록하는 동작

38. 등선속도(CLV) 방식에 대한 설명으로 맞는 것을 【보기 F】에서 모두 골라라.

보기 F
① 모터가 같은 속도로 회전 ② 진행방향 선속도 일정
③ 소음이 거의 없음 ④ 소음과 진동이 심한 편
⑤ 외곽 트랙 전송속도 증가 ⑥ 트랙 무관 전송속도 일정
⑦ 외곽 트랙 선속도 증가 ⑧ 외곽 트랙 회전속도 감소

39. 등각속도(CAV) 방식에 대한 설명으로 맞는 것을 【보기 F】에서 모두 골라라.

40. '구획등선속도'의 영문약자로 디스크의 트랙 위치를 여러 단계의 구역으로 나누고 각 구역은 자신만의 CLV 속도를 사용하는 방식을 무엇이라고 하는가?

41. CD-ROM의 배속은 어떤 CD를 읽어내는 속도의 배속으로 나타내는가?

42. 광학디스크의 1배속 데이터 전송속도가 빠른 것부터 순서대로 번호를 적어라.

① CD ② DVD
③ 블루레이 디스크 ④ 1배속 속도는 모두 동일

43. 섹터당 데이터 영역의 크기가 2048바이트이고, 초당 75블록의 밀도로 저장하는 일명 74분용 데이터 CD의 용량은 대략 몇 MiB인가?

44. 섹터당 데이터 영역의 크기가 2048바이트이고, 초당 75×32블록을 액세스하는 32배속 CD-ROM의 데이터 전송속도는 몇 KiB/s인가?

45. '디지털 다기능 디스크'의 영문약자로 표층과 내층, 단면과 양면으로 구분해서 기록하는 대용량 광학디스크 방식을 무엇이라고 하는가?

46. DVD 표준용량은 DVD 한 장에 최대 몇 개 층으로 데이터를 저장할 수 있는가?

47. 광학디스크의 용량이 큰 것부터 순서대로 번호를 적어라. 단면 구조를 가정한다.

① BD 단층 ② BD 이층 ③ BD XL
④ CD ⑤ DVD SL ⑥ DVD DL

48. 다음 매체종류에서 재기록용 광학디스크를 모두 골라라.

① DVD-RW ② CD-R ③ CD-R ④ BD-RE
⑤ DVD+RW ⑥ BD-R ⑦ DVD+R ⑧ DVD-RAM

49. 다음 설명에 맞는 디지털 오디오 규격을 【보기 G】에서 모두 골라라.

(a) 오디오 CD에 적용
(b) DVD 비디오에 적용
(c) BD-ROM 드라이브에서 필수 사항
(d) BD-ROM 드라이브에서 선택 사항
(e) 손실이 없는 압축하지 않은 오디오 규격

보기 G
① Dolby Digital(AC-3) ② Dolby Digital Plus
③ DTS Digital Surround ④ Dolby TrueHD
⑤ DTS-HD Master Audio ⑥ Linear PCM
⑦ DTS-HD High Resolution Audio ⑧ H.264

50. 다음 설명에 맞는 디지털 비디오 기술을 【보기 H】에서 모두 골라라.
(a) DVD와 블루레이 디스크에 공통으로 적용된 비디오 기술
(b) 블루레이 디스크에 추가된 비디오 기술

보기 H
① 5.1채널 ② H.264 ③ 1920×1080 ④ MPEG-4 AVC
⑤ 720×480 ⑥ VC-1 ⑦ 1280×720 ⑧ MPEG-2 Part 2

51. 화면에서 초당 보여주는 프레임 수를 무엇이라고 하는가?

52. '코더와 디코더'의 영문약자로 코딩과 디코딩을 처리하는 하드웨어나 소프트웨어를 무엇이라고 하는가?

53. Full HD라고 할 수 있는 1080p의 해상도와 초당 완성된 화면 수는 얼마인가?

54. 다음 설명에 맞는 화질 형식을 【보기 I】에서 모두 골라라.
(a) Full HD (b) HD 급 (c) SD 급 (d) UHD

보기 I
① 480i (640×480) ② 480p (704/720×480) ③ 720p (1280×720)
④ 1080i (1920×1080) ⑤ 1080p (1920×1080) ⑥ 2160p (3840x2160)
⑦ 4320p (7680x4320)

55. 절대 색 공간 대신 YCbCr이라는 색 공간을 사용해 RGB 정보를 인코딩하는 컬러 샘플링 방법을 무엇이라고 하는가?

56. 컴퓨터의 저장장치에 파일을 저장하고 관리하는 체계를 무엇이라고 하는가?

57. 파일시스템에 대한 설명으로 맞는 것을 모두 골라라.
① 하나의 운영체제는 하나만 지원 ② 하나의 운영체제에서 여러 개 지원
③ 파일이 저장되고 관리되는 체계 ④ 운영체제의 일부
⑤ 드라이브 별로 다를 수 있음 ⑥ 운영체제와 상관없음

58. 운영체제가 바뀌면 예상되는 문제로 맞는 것을 모두 골라라.
① 사용하던 디스크를 읽지 못할 수 있다.
② 실행파일 종류는 동일하다.
③ 사용하던 디스크는 모두 읽을 수 있다.
④ 파일시스템이 달라질 수 있다.

59. 파일시스템이 바뀌면 예상되는 문제로 맞는 것을 모두 골라라.
① 저장 공간의 크기는 동일하다. ② 저장 공간이 줄거나 늘어날 수 있다.
③ 디스크의 액세스 속도는 같다. ④ 사용하던 파일을 읽지 못할 수 있다.

60. '논리 블록 주소방식'의 영문약자로 과거 CHS 방식을 대신해 하드디스크의 섹터마다 번호를 매기는 주소방식을 영문약자로 무엇이라고 하는가?

61. 운영체제에서 보는 디스크는 물리적인 3차원 구조를 무시하고 1차원처럼 취급한다. 그 이유가 무엇인지 설명하라.

62. 하나의 물리적인 하드디스크를 여러 개의 논리적인 디스크로 분할하는 것을 무엇이라고 하는가?

63. 하나의 물리적인 하드디스크가 여러 개의 논리적인 디스크로 분할된 영역을 무엇이라고 하는가?

64. 하드디스크 파티션에 대한 설명으로 맞는 것을 모두 골라라.
① 플로피 디스크도 파티션이 가능 ② 여러 개의 논리적인 디스크로 분할
③ NTFS 파티션은 non-DOS 영역 ④ 파티션 결과로 파일시스템 생성
⑤ 볼륨 부트 레코드 생성 ⑥ 최소 하나 이상의 파티션이 존재

65. 마스터 부트 섹터에 관련된 설명으로 맞는 것을 【보기 J】에서 모두 골라라.

보기 J
① 각 파티션의 첫 번째 섹터 ② 파티션 테이블
③ 하드디스크의 첫 번째 섹터 ④ VBR의 부트스트랩 코드
⑤ 바이오스 파라미터 블록 ⑥ OS의 부트스트랩 코드

66. 볼륨 부트 섹터에 관련된 설명으로 맞는 것을 【보기 J】에서 모두 골라라.

67. 하드디스크의 GUID 파티션 테이블에 대한 설명으로 맞는 것을 모두 골라라.
① MBR의 파티션 테이블 대체 ② UEFI와 무관
③ 줄여서 GPT ④ 2TiB 이상의 하드디스크 수용
⑤ 32비트 윈도우 OS 부트 지원

68. '할당단위'라고도 하며 도스용 파일시스템에서 유래한 디스크의 물리적 용어로 디스크의 섹터를 모아 놓은 파일의 최소 저장 단위를 무엇이라고 하는가?

69. 파일시스템의 클러스터에 대한 설명으로 맞는 것을 모두 골라라.

① 파일과 저장 크기가 동일　② 파일의 최소 저장단위
③ 디스크 용량 커지면 크기가 커짐　④ 파일을 관리하는 단위
⑤ 클러스터내의 섹터번호는 불연속　⑥ 파일 하나에 클러스터 하나 할당
⑦ 디스크 조각 모으기는 섹터 모음　⑧ 섹터가 모인 파일의 할당단위

70. 클러스터 크기가 4KiB일 때 110592개의 클러스터가 차지하는 하드디스크의 용량은 몇 MiB인가?

71. 하드디스크 용량이 714MiB일 때 클러스터 크기가 4KiB이면 클러스터의 총 개수는 몇 개인가?

72. 파일시스템의 클러스터 크기가 크면 예상되는 점을 【보기 K】에서 모두 골라라.

보기 K
① 작은 파일의 액세스에 시간 낭비　② 디스크 용량 낭비
③ 작은 파일의 액세스에 시간 절약　④ 디스크 용량 절약
⑤ 디스크 액세스 횟수 증가　⑥ 파일 조각이 증가
⑦ 디스크 액세스 횟수 감소　⑧ 파일 조각이 감소

73. 파일시스템의 클러스터 크기가 작으면 예상되는 점을 【보기 K】에서 모두 골라라.

74. 다음 FAT32 파일시스템에 대해 다음을 계산하라.

(a) 클러스터가 1212416개일 때 FAT32 영역의 총 크기는 몇 MiB인가?
(b) 클러스터 크기가 16KiB일 때 디스크 용량은 몇 GiB인가?

75. NTFS 파일시스템이 FAT32 파일시스템 보다 유리한 점을 모두 골라라.

① 고용량 디스크와 대용량 파일 관리　② 다양한 속성 정보들이 함께 저장
③ 클러스터 관리용 표만 간단히 저장　④ 디스크 공간 낭비가 적다
⑤ 목록 많은 디렉터리 검색에 유리　⑥ 볼륨크기 작을 때 검색속도 유리

76. 하드디스크의 크기를 제대로 인식하지 못하는 경우를 모두 골라라.

① 파일시스템의 한계　② 디스크 캐시의 영향
③ 롬 바이오스의 제약　④ 파티션 테이블의 제약

77. FAT 등록정보에 대한 설명으로 맞는 것을 모두 골라라.
① FAT 번호와 클러스터 번호는 1:1 대응
② 파일이 저장된 섹터의 번호를 기록
③ FAT 내용은 파일이 연결된 다음 번 섹터 번호
④ FAT 부분은 대개 디스크 캐시로 올라감
⑤ 클러스터의 개수가 많아지면 FAT 영역은 작아짐
⑥ 디렉터리 등록정보에 파일의 첫 번째 클러스터 번호 저장

78. 디스크의 '형식화 작업'이라는 뜻으로 디스크를 사용할 수 있도록 준비하는 과정을 무엇이라고 하는가?

79. 로우-레벨 포맷에 대한 설명으로 맞는 것을 【보기 L】에서 모두 골라라.

보기 L		
	① 고수준 혹은 논리적 포맷	② 저수준 혹은 물리적 포맷
	③ 포맷 후 데이터 복구 가능	④ 트랙과 섹터를 생성
	⑤ 대개 공장출하 때 실시	⑥ 디스크가 부팅가능하게 함
	⑦ 디스크의 인터리브 설정	⑧ 파일시스템을 설치
	⑨ 클러스터 할당	⑩ 섹터 번호 할당

80. 하이-레벨 포맷에 대한 설명으로 맞는 것을 【보기 L】에서 모두 골라라.

81. 디스크의 빠른(quick) 포맷에 대한 설명으로 맞는 것을 모두 골라라.
① 파일시스템만 갱신
② 하이-레벨 포맷 중 하나
③ 트랙과 섹터 생성
④ 불량섹터 검사를 실시

82. 하드디스크의 형식화에서 실시가 가능한 작업의 순서대로 번호를 적어라.
① 하이-레벨 포맷
② 로우-레벨 포맷
③ 파티션
④ 빠른 포맷

83. 하드디스크 형식화에 대한 질문에 맞는 답을 【보기 M】에서 모두 골라라.
(a) 로우-레벨 포맷으로 새로 설치되는 부분은?
(b) 파티션 만들기로 새로 설치되는 부분은?
(c) 하이-레벨 포맷으로 새로 설치되는 부분은?

보기 M			
	① 파일시스템	② 인터리브 값	③ OS의 부트스트랩 코드
	④ 파일 테이블	⑤ 파티션 정보	⑥ 마스터 부트 레코드
	⑦ 트랙과 섹터	⑧ 비도스 영역	⑨ 볼륨 부트 레코드

84. 윈도우 운영체제의 디스크 검사 프로그램으로 가능한 작업을 모두 골라라.
① 디스크 조각 모으기 ② 불량 섹터 검사 ③ HDD 용량 오류 교정
④ 로스트 클러스터 발견 ⑤ 디스크 압축 ⑥ 파일시스템의 오류 수정

85. 일반 사용자의 문제 해결에 직접 관여하지 않는 메타데이터처럼 시스템의 운용에 관한 루틴을 무엇이라고 하는가?

86. NTFS 시스템 영역의 기록 방식에 대한 설명으로 맞는 것을 모두 골라라.
① 일반 사용자에게도 액세스 ② 메타데이터 파일로 모듈화
③ 데이터베이스 형식으로 기록 ④ 파일 저장 정보와 데이터 분리
⑤ 파일 테이블이 하나뿐 ⑥ 모든 시스템 정보를 파일로 구성

87. NTFS 디스크 볼륨의 기본적인 영역 구분을 모두 골라라.
① 마스터 부트 섹터 ② FAT 영역
③ MFT 영역 ④ 사용자 영역

88. NTFS 디스크 볼륨에서 시스템 영역의 구성 요소를 【보기 N】에서 모두 골라라.

보기 N
① 루트 디렉터리 ② MFT ③ MFT 복사본
④ 볼륨 부트 섹터 ⑤ FAT ⑥ FAT 복사본
⑦ 사용자 영역 ⑧ 파일시스템 데이터

89. FAT 디스크 볼륨에서 시스템 영역의 구성 요소를 【보기 N】에서 모두 골라라.

90. NTFS 디스크의 볼륨 부트 섹터에 포함되는 내용을 모두 골라라.
① 파일시스템 구조 ② 부팅 패스워드 ③ 파일 테이블 위치
④ 부트스트랩 코드 ⑤ 파티션 정보 ⑥ 마스터 부트 레코드

91. NTFS 파일시스템의 MFT에 대한 설명으로 맞는 것을 모두 골라라.
① 로우-레벨 포맷하면 $MFT 파일 생성
② 디스크 전체를 검색하고 관리
③ 각 파일 속성과 관계된 데이터베이스
④ MFT 자신은 메타데이터 아님

92. NTFS 파일시스템의 MFT 레코드에 대한 설명으로 맞는 것을 모두 골라라.
① 각 레코드는 어떤 파일에 대응하는 정보
② 디렉터리에 대한 등록정보는 제외
③ 고정된 사이즈로 나눔
④ 각 파일은 최소 2개 이상의 레코드 필요
⑤ 첫 번째 레코드는 자신인 $MFT 파일에 대한 설명

93. NTFS의 파일 속성에 대한 설명으로 맞는 것을 모두 골라라.
① 데이터는 파일의 속성으로 취급하지 않는다.
② 파일과 디렉터리를 속성을 통해 관리하고 다룬다.
③ 여러 개의 레코드를 사용할 수 있다.
④ $MFT 파일의 외부 공간에는 속성을 저장할 수 없다.
⑤ 파일 크기, 사용 권한, 저장 위치 등을 기록한다.

94. NTFS에서 파일 속성이 너무 많아 여러 개의 레코드를 사용해 $MFT 파일 외부에 저장하는 속성을 무엇이라고 하는가?

95. NTFS 파일시스템의 B+트리 구조에 대한 설명으로 맞는 것을 모두 골라라.
① 목록이 많은 큰 디렉터리 검색은 FAT가 더 빠르다.
② 정렬된 데이터를 표현하는 추상적인 트리 구조이다.
③ 파일 이름들을 그룹지어 인덱스로 만든다.
④ 디스크 액세스 횟수를 최대한 증가시키는 기술이다.

07 CHAPTER

버스와 입출력

② 인터럽트 방식: 아이들 요청이 있을 때만 도와준다. "수저 없어요.", "물 주세요." 등 도움을 요청한 아이만 돕는다. 아이들 요청이 들어오면 선생님은 하던 일을 멈추고 돕는다. 요청한 아이가 많으면 우선순위를 정한다. 아이들 요청이 없다면 선생님은 다른 일을 할 수 있다.

③ DMA 방식: 처음부터 다른 분에게 맡긴다. 돌봐줄 학부모님을 동반해와 아이들 점심시간을 모두 맡긴다. 그 시간 동안 선생님은 다른 일을 편히 할 수 있다. 대신 맡은 분이 잘해 준다면 가장 부담이 적고 진보된 방법이다.

7.2.3 폴링 방식

일반적으로 요청이 들어오지 않는 한 현재 어떤 I/O 소자에서 데이터 송수신이 필요한지 CPU가 알 수 없다. 폴링 방식은 주기적으로 각 I/O 장치의 상태를 검사해 전송할 데이터가 있으면 이를 처리하는 방식이다. 폴링(polling)은 특정 주소를 지정해 그 주소에서 데이터를 내놓도록 권유해 이를 가져오는 과정을 말한다. 이런 방식을 프로그램에 의한 I/O(programmed I/O) 전송방식이라고도 한다.

폴링 방식은 CPU가 일정한 시간 간격으로 I/O 장치들을 매번 액세스하도록 프로그래밍 한다. 특정 I/O 주소들을 순서대로 지정해 전송할 데이터가 있는지 검사한다. 전송할 데이터가 있으면 전송하도록 명령하고 없으면 다음 장치를 조사한다. CPU가 5ms나 10ms 등 일정한 시간 간격으로 각 I/O 주소를 조사해 데이터가 있으면 가져온다. 구조가 간단하지만 CPU 입장에서는 일일이 주변장치에 내린 명령들의 결과가 되돌아올 때까지 기다려야 하므로 비능률적이다. 언제 일어날지도 모르는 데이터 전송을 대비해 계속해서 I/O 장치의 상태를 검사하는 반복 루프를 돌려야 하므로 CPU가 시간을 낭비하게 된다. 예를 들어 10ms 마다 한 번씩 100개의 I/O 장치를 전부 일일이 검사한다고 가정하자. 100개의 장치에 연결된 I/O 번지를 100분의 1초마다 검사해야 한다. 이 경우 아무 일이 없더라도 I/O 주소의 내용을 읽기 위해 (100주소)×(100회)에서 초당 10,000번의 시스템버스 사이클을 차지한다. 만약 I/O 장치들에게 전송할 데이터가 없다면 전혀 쓸모없는 시간을 낭비하게 된다.

폴링 방식은 비동기 장치 간의 제어방식이 필요하다. 각자 자신의 클럭 펄스를 갖고 동작하면서 두 장치의 클럭이 서로 다를 때를 비동기 상태라고 한다. 두 장치 사이에 데이터가 전송될 시간을 정확히 알리려면 제어신호가 추가되어야 한다. 대표적으로 다음과 같은 2가지 방법이 사용된다.

① 핸드셰이킹(handshaking) 방식: 악수를 주고받듯 송수신단이 교대로 정보를 교환한다. 비동기인 두 장치 간에 동기를 맞추기 위해 사전에 정해진 일련의 신호를 주고받는 방식이다. 각 상대방에게 보낼 수 있는 2개 이상의 신호선을 사용한다. 송신측에서 전송할 데이터가 있음을 알리면 수신측에서는 데이터를 전송받을 준비가 되었음을 알린다. 송신측에서 데이터 전송이 완료되었음을 알리면 수신측에서 이를 확인한다.

② 스트로브 제어(strobe control) 방식: 1개의 신호선으로 동기를 맞출 수 있도록 송신측에서 수신측으로 스트로브 펄스(pulse) 신호를 보낸다. 수신측은 이 신호에 동기를 맞추어 데이터를 수신한다. 사전에 정해진 규칙에 따른 것이 아니면 수신측은 데이터만으로 송신측의 상태를 알 수 없다.

7.2.4 인터럽트 방식

인터럽트 방식은 I/O 장치의 데이터 전송 요청이 들어올 때만 CPU가 이를 처리하는 방식이다. 인터럽트에 의한 I/O(interrupt driven I/O) 전송방식이라고도 한다. I/O 장치에 전송할 데이터가 있을 때마다 CPU에 인터럽트 서비스를 요청한다. 인터럽트 서비스를 요구받은 CPU는 하던 일을 멈추고 요청한 데이터의 전송에 관여한다. 요청한 작업이 끝나면 CPU는 본래 하던 일로 복귀한다. 인터럽트 방식에 의한 I/O 데이터 전송 사례를 몇 가지 보면 다음과 같다.

① 마우스나 키보드에서 입력이 있을 때
② 프린터에서 인쇄할 준비가 되어있을 때
③ 모뎀에서 송신할 준비가 되어 있거나 수신한 데이터가 있을 때

〈표 7-1〉에 대표적인 입출력장치들의 데이터 전송 요청을 비교해 보았다. 각

I/O 장치들이 요구하는 데이터 전송속도는 크게 차이 난다. 이 중에서 마우스와 하드디스크를 예로 들어 폴링 방식과 인터럽트 방식 중 어떤 I/O 전송방식을 사용하는 것이 적합한지 구체적으로 비교해보자.

〈표 7-1〉 입출력장치의 데이터 전송 요청 비교

I/O 장치	사용 환경 예	초당 데이터	비트율(KB/s)
키보드	분당 600타	600/60×1B÷1000	0.01
마우스	초당 10회	10×2B÷1000	0.02
모뎀	56kbps	56K÷(8/B)÷1000	7
컬러레이저 프린터	600×600dpi 12ppm A4(210×297mm) 4색	600×600×210×297÷25.4 ÷25.4×4÷(8/B)÷1000÷5	3480
랜 카드	1Gbps	1G÷(8/B)÷1000	125000
하드디스크	SATA3 7200RPM	지속가능 속도 160MB/s	160000
비디오	1920×1080p 32비트	1920×1080×60×4B÷1000	497664

먼저 각 I/O 전송방식이 컴퓨터시스템의 성능에 얼마나 부담을 주는지 비교할 기준이 필요하다. 주변장치에서 데이터 전송 요청이 들어오면 이를 처리하기 위해 CPU가 시간을 할당해 주어야 한다. 이를 식 (7.1)과 같이 CPU 점유율로 표시할 수 있다. 각 I/O 전송방식별로 이를 계산해 처리 성능을 비교해보자.

$$\text{(CPU 점유율)} = \text{(초당 필요 클럭 수)} \div \text{(초당 CPU 클럭 수)} \times 100\% \qquad (7.1)$$

a. 폴링 방식의 부담

〈표 7-1〉에서 키보드나 마우스의 움직임은 아무리 빨라야 초당 10회 정도의 사건(event)을 발생시킨다. CPU가 마우스 데이터를 10ms 간격으로 폴링한다고 가정하자. 이것은 초당 10회 정도로 움직이는 마우스 데이터를 가져오기 위해 초당 100번의 속도로 마우스를 감시하는 것이다. 3.2GHz CPU 클럭을 기준으로 1회의 폴링에 400클럭이 필요하다고 가정하자. 이 마우스의 데이터를 폴링 방식으로 전송하는데 요구되는 CPU 점유율은 식 (7.1)에서 식 (7.2)와 같이 구할 수 있다.

$$\text{마우스 폴링 (CPU 점유율)} = (1\text{폴링}/10\text{ms}) \times (400\text{클럭}/\text{폴링}) \div (3.2\text{G클럭}/\text{s}) \times 100\% = 0.00125\% \quad (7.2)$$

이정도면 컴퓨터시스템의 성능에 별 영향을 미치지 않아 충분히 수용이 가능하다. 그런데 〈표 7-1〉처럼 더 많은 데이터 전송을 요구하는 장치들은 그렇지 않다. 이번에는 하드디스크의 부담을 계산해보자. 어떤 하드디스크가 160MB/s, 16B 인터페이스를 사용한다고 하자. 이 경우 초당 폴링 횟수는 160MB÷16B로 계산된다. 3.2GHz CPU 클럭을 기준으로 1회의 폴링에 400클럭이 소요된다고 가정하자. 이 하드디스크의 데이터를 폴링 방식으로 전송하는데 요구되는 CPU 점유율은 식 (7.3)과 같이 구할 수 있다.

$$\text{하드디스크 폴링 (CPU 점유율)} = (160\text{MB/s}) \div (16\text{B}/\text{폴링}) \times (400\text{클럭}/\text{폴링}) \div (3.2\text{G클럭}/\text{s}) \times 100\% = 125\% \quad (7.3)$$

이번에는 도저히 감당할 수 없는 수치가 나온다. 왜 이런 결과가 나왔을까? 하드디스크의 실제 사용빈도는 전체 시스템의 사용시간 중 5% 정도면 충분하다. 하지만 폴링 방식은 장치의 요청이 없더라도 하드디스크에서 최대 속도로 전송이 있을 것을 가정해 100% 감시해야 하므로 이 방식으로는 무리가 있다.

b. 인터럽트 방식의 부담

이번에는 인터럽트 방식을 이용해 하드디스크의 부담을 계산해보자. 앞에서와 마찬가지로 어떤 하드디스크가 160MB/s, 16B 인터페이스를 사용한다고 하자. 이 경우 초당 인터럽트 횟수는 160MB÷16B이다. 3.2GHz CPU 클럭을 기준으로 1회의 인터럽트 핸들러에 500클럭이 필요하고 1회의 데이터 전송에 100클럭이 필요하다고 가정하자. 이 경우 1회의 인터럽트 처리에 600클럭이 소요된다. 여기서 하드디스크의 사용률은 5%로 가정한다. 이 하드디스크의 데이터를 인터럽트 방식으로 전송하는데 요구되는 CPU 점유율은 식 (7.4)와 같이 구할 수 있다.

데이터 전송 확률이 5%일 때의 하드디스크 인터럽트

(CPU 점유율) = 0.05×(160MB/s)÷(16B/인터럽트)

×(600클럭/인터럽트)÷(3.2G클럭/s)×100% = 9.375% (7.4)

이처럼 인터럽트를 통해 I/O 전송을 관리하면 앞의 폴링 방식에 비해 CPU가 많은 시간을 절약할 수 있다. 그러나 하드디스크가 고속전송을 해야하는 경우에는 이 방법도 유용하지 못하다. 만일 하드디스크의 사용률을 5%가 아닌 50%로 올리면 식 (7.4)에서 CPU 점유율은 93.75%라는 감당 못할 수치가 나온다. 물론 이런 경우는 많지 않지만 다량의 데이터를 전송할 경우 CPU가 먹통이 될 수 있다.

7.2.5 DMA 방식

DMA 방식은 [그림 7-4]처럼 메모리와 I/O 장치 사이의 데이터 전송을 CPU 대신 별도의 DMA 컨트롤러가 담당하는 전송방식이다. DMA(direct memory access)는 '직접 메모리 액세스'의 영문약자이다.

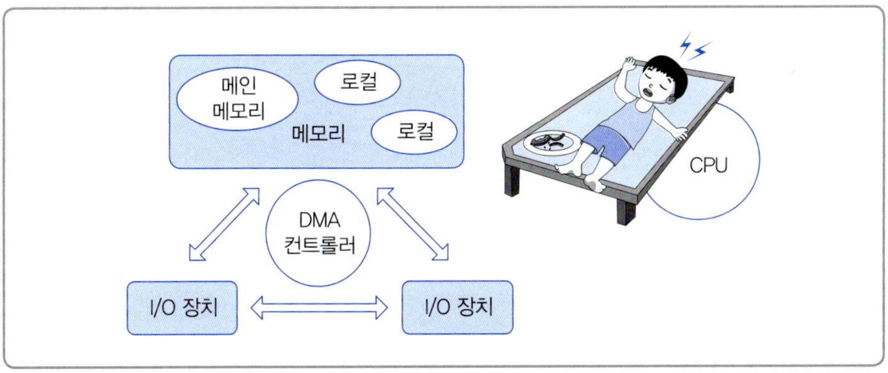

[그림 7-4] DMA 전송의 개념도

DMA 컨트롤러가 CPU에게 버스 사용권을 요구하면 CPU가 이를 승인하도록 설계한다. DMA 채널이 설정된 이후 DMA 컨트롤러가 데이터를 전송하는 동안 CPU가 관여하지 않는다. CPU가 DMA 컨트롤러에 데이터 전송을 의뢰할 때는 다음 정보들을 넘겨주어야 한다.

① 데이터가 출발할 메모리나 I/O 장치의 시작 주소
② 데이터가 도착할 메모리나 I/O 장치의 시작 주소
③ 전송될 데이터 블록의 크기

폴링 방식이나 인터럽트 방식은 CPU가 데이터 전송에 직접 개입한다. 읽기와 쓰기 과정을 통해 데이터가 반드시 CPU를 거쳐야 한다. DMA 컨트롤러는 CPU와는 독립적으로 데이터를 전송하도록 설계된 장치이다. CPU 개입 없이 메모리와 입출력장치 간에 데이터를 전송한다.

a. DMA 동작 모드

DMA는 CPU가 버스를 사용하지 않는 시간을 이용해 데이터를 전송한다. 이때 CPU에 연결된 버스선들은 마치 연결이 끊어진 것처럼 하이 임피던스 상태가 된다. DMA 동작모드는 다음과 같이 크게 2가지로 나눌 수 있다.

① 사이클 스틸링 모드(cycle stealing mode) DMA: CPU가 버스를 사용하지 않는 순간을 이용해 DMA 컨트롤러가 마치 CPU 버스 사이클을 훔치듯이 그때그때 데이터를 전송하는 방식이다. CPU가 대기 상태이거나 내부 동작 중일 때는 메모리 등의 시스템 자원을 사용하지 않는 시간이 존재한다. 이때를 이용해 CPU의 정상동작을 방해하지 않고 DMA 컨트롤러가 시스템버스나 I/O 버스를 직접 액세스해 데이터를 전송한다.
② 버스트 모드(burst mode) DMA: 데이터의 전송방향을 먼저 정하고 한 번에 많은 양의 데이터를 집중적으로 내보내는 방식이다. 버스트는 마치 둑이 터지듯이 다량의 데이터가 한꺼번에 전송된다는 뜻이다. 블록 단위로 구성된 일정량의 데이터를 전송완료 하기까지 중단 없이 고속으로 전송한다.

b. DMA 방식의 부담

이번에는 DMA 방식을 이용해 하드디스크의 부담을 계산해보자. 비교를 위해 앞에서와 마찬가지로 어떤 하드디스크가 160MB/s, 16B 인터페이스를 사용한다고 하자. 3.2GHz CPU 클럭을 기준으로 1회의 DMA 채널 설정에 1600클럭이 소요되고

DMA로 1회에 16KB짜리 한 페이지를 전송한다고 가정하자. 이 경우 초당 DMA 채널의 설정 횟수는 160MB/s÷16KB이다. 이 방식은 CPU가 매번 데이터 전송에 관여하는 것이 아니라 DMA 채널 설정만 해주면 된다. 여기서 하드디스크의 사용률을 50%로 가정한다. 이 하드디스크의 데이터를 DMA 방식으로 전송하는데 요구되는 CPU 점유율은 식 (7.5)와 같이 구할 수 있다. 여기서 1KB=10^3B이다.

데이터 전송 확률이 50%일 때의 하드디스크 DMA
(CPU 점유율) = 0.5×(160MB/s)÷(16KB/페이지)
×(1600클럭/페이지)÷(3.2G클럭/s)×100% = 0.25% (7.5)

식 (7.5)에서 만일 하드디스크의 사용률을 50%가 아닌 100%로 올리더라도 CPU 점유율은 0.5%라는 미미한 수치가 나온다. 이처럼 DMA 채널을 이용하면 앞의 폴링 방식이나 인터럽트 방식에 비해 CPU가 더욱 많은 시간을 절약할 수 있다.

c. DMA의 한계

앞에서 예를 든 3가지 방식 중 DMA가 가장 효율적이기는 하지만 CPU가 전송에 관여하지 않기 때문에 지능적이지 않다. 이 방식은 우선 DMA 채널을 정확하게 설정해주어야 한다. DMA 전송 중에 정지시키면 메모리나 I/O 장치에 있는 데이터의 일관성에 문제가 생긴다. 또한 DMA 채널을 사용하고 정확하게 리셋 시켜주지 않으면 다른 장치가 이를 사용하려고 할 때 심각한 충돌이 발생한다.

CPU가 데이터 전송에 관여하면 모든 크기의 전송 사이즈를 사용할 수 있다. 또한 가상주소를 포함하고 다양한 계층의 캐시 구조를 사용할 수 있다. 그러나 기존의 DMA 컨트롤러는 지능적이지 않다. 데이터 전송 사이즈를 다양하게 하거나 가상주소나 다양한 계층의 캐시를 제대로 사용할 수 없다. 이런 문제를 해결하는 모든 기술을 포함해 DMA 컨트롤러를 설계하는 일은 점점 복잡해진다.

1990년대 도입된 PCI 이후 요즘의 I/O 버스 방식들은 지능적이다. 과거 ISA 버스에서 사용하던 중앙집중식 DMA 컨트롤러를 더 이상 사용하지 않는다. 요즘은 I/O 버스 컨트롤러가 마치 CPU와 독립적인 프로세서처럼 작동한다. 메모리나 I/O 장치가 DMA 서비스를 요청하면 I/O 버스 컨트롤러가 이를 직접 관리한다.

7.3 I/O 버스

7.3.1 I/O 버스의 발전

I/O 버스는 인터페이스 방법과 속도가 다른 다양한 주변장치들을 연결해야 하므로 CPU와 주로 비동기로 동작한다. [그림 7-5]는 IBM PC 계열에 사용된 몇 가지 I/O 버스 방식들이다. I/O 버스는 I/O 버스 컨트롤러를 통해 시스템버스로부터 갈라져 나온다. I/O 버스 컨트롤러는 주로 메인보드 상의 칩셋에 내장된다.

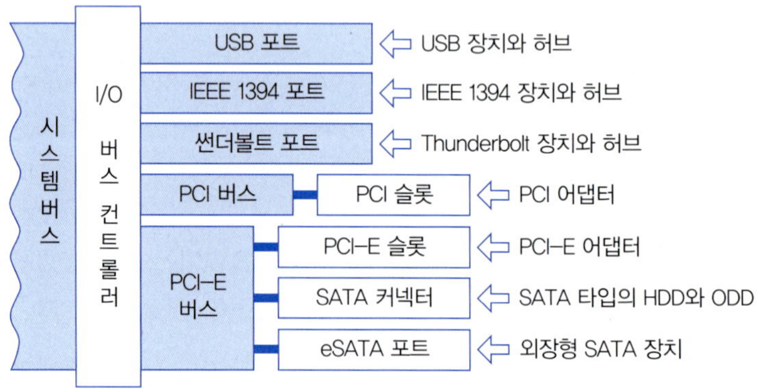

[그림 7-5] I/O 버스와 연결 장치들

[그림 7-5]에서 USB 등의 고속 시리얼 포트는 초기 IBM PC의 ISA 버스를 기반으로 한 저속의 직렬 및 병렬 포트를 대체했다. 과거와 달리 별도의 하드웨어 설정 없이 PnP로 다양한 장치를 손쉽게 컴퓨터시스템에 연결한다. 키보드, 마우스, 프린터, 스캐너, 휴대용 저장장치, 디지털 카메라, 영상 캡처 카드 등 저속과 고속의 주변장치 인터페이스에 모두 사용할 수 있다.

〈표 7-2〉에는 이미 시장에서 사라진 구조들이 많다. 1990년대 초 IBM사는 자사의 PC 모델에 32비트 MCA 버스를 채택하고 이전의 ISA 버스와 달리 특허료를 물리려 했다. 호환기종 업자들은 이에 대항해 16비트 ISA 슬롯에 커넥터를 추가해 32비트로 개선한 VESA 로컬방식 등을 선보였다. 이 방식은 고속임에도 불구

하고 시스템버스에 I/O 버스가 동기 되는 특성 때문에 비디오카드가 시스템버스에 부하를 주어 확장성이 없어 사라졌다. 결국 나중에 32비트 I/O 버스는 인텔이 제안한 PCI 방식이 시장을 주도한다.

그래픽 어댑터는 다양한 입출력장치 중에서도 특히 고속을 목표로 발전해왔다. 개인용 컴퓨터 시장이 성숙해지기 시작하던 1990년대 초에는 기술이 부족했다. 그래픽 장치를 포함해 범용 I/O 버스 전체를 고속으로 올리려던 것이 한계였다. 보다 효과적인 방법은 요즘처럼 그래픽 전용 채널을 분리하는 것이었다.

〈표 7-2〉에서 AGP(accelerated graphics port)는 슬롯이라기보다는 PCI 버스를 기반으로 구현된 일종의 그래픽 전용 I/O 포트이다. 이후의 그래픽 전용 버스는 대개 고속 슬롯으로 분리해 독점적으로 I/O 버스를 사용하도록 설계하고 있다.

〈표 7-2〉 IBM PC 계열의 I/O 버스 방식의 발전

버스 방식	I/O 버스의 대역폭	적용 시기
PC 혹은 XT	범용 8bits×(4.77/6)MHz÷8[MB/s]	1980년대
ISA 혹은 AT	범용 16bits×8MHz÷8=16[MB/s]	
VESA Local	그래픽전용 32bits×(25/33/40)MHz÷8[MB/s]	1990년대
PCI	범용 32bits×33MHz÷8=132[MB/s]	
AGP	그래픽전용 32bits×66MHz÷8×1배속=264[MB/s]	2000년대
PCI-E 1.0	범용 2.5GT/s×8b/10b÷8×1배속=250[MB/s]	
PCI-E 2.0	범용 5GT/s×8b/10b÷8×1배속=500[MB/s]	
PCI-E 3.0	범용 8GT/s×128b/130b÷8×1배속≒1[GB/s]	2010년대
PCI-E 4.0	범용 16GT/s×128b/130b÷8×1배속≒2[GB/s]	

a. PCI 버스

〈표 7-2〉에서 인텔이 설계한 PCI(peripheral component interconnect) 버스의 출현을 시작으로 지능적인 I/O 버스들이 소개되었다. PCI는 주변장치를 자동으로 인식하는 PnP 기능이 가능하며 버스 자체가 일종의 버퍼 역할을 한다. PCI 버스에 연결된 장치들은 CPU와 비동기로 동작한다. CPU와 주변장치 사이의 데이터 전송에서 I/O 버스 컨트롤러가 마치 독립적인 프로세서처럼 동작한다. PCI 버스는 ISA 버스의 신호들과 IRQ 신호를 생성해 과거의 ISA 버스와도 호환된다. 병렬버스인 PCI 버스는 직렬버스인 PCI-E 버스에 대체되었다.

b. PCI 익스프레스 버스

〈표 7-2〉에서 PCI 익스프레스(PCI express, PCI-E 혹은 PCIe, 2003년 도입) 버스는 기존의 PCI 버스와 달리 전혀 새롭게 설계한 고속의 시리얼 버스 방식이다. PCI-E 버스 방식은 전송채널로 독립적인 선로(lane)를 사용한다. 각 전송채널이 간섭을 일으키지 않고 독립적인 전송속도를 확보할 수 있다. 선로 하나당 송신과 수신의 2개 단방향 선으로 하나의 전송채널을 구성한다. 전송채널의 개수를 늘려 ×1, ×16, ×32 배속 등으로 간단히 전송속도를 높일 수 있다.

비디오카드는 주로 고속의 PCI-E 채널을 사용한다. PCI-E 인터페이스는 종종 링크(link)라는 표현을 사용한다. 예를 들어 PCI-E 3.0 ×16 링크는 약 1GB/s ×16배속=16GB/s의 데이터 전송속도를 갖는다.

PCI-E 3.0, 4.0 등은 PCI-E 버스나 확장카드의 개선 표준이다. 물리적으로 각 전송 채널당 전송속도를 높여 나간다. 〈표 7-2〉에서 PCI-E 1.0과 2.0은 8b/10b 인코딩 방식을 사용한다. 이것은 시리얼 전송신호를 제어하기 위한 20%의 오버헤드(overhead)를 제외한 나머지 80%가 실제 데이터 전송속도이다. PCI-E 3.0과 4.0 표준은 128b/130b 인코딩 방식을 사용해 약 98.5%가 실제 데이터 전송속도이다.

7.3.2 시리얼 버스 인터페이스

요즘 I/O 버스 방식의 주류는 PCI에서 PCI-E처럼 패럴렐에서 시리얼 방식으로 바뀐 점이다. 시리얼로 바뀔 때 가장 큰 차이점은 구조가 간단해진다는 것이다. 이로 인해 병렬버스에 적용해보지 못했던 발전된 기술들을 다양하게 적용할 수 있다. 시리얼 버스는 패럴렐 버스에 비해 하드웨어 핀(pin)당 실현 가능한 대역폭이 커서 고속 전송이 가능하다. 또한 핀 수를 늘려 데이터 전송속도를 편리하게 몇 배로 증가시킬 수 있다. 전원이 들어온 상태에서 장치를 장착하거나 교체할 수 있는 핫-플러그(hot-plug), 핫-스왑(hot-swap) 기능의 설계도 간단해진다.

병렬 또는 패럴렐(parallel) 버스는 동시에 여러 장치에 버스가 연결되는 상태에 기반(multi-drop basis)을 둔 버스 구조이다. 직렬 또는 시리얼(serial) 버스는 각 장치 간에 일대일(1:1 혹은 point-to-point, peer-to-peer)로 직접 연결되는 네트워크로 구조가 단순하다. 시리얼 버스는 한 신호선이 버스를 독점하기 때문에 I/O 버스 컨트롤러에서 버스를 중재할 필요가 없다. 시리얼 버스는 전송을 준비하는 지연시간을 크게 줄여 데이터를 고속으로 전송할 수 있다.

〈표 7-3〉의 시리얼 버스 방식은 포트를 통해 주변장치의 접속에 사용될 수 있다. USB는 데이터 신호만 전송하는데 비해 IEEE 1394와 썬더볼트(Thunderbolt)는 영상과 음성신호도 전송한다. 이 때문에 디지털 가전제품에 동영상 신호를 바로 접속할 수도 있다. 이 시리얼 I/O 버스 인터페이스 방식들은 개선 버전이 계속 나오고 있다. 나중에 나온 버전들은 성능이 더 높고 앞 버전들의 기능을 수용한다. 개선 버전은 시스템보드상의 I/O 컨트롤러, 주변장치, 인터페이스 케이블이나 허브와 같은 중간 연결 장치들이 모두 개선 버전의 표준을 지원해야 가능하다. 낮은 버전용으로 제작된 커넥터나 케이블은 높은 버전들과 전기적으로 접속규격이 동일할 수는 있지만 개선된 전송속도를 보장하지는 않는다.

〈표 7-3〉 시리얼 버스 인터페이스 표준

구분	IEEE 1394	USB	Thunderbolt
도입 연도	1995년	1996년	2011년
다른 이름	FireWire	Universal Serial Bus	Light Peak
제안/표준화	애플 / IEEE	인텔, MS, IBM 등	인텔, 애플
데이지 체인	최대 63개	최대 127개	최대 6개
최대 길이	4.5m	5~2m	동선 3m
개정판과 대역폭	1394a : 400Mbit/s 1394b : 3.2Gbit/s	USB 1.1 : 12Mbit/s USB 2.0 : 480Mbit/s USB 3.0 : 5Gbit/s	10Gbit/s
신호선	데이터, 영상, 음성	데이터	데이터, 영상, 음성

a. USB 인터페이스

〈표 7-3〉에서 USB(universal serial bus)는 '범용 직렬 버스'의 영문약자이다. 컴퓨터시스템의 I/O 버스와 주변장치를 연결하기 위한 시리얼 버스 인터페이스 표준 방식 중 하나이다. I/O 컨트롤러에 내장된 USB 호스트 장치가 모든 전송을 시작하고 하나의 목적지를 갖는다. 여러 대의 컴퓨터가 USB 연결 장치를 통해 프린터와 같은 주변장치들을 공유할 수 있다. USB는 과거 ISA 시절부터 내려온 저

속의 I/O 버스 인터페이스들을 훌륭하게 대체했다. USB 방식도 대역폭이 한계에 이르자 개선 버전들이 계속 나왔다. USB 3.0은 USB 2.0 단자와 구분하기 위해 케이블의 끝 부분에 파란색 단자(terminal)를 사용한다.

b. IEEE 1394 인터페이스

〈표 7-3〉에서 IEEE 1394 인터페이스 역시 USB 방식과 마찬가지로 저속이나 고속의 주변장치를 연결하고 공유한다. IEEE 1394는 특히 오디오와 비디오장치 등 디지털 가전제품끼리의 인터페이스를 지원한다. FireWire 800이라고 하면 채널당 800Mbit/s의 전송속도를 이야기한다. IEEE 1394는 컴퓨터와의 연결이 없더라도 주변장치끼리 직접 통신할 수 있고 여러 개의 목적지를 가질 수 있다. 또한 동일한 버스에서 다른 속도의 장치를 동시에 지원할 수 있다. 이 방식은 반드시 컴퓨터 본체에 연결할 필요가 없다. 두 장치 간을 1:1 인터페이스로 독립적으로 연결할 수 있다. 두 대의 디지털 캠코더끼리 직접 연결해 더빙이 가능하다.

IEEE 1394는 물리적인 연결방식이 SCSI 인터페이스의 한 방법으로 분류되기 때문에 시리얼 SCSI로 부르기도 했다. 그러나 기존 SCSI에서 문제되던 독립 ID 설정이나 버스 종단의 설치가 필요 없고 케이블 길이에도 제한이 없다. 낮은 가격과 간단하고 융통성 있는 케이블 시스템 덕분에 기존 병렬 SCSI 방식을 대체했다.

c. 썬더볼트 인터페이스

〈표 7-3〉에서 썬더볼트(Thunderbolt)는 '벼락'이라는 뜻으로 주변장치를 위해 설계한 새로운 고속 시리얼 버스 인터페이스이다. 데이터, 음성, 영상을 포함한다. 썬더볼트는 SAS, SATA, eSATA, USB, IEEE 1394, DVI, HDMI 등 기존의 모든 고속 I/O 버스 인터페이스를 하나로 통합해 대체할 목적으로 개발되었다. 이를 위해 내부적으로 PCI Express와 DisplayPort의 프로토콜(통신규칙)을 결합했다. 광케이블을 사용하면 전송 대역폭을 최대 100Gbit/s까지 대폭 개선할 수 있다.

〈표 7-3〉 외에도 하드디스크나 비디오 장치 등에 적용된 고속의 다른 표준들도 연이어 개선 버전을 쏟아내며 I/O 버스 방식이 복잡하게 되었다. 썬더볼트는 다른 I/O 버스 방식의 최종목표와 마찬가지로 컴퓨터 주변장치와 블루레이 등 모든 디지털기기의 인터페이스를 하나로 통합하는 것이다. 다른 방식들처럼 통일된

시리얼 인터페이스 케이블을 사용하고 데이지 체인 방식 등으로 주변장치를 모두 하나로 묶을 수 있도록 설계했다. 기존 방식들에 비해 부품 크기를 더 줄이고 데이터를 더 빠르고 더 멀리 전송할 수 있으며 유연한 설계가 가능하도록 했다.

d. 데이지 체인과 허브 연결

데이지 체인은 데이지 꽃의 수염뿌리가 사방으로 퍼져 꽃의 잎과 자루가 서로 연결된 형상을 일컫는 말이다. 컴퓨터시스템에서 데이지 체인(daisy chain) 연결은 한 장치에 연결된 다른 장치가 또 다른 장치에 연속해서 연결되는 버스 결선 방식을 말한다. [그림 7-6]처럼 주변장치가 이른바 꼬리에 꼬리를 물고 연결된다. 패럴렐이든 시리얼 버스 방식이든 상관없이 이런 결선 방식을 사용할 수 있다.

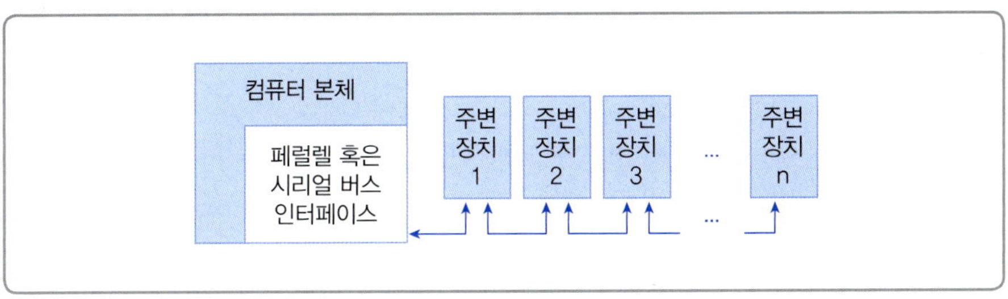

[그림 7-6] 데이지 체인 연결 방식

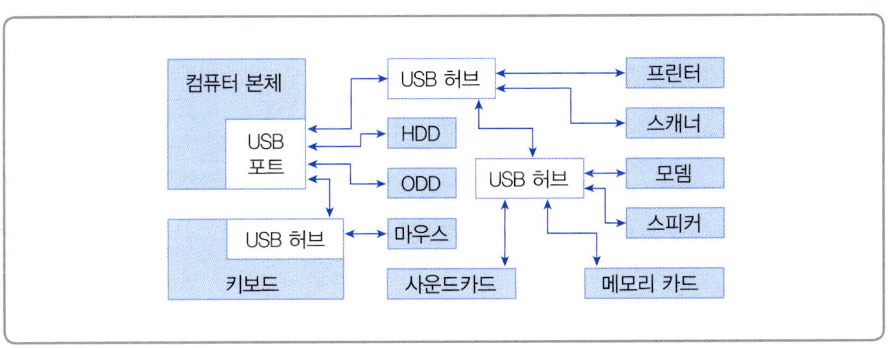

[그림 7-7] 허브 연결 방식(트리 구조)

데이지 체인의 약점이 있다. 이를 구성하려면 주변장치는 최소 2개 이상의 연결 포트를 가지고 있어야 한다. 이를 위해 2개의 송수신 인터페이스 회로를 내장하려면 가격도 불리하고 설계도 복잡해질 수 있다. 또한 IEEE 1394처럼 전원을 끄지 않고 연결을 바꾸는 핫-플러그 기능을 사용하면 데이지 체인에 물려있는 다른 장치들의 연결이 리셋 될 수도 있다. 이 때문에 USB 인터페이스 등에서도 데이지 체인 연결은 가능하지만 일반적으로는 데이지 체인을 잘 사용하지 않는다. 그 대신 [그림 7-7]처럼 주로 허브(hub)를 사용해 연결 포트가 하나뿐인 주변장치들도 트리(tree) 구조로 얼마든지 편리하게 연결해 사용하고 있다.

7.3.3 I/O 버스의 연장

[그림 7-8]처럼 입출력버스 혹은 I/O 버스는 입출력 데이터가 지나가는 길이다. I/O 버스는 컴퓨터 본체 안에 있는 시스템보드 내부에만 존재하는 것이 아니다. 확장카드나 주변장치가 컴퓨터에 연결되려면 I/O 버스를 연장해 입출력 신호의 통로를 추가로 만들어 주어야 한다.

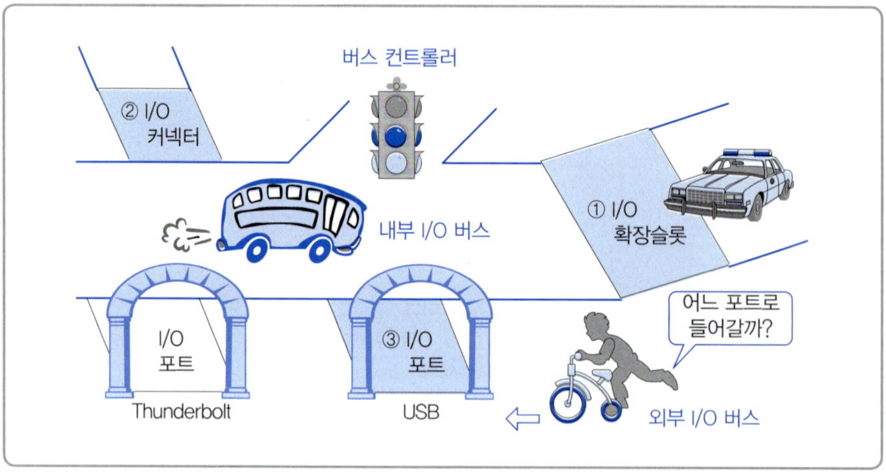

[그림 7-8] I/O 버스의 연장

I/O 버스의 연장은 I/O 버스 컨트롤러와 운영체제가 이를 지원해 주어야 한다. 입출력장치는 I/O 버스가 연장되는 방법에 따라 다음과 같이 컴퓨터 본체의 내부 I/O 장치와 외부 I/O 장치로 나눌 수 있다.

① 내부 I/O 장치: 본체 내부의 I/O 확장 슬롯에 연결되는 추가 확장카드와 I/O 커넥터에 연결되는 내장 드라이브 등

② 외부 I/O 장치: 본체 외부의 유선이나 무선 I/O 포트를 통해 연결되는 각종 주변장치들

a. I/O 확장 슬롯

[그림 7-8]에서 I/O 확장 슬롯(expansion slot)은 메인보드에 추가 어댑터를 꽂도록 확장시킨 I/O 버스의 연장이다. 줄여서 I/O 슬롯이라고 한다. 컴퓨터 본체 안에 내장된 시스템보드 상에 위치하며 커넥터 형태로 만들어진다. 추가 확장카드를 설계할 수 있도록 I/O 주소버스, I/O 데이터버스, I/O 제어버스가 범용으로 연장된다. 시스템보드의 설계에 따라 지원하는 확장 슬롯의 종류와 개수가 다르다. 확장 슬롯의 종류는 I/O 버스의 발전과 깊은 연관이 있다. 과거에 설계된 느리고 자주 충돌하고 많은 면적을 차지하던 확장 슬롯들은 하나씩 제거되어 왔다.

b. I/O 커넥터

[그림 7-8]에서 I/O 커넥터(connector)는 컴퓨터 본체 내부에서 하드디스크 드라이브나 광학디스크 드라이브와 같은 입출력장치들을 위한 접합부로 필요하다. 본체 내부의 내장형 드라이브와 LED 램프 등 각종 I/O 장치들은 I/O 커넥터를 통해 시스템보드에 케이블 선으로 연결된다. I/O 커넥터는 I/O 확장 슬롯처럼 범용으로 설계되지는 못하고 해당 커넥터에 맞는 인터페이스 규격을 사용해야 한다.

c. I/O 포트

포트(port)는 배가 드나드는 '항구'라는 뜻이다. 비슷한 말로 포털(portal)은 정문이라는 뜻이다. 인터넷 포털 사이트는 마치 백화점 정문을 들어선 것처럼 다양한 볼거리를 안내하는 로비에 도달한 느낌을 갖게 한다.

[그림 7-8]에서 I/O 포트(port)는 주변장치를 연결하는 I/O 데이터의 출입구이다. 컴퓨터시스템이 주변장치나 네트워크 회선과 자료를 주고받기 위해 컴퓨터 본체 외벽에 설치한 접합부를 말한다. 접속 케이블을 쉽게 꽂을 수 있도록 본체 외벽에 출구(outlet) 형태를 만들고 내부적으로는 시스템보드에 연결한다. I/O 포

트는 I/O 확장 슬롯처럼 범용으로 설계되지는 못한다. 해당 I/O 포트를 이용하려는 주변장치는 이에 맞는 인터페이스 규격을 사용해야 한다.

7.3.4 확장카드

컴퓨터시스템의 확장카드(expansion card)는 시스템보드의 확장 슬롯에 장착되어 컴퓨터에 부가능력을 제공하는 기판이다. 확장카드는 다양한 이름으로 불린다. 확장 어댑터(adapter), 애드-인 보드(add-in board), 인터페이스 카드(interface card), 컨트롤러(controller) 혹은 그냥 카드라고도 한다.

[그림 7-9]처럼 같은 확장카드라도 실제로는 다양한 이름으로 불린다. 윈도우 등 특정 운영체제마다 선호하는 이름이 있다. 또한 인텔 등 특정 회사의 하드웨어 플랫폼에서 주로 선호하는 명칭이 있다. 꼭 정해진 것은 아니다. 본래 '카드'라는 표현은 하드웨어 장치가 분리되는 별도의 기판을 가리킨다. 시스템보드 자체에 확장카드의 기능이 포함된 경우도 많다. 이 때문에 카드보다는 '어댑터'나 '컨트롤러'가 더 일반적이고 넓은 의미로 사용된다.

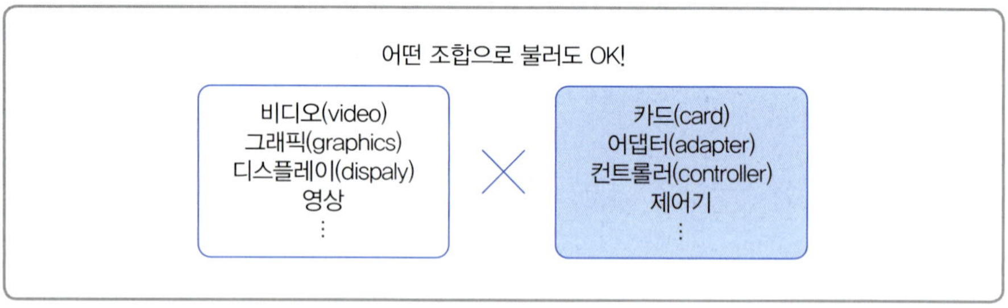

[그림 7-9] 비디오카드의 다양한 명칭

초기의 IBM PC는 본래 개방형 구조를 허용한 설계였다. 확장 슬롯이 특히 그 역할을 담당했다. 컴퓨터 제조사들은 자사의 시스템보드에서 기본으로 제공하지 않는 기능을 부가하기 위해 확장 슬롯을 제공한다. 덕분에 사용자들이 조립과 업그레이드를 쉽게 할 수 있다. 요즘은 성능 개선을 위해 과거의 기술과 하드웨어와의 호환성을 별로 중시하지 않는 분위기가 형성되었다. 일부만 업그레이드하기 원해도 맞는 타입이 없어 전체를 새로 장만해야 하기 쉽다. 요즘은 불과 1~2년

사이에도 CPU, 메모리, 비디오카드, HDD 타입이 모두 바뀔 수 있다. 이 때문에 일반 사용자들이 확장카드를 필요로 하는 일들이 줄어들었지만 그래도 외장형 장치를 추가하는 것에 비해 여전히 저렴하다.

7.3.5 I/O 버스의 충돌

하드웨어 장치의 충돌은 주로 새로운 장치를 설치할 때 I/O 버스에서 일어나는 전기적인 충격을 말한다. 각 장치들은 CPU가 허락하는 시점에서 I/O 버스로 데이터를 내놓아야 한다. 만일 두 개의 소자가 동시에 I/O 버스를 차지하려고 한다면 전기적으로 충돌이 일어난다. I/O 버스에서 충돌이 일어나면 요즘 운영체제는 사용자 화면에 경고 표시를 나타낸다. 요즘은 드물지만 시스템버스나 메모리 주소를 침해하는 경우처럼 심각한 충돌이 발생하면 아예 부팅되지 않을 수도 있다.

a. I/O 버스의 충돌

과거의 확장카드는 다른 장치들과 쉽게 충돌했다. 초기 IBM PC 계열에 사용된 ISA 버스 방식은 지능적이지 못해 자동설정 기능이 없었다. 과거에는 확장카드나 시스템보드에 있는 점퍼로 I/O 주소와 IRQ 번호를 조정해 주었다. 이런 지능적이지 못한 I/O 버스에서 복수의 입출력장치들이 같은 자원을 동시에 차지하려고 하면 서로 충돌한다. 대표적으로 특정 I/O 주소, 특정 IRQ 번호나 특정 DMA 채널을 동시에 사용하려고 하면 다음과 같이 하드웨어적으로 심각하게 충돌한다.

① I/O 주소의 충돌: 데이터가 전송될 I/O 주소의 위치가 중복되면 충돌한다.
② IRQ 번호의 충돌: 같은 IRQ 번호를 중복해 사용하면 입출력장치와 인터럽트 컨트롤러가 충돌한다.
③ DMA 채널의 충돌: 같은 DMA 채널을 중복해 사용하면 DMA 컨트롤러와 충돌한다. 각 장치가 하나의 DMA 채널을 확보해야 데이터 전송이 이루어진다. 보통 몇 개뿐인 DAM 채널을 여러 장치가 공유해서 사용한다. 이때 장치가 바뀔 때마다 DMA 채널을 정확히 리셋 시켜 준 후 사용해야 한다.

b. 충돌의 방지

과거 ISA 버스는 특히 모뎀이나 사운드카드의 설정에 충돌이 많았다. 당시 대부분의 게임과 쉽게 호환되던 사운드카드는 큰 인기를 누렸다. 요즘 I/O 버스는 다음과 같은 방법을 사용하기 때문에 과거와 같은 충돌이 잘 일어나지 않는다.

① PnP: 추가 하드웨어 설정이 필요할 때 PnP 기능으로 다른 장치와 충돌되지 않게 자동설정이 이루어진다.

② IRQ 공유(shared IRQ) 허용: 여러 장치가 한정된 IRQ를 공유하는 것을 I/O 버스 컨트롤러가 허용한다. PCI 이후 대부분의 I/O 버스는 여러 개의 입출력장치를 구분해 IRQ를 처리할 수 있다. 요즘은 버스 상에서 어떤 장치가 IRQ를 요청했는지 I/O 버스 컨트롤러에서 이를 식별해낸다.

③ 지능적인 버스 마스터링: 요즘의 메모리버스 컨트롤러나 I/O 버스 컨트롤러는 매우 지능적이다. 버스 컨트롤러가 CPU와는 다른 별개의 프로세서처럼 동작한다. CPU가 I/O 버스의 데이터 전송에 개입하지 않는다. 요즘 I/O 장치들은 DMA 컨트롤러 대신 자신들이 직접 버스 마스터가 된다. I/O 버스 컨트롤러가 이를 조정해 전송속도가 빠르고 CPU의 부담을 덜어준다.

c. PnP

컴퓨터시스템에 추가로 장착되는 하드웨어를 위한 산업표준으로 플러그-앤-플레이(plug and play, PnP)는 '장착하면 바로 동작한다.'는 뜻이다. 하드웨어 설정이 자동으로 이루어진다. 확장 어댑터나 새로운 주변장치를 추가할 때 운영체제는 자신이 판단할 수 있는 표준 타입 가운데 어떤 종류인지 스스로 인식한다. PnP가 가능하려면 확장카드, 주변장치, 시스템보드, 운영체제에서 이 기능을 지원해야 한다. PCI 이후의 I/O 버스는 대부분 PnP 기능을 지원한다. PnP 지원이 가능한 확장카드는 다음 역할을 수행해야 한다.

① 설치 작업 시 어댑터가 I/O 버스를 통해 자신의 I/O 주소와 IRQ 번호에 대한 정보를 운영체제에게 줄 수 있어야 한다.

② 어댑터가 운영체제의 지시에 따라 스스로 I/O 주소와 IRQ 번호를 다른 값으로 조정할 수 있어야 한다.

7.4 버스 사이클

버스 사이클(bus cycle)은 버스를 이용해 메모리나 I/O 장치에서 데이터를 읽거나 쓰기 위해 반복적으로 수행해야 하는 일련의 연속동작을 말한다. CPU와 메모리나 I/O 장치 간의 데이터 전송은 버스 사이클 단위로 이루어진다. 버스 사이클은 기본적으로 기억장치를 구동하는 메모리버스 사이클과 입출력장치를 구동하는 I/O 버스 사이클로 나눌 수 있다. 버스 사이클은 각종 장치의 로컬버스에서 동작이 발생하는 시간을 설계하는 방법에 따라 다음과 같이 나눌 수 있다.

① 동기식 버스: 시스템버스의 클럭에 동기 되어 동작이 결정
② 비동기식 버스: 다른 신호의 발생 여부에서 따라 동작이 결정

7.4.1 동기식 버스

동기식(synchronous) 버스는 메모리나 I/O 장치의 로컬버스가 시스템버스의 클럭에 동기를 맞추므로 구조가 간단하다. 하드웨어 설계가 간결하고 정확하기 때문에 고속 및 고성능 컴퓨터시스템을 설계하기에 용이하다. 버스 사이클은 보통 여러 개의 클럭이 모여 구성된다. 클럭이 최소 3~4개 이상 모여 하나의 버스 사이클을 이룬다. 모든 클럭에서 데이터 전송이 일어나는 것은 아니다. 제어신호로 주어지는 정확한 읽기와 쓰기 시점에서만 데이터 전송이 이루어진다.

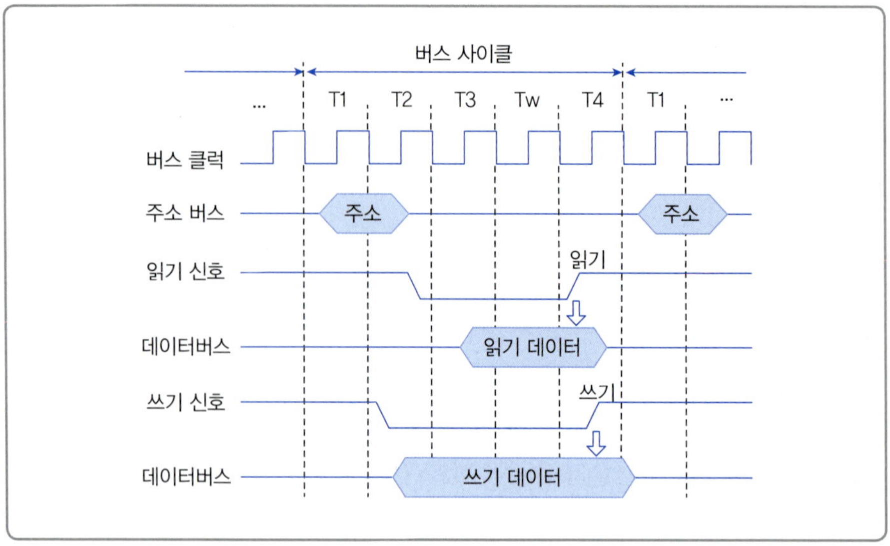

[그림 7-10] 동기식 버스 방식의 버스 사이클

[그림 7-10]은 동기식 버스 방식으로 설계한 버스 사이클의 예이다. 동기식 버스 방식은 주소, 데이터, 읽기, 쓰기 등 버스 상의 신호들이 일련의 시스템버스 클럭에 순차적으로 동기 되어 동작한다. 이 방식은 느린 소자에 대한 배려가 필요하다. [그림 7-10]에서 Tw 클럭은 동작속도가 느린 메모리나 I/O 소자를 고려해 임의의 개수대로 계속 추가해 넣을 수 있는 대기(wait) 클럭을 표시한다. 실제의 동기식 버스를 설계할 때는 버스의 제어시간도 필요하며 다른 장치와 버스를 공유하는 경우도 고려해야 한다.

7.4.2 비동기식 버스

비동기식(asynchronous) 버스는 메모리나 I/O 장치의 로컬버스가 시스템버스 클럭에 동기 되는 시간을 기다리지 않고 바로 동작하므로 시간 낭비가 적다. 하지만 처리 순서를 설계하기가 복잡해 고성능 컴퓨터시스템을 설계하기에는 적합하지 않다. [그림 7-11]은 비동기식 버스 방식으로 설계한 버스 사이클의 예이다. 여기서 읽기 동작과 쓰기 동작은 다음 순서대로 일어나도록 설계되었다.

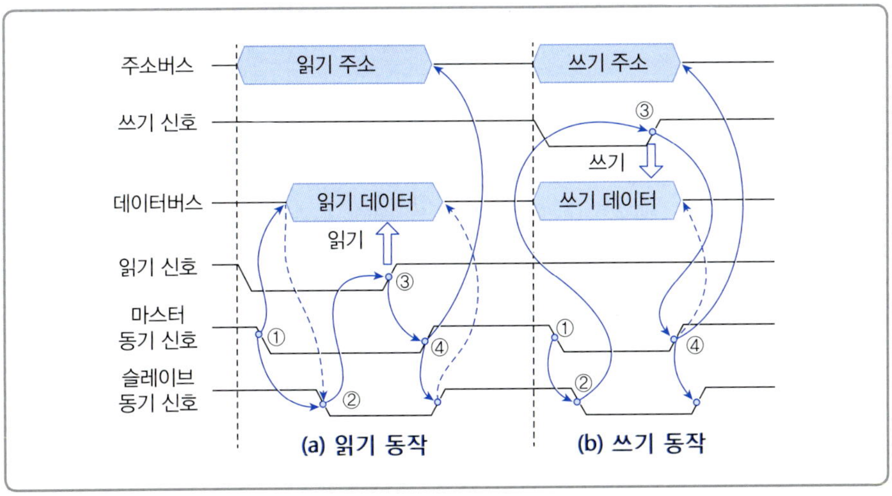

[그림 7-11] 비동기식 버스 방식의 버스 사이클

a. 읽기 동작의 설계

① CPU가 버스 상에 읽기 주소, 읽기 신호를 띄워 놓고 잠시 후 신호가 안정되면 마스터(master) 동기 신호를 내보내 이 사실을 알린다. 이를 보고

② 기억장치나 입출력장치가 버스 상에 읽기 데이터를 출력해 신호가 안정되면 슬레이브(slave) 동기 신호를 내보내 이 사실을 알린다. 이를 보고

③ CPU가 데이터를 읽어오고 읽기가 완료되면 읽기 주소, 읽기 신호와 마스터 동기 신호를 없애 버스 상에 이 사실을 알린다. 이를 보고

④ 기억장치나 입출력장치는 버스 상에서 읽기 데이터와 슬레이브 동기 신호를 없애 전송을 완료한다.

b. 쓰기 동작의 설계

① CPU가 버스 상에 쓰기 주소, 쓰기 신호, 쓰기 데이터를 띄워 놓고 잠시 후 신호가 안정되면 마스터 동기 신호를 내보내 이 사실을 알린다. 이를 보고

② 기억장치나 입출력장치에서 쓰기 데이터를 기록할 준비가 되면 슬레이브 동기 신호를 내보내 버스 상에 이 사실을 알린다. 이를 보고

③ CPU가 데이터를 기록하고 쓰기가 완료되면 쓰기 주소, 쓰기 신호, 쓰기 데이터와 마스터 동기 신호를 없애 버스 상에 이 사실을 알린다. 이를 보고

④ 기억장치나 입출력장치는 슬레이브 동기 신호를 없애 전송을 완료한다.

7.5 버스 컨트롤러

버스 컨트롤러(bus controller)는 메모리버스나 I/O 버스를 제어하는 컨트롤러 회로나 칩을 말한다. 메모리버스 컨트롤러는 대개 시스템보드상의 칩셋인 메모리 컨트롤러에 포함되고 I/O 버스 컨트롤러는 I/O 컨트롤러에 포함된다. [그림 7-1]에서 메인메모리에 장착되는 램 모듈은 대개 메모리버스 컨트롤러를 거쳐 시스템 버스에 직접 연결된다. 다양한 I/O 장치들은 I/O 버스 컨트롤러를 통해 시스템버스에 연결된다. I/O 버스 상의 장치들은 CPU의 부담을 최소화하도록 I/O 버스 컨트롤러의 허락을 받고 데이터를 전송한다. 이들은 속도가 서로 다른 여러 종류의 I/O 버스를 사용할 수 있다.

PCI이후 요즘의 I/O 버스 컨트롤러는 CPU에 부담을 주지 않고 독립적인 프로세서처럼 동작한다. 요즘은 버스 컨트롤러가 지능적이라 버스에서 일어나는 데이터 전송에 직접 관여해 CPU의 부담을 덜어주고 전송속도를 높일 수 있다. I/O 버스에 연결된 장치들은 누구라도 I/O 버스 컨트롤러에 자신이 직접 버스 마스터가 되기를 요청할 수 있다. I/O 장치들은 주로 시스템보드의 칩셋에 내장된 I/O 버스 컨트롤러에 자신들이 버스 마스터가 되기 위해 버스 사용권을 요구한다. 복수의 장치들이 동시에 버스 사용을 요구하면 I/O 버스 컨트롤러는 어떤 한 순간에 오직 하나의 버스 마스터만 존재하도록 조정해주는 버스 중재기의 역할을 한다. 어떤 I/O 장치가 일단 버스 마스터가 되면 버스를 제어하고 시스템 메모리에 대해 읽고 쓰기를 요청할 수 있다. 버스 마스터가 되어 버스 사용권을 획득한 I/O 장치는 I/O 버스에 읽기와 쓰기 신호를 내보낸다. I/O 버스 컨트롤러는 메모리버스 컨트롤러에 이를 대신 전달해 시스템버스의 사용을 요청한다.

7.5.1 버스 마스터링

CPU가 직접 버스의 데이터 입출력을 일일이 총괄하면 주변장치 간의 데이터 전송은 CPU의 간섭으로 인해 오히려 전송속도가 느려지는 것이 보통이다. 버스 마스터링(bus mastering)은 주변장치가 CPU의 간섭을 받지 않고 독자적으로 메모리와 I/O 장치 사이에 데이터를 전송할 수 있도록 해주는 버스 설계 기술이다. 이 방식은 입출력장치와 메모리 사이에 데이터 전송이 이루어지는 동안 CPU가 다른 작업을 할 수 있어 다중작업에 유리하다.

a. 버스 마스터

버스 마스터(bus master)는 버스를 직접 제어하고 점유해 사용하는 주체이다. 버스 상에 있는 주소 신호와 버스 제어신호의 흐름을 통제하고 데이터의 흐름을 직접 관장한다. 버스 마스터와 버스 상에 있는 다른 데이터 입출력장치와의 관계는 마스터(master)와 슬레이브(slave)의 주종 관계를 이룬다.

버스 상에는 여러 개의 버스 마스터가 존재할 수 있다. 그러나 어떤 한 순간에는 오직 하나의 버스 마스터만이 버스를 장악할 수 있다. 버스를 이용해 기본적으로 어느 한 순간에 하나의 장치에서 다른 하나의 장치로만 데이터가 전송되도록 버스 컨트롤러가 이를 중재하고 제어한다. 버스 마스터의 역할은 각종 장치에 내장된 하드웨어나 소프트웨어가 담당한다. 성능이 높아진 주변장치는 아예 내부에 버스 마스터를 담당할 하드웨어 장치를 내장한다. 시스템버스를 사용하는 기억장치 모듈도 버스 마스터가 될 수 있다. 주변장치가 버스 마스터의 역할을 하도록 소프트웨어적으로 설계할 수도 있다.

b. 버스 중재 신호

버스는 다양한 장치들이 연결되어 공유해 사용하는 데이터의 공통 전송 통로이다. 버스 상에 연결된 여러 개의 버스 마스터들이 동시에 버스 사용을 요구하면 버스를 서로 차지하려는 경쟁이 생긴다. 버스 중재기는 버스 마스터 간에 일어나는 버스 경합 문제를 조정한다. 누가 먼저 버스를 사용할 지를 결정해 한 번에 하나의 장치만이 버스를 사용하도록 조정해주는 것을 버스 중재(bus arbitration)라고 한다. 버스를 중재하려면 다음과 같이 버스의 사용 권한을 조정해주는 제어신호들이 필요하다. 이들을 버스 중재 신호 혹은 중재 버스(arbitration bus)라고 한다. 다음은 대표적인 버스 중재 신호들이다.

① 버스 요청(bus request) 신호: 버스 마스터가 버스 컨트롤러에게 보내는 버

스를 사용하겠다고 요청하는 신호이다.

② 버스 사용 중(bus busy) 신호: 버스 마스터가 버스 컨트롤러에게 보내는 버스가 사용 중임을 알리는 신호이다. 이 신호를 통해 버스 컨트롤러는 버스 사이클이 완료되었는지 검사한다.

③ 버스 승인(bus grant) 신호: 버스 컨트롤러가 버스 마스터에 보내는 버스 사용을 허락하는 신호이다.

7.5.2 버스 중재기

버스 컨트롤러의 중요한 역할 중 하나가 바로 버스 중재이다. 버스 중재기(bus arbiter)는 버스 마스터 간에 버스의 사용권에 대한 경합이 발생하면 이를 조정해 누가 먼저 버스를 사용할 지를 결정해주는 장치이다. 이를 위해 우선순위를 조정해주거나 새로 결정해 준다. 어떤 버스마스터에서 버스 요청 신호가 들어오면 버스 중재기는 버스 사용 중 신호를 검사한다. 그 결과 다른 장치에서 버스를 사용하지 않을 때만 버스 승인 신호를 보내 이를 허락한다. 실제로 버스 중재기의 역할을 하는 것은 버스 컨트롤러이다. 버스 컨트롤러가 버스를 중재하는 순서는 일반적으로 다음과 같다.

① 버스 마스터가 버스 컨트롤러에 버스 사용을 요청한다.
② 버스 컨트롤러는 기존에 사용 중인 버스 사이클이 완료되었는지 검사한다.
③ 동시에 요청이 들어온 버스 마스터가 있으면 우선순위 문제를 중재한다.
④ 버스 컨트롤러로부터 버스 마스터가 버스의 사용권을 얻는다.
⑤ 버스 마스터가 버스를 통해 주소와 읽기, 쓰기 신호를 내보낸다.
⑥ 버스를 통해 데이터의 전송이 진행된다.

7.6 인터럽트

7.6.1 인터럽트

인터럽트는 '방해하다, 중단시키다, 가로막다'라는 뜻이다. 시스템 프로그래밍에서 인터럽트(interrupt)는 하드웨어나 소프트웨어가 즉시 주목할 사건이 일어났을 때 프로세서에게 경보를 알리는 신호이다. 인터럽트는 프로세서에게 현재 실행중인 프로그램이나 작업을 중단하기를 요구하는 우선순위가 매우 높은 상태의 통지이다. 인터럽트가 발생하면 프로세서는 현재의 활동을 연기하고 작업 중인 상태를 저장한다. 그리고 인터럽트를 일으킨 사건을 다룰 인터럽트 핸들러(handler)라는 작은 프로그램을 실행시킨다. 이를 인터럽트 서비스 루틴(ISR)이라고도 한다. 각 인터럽트는 자기 자신만의 인터럽트 핸들러를 가진다.

인터럽트 벡터(interrupt vector)는 인터럽트 핸들러의 시작 주소가 저장된 메모리 주소이다. 메인메모리의 특정 영역에 자리한 인터럽트 벡터 테이블은 각 인터럽트 요청에 대한 인터럽트 핸들러의 시작 주소들이 저장된다. 인터럽트 핸들러가 종료되면 일시적으로 작업을 중단했던 프로세서는 하던 일에 대한 실행을 재개한다. 인터럽트 핸들러에서 인터럽트를 처리하는 시간이 지나치게 과도하면 전체 시스템의 성능에 심각하게 방해를 준다. 이런 현상을 인터럽트 폭풍(interrupt storm)이라고 한다.

오리지널 IBM PC는 〈표 7-4〉처럼 16개의 하드웨어 인터럽트 IRQ 신호를 사용한다. 각 IRQ는 실행 우선순위를 가지며 가변시킬 수 있다. 또한 운영체제에서 관리하는 소프트웨어 인터럽트를 포함해 총 256개의 인터럽트 벡터를 사용한다.

〈표 7-4〉를 참조하면 사용자의 컴퓨터는 평상시에도 여러 개의 하드웨어 인터럽트 요청을 처리하고 있다는 것을 알 수 있다. 네트워크 카드, 키보드, 마우스나 하드디스크 컨트롤러 등에서 하드웨어 인터럽트가 발생한다. 요즘은 하나의 하드웨어 인터럽트 번호를 여러 개의 장치가 공유해 사용할 수 있다.

〈표 7-4〉 오리지널 IBM PC의 하드웨어 인터럽트 IRQ 신호

구분	용도	구분	용도
IRQ0	시스템 타이머	IRQ8	실시간 클럭(real time clock)
IRQ1	키보드 인터럽트	IRQ9	
IRQ2	프로그램가능 인터럽트 컨트롤러	IRQ10	
IRQ3	시리얼 포트 2	IRQ11	
IRQ4	시리얼 포트 1	IRQ12	P/S2 마우스 인터럽트
IRQ5	패럴렐 포트 2	IRQ13	수치 보조프로세서
IRQ6	플로피 디스크 컨트롤러	IRQ14	하드디스크 컨트롤러(primary)
IRQ7	패럴렐 포트 1	IRQ15	하드디스크 컨트롤러(secondary)

7.6.2 인터럽트의 종류

하드웨어 인터럽트와 소프트웨어 인터럽트의 크게 2가지 종류의 인터럽트가 있다. 하드웨어 인터럽트는 정전 등 하드웨어적인 문제, 입출력장치의 데이터 전송 요청, 타이머 종료, 프로세서 간의 통신을 위한 신호 등이 있을 때 발생한다. 소프트웨어 인터럽트는 프로그램 명령의 수행에 오류가 발생한 경우, 프로그램 사용자의 의도로 시스템을 호출한 경우 등에 발생한다. 하드웨어 인터럽트는 각 입출력 장치와 인터럽트 컨트롤러가 연결되는 고유의 IRQ 선이 필요하다. 하드웨어 인터럽트의 개수는 프로세서에 연결되는 IRQ 선의 개수에 제한을 받는다. 소프트웨어 인터럽트는 물리적인 선이 필요 없어 수백 개를 사용할 수 있다.

a. 하드웨어 인터럽트

하드웨어 인터럽트는 주로 CPU 외부 장치의 요청에 의해 발생하는 인터럽트이다. 외부 I/O 장치에서 프로세서로 보내는 일종의 알림 통지이다. 외부 장치에서 일어나는 사건은 언제 일어날지 모르기 때문에 프로세서의 시간이 낭비되는 것을 피하기 위한 방법으로 도입되었다. 인터럽트가 없다면 외부 장치에 전송할 데이터가 있는지 없는지 확인하기 위해 CPU가 외부 장치의 I/O 주소를 계속 순환하면서 폴링 해야 한다.

하드웨어 인터럽트는 분명한 신호를 보낼 수 있는 제어선을 갖고 있다. 이를 통

해 네트워크 어댑터 같은 입출력장치에서 CPU로 인터럽트 신호를 보낸다. 키보드를 누르거나 마우스를 움직이면 하드웨어 인터럽트를 촉발시킨다. 인터럽트를 통해 주변장치의 요청을 알게 된 CPU가 네트워크 어댑터를 액세스하거나 키보드에서 눌러진 키나 마우스의 위치를 읽게 만든다.

하드웨어 인터럽트를 개시하는 행동은 인터럽트 요청(interrupt request, IRQ)으로 나타난다. 프로세서는 통상 CPU 내부에 인터럽트 마스크(mask) 비트를 가지고 있다. 마스크가 설정되면 소프트웨어적으로 외부에서 오는 하드웨어 인터럽트를 무시할 수 있도록 설계한다. 이때 다음과 같이 2가지 타입이 있다.

① 막을 수 있는 인터럽트(maskable interrupt): IRQ를 사용하는 인터럽트
② 막을 수 없는 인터럽트(non-maskable interrupt, NMI)

NMI는 CPU의 리셋처럼 우선순위가 가장 높은 절대로 무시될 수 없는 인터럽트이다. NMI는 하드웨어 에러에서 발생하거나 CPU의 심각한 오동작을 방지하기 위해 일부러 발생시킨다. 전원장치 실패 인터럽트나 타임아웃 인터럽트에 따른 CPU 리셋이 대표적인 NMI 인터럽트의 예이다.

하드웨어 인터럽트는 소프트웨어 인터럽트와는 달리 CPU와 비동기적이다. 다른 명령을 실행하는 도중에도 발생할 수 있다. 이런 점은 프로그래밍 작업에서 추가적인 고려를 필요로 한다. 한편, 하드웨어 인터럽트는 다중 프로세서에서 프로세서 간의 멀티태스킹을 위한 방법의 하나로 공통으로 사용되기도 한다. 이처럼 인터럽트에 의해 컴퓨터가 작동되는 기술을 인터럽트 구동(interrupt-driven)이라고 한다. 소프트웨어적인 폴링과는 반대가 되는 개념이다.

b. 소프트웨어 인터럽트

소프트웨어 인터럽트는 주로 CPU 내부 명령의 실행에 의해 발생하는 인터럽트이다. 소프트웨어 인터럽트는 프로세서 자체의 ① 예외적인 조건에 의하거나 인터럽트를 일으킬 수 있는 일련의 ② 특별한 명령어들에 의해 발생한다.

함정 또는 예외(exception)라고 부르는 것은 프로그램 실행 중에 충분히 예외적인 사건이나 에러에서 인터럽트가 발생하기 때문이다. 예를 들어 ALU가 0으

로 나누는 명령을 받았을 때이다. 이 불가능한 요구는 0으로 나누는(divide-by-zero) 예외를 발생시킨다. 이런 인터럽트가 발생하면 CPU는 아마 계산을 포기하고 에러 메시지를 보여줄 것이다.

소프트웨어 인터럽트 명령은 다양한 목적으로 사용되며 서브루틴 호출과 비슷한 기능을 한다. 사용자의 의도로 운영체제를 호출하는 경우가 대표적이다. 응용프로그램에서 필요한 시점에 BIOS 루틴과 같이 운영체제 수준에서만 수행이 가능한 I/O 데이터의 전송을 요구할 수 있다. 디바이스 드라이버와 같은 저수준의 시스템 소프트웨어를 요청하는 경우가 그렇다. 컴퓨터는 종종 디스크에 데이터를 쓰거나 읽기를 요청해야 하는데, 이때 디스크 컨트롤러와 통신하기 위해 소프트웨어 인터럽트를 사용한다. 사용자 프로그램이 운영체제의 서비스를 원하는 이런 종류의 소프트웨어 요구를 감시자 호출(supervisor call, SVC)이라고도 한다.

7.6.3 CPU 리셋

컴퓨터시스템의 전원장치(power supply)는 전력용량(W)에 여유가 있어야 한다. 항상 최대 용량을 사용하는 것은 아니지만 용량이 부족하면 시스템의 동작이 불안해진다. 실효치 계산에서 전력(P)은 전류(I)와 전압(V)의 곱이다. 하드웨어 장치에서 전류공급은 그 흐름을 유지하려는 속성이 있다. 전력이 부족하면 우선 전압이 떨어진다. 일시적으로라도 낮은 전압을 공급받으면 디지털 회로가 오동작을 일으킬 수 있다. CPU는 낮은 전압으로 발생하는 오동작을 방지하기 위해 리셋 회로를 갖고 있다. CPU가 오류로 동작이 정지되어 있을 때도 리셋이 발생한다.

a. 전원장치 실패 인터럽트

컴퓨터시스템에서 리셋 회로는 전원 상태를 항상 모니터링(monitoring) 한다. 모니터링은 폐쇄회로 TV(closed circuit television, CCTV) 모니터나 방송 모니터 요원처럼 어떤 것을 감시한다는 뜻이다. 컴퓨터의 오동작을 방지하기 위해 리셋 회로는 전원장치의 전원이 안정적인지 관찰하다 일정 전압이하로 떨어지면 작동한다. 오리지널 IBM PC는 컴퓨터의 디지털 +5V전원이 +4.75V 정도 이하로 떨어지면 자동적으로 CPU에 리셋을 걸도록 설계되었다. 이를 정전 혹은 전원장치 실패(power failure) 인터럽트라고 한다.

한편 UPS(uninterruptible power supply)는 '방해받지 않는 전원 공급장치'라는 뜻의 영문약자로 무정전 전원장치이다. 주로 백업용 배터리를 사용해 정전 시 컴퓨터시스템에 일정시간 동안 교류 전원을 공급해주는 장치이다. 이동용 컴퓨터는 UPS 대신 직류 배터리를 사용하기 때문에 기본으로 전원장치를 관리하는 기능이 적용된다. 배터리 용량은 전류(A)와 시간(hour)과의 곱(ampere-hour, Ah)이기 때문에 남아있는 배터리 사용시간을 예측할 수 있다. 컴퓨터의 운영체제에서 배터리 전원을 감시하고 충전이 필요한 시점을 판단해 알려줄 수 있다. 또한 대개 배터리가 완전 방전되기 전에 운영체제가 자동으로 컴퓨터 전원을 강제 종료시킨다. 전원을 강제 종료하기 직전에 사용 중이던 메모리 상태나 작업 환경을 하드디스크에 자동으로 저장하는 기능을 갖추기도 한다.

b. 타임아웃 인터럽트

CPU의 리셋 회로에는 일명 워치독 타이머(watchdog timer)가 포함된다. 워치독은 본래 '집을 지키는 경비견'이라는 뜻으로 감시인이나 감시단체를 나타낼 때 사용되는 말이다. 워치독 타이머는 일정한 시간 간격으로 예를 들어 10ms마다 CPU의 타이밍 회로에서 발생시켜 내보내는 신호를 입력으로 받아 감시한다. 일정 시간동안 예를 들어 0.5초 동안 이 신호가 발생하지 않으면 CPU가 작동하지 않고 정지된 것으로 판단한다. 만일 그런 경우가 발생하면 리셋 회로가 CPU에 자동으로 리셋을 걸어주도록 하드웨어를 설계한다. 이런 종류의 인터럽트를 타임아웃(timeout) 인터럽트라고 한다.

7.6.4 인터럽트 제어 신호

인터럽트 컨트롤러는 CPU와 입출력장치 간에 비동기적인 데이터 전송을 지원한다. 인터럽트 버스 사이클을 실행하려면 인터럽트 컨트롤러에서 버스 사용권에 대한 조정을 해주어야 한다. 이를 위해 다음과 같은 제어신호가 사용된다. 앞으로의 설명에서는 IRQ와 INTA 신호를 이용해 설명하도록 하겠다.

① 인터럽트 요청(interrupt request, IRQ) 신호: 외부 장치가 CPU에 보내는 버스를 사용하겠다고 요청하는 인터럽트 발생 신호

② 인터럽트 확인(interrupt acknowledge, INTA) 신호: CPU가 외부 장치에 보내는 인터럽트 요청을 접수했다고 알리는 신호

인터럽트를 사용하는 장치나 어댑터는 데이터를 보내고 받을 준비가 되어 있으면 CPU측에 IRQ 신호를 보내 데이터 전송을 요구한다. IRQ 신호가 들어오면 CPU는 데이터 전송을 요구한 장치가 무엇인지 조사한다. CPU는 이 장치를 위해 I/O 버스를 사용하고 INTA 신호를 보내 IRQ를 클리어(clear)시킨다.

키보드 인터럽트의 예를 들어보자. 키보드 컨트롤러와 인터럽트 컨트롤러는 주로 메인보드 상의 칩셋인 I/O 컨트롤러에 내장된다. 키보드 컨트롤러는 케이블을 통해 키보드로부터 주로 시리얼 데이터를 받는다. 키보드 컨트롤러는 8비트씩 모아 인터럽트 컨트롤러에 데이터 전송을 요청한다. 인터럽트 컨트롤러는 CPU에 IRQ 신호를 보내 키보드 데이터를 가져가도록 알린다. 전송이 완료되면 인터럽트 컨트롤러는 키보드 컨트롤러에 INTA 신호를 내주어 이미 전송한 데이터를 I/O 버스에서 클리어시킨다. 키보드 인터럽트에서 키의 위치에 해당하는 각 바이트 데이터를 전송할 때마다 이 과정을 반복한다.

7.6.5 인터럽트 제어 방식

인터럽트 요청을 발생시킬 수 있는 입출력장치가 여러 개 있을 때 CPU는 인터럽트 컨트롤러를 통해 이들을 중재하고 제어한다. 이들을 제어하는 방법은 병렬식 연결이 가장 빠르고 안정적인 방법이다. 그러나 실제 프로세서 칩 외부에는 하드웨어 인터럽트를 제어하는 신호 핀들이 불과 몇 개밖에 나와 있지 않다. 하드웨어 인터럽트를 사용하는 장치들이 많아지면 다중화해서 한정된 제어선들을 사용한다. 아니면 직렬식 등 다른 인터럽트 제어 방법들을 사용해야 한다.

a. 병렬식 인터럽트 제어

[그림 7-12]에서 병렬식 인터럽트 제어 방식은 '각 I/O 장치마다 별도의 IRQ 신

호선과 별도의 INTA 신호선을 사용'한다. 인터럽트 컨트롤러와 I/O 장치 사이에 IRQ와 INTA 신호선이 각 장치마다 분리되어 있다. IRQ 신호선이 분리되어 있기 때문에 CPU가 인터럽트를 요청한 장치를 쉽게 찾을 수 있다. CPU에서 어떤 한 곳의 인터럽트 요청을 받아들이면 상태레지스터의 인터럽트 마스크 플래그 비트를 불가능(disable)으로 설정할 수 있다. 이때 다른 인터럽트 요구가 들어와도 기다리게 한다. 물론 우선순위를 정해 다중 인터럽트로 분기할 수도 있다. 이 방식은 대개 다음의 순서대로 처리된다.

① 주변장치가 CPU에 인터럽트 요청 IRQ 신호를 보낸다.
② CPU에서 현재 작업내용을 저장한다.
③ CPU가 인터럽트를 처리한다.
④ CPU가 주변장치에 인터럽트 확인 INTA 신호를 보낸다.
⑤ INTA 신호를 받은 주변장치는 IRQ 신호를 삭제한다.
⑥ CPU가 본래의 상태로 복귀한다.

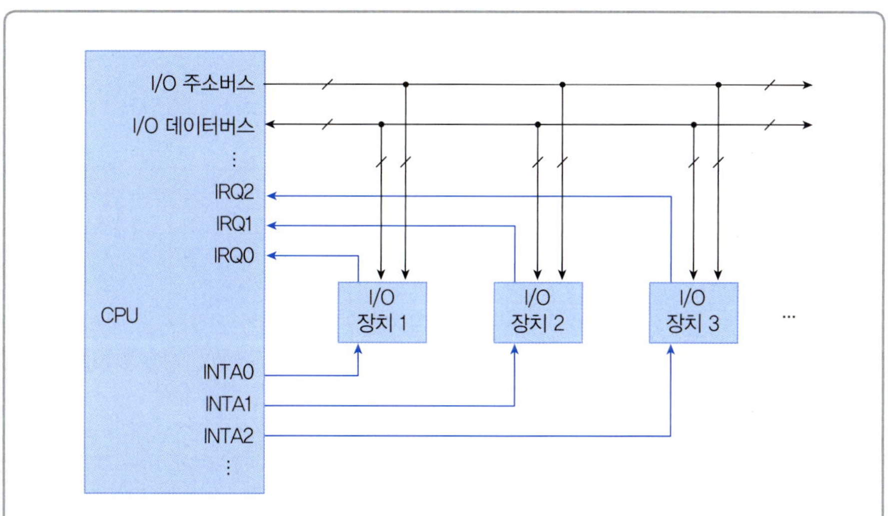

[그림 7-12] 병렬식 인터럽트 제어

b. 직렬식 인터럽트 제어

[그림 7-13]에서 직렬식 인터럽트 제어 방식은 '여러 I/O 장치에서 하나의 IRQ

신호선과 하나의 INTA 신호선을 공동으로 사용'한다. 하나의 INTA 신호선이 데이지 체인 방식으로 각 장치에 꼬리에 꼬리를 물고 연결된다. 이 제어 방식은 IRQ 신호선이 분리되어 있지 않아 인터럽트를 요청한 장치를 CPU가 찾아야 한다. IRQ 신호가 들어오면 CPU가 일단 INTA 신호로 확인한다. INTA 신호는 각 장치를 순서대로 통과하여 인터럽트를 요청한 장치에 이른다. 해당 장치는 다른 장치와 자신을 식별하도록 고유한 ID, 즉 인터럽트 벡터(vector)를 I/O 버스를 통해 CPU에게 보낸다. 이 방식은 인터럽트 컨트롤러에서 먼 쪽에 있는 장치들이 우선순위가 밀려 오랫동안 서비스를 기다리게 할 우려가 있다. 이 방식은 대개 다음의 순서대로 처리된다.

① 주변장치가 CPU에 인터럽트 요청 IRQ 신호를 보낸다.
② CPU가 IRQ를 보낸 장치를 조사하기 위해 INTA 신호를 보낸다.
③ 해당 주변장치가 CPU에 I/O 버스로 인터럽트 벡터 ID를 보낸다.
④ CPU에서 현재 작업 내용을 저장한다.
⑤ CPU가 인터럽트를 처리한다.
⑥ CPU가 본래의 상태로 복귀한다.

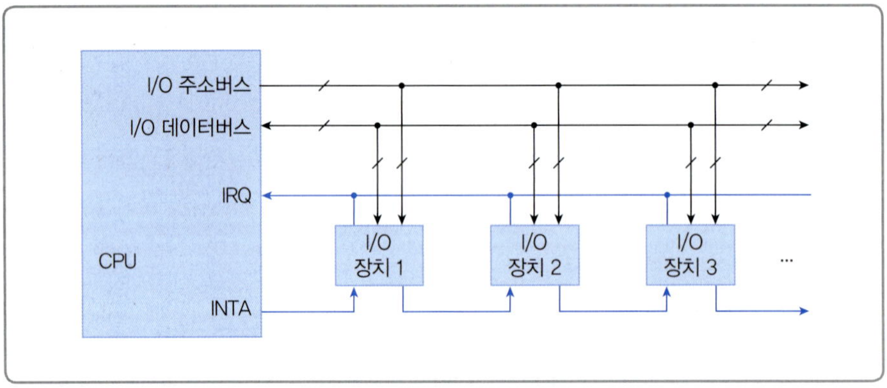

[그림 7-13] 직렬식 인터럽트 제어

c. 소프트웨어 폴링 방식 인터럽트 제어

[그림 7-14]에서 소프트웨어 폴링 방식 인터럽트 제어는 '여러 I/O 장치에서 하나의 IRQ 신호선만 공동으로 사용'한다. 이 방식은 직렬식 인터럽트 제어와 달리

인터럽트 벡터를 보낼 필요가 없다. CPU가 인터럽트를 요구한 장치를 확인하기 위해 I/O 주소로 판별하기 때문이다. IRQ 신호가 들어오면 CPU는 각 I/O 장치에 해당하는 주소를 차례대로 조사해서 인터럽트를 요구한 장치를 찾아낸다. 각 장치를 일일이 뒤지는 소프트웨어 폴링 방식이라 시간이 많이 걸린다. 그 대신 프로그램으로 인터럽트 검사 주기와 우선순위를 가변시킬 수 있어 편리하다.

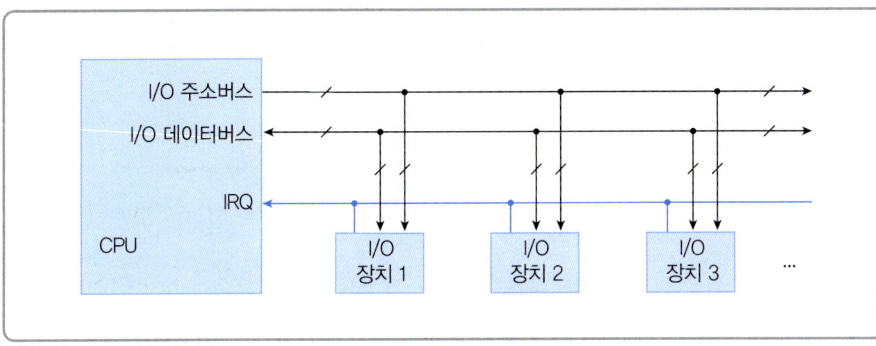

[그림 7-14] 소프트웨어 폴링 방식 인터럽트 제어

연습문제

1. 시스템버스에 연결되는 요소들을 【보기 A】에서 모두 골라라.

보기 A ① 입출력장치 ② 메모리 컨트롤러 ③ CPU ④ 메인메모리 ⑤ I/O 컨트롤러

2. I/O 버스에 연결되는 요소들을 【보기 A】에서 모두 골라라.

3. 시스템버스에 대한 설명으로 맞는 것을 【보기 B】에서 모두 골라라.

보기 B ① 전면버스 ② 한 종류 ③ 다양한 종류 ④ I/O 버스 ⑤ 후면버스 ⑥ 메모리버스 ⑦ 칩셋과 I/O 장치 사이

4. 입출력버스에 대한 설명으로 맞는 것을 【보기 B】에서 모두 골라라.

5. 컴퓨터시스템에서 클럭이 빠른 순서대로 번호를 적어라.
① CPU 코어 ② 시스템버스 ③ CPU 언코어 ④ I/O 버스

6. CPU 내부 코어가 CPU 외부 시스템버스 클럭의 몇 배수로 동작하는지를 나타낸 것을 무엇이라고 하는가?

7. 인텔 멀티코어 프로세서에서 운영체제의 요청으로 일부 코어의 동작 클럭만 순간 순간 동적으로 끌어 올려주는 기술을 무엇이라고 하는가?

8. 시스템 설정에서 시스템버스의 클럭을 임의로 올려 CPU 내부의 코어 클럭을 강제로 끌어 올리는 기법을 무엇이라고 하는가?

9. 오버클럭킹에 대한 설명으로 맞는 것을 모두 골라라.
① 시스템에 신뢰성을 증가 ② CPU 클럭 속도 차이는 다른 설계
③ 제조공정의 설계 마진 ④ 시스템 전반의 클럭 속도 증가

10. 컴퓨터의 성능에 가장 큰 영향을 주는 순서대로 하드웨어 요소 5개를 골라라.

① 메인메모리 ② 광학디스크 ③ 전원장치 ④ 키보드
⑤ 캐시메모리 ⑥ 하드디스크 ⑦ 비디오카드 ⑧ CPU 클럭

11. 메모리 주소나 I/O 주소의 범위와 용도를 알기 쉽도록 지도와 같이 세밀한 그림이나 표로 정리한 자료를 무엇이라고 하는가?

12. 메모리의 일부 주소를 I/O 장치에 할당해 메모리와 I/O 장치의 주소가 분리되어 있지 않은 주소방식을 무엇이라고 하는가?

13. 메모리와 I/O 장치의 주소가 분리된 주소방식을 무엇이라고 하는가?

14. CPU가 주기적으로 각 I/O 장치의 상태를 검사해 전송할 데이터가 있으면 이를 처리하는 전송방식을 무엇이라고 하는가?

15. 특정 주소를 지정해 그 주소에서 데이터를 내놓도록 권유해 이를 가져오는 과정을 무엇이라고 하는가?

16. 마치 악수를 주고받듯 비동기인 두 장치 간에 동기를 맞추기 위해 송수신단이 사전에 정해진 일련의 신호를 교대로 주고받는 제어방식을 무엇이라고 하는가?

17. I/O 장치로부터 데이터 전송 요청이 들어올 때만 CPU가 이를 처리하는 전송방식을 무엇이라고 하는가?

18. '직접 메모리 액세스'의 영문약자로 메모리와 I/O 장치 사이의 데이터 전송을 CPU 대신 별도의 컨트롤러가 담당하는 전송방식을 무엇이라고 하는가?

19. CPU가 버스를 사용하지 않는 순간을 이용해 DMA 컨트롤러가 마치 CPU 버스 사이클을 훔치듯이 그때그때 데이터를 전송하는 동작모드를 무엇이라고 하는가?

20. 어떤 CPU가 키보드 데이터를 20ms 간격으로 폴링한다. 2.5GHz CPU 클럭을 기준으로 1회의 폴링에 725클럭이 필요하다. 이 키보드의 데이터를 폴링 방식으로 전송하는데 요구되는 CPU 점유율을 구하라.

21. 어떤 하드디스크가 48MB/s, 16B 인터페이스를 사용한다. 2.5GHz CPU 클럭을 기준으로 1회의 인터럽트 핸들러에 800클럭, 1회의 데이터 전송에 180클럭이 필요하다. 하드디스크의 사용률은 15%로 가정한다. 이 하드디스크의 데이터를 인터럽트 방식으로 전송하는데 요구되는 CPU 점유율을 구하라.

22. 어떤 하드디스크가 48MB/s, 16B 인터페이스를 사용한다. 2.5GHz CPU 클럭을 기준으로 1회의 DMA 채널 설정에 2500클럭이 소요되고 DMA로 1회에 4KB짜리 한 페이지를 전송한다. 하드디스크의 사용률은 45%로 가정한다. 이 하드디스크의 데이터를 DMA 방식으로 전송하는데 요구되는 CPU 점유율을 구하라.

23. I/O 버스에 대한 설명으로 맞는 것을 모두 골라라.

① 다양한 메모리 소자들과 연결
② 다양한 주변장치 연결
③ 시스템버스에서 갈라져 나옴
④ CPU와 동기로 동작
⑤ 그래픽 전용 I/O 버스가 발전
⑥ 속도가 다른 장치 지원

24. PCI-E 2.0 x1의 데이터 전송속도가 500MB/s일 때 PCI-E 2.0 x32 링크의 데이터 전송속도는 몇 GB/s인가?

25. 패럴렐에서 고속 시리얼 버스로 바뀔 때의 설명으로 맞는 것을 모두 골라라.

① 전송속도 증가에 편리
② 복잡한 구조
③ 버스 중재 불필요
④ 여러 장치를 연결 사용
⑤ 간단한 구조
⑥ 장치 간 1:1 연결

26. '범용 직렬 버스'의 영문약자로 컴퓨터시스템의 I/O 버스와 주변장치를 연결하기 위한 시리얼 버스 인터페이스 표준을 무엇이라고 하는가?

27. 컴퓨터와 주변장치 인터페이스에 관한 질문의 답을 【보기 C】에서 모두 골라라.

(a) USB 인터페이스와 IEEE 1394 인터페이스의 공통점은?
(b) USB 인터페이스에만 해당하는 설명은?
(c) IEEE 1394 인터페이스에만 해당하는 설명은?

보기 C

① 시리얼 버스 인터페이스
② 하나의 목적지
③ 데이터, 음성, 영상 포함
④ 여러 개의 목적지
⑤ 컴퓨터에 연결되어야 동작
⑥ 주변장치끼리 직접통신
⑦ 여러 컴퓨터가 주변장치 공유
⑧ 저속 I/O 포트 대체

28. '벼락'이라는 뜻으로 SATA, USB, IEEE 1394, DVI 등 기존의 I/O 버스를 통합해 대체할 목적으로 개발된 시리얼 버스 인터페이스를 무엇이라고 하는가?

29. 꽃의 뿌리가 퍼져 잎과 자루가 서로 연결된 형상으로 한 장치에 연결된 다른 장치가 또 다른 장치에 연속해 연결되는 버스 결선 방식을 무엇이라고 하는가?

30. 허브를 통한 USB 포트 연결에 대한 설명으로 맞는 것을 모두 골라라.

① 데이지 체인 연결 ② 장치에 최소 1개 포트
③ 트리 구조 연결 ④ 장치에 최소 2개 포트

31. I/O 버스의 연장에 관한 다음 질문에 대한 답을 【보기 D】에서 모두 골라라.

(a) I/O 버스가 연장되는 곳은 어디인가?
(b) 컴퓨터의 내부 I/O 장치를 연결하는 곳은 어디인가?
(c) 컴퓨터의 외부 I/O 장치를 연결하는 곳은 어디인가?

보기 D			
	① 바이오스 칩	② I/O 포트	③ CPU 소켓
	④ 메모리 소켓	⑤ I/O 확장 슬롯	⑥ I/O 커넥터

32. 시스템보드 상에 추가 어댑터를 꽂도록 확장시킨 I/O 버스의 연장으로 커넥터 형태로 만들어진 부품을 무엇이라고 하는가?

33. I/O 데이터의 출입구라는 뜻으로 컴퓨터시스템이 주변장치나 네트워크 회선과 자료를 주고받기 위해서 컴퓨터 본체 외벽에 설치한 접합부를 무엇이라고 하는가?

34. 확장카드에 대한 설명으로 맞는 것을 모두 골라라.

① 컴퓨터에 부가능력 제공 ② 시스템보드의 확장슬롯에 장착
③ 범용으로 설계되지 못함 ④ 카드가 어댑터보다 일반적인 의미
⑤ 다양한 이름으로 불림 ⑥ 초기 IBM PC는 개방형 구조

35. 지능적이지 못한 I/O 버스에서 복수의 입출력장치들이 동시에 차지하려고 하면 충돌이 발생할 수 있는 대표적인 자원 3가지를 골라라.

① 캐시메모리 ② I/O 주소 ③ IRQ 번호
④ 가상메모리 ⑤ DMA 채널 ⑥ 메모리주소

36. I/O 버스에서 입출력장치의 충돌을 방지하는 방법으로 맞는 것을 모두 골라라.

① 플러그 앤 플레이 ② ISA 버스 사용 ③ 메인메모리 확장
④ 가상메모리 사용 ⑤ IRQ 공유 허용 ⑥ 지능적인 버스 마스터링

37. '장착하면 바로 동작한다.'는 뜻의 영문약자로 컴퓨터시스템에 추가로 장착되는 하드웨어를 위한 산업표준을 무엇이라고 하는가?

38. 플러그 앤 플레이 지원이 가능한 확장카드에서 운영체제의 지시에 따라 스스로 다른 값으로 조절이 가능해야 하는 것을 모두 골라라.
① 메모리 주소 ② 시스템 설정 ③ IRQ 번호 ④ I/O 주소

39. 버스를 이용해 메모리나 I/O 장치에서 데이터를 읽거나 쓰기 위해 반복적으로 수행해야 하는 일련의 연속동작을 무엇이라고 하는가?

40. 동기식 버스 설계에 대한 설명으로 맞는 것을 【보기 E】에서 모두 골라라.

보기 E

① 다른 신호 발생여부가 결정	② 시스템버스 클럭에 동기
③ 설계가 간결하고 정확	④ 처리 순서 설계하기 복잡
⑤ 대기 클럭이 필요	⑥ 시간 낭비가 적음
⑦ 고성능 컴퓨터 설계 부적합	⑧ 고성능 컴퓨터 설계 용이

41. 비동기식 버스 설계에 대한 설명으로 맞는 것을 【보기 E】에서 모두 골라라.

42. 주변장치가 CPU의 간섭을 받지 않고 독자적으로 메모리와 I/O 장치 사이에 데이터를 전송할 수 있도록 해주는 버스 설계 기술을 무엇이라고 하는가?

43. 버스 상의 다른 데이터 입출력장치와 주종관계를 이루어 버스를 직접 제어하고 점유해 사용하는 주체를 무엇이라고 하는가?

44. 버스 마스터 간에 버스의 사용권에 대한 경합이 발생하면 이를 조정해 누가 먼저 버스를 사용할 지를 결정해주는 장치를 무엇이라고 하는가?

45. 버스 컨트롤러가 버스를 중재하는 순서대로 번호를 골라라.
① 사용 중인 버스 사이클이 완료되었는지 검사
② 버스 마스터가 버스 컨트롤러에 버스 사용 요청
③ 버스 마스터가 버스의 사용권을 얻음
④ 버스 마스터 간 경쟁이 있으면 우선순위 중재
⑤ 버스를 통해 데이터의 전송이 진행
⑥ 버스로 주소, 읽기, 쓰기 신호를 보냄

46. 인터럽트 핸들러에서 인터럽트를 처리하는 시간이 지나치게 과도하여 전체 시스템의 성능에 심각하게 방해를 주는 현상을 무엇이라고 하는가?

47. 다음 인터럽트의 종류에 대한 설명으로 맞는 것을 【보기 F】에서 모두 골라라.
(a) 소프트웨어 인터럽트
(b) 하드웨어 인터럽트
(c) 막을 수 없는 인터럽트

보기 F ① 외부 주변장치의 요청 ② 사용자가 운영체제 호출 ③ 타임아웃에 의한 리셋 ④ 프로그램 실행 오류 ⑤ 내부 명령어로 발생 ⑥ 전원장치 실패 인터럽트

48. '막을 수 없는 인터럽트'의 영문약자로 전원장치 실패나 타임아웃에 따른 CPU 리셋처럼 우선순위가 가장 높은 인터럽트를 무엇이라고 하는가?

49. '방해받지 않는 전원 공급장치'의 영문약자로 주로 백업용 배터리를 사용해 정전 시 일정 시간 동안 교류를 공급해주는 무정전 전원장치를 무엇이라고 하는가?

50. CPU 리셋 회로와 관련이 깊은 인터럽트를 모두 골라라.
① 프로그램 검사 인터럽트 ② 타임아웃 인터럽트
③ 입출력 인터럽트 ④ 전원장치 실패 인터럽트
⑤ 관리자 호출 인터럽트

51. 다음 제어 방식의 인터럽트 처리 순서를 【보기 G】에서 순서대로 골라라.
(a) 병렬식 인터럽트 제어
(b) 직렬식 인터럽트 제어

보기 G ① 정상상태로 복귀 ② INTA 확인 ③ IRQ 요청 ④ 현재 작업내용 저장 ⑤ 인터럽트 처리 ⑥ 주변장치가 IRQ 삭제 ⑦ 인터럽트 벡터 ID 보냄

52. 다음 설명에 맞는 인터럽트 제어 방식을 【보기 H】에서 골라라.
(a) 하나의 IRQ 신호선만 공동으로 사용
(b) 하나의 IRQ 신호선과 하나의 INTA 신호선을 공동으로 사용
(c) 각 I/O 장치마다 별도의 IRQ 신호선과 별도의 INTA 신호선 사용

보기 H ① 병렬식 ② 직렬식 ③ 소프트웨어 폴링 방식

08 CHAPTER

주변장치

8.1 모니터

8.2 비디오카드

8.3 사운드카드

8.4 스캐너

8.5 프린터

COMPUTER ARCHITECTURE

주변장치는 좁은 의미에서는 컴퓨터시스템과 분리되지만 넓은 의미에서는 컴퓨터시스템의 일부이다. 컴퓨터시스템에 연결되는 주변장치(peripheral device)의 종류에는 키보드나 마우스 등의 HID(human interface device, 인간 접속 장치), 사운드카드나 비디오카드 등의 확장카드, 디지털 카메라나 스캐너 등의 이미지 장치, 프린터 등의 출력장치, USB 메모리 등의 휴대용 저장장치, 모뎀이나 랜카드 등의 네트워크 어댑터와 같은 수많은 장치들이 있다. 요즘은 모든 가전제품과 디지털 장비들이 컴퓨터시스템에 네트워크로 전부 연결되는 추세이다.

8장은 컴퓨터시스템의 주변장치에 대해서 설명한다. 이곳 8장에서는 앞에서 설명되지 않았던 모니터, 비디오카드, 사운드카드, 스캐너와 프린터를 중심으로 해당 장치에 사용되는 기술과 동작원리를 알아본다.

08 CHAPTER

주변장치

8.1 모니터

8.1.1 모니터와 스크린

모니터(monitor)는 컴퓨터의 화면을 출력하는 주변장치로 디스플레이 소자를 말한다. 스크린(screen)은 모니터에서 화면을 구성하는 면이다. 디스플레이 장치는 크게 수광소자와 발광소자로 나눈다. LCD와 같은 수광소자는 자기 스스로 발광하지 못하고 자연광을 반사시키거나 백라이트(back light)를 통과시켜야 한다. 발광소자로는 CRT, PDP, 발광다이오드(light emitting diode, LED) 등이 있다.

a. 픽셀과 색상 수

픽셀(pixel)은 사진, TV, 컴퓨터 모니터 등에서 해상도를 이루며 '화면을 구성하는 요소'인 화소(picture element)의 영어식 줄임말이다. 모니터는 각 RGB 서브픽셀의 밝기로 화면에 나타나는 픽셀의 컬러를 조합한다. 픽셀의 컬러를 만드는 방법은 모니터 소자마다 다르다. 과거에 사용되던 CRT 모니터의 픽셀 형태는 [그림 8-1]과 같다. 모니터의 픽셀 하나는 RGB(red, green, blue) 색상을 표현하는 매우 작은 3개의 점인 서브픽셀(subpixel)로 구성된다. 서브픽셀은 CRT이든 LCD이든 모니터 방식에 상관없이 다양한 모양과 형태로 배열될 수 있다. CRT 모니터는 픽셀의 각 색상을 전자빔이 충격하는 크기로 컬러를 조절한다. LCD 모니터는 픽셀의 각 색상을 백라이트 빛이 투과되는 양으로 컬러를 생성한다.

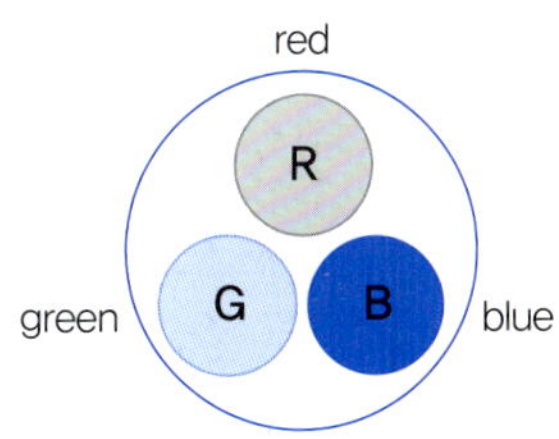

[그림 8-1] CRT 모니터의 픽셀

색상 수는 각 픽셀이 표현할 수 있는 컬러의 최대 가지 수를 나타낸다. 각 픽셀당 컬러를 표현하는 비트 수를 컬러 깊이(color depth)라고 한다. 〈표 8-1〉에서 16비트 컬러를 하이 컬러(hi-color), 24비트 컬러를 트루 컬러(true color)라고 한다. 컬러 표현은 각 픽셀에서 RGB의 밝기를 조합해 만들어 낸다. 24비트 컬러는 RGB 컬러당 8비트씩 나누어 각각 256단계로 밝기가 조절된다. 즉, 24비트 컬러는 256×256×256에서 약 1,600만 가지의 서로 다른 컬러 표현이 가능해진다.

〈표 8-1〉 컬러 깊이와 색상 수

컬러 깊이	색상 수
8비트	2^8 = 256 컬러
16비트	2^{16} = 65,536 컬러 혹은 64K 컬러
24비트	2^{24} = 16,777,216 ≒ 16밀리언(million) 컬러 혹은 1,600만 컬러
32비트	2^{32} = 4,294,967,296 ≒ 4빌리언(billion) 컬러 혹은 40억 컬러

b. 해상도와 화면 크기

[그림 8-2]처럼 스크린에 만들어진 이미지(image)는 수많은 픽셀들로 구성된다. 해상도(resolution)는 종이나 화면에 얼마나 많은 점들을 표현할 수 있는가 하는 정도를 나타낸다. 해상도는 몇백만 화소처럼 화면에 표현되는 최대 픽셀의 개수로 나타낸다. 또는 2560×1600처럼 수평 픽셀 수와 수직 픽셀 수의 곱으로 표시한다. 일반적으로 모니터 크기가 커지면 최대 해상도가 높아진다. 같은 사진이

나 화면에서 해상도가 커지면 인쇄물, 사진, 동영상 등을 더욱 세밀하게 표현할 수 있어 화질이 선명해진다. 그 대신 정보량이 증가해 파일의 크기가 커진다. 이 때문에 한 화면을 저장하기 위해 필요한 비디오 메모리의 크기도 커진다.

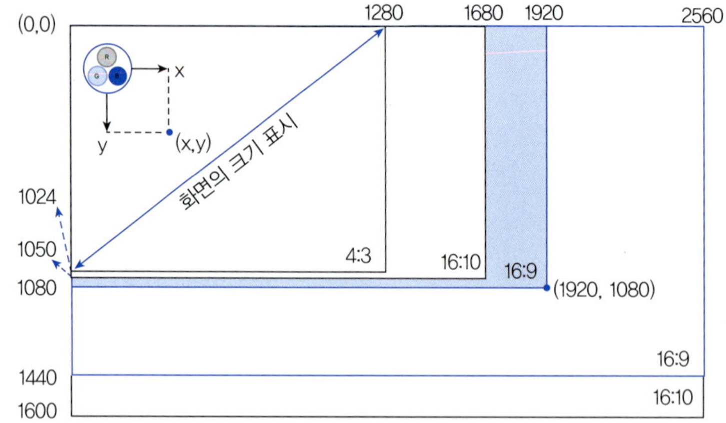

[그림 8-2] 모니터 스크린의 해상도

모니터에서 도트 피치(dot pitch)는 각 픽셀의 간격이다. 인접한 같은 컬러의 서브픽셀이 배열된 간격을 말한다. 모니터 화면의 도트 피치를 간단히 계산할 수 있다. 모니터 화면의 수평이나 수직 길이를 각 방향의 최대 해상도로 나눈 값이다. 모니터 화면의 수평 길이가 320mm이고 최대 수평해상도가 1280이라면 도트 피치는 320mm÷1280에서 0.25mm가 된다. 대개 수직 방향과 수평 방향의 도트 피치는 동일하다. 모니터 화면의 도트 피치가 작을수록 같은 면적당 고해상도 화면을 구현할 수 있다. 그러나 작은 화면에서의 고해상도는 화면의 글씨나 그림이 작아져 보여 오히려 더 불편할 수 있다.

TV나 모니터의 크기는 화면의 대각선 크기로 표시한다. 과거 브라운관 TV나 CRT 모니터는 내부 튜브(tube)의 크기를 기준으로 표시한다. CRT 모니터에서 실제 볼 수 있는 가시화면의 크기는 표시 대비 약 10% 정도가 작았다. 그러나 LCD나 LED 등 평면 디스플레이에서 화면크기 표시는 실제 치수이다.

모니터의 최대 해상도보다 낮은 저해상도로 화면을 주사(scan)할 때 화면을 채우는 방법이 다르다. CRT는 스크린의 가로와 세로의 점들을 건너뛰고 주사하고 나머지 공간은 빛이 퍼져 시각적으로 채워준다. LCD는 빛이 퍼지지 않기 때문에 해상도를 줄이면 중간에 이가 빠져 검게 보인다. LCD 모니터를 저해상도로 바꾸는 쉬운 방법은 화면 중앙에 모아 작은 창으로 만드는 것인데 실제 사용하기에 불편하다. 일반적인 방법은 소프트웨어적으로 중간에 빠진 픽셀들을 부드럽게 채우는 기술이다. 한 화면이 꽉 차보이게 완성할 수 있지만 선명도는 떨어진다.

8.1.2 CRT 모니터

음극선관(cathode ray tube, CRT) 모니터의 유리 안쪽 표면에는 형광체인 인광물질(phosphor)이 코팅되어 있다. [그림 8-3]처럼 3개의 전자총이 동시에 움직이며 각 화소의 RGB 점들을 표적으로 전자빔(electron beam)을 충돌시킨다. 이때 스크린 안쪽에 코팅된 인광물질들이 발광한다. 전자총에서 발사되는 전자빔은 [그림 8-3]과는 달리 사람의 눈에 보이지 않는 전자의 흐름이다. 각 전자빔의 세기를 조절해 컬러를 조합해 낸다. CRT 모니터는 전자빔을 움직이기 위해 높은 전압과 강한 자장을 사용한다.

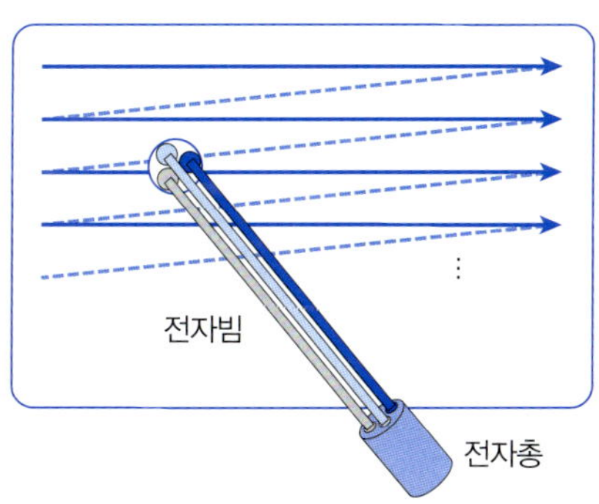

[그림 8-3] CRT 모니터와 래스터 스캔

래스터 스캔(raster scan)은 [그림 8-3]처럼 디스플레이 장치의 위에서 아래로 또한 각 라인의 왼쪽에서 오른쪽으로 주사하여 화면을 구성하는 방식이다. 래스터(raster)는 과거 브라운관 TV나 CRT 모니터 화면에서 수평 주사선으로 구성된 화상 이미지를 말한다.

CRT 모니터를 장시간 디스플레이하면 자장의 영향으로 선명도가 떨어진다. 또한 전자빔이 스크린 안쪽 인광물질의 코팅을 지속적으로 태워 모니터 화면에 손상이 간다. 이런 상태가 오래되면 화면에 잔상(ghost image)도 생긴다. 특히 밝은 색의 정지 화면은 전자빔의 세기가 최대에 가까워 모니터에 손상을 준다.

화면 보호기 또는 스크린 세이버(screen saver)는 초기 CRT 모니터의 품질 불량에서 유래했다. 모니터의 수명 연장을 위해 사용자가 자리를 비운 사이 화면의 모습을 변화시키는 일종의 유틸리티 프로그램이다. 이를 위해 화면 보호기는 주로 어두운 화면을 변화시키는 프로그램을 사용한다. OLED 같은 발광소자들은 밝은 빛이 같은 위치의 화소를 오랫동안 비추면 해당 픽셀의 수명이 짧아지는 문제가 여전히 발생할 수 있다. 한편 운영체제에서 화면 보호기를 다른 용도로 사용하기도 한다. 비밀번호로 화면을 보안하거나 절전 기능 등으로도 사용한다.

8.1.3 순차주사와 비월주사

TV나 모니터의 스크린 화면을 구성할 때 수평라인을 주사하는 방법에 따라 [그림 8-4]처럼 순차주사와 비월주사의 2가지 방식으로 나눌 수 있다. (a)의 순차주사 또는 프로그레시브 스캔(progressive scan)은 한 번에 수평주사선을 순서대로 모두 주사해 화면을 구성하는 방법이다. 비비월(noninterlaced) 주사라고도 한다. 홀수와 짝수 번째 라인을 모두 정상적으로 주사해 본래 의도했던 고해상도 화면을 얻을 수 있다. 컴퓨터에서 대부분의 모니터는 이 방식을 사용한다.

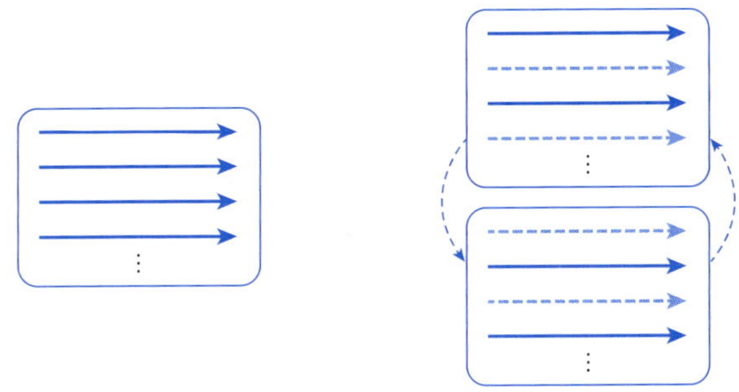

[그림 8-4] 순차주사와 비월주사

(b)의 비월주사(飛越走査) 또는 인터레이스트 스캔(interlaced scan)은 한 번에 수평주사선의 절반씩 주사해 시각적인 잔상으로 화면을 구성하는 방법이다. 스크린의 홀수 번째 라인과 짝수 번째 라인 세트를 교대로 주사한다. 나머지 라인은 시각적인 잔상을 유지해 간이로 고해상도를 얻는다. 인터레이스(interlace)는 직물을 엮어 짠다는 뜻이다. 비월주사 방식의 비디오는 하드웨어의 부담을 줄이고 전송되는 데이터양을 줄일 수 있다. 아날로그 TV와 HDTV가 대표적인 예이다. 그러나 우리 눈의 시력에는 좋은 방법이 아니다. 화면을 가까이서 보면 깜박거리고 줄이 생겨 눈이 쉽게 피로해진다. 컴퓨터 모니터는 눈과의 거리가 매우 가깝기 때문에 이 방법은 권장할만하지 못하다.

8.1.4 화면 재생 빈도

CRT 모니터 화면에 전자빔이 충돌해서 생기는 빛의 발광은 금방 사라진다. 화면을 깜빡임 없이 유지하기 위해 대략 초당 75~85회 이상의 빈도로 화면을 계속 주사해 주어야 선명한 화질을 얻을 수 있다. 이를 화면 재생 빈도라고 한다.

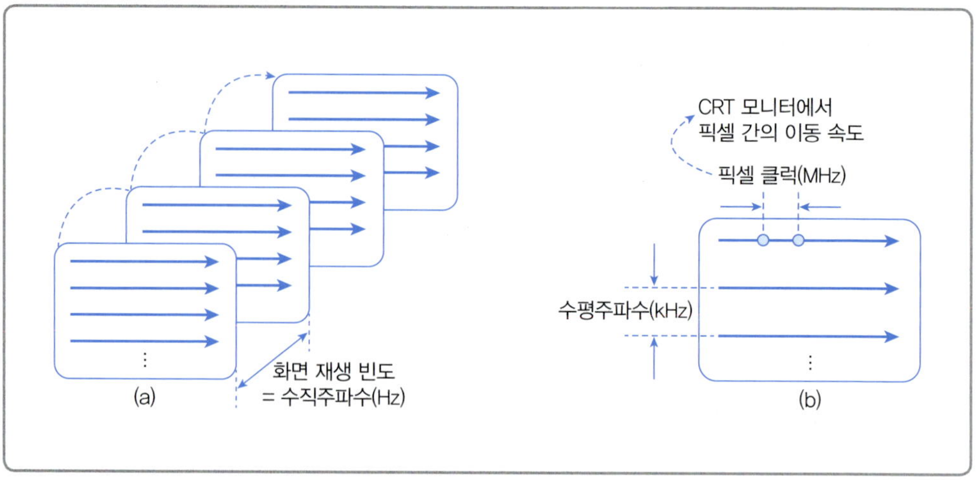

[그림 8-5] 화면 재생 빈도와 수평주파수

[그림 8-5] (a)에서 화면 재생 빈도 또는 리프레시율(refresh rate, Hz)은 모니터에서 화면을 주기적으로 다시 주사해주는 초당 횟수를 주파수로 나타낸다. CRT 모니터에서는 이를 수직주파수(vertical frequency)라고도 한다. 전자총이 수평라인을 주사한 후 수직 방향으로 아래로 이동했다가 다시 본래의 수평 라인으로 되돌아오는 주기이다. 이것은 결국 초당 주사하는 화면의 수가 된다.

엄밀히 말해 화면 재생 빈도와 프레임률(frame rate)은 다르다. 프레임률은 비디오카드로 입력되는 비디오 '소스 화면'의 변화 속도이다. 화면 재생 빈도는 비디오카드에서 모니터로 출력되는 '재생 화면'의 변화 속도이다. 프레임의 변화가 없는 정지 화면이라도 CRT 모니터는 리프레시율은 계속 유지해야 화면을 구성할 수 있다. 또한 화면 재생 빈도가 높을수록 화면이 선명하고 눈이 덜 피로하다.

LCD 모니터는 깜빡임 현상이 없어 화면 재생 빈도가 사실 필요 없다. 또한 눈이 피로하지도 않다. 아날로그 비디오카드의 출력을 받아들이도록 설계된 LCD 모니터는 오히려 60Hz 정도의 저속으로 설정해야 디지털 신호를 추출하는데 유리하다. 다만 요즘의 디지털 평면 디스플레이 장치들에서 빠른 리프레시율은 3D 화면을 구현하는데 유리하다. TV 제조사들이 표시하는 480Hz Full HDTV 등은 중간 프레임을 예측하고 보강 삽입해 재생하는 기술이다. 이 기술은 3DTV를 구현하는데 유용하게 사용된다.

[그림 8-5] (b)에서 수평주파수(horizontal frequency, kHz)는 CRT 모니터 화

면에서 초당 주사하는 수평 라인의 수를 주파수로 나타낸 것이다. CRT 모니터는 전자총이 우측 하단에서 화면의 좌측 상단으로 다시 복귀할 시간이 필요하다. 이 때문에 실제의 수평주파수는 (수직해상도)×(화면 재생 빈도)보다 커야 한다. 픽셀 클럭(pixel clock, MHz)은 전자총이 주사하는 각 픽셀 간의 이동 속도를 주파수로 나타낸 것이다. 이것은 아날로그 비디오카드의 RAMDAC 출력이다. CRT 방식은 전자총이 화면의 좌측에서 우측으로 또 화면 맨 아래에서 맨 위로 이동하는 시간이 필요하다. 실제의 픽셀 클럭은 초당 주사할 총 픽셀 수인 (수평해상도)×(수직해상도)×(화면 재생 빈도)보다 커야 한다.

8.1.5 평면 디스플레이

LCD 같은 평면 디스플레이 장치들은 반도체 공정에서 제조상의 결함으로 불량이 발생하면 자동차처럼 수리해 사용하지 못하고 폐기해야 한다. 또한 큰 화면으로 갈수록 정품이 생산되는 비율인 수율이 낮아 가격이 급격히 비싸진다.

a. PDP

플라즈마 디스플레이 패널(plasma display panel, PDP)은 플라즈마 현상을 이용한다. 양이온과 전자가 전기적 중성을 유지하고 있는 밀폐된 플라즈마 물질에 강한 전압을 걸어준다. 그 결과 내부의 가스 방전으로 발생한 자외선이 스크린의 RGB 형광체에 부딪혀 발광한다. 색상은 마이크로프로세서로 조합해 만든다. 백라이트가 필요 없고 자장에 의한 색 퍼짐 현상이 없다. 가시각이 넓고 대화면이 가능해 대형 TV에 적합하다. 그러나 LCD에 비해 소비전력과 발열이 크다.

b. LCD

액정 표시 장치(liquid crystal display, LCD)에 사용되는 액정은 분자 구조가 고체와 액체의 중간 상태인 물질로 양쪽 성질을 모두 갖는다. 충격에 약해 깨지기 쉽고 추운데 가면 얼기도 한다. 액정에 전압을 걸어주면 편광(polarized light) 현상이 발생해 결정격자의 배열이 흩어지거나 정렬해 일정 방향의 전기장을 갖는 빛만 통과시킨다. 자연광을 이용한 흑백 액정은 안으로 들어간 빛이 반사되어 나온 부분은 희게 보인다. 편광 현상으로 빛이 막혀 되돌아 나오지 못한 부분은 검게 보인다. 이를 조절해 밝기를 변화시킨다.

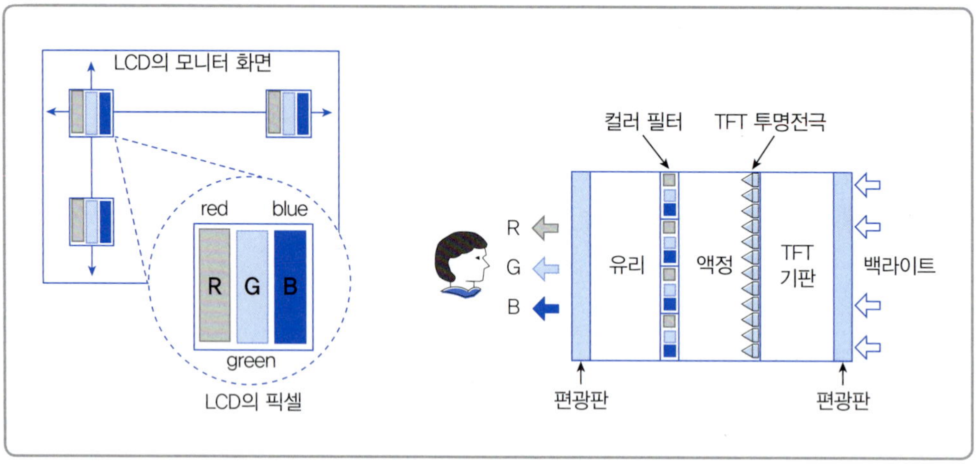

[그림 8-6] TFT LCD 디스플레이의 원리

전통적인 컬러 TFT(thin film transistor) LCD 모니터 화면의 구조는 [그림 8-6]과 같다. 컬러 TFT LCD는 투명하고 얇은 박막 트랜지스터를 화면 해상도의 RGB 개수만큼 배열해 화면을 구성한다. 화면의 해상도가 1920×1200인 모니터라면 1920×1200×3개의 트랜지스터가 사용된다. 전기장 효과를 발생시키는 박막 트랜지스터는 액정의 편광현상으로 빛이 투과되는 양을 조절해 컬러 깊이를 만든다. 한편 LCD 프로젝터(projector)는 비디오 신호를 받은 LCD에 램프로 강한 빔을 투과시켜 렌즈를 통해 대형 프로젝션 화면에 투영하는 대화면 장치이다.

LCD는 발광소자가 아니기 때문에 백라이트(backlight)를 사용한다. LCD의 약점은 수광소자라는 점에서 출발한다. 스스로 발광하지 못하고 빛을 통과시키는 셔터(shutter)의 역할만 하기 때문에 다음과 같은 태생적인 약점을 지닌다.

① 빛을 여닫을 때 어두운 부분에서도 빛이 새어 나와 화면의 가장 밝은 곳과 가장 어두운 곳의 밝기 정도 차이를 나타내는 명암비(contrast)가 떨어진다.

② 빛이 새어나와 블랙 색상이 약하고 발광소자가 아니기 때문에 RGB 색상을 표현하는 능력인 색재현성이 떨어진다.

③ 광원이 아니라 투과되는 빛만 보기 때문에 시야각이 좁다.

④ 빛을 여닫는데 시간이 걸려 화면이 새로 갱신되려면 시간지연이 발생하기 때문에 응답속도가 느리다.

⑤ 백라이트로 인해 패널(panel) 두께가 두꺼워지고 무게도 무거워진다.

⑥ 백라이트 방식에 따라 소비전력이 늘어나고 열이 발생한다.

백라이트를 개선하는 것이 LCD의 약점을 개선하는 방법이다. LCD의 백라이트는 과거 방식의 냉음극형광램프(cold cathode fluorescent lamp, CCFL)보다 진보한 LED 백라이트 방식이 있다. LED 백라이트는 밝기, 색상, 수명, 두께, 소비전력 등에서 우수하다. 명암비가 크게 좋아지고 특히 블랙 색상을 표현하는 능력이 뛰어나다. 다만 백라이트 방식이므로 여전히 가시각이 좁을 수 있다. 백라이트에 사용되는 LED 개수를 줄이면 가격이 싸지고 소비전력이 줄어든다. 또한 두께가 얇아진다. 그 대신 색재현성이 떨어진다. 반대로 LED 개수를 늘리면 가격이 비싸지고 소비전력이 늘어나고 두께도 두꺼워진다. 색재현성은 좋아진다.

c. OLED

유기 발광 다이오드(organic light emitting diode, OLED)는 물질에 전류가 흐르면 빛을 방출하는 전계 발광(electroluminescence) 현상을 이용하다. 최소 하나는 투명인 두 개의 전극 사이에 유기 화합물 필름으로 구성된 반도체 층을 만든다. OLED는 TV, 모니터 등 큰 화면이나 휴대폰, 시계 등 작은 화면에 모두 이용이 가능하다. 일종의 LED로 발광소자라서 조명장치로도 사용이 가능하다.

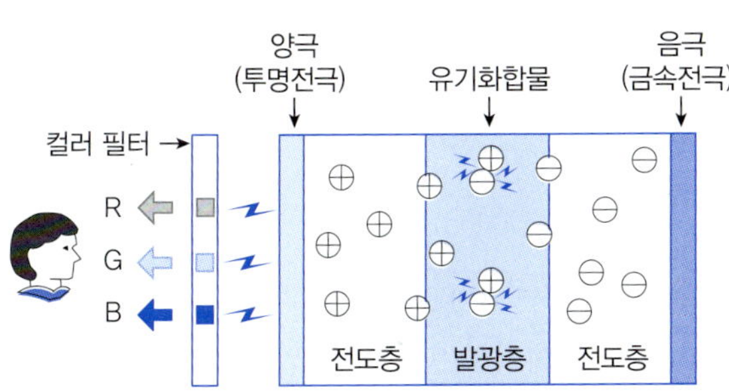

[그림 8-7] OLED 디스플레이의 원리

OLED는 발광소자라서 전통적인 LCD 디스플레이에 비해 장점이 많다. 백라이트가 필요 없어 LCD에 비해 시야각이 넓다. 또한 패널을 얇고 가볍게 만들 수 있다. 낮은 전압을 사용하여 소비전력에도 유리하다. 빠른 응답속도를 갖고 있어 화면에 잔상이 남지 않는다. LED를 백라이트로 사용하는 LCD에 비해 어두운 방에서도 뛰어난 명암비를 발휘한다. 특히 블랙 색상이 깊고 색재현성이 우수하다.

OLED의 단점은 LCD보다 기술개발이 늦었다는 것이다. 제조공정이 단순해 작은 화면은 LCD보다 유리하나 초기에는 큰 화면의 수율이 낮아 LCD보다 가격이 비싸다. 또 다른 단점은 기존 무기물 반도체로 만든 점(point) 광원용 LED에 비해 단위 면적당 발광량이 적다. 발광소자이기 때문에 예상 수명이 짧다. 고해상도를 구현하는데 제조공정상에 애로사항이 있다는 점 등이다. 이런 것들은 LCD가 출현할 때도 마찬가지였다. 향후 소자기술의 발달과 함께 하나씩 해결될 것이다.

8.2 비디오카드

컴퓨터시스템은 화면의 모든 출력을 그래픽 모드로 처리하는데 상당한 시스템 자원을 사용한다. 입출력장치 중 비디오카드의 화면 처리속도가 시스템 성능에 가장 큰 영향을 미친다. 비디오카드(video card)는 메인보드에서 출력되는 그래픽 데이터를 받아 모니터로 출력하는 장치이다. 그래픽카드(graphics card), 디스플레이 어댑터(display adapter)라고도 한다. 비디오카드의 일반적인 구성 요소는 비디오 칩, 비디오 메모리, RAMDAC 등이다.

8.2.1 비디오 칩

[그림 8-8]에서 비디오 칩(video chip)은 CPU를 도와 2차원이나 3차원으로 스크린 화면의 화상(image)을 제어하는 그래픽 전용 프로세서이다. 비디오 칩과 같은 뜻으로 사용되는 GPU(graphics processing unit)는 '그래픽처리장치'의 영문

약자이다. GPU는 메인보드의 중앙처리장치인 CPU와 비교되는 표현으로 비디오 카드에서 메인 프로세서의 역할을 한다.

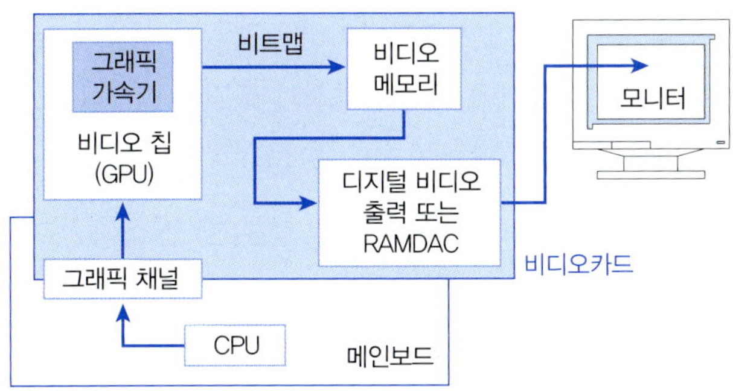

[그림 8-8] 비디오카드의 동작

비디오 칩은 그래픽 가속기를 코프로세서로 사용한다. 그래픽 가속기는 비디오 카드에 장착되거나 비디오 칩에 내장된다. 초기의 비디오 칩들은 픽셀로 이루어진 화면에서 비트맵과 비트맵 사이의 전환을 CPU가 모두 계산해 비디오카드로 출력했다. 요즘의 윈도우 운영체제는 모든 화면을 그래픽 모드로 처리하기 때문에 많은 시스템 자원을 사용한다. 만일 그래픽 가속기가 없다면 디스플레이 속도가 너무 느려 윈도우 환경에는 적합하지 않다. 2차원(2 dimensional, 2D) 장면을 3D 장면으로 변환하려면 더욱 많은 양의 계산이 필요하다. 3D 카드는 게임 등의 실감 있는 영상처리를 하드웨어로 하기 때문에 빠르다. 특히, 게임에서는 3D 그래픽 가속성능을 최고로 여기는 경향이 있다. 비디오 칩 제조사와 비디오카드 제조사는 서로 다른 경우가 많다. 경쟁에서 살아남은 몇 개의 회사들만 비디오 칩을 만들고 있다. 전통적으로 NVIDIA와 AMD에 인수된 ATI 등이 시장에서 유명하다.

운영체제를 설치하는 동안 모니터와 비디오카드는 운영체제가 인식하는 범위 내에서 최소한의 성능으로 설정된다. 운영체제가 설치된 이후에는 최신 드라이버로 갱신할 수 있다. 운영체제에서 바라본 비디오 장치 설정에 필요한 드라이버는 ① 모니터 드라이버와 ② 비디오 드라이버의 2가지이다.

CRT 같은 아날로그 모니터는 별도의 모니터 드라이버를 정확히 설치해 주어야 최적으로 화질을 유지할 수 있다. LCD 같은 디지털 모니터는 대개 별도의 모니터 드라이버가 필요 없다. 운영체제에서 자동으로 최적화되어 설정된다. 디스플레이 어댑터는 제조사에서 제공하는 정확한 최신 비디오 드라이버를 설치해야 최적의 상태로 사용할 수 있다. 비디오 드라이버는 화질과 성능에 직접 영향을 미친다. 같은 비디오 칩도 드라이버에 따라 안정성과 품질이 현격하게 차이난다.

8.2.2 비디오 메모리

LCD와 같은 디지털 디스플레이 장치는 정확한 해상도와 컬러 깊이로 각 픽셀을 제어할 수 있다. 일반적으로 비디오카드의 최대 해상도 지원 능력은 대부분의 모니터 성능보다 높다. 이것은 비디오 메모리의 크기와 관련된다.

[그림 8-8]에서 비디오카드의 비디오 메모리(video memory)에 전체 화면의 픽셀 수에 해당하는 컬러 정보를 저장해 두어야 화면을 재생할 수 있다. 필요한 비디오 메모리의 용량은 화면을 구성하는 해상도와 컬러 깊이에 따라 달라진다. 해상도 1920×1080에서 32비트 컬러를 구현하기 위한 비디오 메모리의 크기는 1920×1080픽셀×32비트÷8÷1024÷1024에서 약 7.9MiB가 된다. 비디오 메모리는 비트맵 구성을 위해 100% 모두 사용될 수 없고 데이터 버퍼 구성이나 제어를 위해 여분의 메모리가 더 필요하다. 비디오카드는 화면 전환에 유리하도록 비디오 메모리를 늘려 여러 장의 화면을 동시에 저장해 사용하고 있다. 3D 그래픽을 처리하려면 필요한 메모리 용량은 더욱 늘어난다. 일부 방식들은 시스템 메모리의 일부를 공유해 비디오카드의 비트맵 캐시로 사용하도록 설계한다. 이 때문에 메인메모리와 비디오 메모리와의 충돌이 예상되기도 한다. 그보다는 비디오카드에 내장되는 비디오 메모리를 늘리는 것이 더 확실한 방법이다.

비디오 메모리에 사용되는 칩은 고속의 그래픽 데이터를 처리하도록 설계된 비디오 전용 램들을 전통적으로 사용해왔다. 대표적으로 VRAM(video RAM)은 동시에 읽고 쓰기가 가능하도록 데이터의 출입구를 두 개로 분리해 설계한 듀얼포트(dual-ported) DRAM이다. 화면의 출력속도를 높이기 위해 CPU가 비디오 메모리를 액세스 하는 동작과 비디오카드가 이를 액세스하는 동작이 동시에 이루어진다. 요즘은 메인메모리에 사용하는 메모리 방식이 워낙 고속이라 주로 메인메모리와 같은 타입을 비디오 전용 램으로 만들어 사용한다. 2000년대 초부터 그래픽용 DDR 램인 GDDR(graphics DDR) SDRAM 같은 램들이 VRAM 등을 대체했다. 이들은 비록 싱글포트(single-ported) 램이지만 가격, 속도, 용량 등 모든 측면에서 더 우수하기 때문이다. 요즘 비디오 칩의 설계는 내부적으로 VRAM의 개념을 물려받아 멀티포트(multi-ported) 구조를 채택해 사용하고 있다.

8.2.3 아날로그 비디오 인터페이스

RAMDAC(RAM digital to analog converter, 램댁)은 '램에 있는 디지털 데이터를 아날로그 신호로 변환하는 장치'라는 뜻의 영어식 줄임말이다. [그림 8-8]에서 RAMDAC은 비디오 메모리인 램에 저장되어 있는 각 픽셀의 정보를 디지털 입력으로 받아들여 아날로그 출력으로 변환한다. 이 출력 신호는 CRT 모니터에서 전자총으로 주사할 때 전자빔의 강약을 조절한다. RAMDAC 출력은 아날로그 비디오 인터페이스에만 사용된다. RAMDAC의 출력 클럭은 CRT 모니터 화면의 픽셀 클럭이 된다. LCD 등 디지털 비디오 인터페이스에는 필요 없다.

비디오카드에서 아날로그 모니터로 영상이 출력되는 D-서브(subminiature 혹은 sub) 단자는 본래 컴퓨터에서 사용하던 공통의 커넥터 형태 중 하나였다. 이 커넥터는 주로 아날로그 방식의 비디오, 오디오나 조이스틱 등을 연결할 때 사용된다. 1987년 IBM 컴퓨터에서 VGA 비디오카드 커넥터로 D-서브를 사용하게 되면서 관습적으로 아날로그 비디오 출력으로 불리고 있다.

8.2.4 디지털 비디오 인터페이스

〈표 8-2〉에서 DVI(digital visual interface)는 LCD 디스플레이 장치 등 컴퓨터 모니터로 출력되는 디지털 비디오의 접속 표준이다. 압축하지 않은 디지털 비디오 데이터를 전송한다. 이 규격은 아날로그 RGB 출력신호를 포함한다. DVI는 음성을 전송하지 않는다. DVI는 HDMI 표준과 부분적으로 호환되며 간단한 커넥터로 연결이 가능하다. 이 경우에는 HDMI의 오디오와 컨트롤 신호는 전송되지

않는다. 한편 비디오카드에서 복수의 DVI 출력을 제공하면 여러 개의 디지털 디스플레이 장치를 동시에 사용할 수 있다. 이 경우 사용자 컴퓨터의 바탕화면을 두 개 이상의 모니터로 편리하게 확장해 사용할 수 있다.

〈표 8-2〉 디지털 비디오 인터페이스 방식

구분	DVI	HDMI	DisplayPort
도입 연도	1999년	2002년	2006년
제안/표준화	Digital Display Working Group	HDMI Founders	VESA
기존 대체	VGA	VGA, DVI	DVI
대역폭	3.96Gbit/s × 싱글/듀얼 링크	10.2Gbit/s	5.4Gbit/s × 1/2/4 선
전송신호	영상	영상, 음성	영상, 음성

〈표 8-2〉에서 HDMI(high-definition multimedia interface)는 TV 등의 가전제품에 적용하기 위해 개발되었다. 압축하지 않는 디지털 비디오 데이터와 압축/비압축 디지털 오디오 데이터의 접속 표준이다. 복잡하게 산재해 있던 아날로그와 디지털 데이터 간의 비디오와 오디오 접속 표준을 수용하려는 노력이다. 이 규격은 DVI의 일부 표준과 아날로그 RGB 출력신호를 포함한다. 블루레이 디스크 등의 인터페이스를 포함한다. 개선 버전이 나오면서 대역폭이 계속 증가한다. 최대 해상도 표준도 24비트 컬러의 1920×1080p에서 2560×1600p 등으로 발전하고 있다. HDMI는 다음과 같이 DVI에 비해 장점을 지닌다.

① 컴퓨터는 물론 가전제품의 접속 표준을 수용한다.
② 디지털 비디오는 물론 디지털 오디오 데이터도 전송할 수 있다.
③ 다채널 오디오, 비디오의 복잡한 연결을 단순화시켜 케이블 수를 줄인다.
④ 여러 장치 간의 통합 리모트 컨트롤이 가능하다.
⑤ 기본 케이블 허용 길이가 DVI에서 5m 정도지만 HDMI는 그 5배이다.

〈표 8-2〉에서 DisplayPort는 USB나 PCI Express 규격처럼 패킷화된 데이터 전송에 기반을 둔 첫 번째 비디오 접속 규격이다. 1개의 포트에서 허브를 사용해

여러 모니터로 분배시켜 각각 다른 화면을 출력하는 것이 가능하다.

8.3 사운드카드

사운드카드(sound card)는 I/O 버스 인터페이스를 통해 메인보드에서 출력되는 오디오 데이터를 스피커로 출력하는 역할을 한다. 오디오카드(audio card)라고도 한다. 사운드카드의 일반적인 구성 요소는 신시사이저, 미디 장치 인터페이스, 아날로그와 디지털 변환장치, 오디오 믹서, 내장 앰프 등이다. 기본적인 성능은 메인보드의 칩셋이나 사운드 칩(sound chip)에 대부분의 기능을 내장하기도 한다.

8.3.1 오디오 믹서

사운드카드에 내장된 오디오 믹서(audio mixer)는 소리를 혼합해 경로, 크기, 음색이나 강약 등을 조절해주는 전자 장치이다. 음향 엔지니어가 사용하는 보다 전문적인 장비를 믹싱 콘솔(mixing console)이라고 한다. 공연, 스튜디오 녹음, 방송, TV, 영화와 같은 많은 응용 분야에서 오디오 환경작업에 사용한다. 믹서는 '혼합기'라는 뜻으로 [그림 8-9]처럼 다양한 소리 신호와 경로를 섞어 주는 역할을 한다. 아날로그와 디지털 신호를 혼합할 수도 있다. 소리 신호의 아날로그 전압과 디지털 표본 값들을 혼합해 출력 신호를 조합해 낼 수 있다.

오디오 믹서는 ODD, 보조 단자, 외부 입력, 마이크 등 여러 가지 경로로 들어오는 소리 신호를 사운드카드의 입력으로 보내 처리하거나 통과시킨다. 이를 위해 사운드카드의 내외부를 연결하는 다양한 커넥터와 케이블 선이 사용된다.

컴퓨터에서 인터넷 전화나 음성인식 게임을 하려면 오디오 신호의 양방향 처리가 필수적이다. 사운드카드의 오디오 믹서와 오디오 칩이 양방향 음향 신호를 동시에 처리해주어야 한다. 양방향 지원이 되는 사운드카드는 컴퓨터에서 재생되는 소리를 들으면서 동시에 사운드카드로 녹음이 가능해진다.

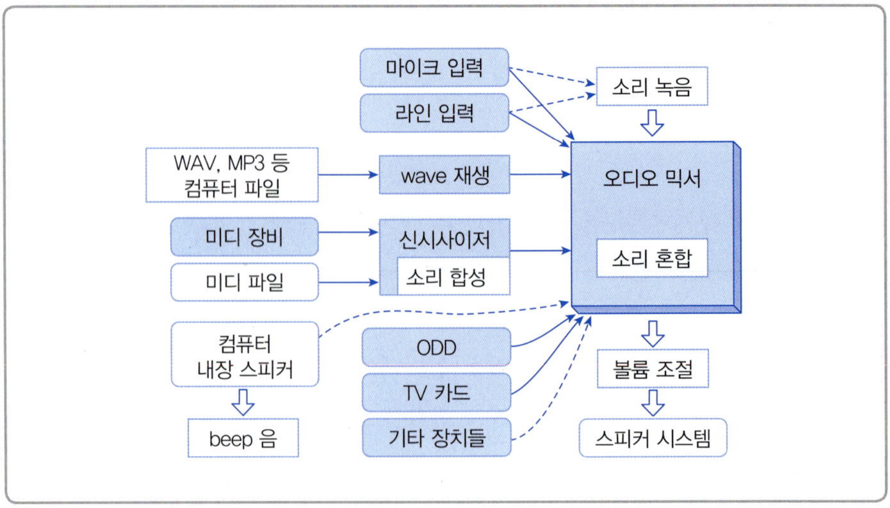

[그림 8-9] 사운드카드에서 오디오 믹서의 역할

8.3.2 신시사이저

[그림 8-9]에서 사운드카드에 내장된 신시사이저(synthesizer)는 다양한 파형을 합성해 광범위한 사운드를 만들어내는 장치이다. 신시사이저는 '합성기'라는 뜻으로 인공적으로 전기적인 파형을 결합해 음을 만들고 연주할 수 있다. 이를 통해 다른 악기를 모방하거나 새로운 음색을 만들 수 있다. 다양한 외부 입력으로 신시사이즈를 연주하거나 제어할 수 있다.

음악 연주자들이 사용하는 신시사이저는 대개 키보드라고 불리는 피아노 건반 형태로 제작된 전자 악기의 일종이다. 과거 아날로그 방식의 신시사이저는 특유의 깊고 불특정한 화음을 좋아하는 연주자들에게 아직도 매력적인 도구이다. 요즘 디지털 방식의 신시사이저는 소프트웨어를 기반으로 마이크로프로세서에서 수학적으로 계산을 수행해 자연스러운 음을 합성해낸다.

a. 파형 합성 기술

신시사이저는 신호를 발생시키기 위해 다양한 기술과 프로그램 알고리즘을 사용한다. 가장 많이 사용되는 파형 합성 기술은 감산, 가산, 웨이브 테이블, 주파수 변조, 위상 왜곡 등이 있다. 이 중에서 컴퓨터의 사운드카드에 사용되는 대표적인 파형 합성 기술은 ① FM과 ② 웨이브테이블 방식이다.

FM(frequency modulation, 주파수 변조) 방식은 단순히 음의 높이와 길이로 합성해내는 가장 저렴한 구현 방식이다. 대개 인공적인 느낌이 많고 자연스럽지 못하다. 음색이 풍부하지 않고 둔탁한 소리를 낸다. 과거 오래된 노래방 기계나 오락실의 구형 게임기에서 들을 수 있는 음질이다.

웨이브테이블(wavetable) 방식은 디지털로 녹음된 실제 악기의 기본 샘플링 음을 기본으로 여러 가지 음을 합성해 만들어 낸다. 이를 위해 음악이나 음향 샘플링을 음원 데이터로 가지고 있어야 한다. 이 방식의 음질 차이는 '얼마나 많은 음이 동시에 연주되느냐?'이다. 이 방식은 사운드카드의 메모리에 새로운 음원을 추가로 다운로드 받아 사용할 수 있어 확장성이 좋다.

b. 미디 인터페이스

[그림 8-9]에서 MIDI(musical instrument digital interface, 미디)는 '악기 디지털 인터페이스'의 영어약자로 컴퓨터, 사운드카드, 악기, 신시사이저 간의 통신을 위한 산업표준이다. 컴퓨터의 사운드카드로 음악을 연주하기 위한 프로그램과 인터페이스 규격이다. 특정한 프로그램을 써서 작곡, 연주, 저장, 편집을 할 수 있다. 피아노 건반처럼 생긴 키보드에 의해 사운드카드로 직접 연주할 수도 있다. MIDI 장치 인터페이스는 키보드 건반을 컴퓨터의 사운드카드에 연결하기 위해 다양한 커넥터나 포트를 사용한다. 간혹 이 커넥터에 게임기 등 다른 장치들이 연결될 수도 있다.

MIDI 파일은 음을 직접 담지 않고 연주 방법만 기록한다. 악기, 음표, 음의 강약, 음의 길이 등을 기록해 넣은 일종의 디지털 악보이다. 미디 형식의 뮤지컬 작곡도 가능하다. 없는 악기의 음은 합성해 만들어 낸다. MIDI 파일은 크기가 매우 작아 인터넷의 웹 페이지에도 이용된다.

8.3.3 아날로그와 디지털 변환

사운드카드에는 아날로그와 디지털 신호를 상호 변환해주는 A/D(analog to digital)와 D/A(digital to analog) 변환장치가 들어있다. A/D 변환은 컴퓨터에 소리를 녹음하기 위한 것이다. 마이크 등을 통해 사운드카드로 입력된 아날로그 신호를 받아들여 디지털 형식의 웨이브(wave) 파일을 만든다. D/A 변환은 반대로 컴퓨터에서 소리를 재생하기 위한 것이다. 컴퓨터에 저장된 디지털 형식의 사운드 파일에서 사운드카드를 통해 스피커로 출력될 아날로그 신호를 만든다.

a. 표본화 정리

나이키스트(Nyquist)의 표본화 정리(sampling theorem)에 따르면 표본화 신호는 샘플링 속도(Hz)의 1/2까지인 주파수대역의 신호에 대해 아날로그 신호를 추출할 수 있다. 여기서 Hz는 초당 몇 번의 샘플을 취하는가를 나타낸다. 오디오 CD의 샘플링 속도 44.1kHz는 0~22.05kHz 사이의 음을 아날로그 표본으로 추출한다. 이것은 인간의 가청 주파수대역인 20Hz~20kHz를 고려한 것이다.

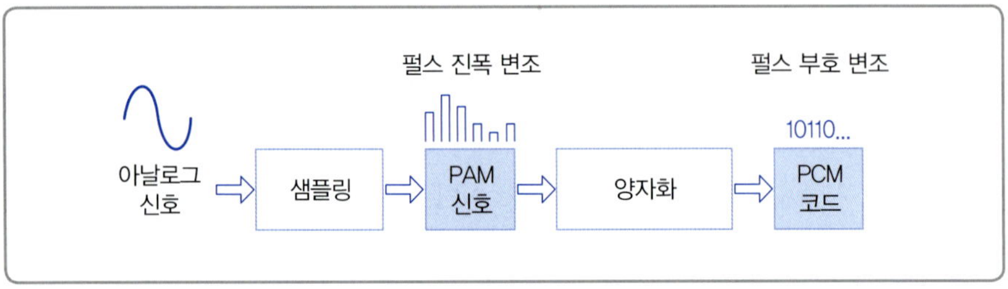

[그림 8-10] 디지털화 과정(PCM 코드를 만드는 과정)

b. PCM 코드

[그림 8-10]에서 디지털화(digitization) 과정을 나타내었다. PCM은 전화나 음악 CD 또는 컴퓨터의 녹음기처럼 아날로그 신호를 디지털로 변환할 때 사용되는 대표적인 방법이다. 펄스 부호 변조(pulse code modulation, PCM)는 샘플링과 양자화 과정을 거쳐 아날로그 신호에 디지털 코드를 부여하는 방법이다. PCM 코드를 얻기 위해서는 먼저 [그림 8-10]처럼 아날로그 신호를 샘플링해 펄스 진폭 변조(pulse amplitude modulation, PAM) 신호를 얻는다. 그 후 양자화와 PCM 부호화(coding)를 거쳐 PCM 코드를 얻을 수 있다. [그림 8-11]은 샘플링을 실시하고 8단계 양자화 레벨로 3비트 PCM 코드를 얻는 예이다.

① 샘플링(sampling) 또는 표본화: 시간 축에서 일정한 간격으로 아날로그 신호를 표본화해 이산적인 시간신호를 갖는 PAM 파형을 만든다. 표본화된 PAM 신호는 아직 아날로그 전압의 크기를 갖고 있다.

② 양자화(quantization): PAM 신호의 아날로그 레벨 값을 전압 축에서 몇 단계의 값만 가능한 한정된 디지털 레벨로 분류하는 과정이다. 이 몇 단계의 디지털 전압 레벨의 크기를 양자화 레벨이라고 한다.

③ PCM 부호화: 각 표본화 값의 양자화 레벨에 해당하는 각 샘플의 PCM 코드를 부여해 디지털 부호를 완성한다.

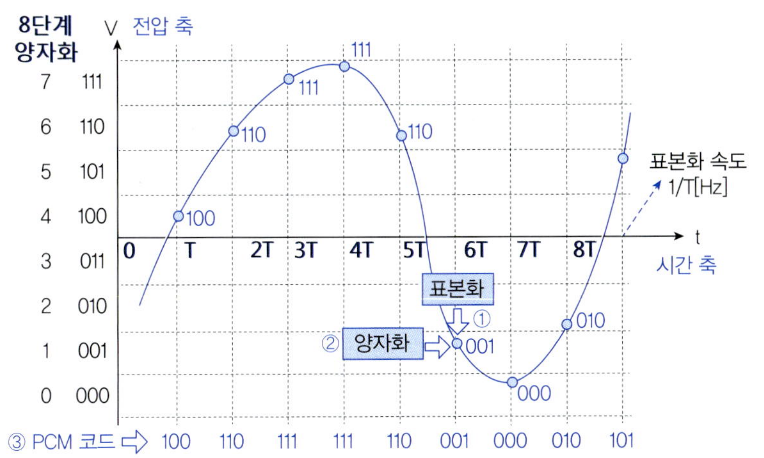

[그림 8-11] PCM 코드의 생성

유선전화는 초당 8,000번씩 표본을 추출해 각 표본을 8비트 PCM 코드로 만든다. 초당 발생하는 음성 데이터의 비트율을 계산하면 식 (8.1)과 같다.

$$(8000\text{샘플/s}) \times (8\text{비트/샘플}) = 64000[\text{bit/s}] = 64[\text{kbit/s}] \qquad (8.1)$$

74분 표준 오디오 CD는 음향신호에서 초당 44,100번씩 스테레오로 표본을 추출해 각 샘플을 16비트 PCM으로 디지털화한 데이터를 담고 있다. 이 오디오 CD의 데이터 용량을 계산하면 식 (8.2)와 같다.

$$(44100\text{샘플/s}) \times (16\text{비트/샘플}) \times (2\text{채널}) \times (74\text{분}) \times (60\text{초})$$
$$\div 1024 \div 1024 \div 8 \fallingdotseq 747[\text{MiB}] \quad (8.2)$$

8.3.4 스피커 시스템

사운드카드는 보통 작은 출력의 내장 앰프(amplifier)를 사용한다. 내장 증폭 기능을 없앤 사운드카드도 있다. 이것은 사운드카드 자체보다 성능이 더 좋은 외장 앰프나 증폭 스피커를 사용하라는 뜻이다. 증폭회로의 동작에는 입력신호에 비례해 출력신호가 깨끗하게 증폭되는 선형구간이 있다. 출력을 지나치게 높이면 정상적인 증폭구간이 아닌 포화영역으로 들어가 음이 오히려 찌그러진다. 정상적으로 설계되었다면 대개 볼륨을 50% 지점에 놓았을 때 증폭 스피커의 성능이 가장 깨끗하다. 출력이 큰 증폭 스피커는 동작영역이 더 넓기 때문에 넓은 출력 구간에서 안정적인 소리를 낸다.

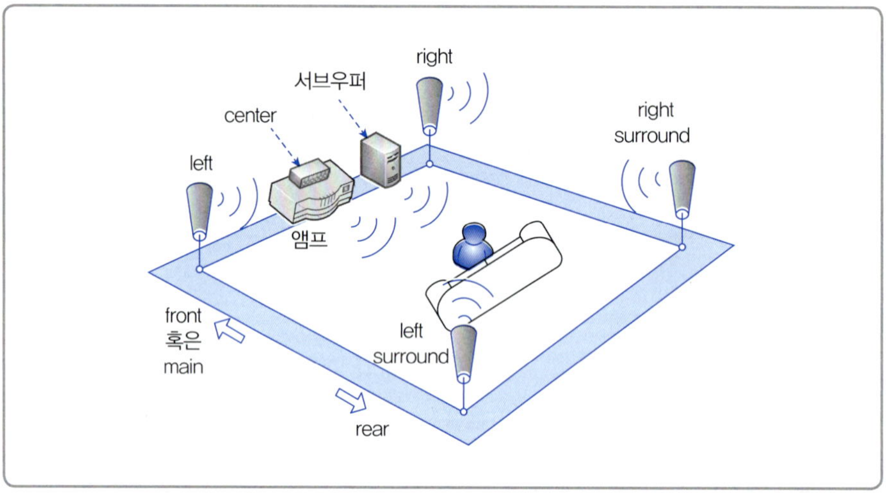

[그림 8-12] 5.1 채널과 스피커 시스템

3D로 제작된 입체음을 듣기 위해서는 3D 스피커나 서라운드 스피커가 필요하다. 다중채널 사운드가 가능하려면 사운드 파일의 형식과 사운드카드가 이를 지원해야 한다. 각 채널은 각각 분리된 채널로 기록하고 분리된 채널로 재생한다.

다중채널로 재생되려면 채널을 분리할 수 있는 스피커 시스템이 필요하다. 이때 사운드 채널 수를 (스피커 수).(서브우퍼 수)로 나타낸다.

[그림 8-12]의 5.1 채널 혹은 5.1 서라운드 사운드(surround sound)는 극장용 영화의 사운드 시스템으로 개발되었다. 전면(front)의 좌측, 중앙, 우측과 후방(rear)의 좌측, 우측(left, center, right, left surround, right surround)인 5개의 채널(5.0)과 전면에 사용하는 저음 전용 증폭기인 서브우퍼(sub woofer) 채널(0.1)을 갖고 있다. 합쳐서 총 6개의 스피커로 이루어진다. 서브우퍼는 사람의 귀에는 잘 들리지 않지만 영화에서 특히 극적인 효과를 내줄 수 있는 묵직한 저음 효과(low frequency effects, LFE)를 보강해 준다.

사운드카드에서 5.1 채널을 출력하려면 특별한 케이블이 필요하다. 이때 사용되는 디지털 오디오 전송 규격으로 S/PDIF(Sony/Philips digital interface format)는 '소니/필립스 디지털 인터페이스 형식'의 영문약자이다. 이것은 본래 소니와 필립스가 만든 디지털 신호의 접속형식을 통칭하는 말이었다. 사운드카드의 S/PDIF 단자를 스피커가 연결된 앰프에 연결하는 방법은 광(optical) 케이블을 쓰는 타입과 구리 등으로 만든 동축(coaxial) 케이블을 쓰는 타입이 있다.

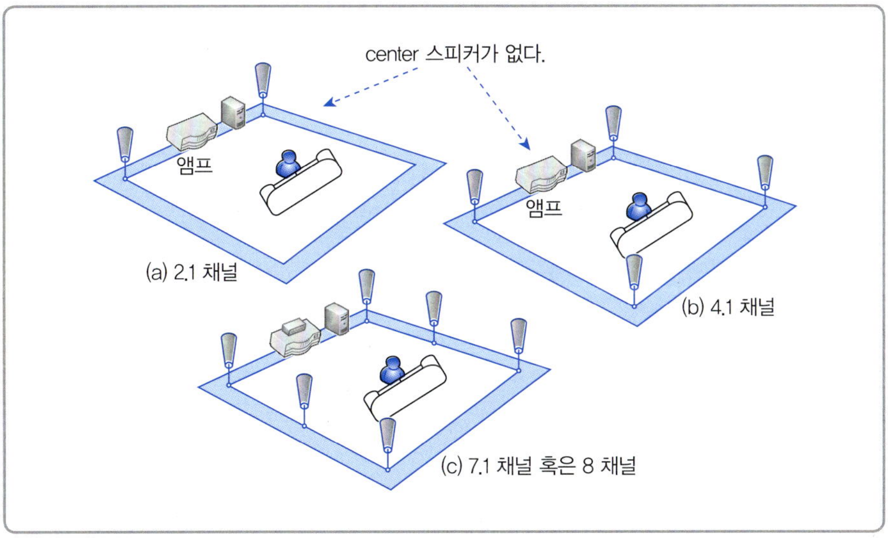

[그림 8-13] 다양한 사운드 채널과 스피커 시스템

다른 몇 가지 다중채널 스피커 시스템을 [그림 8-13]에 나타내었다. 8 채널은

7.1 채널과 같은 말로 극장식(cinematic) 8채널 오디오 혹은 7.1 서라운드 사운드라고 한다. 한편 디코더(decoder)는 디지털 인코딩으로 압축된 신호에서 사운드 채널을 분리해 각 스피커에서 재생될 아날로그 신호로 바꾸어 주는 장치이다. 다중채널 사운드 시스템에서 디코더는 스피커 시스템을 이루는 재생기, 앰프, 스피커 세트 중 어느 한 곳에 내장되어 있어야 한다.

8.4 스캐너

8.4.1 복사기와 복합기

복사기를 먼저 살펴보려는 것은 컴퓨터시스템의 주변기기로 스캐너와 프린터의 원리가 아날로그 복사기에서 유래했기 때문이다. 스캐너와 프린터를 결합하면 바로 디지털 복사기의 원리가 된다. 여기에 모뎀을 추가하면 팩시밀리(facsimile) 기능도 추가할 수 있다. 요즘은 이런 식으로 스캐너, 프린터, 복사기와 팩시밀리의 기능을 조합한 다양한 복합기가 많이 사용되고 있다.

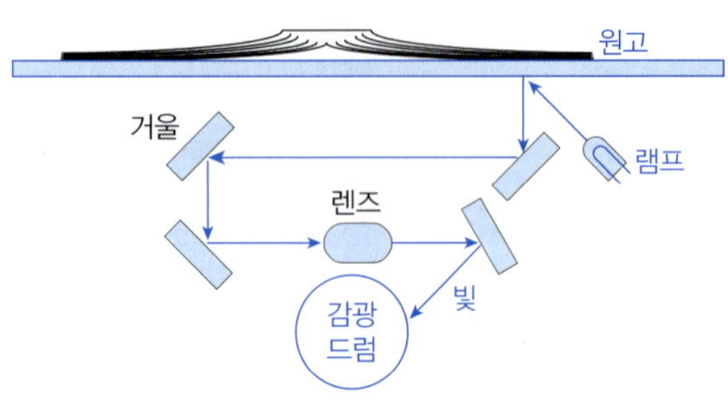

[그림 8-14] 아날로그 복사기의 원리

[그림 8-14]의 복사기(copier)는 램프(lamp)에서 원고(document)에 빛을 쪼여주어 반사되어 되돌아오는 빛으로 이미지를 감지한다. 빛의 형태가 좁고 긴 이런

타입의 장치를 슬릿 노광(slit exposure) 장치라고 한다. 반사되는 빛은 몇 단계의 거울(mirror)과 렌즈(lens)로 이루어진 광학적인 경로를 거친다. 이 빛은 최종적으로 감광드럼(photoconductive drum)에 보내져 아날로그 이미지를 맺는다.

8.4.2 스캐너

[그림 8-15]의 스캐너(scanner)에서 원고를 읽는 방법은 복사기와 동일하다. 복사기와의 차이점으로 스캐너는 반사된 빛을 CCD(charge-coupled device) 배열과 같은 감광소자에 넣어 디지털 해상도를 지닌 화상 이미지를 맺는다.

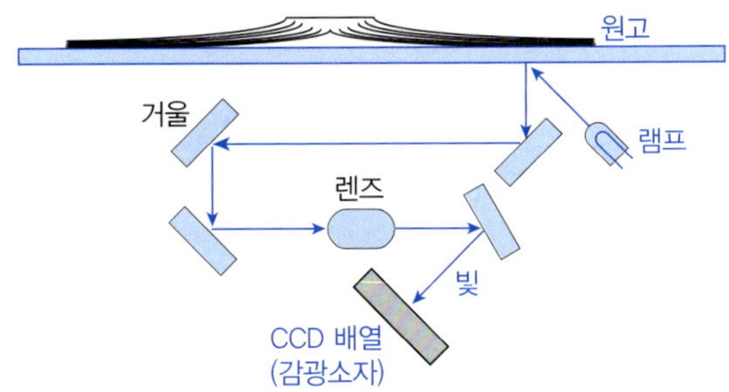

[그림 8-15] 스캐너의 원리

[그림 8-16]의 밀착형 스캐너는 밀착형 이미지 센서(contact image sensor, CIS)를 사용한다. 이 방식은 감광소자인 이미지 센서 배열(image sensor array)과 발광소자인 LED 램프 배열(array)이 일체형으로 설계된다. 빛을 쪼여주고 반사된 이미지를 받는 동작을 하나의 소자로 해결할 수 있어 원고에 밀착시켜 스캔할 수 있다. 여러 단계의 렌즈와 거울 같은 광학적 경로를 대폭 줄여 소형이 가능하다.

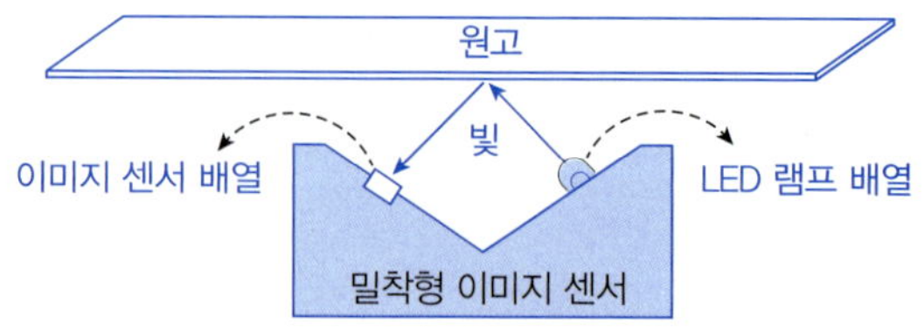

[그림 8-16] 밀착형 스캐너의 원리

[그림 8-16]에 나타낸 밀착형 이미지 센서의 동작원리를 [그림 8-17]에 나타내었다. 이런 타입의 장치를 배열 노광(array exposure) 장치라고 한다. 스캔 동작은 먼저 LED 램프 배열로 원고에 빛을 쪼여준다. 원고에서 반사된 빛이 자동초점 렌즈 배열(self-focus lens array, SLA)을 통해 이미지 센서 배열을 갖는 감광소자에 전압으로 누적된다. 시프트 레지스터에는 아날로그 스위치가 포함되어 있어 스캔된 결과의 아날로그 전압 값을 외부 클럭 신호에 동기를 맞추어 출력할 수 있다. 시프트 레지스터에 출력 동기 신호 SI와 동기 클럭 CLK를 넣어주면 출력 이미지 신호 SIG를 얻을 수 있다. SIG 신호의 크기는 아직 양자화 이전의 아날로그 양이며 픽셀 수만큼 시리얼 데이터로 차례대로 읽어낸다.

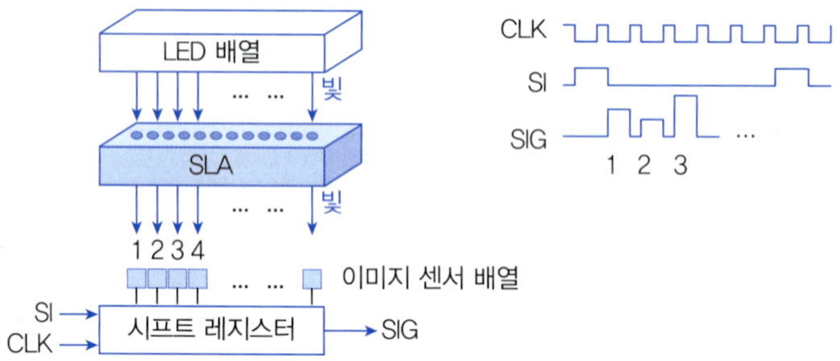

[그림 8-17] 밀착형 이미지 센서의 내부 구조와 동작

8.5 프린터

8.5.1 레이저프린터

[그림 8-18]의 레이저프린터는 레이저 주사장치(laser scanner)를 이용한다. 이런 타입의 장치를 점 노광(dot exposure) 장치라고 한다. 하나의 레이저 빔을 이용해 도트 단위로 주사하는 방식이다. 비디오 제어기가 레이저 다이오드(diode)를 조절해 인쇄할 데이터에 따라 빛을 온/오프(on/off)시켜 디지털 이미지를 만든다. 이 빛은 평행(collimate) 렌즈를 통해 회전 다면경(polygonal mirror)에 입사된다. 회전 다면경이 회전하면서 반사되는 빛의 각도가 달라지는 점을 이용해 감광드럼에 한 라인을 형성한다. 회전 다면경에서 반사되는 빛은 감광드럼에서 본래 곡면을 맺게 된다. 여기에 f-θ 렌즈(f-theta lens)를 추가하여 인쇄 이미지가 감광드럼에 직선으로 맺히도록 이를 보상해주는 역할을 한다.

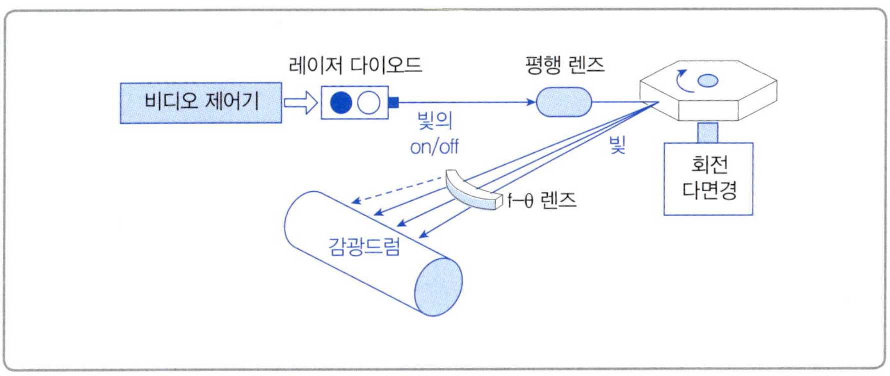

[그림 8-18] 레이저 프린터의 원리

레이저프린터는 전자사진 처리과정을 거쳐 하드 카피(hard copy) 인쇄물을 출력한다. 건식 복사 방법의 하나인 전자사진(electrophotography) 처리 기술은 1938년 미국의 체스터 칼슨(Chester Carlson)에 의해 발명되었다. 이 기술은 레이저프린터나 복사기 등에서 토너와 감광드럼을 이용해 디지털 이미지를 만드는 과정이다. 그 이전의 청사진 복사가 액체 화학약품을 사용하던 습식인데 비해 건식(dry)이라는 뜻의 그리스어를 접두사에 붙여 제로그라피(xerography)라고도 한다.

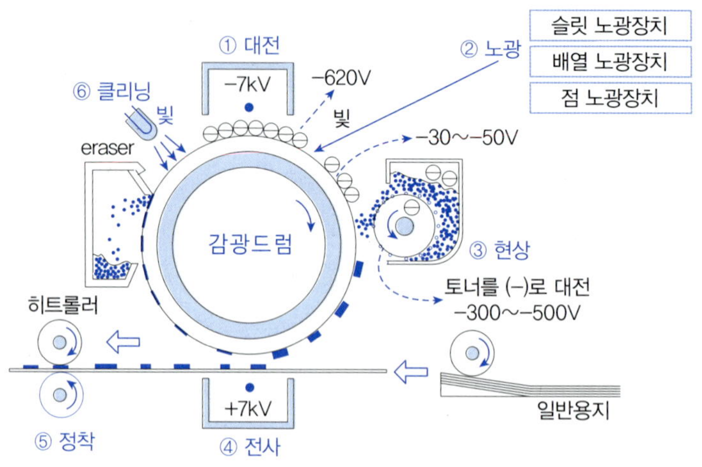

[그림 8-19] 전자사진 처리 6단계

[그림 8-19]에서 전자사진 처리(process)의 주요 원리는 두 대전 물질 간에 발생하는 정전기의 전압 차이인 이른바 대전차를 이용한다. 감광드럼에 빛을 쪼여주면 빛을 받은 부분과 받지 않은 부분 사이에 정전기의 전압 차이가 발생한다. 이를 이용해 토너가 감광드럼에 옮겨 붙을 때 자신과 전압차이가 더 많이 나는 빛을 받은 부분에 옮겨 붙도록 하는 원리이다. 컬러복사기나 컬러 레이저프린터는 노광 단계에서 컬러 이미지를 분리하고 현상 단계에서 주로 파랑, 빨강, 노랑, 검정의 4색 토너를 사용한다. 이들 색상은 CMYK 감색(subtractive color) 모델로 검정 원판에서 색을 빼는 조합으로 컬러 인쇄를 한다. 일반적인 전자사진 처리 6단계는 다음과 같다. 여기서 예를 든 전압 크기나 극성은 설계마다 다르다.

① 대전(charging): 코로나(corona) 방전에 의해 공기 중의 분자를 이온화해 감광드럼의 표면에 −620V 정도의 전하층이 생기도록 균일하게 도포한다.

② 노광(exposure): 감광드럼에서 원하는 부분만 빛을 쪼여주면 빛 받은 부분에 −30V~−50V 정도의 정전하로 이루어진 디지털 이미지가 형성된다.

③ 현상(development): 토너(toner)를 −300V~−500V 정도로 대전시켜 감광드럼에 밀착시킨다. 감광드럼 표면에서 빛을 받은 부분이 토너와 대전차가 많이 나는 부분이므로 이곳으로 토너가 옮겨 붙는다.

④ 전사(transfer): 토너가 붙어 있는 감광드럼과 종이를 사이에 두고 반대쪽에서 강한 전압을 걸어준다. 토너는 대전차에 의해 감광드럼에서 떨어져 나와 자신과 전압차이가 더 많이 나는 종이쪽으로 옮겨 붙는다. 감광드럼의 표면에 토너가 붙어 만들었던 이미지를 종이 위로 옮겨 오게 된다.

⑤ 정착(fixing): 히트롤러(heat roller)를 통과시켜 종이 위에 옮겨진 토너를 열과 압력으로 녹여 붙인다. 복사기에서 예열이 필요한 이유는 히트롤러 때문이다. 롤러 안쪽에서는 220V 할로겐 램프가 고열을 내므로 조심해야 한다.

⑥ 클리닝(cleaning): 감광드럼 표면에 남은 토너 분말을 제거하고 감광드럼 전체에 빛을 쪼여 준다. 이때 감광드럼 표면은 −30V~−50V 정도의 전기적인 중성상태가 되어 잔류 전하가 제거되고 다음 사이클을 준비한다.

8.5.2 LED 프린터

[그림 8-20]의 LED 프린터는 LED 배열을 이용해 라인 단위로 빛을 주사해 감광드럼에 디지털 이미지를 만드는 방식이다. 비디오 제어기(video controller)에서 LED 램프 배열에 인쇄할 데이터를 출력한다. LED에서 나온 빛은 자동초점 렌즈 배열(SLA)을 통해 프린터의 해상도만큼 주사해 감광드럼에 이미지를 맺게한다.

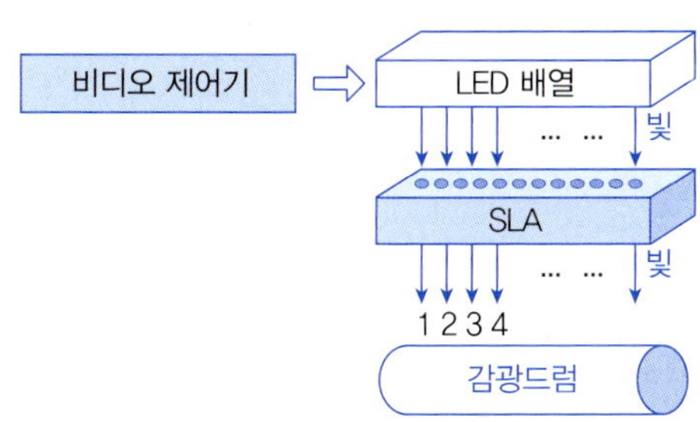

[그림 8-20] LED 프린터의 원리

8.5.3 프린터 관리

스풀(spool)은 '주변장치의 동시 온라인 동작(simultaneous peripheral operation on-line)'의 영문약자이다. 처리속도가 느린 주변장치의 대기시간을 줄이기 위해 CPU와 주변장치가 독립적으로 동작하는 기능이다. 프린터의 출력 작업이 대표적이다. 대기시간을 줄이기 위해 메모리나 하드디스크의 남는 부분을 이용해 인쇄 데이터를 미리 출력해 놓으면 인쇄 중에도 사용자가 다른 작업을 할 수 있다.

스풀링(spooling)은 스풀을 위해 마련된 저장 공간을 채우는 동작이다. 하드디스크에 저장된 내용을 주변장치로 보낼 때는 다시 메모리로 꺼내 와야 한다. 메인메모리가 클수록 스풀 기능을 이용하기에 유리하다. 메인메모리 크기가 작을 때 스풀 사이즈(size)가 커지면 인쇄하는 동안 메모리의 일부를 장시간 차지한다. 그 동안 컴퓨터의 동작속도가 아주 느려질 수 있다.

프린터로 인쇄하는 것은 시간과 비용이 발생하는 일이다. 수백 페이지를 인쇄해 놓고 문제가 발생하면 여간 낭패가 아니다. 이 때문에 응용프로그램들은 위지위그를 사용하다. 위지위그(WYSIWYG) 또는 '위지윅'으로 발음되는 이 기능은 '당신이 보고 있는 대로 얻는다.(what you see is what you get.)'의 영문약자이다. 문서작성기의 '미리 보기 기능'에 해당한다. 인쇄하려는 문서의 모습을 화면에서 미리 볼 수 있게 해주는 워드프로세서의 설계 원리이다. 프린터로 문서를 직접 인쇄해보지 않고도 모니터의 출력을 통해 인쇄상태를 살펴볼 수 있다.

a. 레이저프린터의 안전성

복사기나 레이저프린터는 특히 ① 화재, ② 오존, ③ 토너의 안전 관리에 유의해야 한다. 일반적으로 이들 장치는 장시간 사용하지 않을 때 자동으로 절전모드에 들어가는 기능이 있다. 이때 화재 예방으로 고열을 내는 히트롤러를 꺼두게 되지만 주기적으로 다시 예열을 하는 경우가 있다. 퇴근할 때는 아예 이들 장치를 꺼두는 습관이 더욱 안전하다.

[그림 8-19]의 대전과 전사 단계에서 ±7kV 정도의 고전압을 걸어주면 공기중의 분자가 분해되는 코로나 방전으로 불필요한 오존(ozone, O_3)이 발생한다. 이

들 장치에 오존 필터가 달려있기는 하지만 환기를 자주해야 한다. 오존을 가까이에서 직접 코로 마시는 것은 폐에 염증을 유발하므로 주의해야 한다. 여름철에 자외선이 강할 때 오존 경보를 내릴 때 조심하는 것과 마찬가지이다.

대부분의 토너는 일종의 엔지니어링 플라스틱이다. 물에 녹지 않는다. 토너가 코에 들어가면 폐에 누적된다. 토너를 만들거나 만지는 사람들은 진폐증을 방지하기 위해 토너가 폐로 들어가지 못하도록 마스크를 착용해야 한다. 토너를 재사용하면 감광드럼에 손상이 가기도 한다.

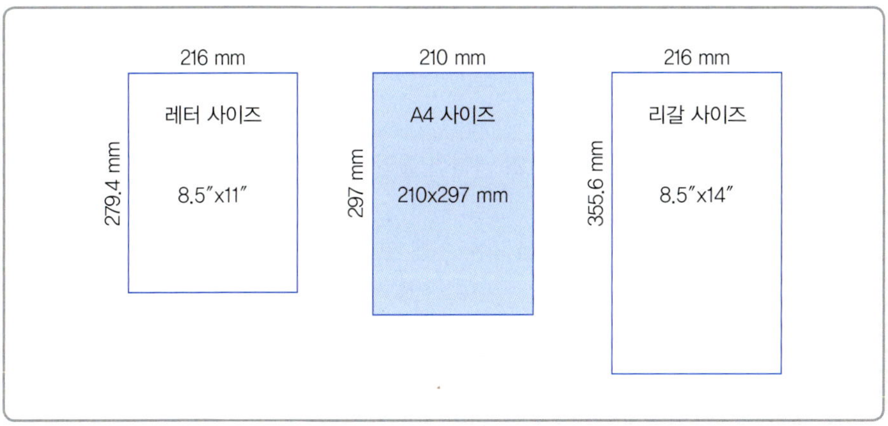

[그림 8-21] 프린터와 팩시밀리의 기록용지

b. 기록용지 규격

기록용지에 대한 국제 표준의 ISO 규격은 미터(m)법에 근거해 A4나 B4와 같은 용지의 규격을 mm 단위로 규정한다. 그러나 프린터나 팩시밀리의 기록용지 투입구의 제작은 주로 A4 용지 폭인 210mm보다 약간 넓은 216mm로 설계된다. 이것은 [그림 8-21]처럼 미국과 같은 인치(inch)법을 사용하는 나라들에서 레터(letter)와 리갈(legal) 용지를 여전히 많이 사용하기 때문이다. 프린터나 스캐너의 기록 해상도를 표시할 때는 600×600dpi처럼 관습적으로 dpi(dots per inch, 도트/인치)를 사용해 가로와 세로의 해상도 곱으로 표시한다. 팩시밀리의 스캔 및 기록 해상도는 8×7.7dots/mm(도트/밀리미터)처럼 표시해 ISO 규격의 미터법을 따른다.

연습문제

1. 컴퓨터시스템에 연결되는 주변장치에 해당되는 것을 모두 골라라.
   ① 확장카드　② HID 장치　③ CPU　④ 레지스터
   ⑤ 메인메모리　⑥ USB 메모리　⑦ ALU　⑧ 랜 카드

2. 디스플레이 장치에 사용되는 발광 소자를 모두 골라라.
   ① 액정 표시 장치　② CRT　③ PDP
   ④ LED　⑤ OLED

3. '화면을 구성하는 요소'인 화소의 영어식 줄임말을 무엇이라고 하는가?

4. 모니터의 픽셀에 대한 설명으로 맞는 것을 모두 골라라.
   ① 4개의 서브픽셀로 구성　② 서브픽셀의 밝기로 컬러 조합
   ③ 화소의 영어식 줄임말　④ 서브픽셀은 한 가지 모양만 존재

5. 각 픽셀당 컬러를 표현하는 비트 수를 무엇이라고 하는가?

6. 다음 설명에 맞는 컬러 깊이를【보기 A】에서 골라라.
   (a) 하이 컬러
   (b) 트루 컬러
   (c) 40억 컬러
   (d) 256 컬러

보기 A			
	① 8비트	② 16비트	③ 20비트
	④ 24비트	⑤ 32비트	⑥ 48비트

7. 종이나 화면에 얼마나 많은 점들을 표현할 수 있는가 하는 정도를 나타낸 것을 무엇이라고 하는가?

8. 모니터 화면의 수평이나 수직 길이를 각 방향의 최대 해상도로 나눈 값인 각 픽셀의 간격을 무엇이라고 하는가?

9. 모니터 화면의 수평 길이가 384mm이고 최대 수평해상도가 1600인 모니터의 도트 피치는 몇 mm인가?

10. 같은 면적의 모니터에서 해상도가 커질 때 맞는 설명을 모두 골라라.
① 도트 피치 증가 ② 화질 선명해짐 ③ 글자 크기 커짐
④ 화면 당 정보량 증가 ⑤ 더 큰 비디오 메모리 필요

11. 모니터의 화면 크기 표시에 대해 맞는 설명을 모두 골라라.
① CRT 모니터는 표시대비 약간 크다 ② 화면의 대각선 크기로 표시
③ LCD 모니터의 크기는 실 치수 ④ 화면의 면적으로 표시

12. 디스플레이 장치의 위에서 아래로 또한 각 라인의 왼쪽에서 오른쪽으로 주사하여 화면을 구성하는 방식을 무엇이라고 하는가?

13. 모니터의 수명 연장을 위해 사용자가 자리를 비운 사이 화면의 모습을 변화시키는 일종의 유틸리티 프로그램을 무엇이라고 하는가?

14. 비비월 주사라고도 하며 한 번에 수평주사선을 순서대로 모두 주사해 화면을 구성하는 주사 방식을 무엇이라고 하는가?

15. 한 번에 수평주사선의 절반씩 교대로 주사해 시각적인 잔상으로 화면을 구성하는 주사 방식을 무엇이라고 하는가?

16. 수직주파수라고도 하며 모니터에서 화면을 주기적으로 다시 주사해주는 초당 횟수를 주파수로 나타낸 것을 무엇이라고 하는가?

17. 아날로그 비디오카드의 RAMDAC 출력으로 전자총이 주사하는 각 픽셀 간의 이동 속도를 주파수로 나타낸 것을 무엇이라고 하는가?

18. (수평해상도)×(수직해상도)가 1920×1080, 화면 재생 빈도가 60Hz인 모니터에서 초당 주사할 픽셀의 수는 몇 개인가?

19. 액정 표시 장치(LCD)에 대한 설명으로 맞는 것을 모두 골라라.
① 충격에 약함 ② 편광 현상 이용 ③ 기체와 액체의 중간 ④ 발광체
⑤ 추우면 언다 ⑥ 백라이트 필요 ⑦ 플라즈마 현상 이용

20. LCD 디스플레이에서 품질을 개선해야 할 기술이 아닌 것을 모두 골라라.

① 명암비 ② 응답속도 ③ 강한 자성 ④ 시야각
⑤ 깜빡임 ⑥ 색재현성 ⑦ 백라이트 ⑧ 두께와 무게

21. LCD 디스플레이의 백라이트 LED 개수를 늘리면 나타나는 특징을 모두 골라라.

① 가격 상승 ② 소비전력 감소
③ 두께 감소 ④ 색재현성 향상

22. '유기 발광 다이오드'의 영문약자로 유기 화합물로 구성된 반도체 층에 전류가 흐르면 빛을 내는 전계발광 현상을 이용한 디스플레이 소자를 무엇이라고 하는가?

23. OLED 디스플레이가 LCD 디스플레이보다 불리한 점을 모두 골라라.

① 소비전력 ② 명암비 ③ 예상 수명
④ 두께와 무게 ⑤ 응답속도 ⑥ 시야각
⑦ 색재현성 ⑧ 초기의 대화면 가격

24. 각 디스플레이 장치의 원리를 설명한 것으로 맞는 것을 모두 골라라.

① CRT는 전자빔이 스크린에 충격하는 크기로 컬러를 조합
② PDP는 적외선이 스크린의 RGB 형광체에 부딪혀 발광
③ LCD는 백라이트 빛이 투과되는 양으로 컬러를 조합
④ OLED는 무기 화합물질에 전류를 가해 발광

25. '그래픽처리장치'의 영문약자로 비디오 칩이라고도 하며 CPU를 도와 스크린 화면의 화상을 제어하는 그래픽 전용 프로세서를 무엇이라고 하는가?

26. 운영체제에서 비디오 장치 설정에 필요한 드라이버를 모두 골라라.

① 비디오 드라이버 ② 프린터 드라이버 ③ 네트워크 드라이버
④ 사운드 드라이버 ⑤ 모니터 드라이버 ⑥ 광학드라이브

27. (수평해상도)×(수직해상도)가 1920×1080인 모니터에 대해 다음을 계산하라.

(a) 총 화소 수는 몇 개인가?
(b) 24비트 컬러를 위한 비디오 메모리의 최소 용량은 몇 KiB인가?

28. 과거 전통적인 비디오 전용 램으로 동시에 읽고 쓰기가 가능하도록 데이터의 출입구를 두 개로 분리해 설계한 대표적인 듀얼포트 램을 무엇이라고 하는가?

29. GDDR 램에 대한 설명으로 맞는 것을 모두 골라라.
① 싱글포트 램 ② 비디오 전용 램 ③ SRAM을 사용
④ 멀티포트 램 ⑤ 그래픽용 DDR 램

30. '램에 있는 디지털 데이터를 아날로그로 변환하는 장치'의 줄임말로 비디오 메모리의 픽셀 정보를 아날로그 출력으로 변환하는 장치를 무엇이라고 하는가?

31. DVI 인터페이스에 대한 설명으로 맞는 것을 【보기 B】에서 모두 골라라.

보기 B
① 디지털 오디오 전송 ② 컴퓨터 모니터를 목표로 시작
③ 디지털 비디오 전송 ④ 통합 리모트 컨트롤 가능
⑤ 비압축 비디오 전송 ⑥ 다채널 연결 케이블 수 감소
⑦ 압축한 비디오 전송 ⑧ 아날로그 RGB 신호 포함
⑨ 가전제품 표준 수용 ⑩ 복수의 디스플레이 장치 지원

32. DVI에 대한 HDMI 인터페이스의 추가적인 장점을 【보기 B】에서 모두 골라라.

33. 비디오카드의 구성 요소를 【보기 C】에서 모두 골라라.

보기 C
① 그래픽 가속기 ② 신시사이저 ③ 비디오 칩
④ 비디오 메모리 ⑤ 오디오 믹서 ⑥ RAMDAC
⑦ 내장 앰프 ⑧ MIDI 장치 인터페이스

34. 사운드카드의 구성 요소를 【보기 C】에서 모두 골라라.

35. 사운드카드에 내장되어 소리를 혼합해 경로, 크기, 음색이나 강약 등을 조절해주는 전자 장치를 무엇이라고 하는가?

36. 사운드카드에 내장되어 다양한 파형을 합성해 광범위한 사운드를 만들어내는 장치를 무엇이라고 하는가?

37. 파형 합성 기술로 디지털로 녹음된 실제 악기의 기본 샘플링 음을 기본으로 여러 가지 음을 합성해 만들어 내는 방식을 무엇이라고 하는가?

38. '악기 디지털 인터페이스'의 영어약자로 컴퓨터, 사운드카드, 악기, 신시사이저 간의 통신을 위한 산업표준을 무엇이라고 하는가?

39. 사운드 카드에서 재생될 미디 파일에 대한 설명으로 맞는 것을 모두 골라라.
① 음을 직접 저장 ② 연주 방법만 기록 ③ 없는 악기 음은 합성
④ 디지털 악보 ⑤ 파일 크기가 큼 ⑥ 인터넷에는 사용 못함

40. '펄스 부호 변조'의 영문약자로 샘플링과 양자화 과정을 거쳐 아날로그 신호에 디지털 코드를 부여하는 대표적인 디지털화 방법을 무엇이라고 하는가?

41. 아날로그 신호에서 디지털 코드를 만드는 과정을 순서대로 골라라.
① 샘플링 ② 아날로그 신호 ③ PAM 신호
④ PCM 코드 ⑤ 양자화

42. 5120Hz 샘플링을 취하고 12비트 모노 PCM으로 38초간 녹음한 데이터의 총 크기는 몇 KiB인가?

43. 114688Hz 샘플링을 취하고 14비트 스테레오 PCM으로 128초간 녹음한 데이터의 총 크기는 몇 MiB인가?

44. 스피커 시스템의 5.1 채널에서 5개의 채널(전면의 좌측, 중앙, 우측과 후방의 좌측, 우측)과 함께 전면에 사용하는 저음 전용 증폭기를 무엇이라고 하는가?

45. '소니/필립스 디지털 인터페이스 형식'의 영문약자로 5.1 채널과 같은 디지털 오디오의 전송 규격을 포함한 디지털 신호의 접속형식을 무엇이라고 하는가?

46. 스피커 시스템에서 디지털 인코딩으로 압축된 신호에서 사운드 채널을 분리해 각 스피커에서 재생될 아날로그 신호로 바꾸어 주는 장치를 무엇이라고 하는가?

47. 레이저프린터나 복사기 등에서 토너와 감광드럼을 이용해 디지털 이미지를 만드는 전자사진 처리 6단계 과정을 순서대로 번호를 적어라.
① 노광 ② 현상 ③ 전사
④ 클리닝 ⑤ 정착 ⑥ 대전

48. '주변장치의 동시 온라인 동작'의 영문약자로 느린 주변장치의 대기시간을 줄이기 위해 CPU와 주변장치가 독립적으로 동작하는 기능을 무엇이라고 하는가?

49. 메모리나 하드디스크의 남는 부분을 이용해 인쇄 데이터를 미리 출력해 놓으면 인쇄 중에도 사용자가 다른 작업을 할 수 있게 하는 기능을 무엇이라고 하는가?

50. '당신이 보고 있는 대로 얻는다.'의 영문약자로 문서작성기의 미리 보기에 해당하는 기능을 무엇이라고 하는가?

51. 복사기나 레이저프린터를 사용할 때 안전에 주의할 사항을 모두 골라라.

① 소음 ② 화질 ③ 화재
④ 오존 ⑤ 유지비 ⑥ 토너

52. 미국과 같은 인치(inch)법을 사용하는 나라들이 주로 사용하며 ISO 규격의 미터(m)법이 아닌 기록용지들을 모두 골라라.

① B5 ② A4 ③ B4
④ A3 ⑤ 레터(letter) ⑥ 리갈(legal)

찾아보기

저자약력

윤남일
연세대학교 전자공학과 졸업
연세대학교 전자공학과 공학석사
연세대학교 전자공학과 공학박사
삼성전자 정보통신부문(과장)
미국 캘리포니아 주립대학교(CSUF) 방문교수
명지전문대학 전자공학과 교수

〈저서〉
읽다보면 알게 되는 하드웨어
신경향 컴퓨터구조론

이강우
연세대학교 전자공학과 졸업
University of Southern California 공학석사
University of Southern California 공학박사
동국대학교 컴퓨터공학과 교수

컴퓨터구조론

윤남일 · 이강우 지음

초판발행 : 2013. 7. 26
제1판 7쇄 : 2023. 1. 12
발 행 인 : 김 승 기
표지 디자인 : 디자인텔
발 행 처 : (주)생능출판사
신고번호 : 제406-2005-000002호
신고일자 : 2005. 1. 21
ISBN : 978-89-7050-780-4(93000)

10881
경기도 파주시 광인사길 143
대표전화 : (031)955-0761, FAX : (031)955-0768
홈페이지 : http://www.booksr.co.kr

* 파본 및 잘못된 책은 바꾸어 드립니다.

정가 28,000원